COLLECTION FOLIO

CECI N'A AUCUNE
RAISON D'ÊTRE

Dave Eggers

# Une œuvre déchirante d'un génie renversant

*Traduit de l'anglais (États-Unis)*
*par Michelle Herpe-Volinsky*

Gallimard

Note : Ceci est une œuvre de fiction en ce sens seulement que dans bien des cas l'auteur n'a pas pu se rappeler les paroles exactes prononcées par certaines personnes, ni la description exacte de certaines choses, et il a dû combler les vides comme il a pu. Sinon tous les personnages, incidents et dialogues sont vrais, parce qu'au moment où il écrivait, l'auteur n'avait aucune espèce d'imagination pour ce genre de choses, et ne pouvait concevoir de *fabriquer* une histoire ou des personnages – ça lui aurait donné l'impression de conduire une voiture en costume de clown – surtout alors qu'il y avait tant à dire sur sa propre histoire désolante, exaltante et authentique, sur les vraies personnes qu'il avait connues, et bien entendu sur les méandres de son esprit complexe et palpitant. Toute ressemblance avec des personnes vivantes ou mortes devrait être clairement évidente pour elles et pour ceux qui les connaissent, surtout si l'auteur a eu l'amabilité de fournir leurs véritables noms et, dans certains cas, leurs numéros de téléphone. Tous les événements décrits ici se sont effectivement produits, bien que l'auteur ait parfois pris certaines – très petites – libertés avec la chronologie, parce que c'est son droit de citoyen américain.

*Titre original :*

A HEARTBREAKING WORK
OF STAGGERING GENIUS

Romancier et nouvelliste, Dave Eggers est né en 1970. Après des études à l'université de l'Illinois, il fonde en 1998, à San Francisco, la McSweeney's, une maison d'édition indépendante qui publie, outre des livres, une revue du même nom. Aujourd'hui considéré comme l'un des protagonistes les plus importants du renouveau de la littérature américaine, il est notamment l'auteur d'*Une œuvre déchirante d'un génie renversant*, de *Suive qui peut*, *Pourquoi nous avons faim* et d'*Un hologramme pour le roi*. *Le grand Quoi* a été récompensé par le prix Médicis étranger 2009, à l'unanimité.

Avant tout :

Je suis fatigué.
Mon cœur est sincère !

Et aussi :

Vous êtes fatigués.
Votre cœur est sincère !

## RÈGLES ET SUGGESTIONS POUR APPRÉCIER CE LIVRE :

1. Lire la préface n'est pas une nécessité absolue. Vraiment. Elle existe essentiellement pour l'auteur et ceux qui, après avoir fini le reste du livre, se sont, pour une raison quelconque, retrouvés sans rien d'autre à lire. Si vous avez déjà lu la préface, et que vous le regrettiez, toutes nos excuses. Nous aurions dû vous avertir.

2. Il n'est pas absolument nécessaire non plus de lire les remerciements. Les premiers lecteurs de ce livre (voir p. 49) ont souvent suggéré qu'ils soient raccourcis ou supprimés, mais l'auteur a passé outre. Cependant ils ne sont pas nécessaires à l'intrigue, pas de façon flagrante, aussi, comme pour la préface, si vous avez déjà lu les remerciements et que vous le regrettiez, de nouveau, nous nous excusons. Nous aurions dû le dire.

3. Vous pouvez aussi sauter la table des matières, si vous manquez de temps.

4. En réalité, beaucoup d'entre vous auront peut-être envie de sauter une grande partie du milieu, c'est-à-dire les pages 319 à 439, qui parlent de la vie de personnes d'une vingtaine d'années, des vies très difficiles à rendre intéressantes même si elles semblent intéressantes à ceux qui les vivent sur le moment.

5. En fait, pour certains lecteurs, les trois ou quatre premiers chapitres suffiront amplement. Cela vous amène page 189 ou par là, ce qui est une bonne longueur, une bonne longueur pour une longue nouvelle. Ces quatre premiers chapitres s'en tiennent à un sujet général, ils sont maîtrisables, plus qu'on ne puisse en dire de la suite du livre.

6. À partir de là, le livre est plutôt inégal.

# PRÉFACE À CETTE ÉDITION

Malgré toutes les fanfaronnades de l'auteur par ailleurs, ceci n'est pas, en vérité, une œuvre de non-fiction pure. De nombreuses parties ont été romancées à des degrés divers, pour des raisons diverses.

LES DIALOGUES : Ils ont bien entendu été presque entièrement reconstitués. Les dialogues, quoique tous essentiellement authentiques – sauf ce qui n'est manifestement pas vrai, comme lorsque deux personnes s'échappent de leur continuum espace-temps narratif pour parler avec componction du livre lui-même – ont été écrits de mémoire, et reflètent à la fois les limitations de la mémoire de l'auteur et les coups de pouce de son imagination. Tous les mots et les phrases ont été triés et fabriqués selon les modèles suivants : 1) ils sont remémorés ; 2) ils sont écrits ; 3) ils sont réécrits pour sonner plus juste ; 4) ils sont remaniés pour mieux s'insérer dans la narration (tout en restant fidèles à leur vérité essentielle) ; 5) ils sont encore remaniés, pour éviter à l'auteur et aux autres personnages la honte de paraître aussi idiots qu'ils le paraissent invariablement, ou le paraîtraient, si leurs phrases, qui commencent presque toujours par le mot « Mec » – comme par exemple dans : « Mec, elle est morte » – étaient transcrites telles quelles. Notons toutefois que les dialogues les plus irréels, comme ceux avec les jeunes Mexicains et avec la malheureuse Deirdre, sont en fait les plus véridiques.

LES PERSONNAGES ET LEURS CARACTÉRISTIQUES : L'auteur, à son corps défendant, a dû changer certains noms, et camoufler un peu plus les personnages dont le nom était changé. Le principal exemple est le personnage appelé John, dont le vrai nom n'est pas John, parce que l'homologue de John dans la vie réelle ne voulait pas, à juste titre, que certains aspects sombres de sa vie soient retracés – même si, après avoir lu le manuscrit, il n'a pas refusé que ses agissements et ses paroles soient attribués à un autre. Surtout si cet autre était un fac-similé moins direct, et davantage un amalgame. Ce qu'il est, en fait. Toutefois, pour que John fonctionne, et pour créer une histoire qui se tienne, les altérations que nous lui avons apportées ont eu un effet de dominos et rendu nécessaires quelques autres fictions. Par exemple : dans la vie réelle, Meredith Weiss, qui existe, ne connaît pas si bien John. La personne qui dans la vie réelle a servi d'intermédiaire n'était pas Meredith, mais quelqu'un d'autre, dont la présence aurait vendu la mèche et trahi, en fait, le pauvre John, et c'était impossible. Aussi, l'auteur a téléphoné à Meredith :

« Salut.

— Salut.

— Alors, ça t'ennuie de faire [ceci et cela] et de dire [ceci et cela], que tu n'as pas fait ou dit dans la vie réelle ?

— Non, pas du tout. »

Et voilà. Il faut noter, toutefois, que dans la scène principale de Meredith, au chapitre V, rien n'est inventé. Vous pouvez le lui demander. Elle vit au sud de la Californie.

Sinon, les changements de nom sont abordés dans le corps du texte. Hou-ha.

LIEUX ET DATES : Tout d'abord, il y a quelques exemples de changements de lieu. Deux en particulier dans le chapitre V. La conversation avec Deirdre, où le narrateur lui dit que Toph a tiré un coup de feu à son école puis disparu, ne s'est pas déroulée ce soir-là à cet endroit, mais sur le siège arrière d'une voiture, pendant le trajet entre deux réveillons le soir du 31 décembre 1996. Plus loin dans le même chapitre, le narrateur, avec la Meredith déjà citée, rencontre des jeunes sur une plage de San Francisco. Cet épisode, bien qu'entièrement basé sur des faits, s'est produit à Los Angeles en réalité. Dans le même chapitre, comme dans quelques autres, il y a eu compression de temps. En général, c'est mentionné dans le texte, mais nous rappellerons ici que dans le dernier tiers du livre, il se passe beaucoup de choses dans ce qui semble un court laps de temps. Bien que la plupart des événements racontés aient bien eu lieu de façon rapprochée, ce n'est pas le cas pour certains. Remarquons, toutefois, qu'il n'y a pas compression de temps dans les chapitres suivants : I, II, IV, VII.

UNE NOTE À PROPOS DE COLUMBINE : Ce livre a été écrit, et les paroles rapportées ont été échangées, bien des années avant les événements qui se sont produits dans cette école et ailleurs. Aucune désinvolture ne s'attache à ce sujet, intentionnellement ou non.

OMISSIONS : Quelques très belles scènes de sexe ont été omises à la requête de ceux qui sont maintenant mariés ou engagés dans une relation. On a aussi supprimé une scène fantastique – cent pour cent vraie – où figuraient la plupart des personnages principaux du livre et une baleine. En outre, cette édition reflète l'omission d'un certain nombre de phrases, paragraphes et passages.

Parmi lesquels :

p. 95 : Quand nous sommes couchés sur le lit, il n'y a que quelques longues heures où Beth, Toph et ma mère sont endormis. La plupart du temps je suis éveillé. Je préfère les heures sombres de la nuit, après minuit et avant quatre heures et demie, où c'est plus nu, plus creux. Alors je peux respirer, je peux penser pendant que les autres dorment, arrêter le temps d'une certaine façon, et – j'en ai toujours rêvé – pendant que les autres sont figés je peux m'affairer autour d'eux, faire ce qui a besoin d'être fait, comme les elfes qui fabriquent les souliers pendant que les enfants dorment.

Couché, trempé de sueur dans la pièce ambrée, je me demande si je ferai un somme le matin. Je pense que je pourrai, je pourrai dormir de cinq à dix heures peut-être, avant que les infirmières n'arrivent et ne commencent à nettoyer et tout vérifier, aussi je suis content de rester éveillé.

Mais ce lit escamotable me tue, la minceur du matelas, la façon dont cette barre me rentre dans le dos, coupe ma colonne vertébrale en deux, la broie. Toph se retourne et donne des coups de pied. Et de l'autre côté de la pièce, la respiration irrégulière de ma mère.

p. 190 : Je m'arrache les cheveux. Bill est venu nous voir, et on roule sur le Bay Bridge, lui, Toph et moi, en parlant de la profession d'agent de change. Après avoir passé un week-end à Manhattan Beach avec Bill et ses deux colocataires agents de change, Toph veut maintenant devenir agent de change lui aussi. À cette idée, Bill se déchaîne, il veut lui acheter des bretelles, un téléscripteur miniature…

« On se disait que pour Toph, qui est si bon avec les chiffres, ce serait une carrière idéale. »

Je me retiens pour ne pas jeter la voiture par-dessus le parapet.

p. 285 : L'alcoolisme et la mort vous rendent omnivore, amoral, désespéré.

*Vous croyez vraiment ça ?*

Parfois. Bien sûr. Non. Si.

p. 294 : … Mais voyez-vous, au lycée, j'ai peint une série de portraits des membres de ma famille. Le premier était de Toph, d'après une photo que j'avais prise. Et comme pour l'exercice on nous demandait de quadriller le portrait pour plus de précision, la peinture, à la détrempe, a été étonnamment juste ; ça lui ressemblait exactement. Mais pas les autres. J'en ai fait un de Bill, mais son visage était trop rigide, ses yeux trop foncés, et ses cheveux paraissaient emmêlés, à la César, pas du tout comme dans la vie. Le portrait de Beth, d'après une photo d'elle habillée pour le bal des étudiants, était raté aussi – je l'ai tout de suite abandonné. Celui de ma mère et de mon père, d'après une vieille diapo, les montrait tous les deux sur un bateau par temps gris. Ma mère occupe la plus grande partie de l'image, face à l'appareil, tandis que mon père apparaît par-dessus son épaule, à l'avant du bateau, regardant sur le côté, sans se rendre compte qu'une photo est prise. J'ai raté celui-là aussi – je n'ai pas su saisir la ressemblance. Quand ils ont vu les portraits, ils les ont détestés. Bill était furieux quand le sien a été exposé à la bibliothèque. « C'est légal ? a-t-il demandé à mon père. Il a le droit de faire ça ? J'ai l'air d'un monstre ! » Il avait raison. C'était vrai. Aussi quand Ricky m'a demandé de faire un portrait de son père, j'ai hésité, parce que j'avais tant de fois été confronté à mes limites, à mon incapacité de rendre quelqu'un sans le déformer horriblement, maladroitement. Mais à Ricky j'ai dit oui, par respect, enchanté d'une certaine façon qu'il m'ait fait l'honneur de me confier ce portrait commémoratif. Il m'a donné une photo en noir et blanc, conventionnelle, et j'y ai travaillé pendant des semaines avec de minuscules pinceaux. Quand j'ai eu fini, la ressemblance, pour moi, était indiscutable. J'ai dit à Ricky de venir dans la salle de dessin du lycée, c'était prêt. Un jour il a fini de déjeuner plus tôt et il est venu. J'ai retourné le tableau avec un grand geste, tout fier, prêt à partager sa joie devant mon œuvre.

Mais il a dit :

« Oh. Oh. Ce n'est pas ce que j'attendais. Je ne m'attendais pas à ça. »

Il a quitté la salle en me laissant le tableau.

p. 272 : *Pourquoi l'échafaudage ?*

J'aime l'échafaudage, voyez-vous. J'aime l'échafaudage autant que j'aime l'immeuble. Surtout si cet échafaudage est beau, à sa façon.

p. 294 : Quand on passait en voiture près d'un cimetière on claquait la langue et on s'étonnait, incrédules. Surtout les grands, surpeuplés, des endroits indécents, si peu d'arbres, tout ce gris, comme une sorte de cendrier monstrueux. Quand on passait Toph ne pouvait pas regarder, et moi je regardais seulement pour savoir, pour renforcer ma promesse que je ne serais jamais dans un endroit pareil, que je n'enterrerais jamais personne dans un endroit pareil – pour qui étaient ces tombes ? Qui consolaient-elles ? – je ne permettrais jamais qu'on m'enterre dans ce genre d'endroit, je préférerais soit disparaître complètement…

J'ai des visions de ma mort : quand je saurai que je n'ai qu'un certain temps à vivre – par exemple si j'ai vraiment le sida comme je crois que je l'ai, si quelqu'un l'a, c'est moi, non ? – quand le temps viendra, je partirai, je dirai adieu et je partirai, puis je me jetterai dans un volcan.

Non, il n'y a pas d'endroit indiqué pour enterrer les gens, mais ces cimetières municipaux, ou n'importe quel cimetière d'ailleurs, comme ceux qui sont près de l'autoroute, ou au centre de la ville, avec tous ces corps et leurs pierres – oh, c'est trop primitif et vulgaire, vous ne trouvez pas ? Le trou, et la boîte, et la pierre sur l'herbe ? Et on valorise cette procédure, on la trouve appropriée, théâtrale, belle et austère, quand on se tient près du trou en descendant la boîte. C'est incroyable. Barbare et ignoble.

Mais je dois dire qu'une fois j'ai vu un endroit qui m'a paru indiqué. Je marchais – je dirais « j'étais en randonnée » si on avait fait autre chose que marcher, mais comme on marchait simplement, je n'utiliserai pas le mot « randonnée », que tout le monde se sent obligé d'employer à partir du moment où on est dehors et où ça monte un peu – dans une forêt au-dessus du Carapa, un affluent de l'Amazone. J'étais en virée avec quelques autres journalistes – deux de *Reptile* – et un groupe d'erpétologues, une bande de spécialistes américains des serpents, des types joufflus équipés d'appareils photo, et on nous avait emmenés dans cette forêt, sur un sentier sinueux à flanc de colline, pour chercher des boas constrictors et des lézards. Au bout de trois quarts d'heure dans cette forêt sombre, mouchetée de lumière, soudain les arbres se sont arrêtés, et on était en haut d'une piste, dans une clairière, au-dessus de la rivière, et de là on voyait bien à cent cinquante kilomètres. Le soleil se couchait, et dans cet immense ciel amazonien il y avait des vagues de bleu et d'orange, d'épaisses traînées de chaque, mélangées librement, comme de la peinture qu'on a poussée du doigt. La rivière coulait lentement en bas, couleur caramel, et au-delà il y avait la forêt, la jungle, un fouillis vert brocoli aussi loin que le regard portait. Et juste devant nous il y avait vingt croix blanches, toutes simples, sans aucune marque. Un cimetière pour les villageois.

Et j'ai songé que je pourrais rester là, que si je devais être enterré, mon cadavre en putréfaction recouvert de terre, je pourrais supporter que ce soit là. Avec la vue et tout.

C'était curieusement programmé, d'ailleurs, parce que plus tôt ce jour-là, j'avais presque été sûr de quitter ce monde par l'entremise des piranhas.

On avait ancré notre bateau, un bateau à aubes à deux étages, dans un petit bras mort de la rivière, et les guides avaient commencé à pêcher des piranhas, avec seulement des bâtons et de la ficelle, et du poulet comme appât.

Les piranhas y ont tout de suite pris goût. C'était un jeu d'enfant – ils sautaient sur le bateau et retombaient partout, avec leurs furieuses petites figures.

Et puis, de l'autre côté du bateau, notre guide américain, Bill, un barbu, nageait. L'eau, comme du thé, faisait paraître ses membres rouges, ce qui rendait encore plus déconcertant le fait qu'il nageait au milieu d'un banc de piranhas.

« Venez ! » disait-il.

Oh mon Dieu pas question.

Puis tous les autres y sont allés, les erpétologues rondouillards y étaient, leurs membres dans le thé rouge sang. On m'avait dit que les attaques de piranhas étaient extrêmement rares (mais pas sans précédent), qu'il n'y avait rien à craindre, alors bientôt j'ai sauté du bateau et j'ai nagé aussi, relativement content que, même si les piranhas se déchaînaient, au moins mes chances seraient meilleures que si j'avais été seul dans l'eau – pendant que les poissons se repaîtraient d'un autre, j'aurais le temps de nager pour me mettre à l'abri. J'ai effectivement fait le calcul, le calcul du temps que ça prendrait pour que les poissons mangent les quatre autres par rapport au temps qu'il me faudrait pour atteindre la rive. Au bout de trois ou quatre minutes, paniqué, m'efforçant de ne pas poser les pieds sur le sol boueux, faisant le minimum de mouvements pour ne pas attirer l'attention, je suis sorti.

Plus tard, j'ai essayé l'une des pirogues des guides. Plusieurs erpétologues n'avaient pas réussi à s'y maintenir à flot, mais j'étais convaincu que moi, svelte et agile comme je l'étais, je pourrais flotter. Je suis monté dans le minuscule canoë, je l'ai stabilisé et j'ai commencé à pagayer. Et pendant un moment ça a marché. Je me suis éloigné du bateau, dans le sens du courant, pagayant d'un côté puis de l'autre, l'image même de l'adresse et de la grâce.

Mais deux cents mètres plus bas environ, la pirogue a commencé à couler. J'étais trop lourd. Elle prenait l'eau.

Je me suis retourné vers le bateau. Les guides péruviens regardaient, dans un état proche de l'hystérie. Je coulais dans l'eau brune et le courant m'entraînait. Ils riaient, pliés en quatre. Ils adoraient ça.

La pirogue a chaviré et je suis tombé, au milieu de la rivière à présent, où c'était beaucoup plus profond, d'un brun plus foncé. Je ne voyais pas mes jambes. Je me suis hissé sur la coque retournée, désespéré.

J'étais foutu. Oui, les piranhas près du gros bateau ne nous avaient pas touchés, mais comment être sûr que par ici, ils ne me mordilleraient pas un doigt ?

Ils mordillaient souvent les doigts et les orteils, ça tirerait du sang et ensuite…

Oh, mon Dieu, Toph.

J'étais là, et la pirogue coulait encore, retournée mais coulant sous mon poids, et bientôt je serais tout entier dans la rivière, cette rivière infestée de piranhas, et en me débattant je les attirerais – je m'efforçais de bouger le moins possible, rien que les jambes, pour rester à la surface – et ensuite ils m'attaqueraient lentement, déchireraient des morceaux de mes mollets et de mon ventre puis, une fois la chair déchirée, le sang décrirait des rubans et ils se presseraient par centaines, je baisserais les yeux et je verrais mes extrémités disparaître dans un terrible brouillard de dents et de sang, je serais dévoré jusqu'à l'os, et pourquoi ? Parce qu'il avait fallu que je montre à mon entourage que je pouvais faire ce que faisait n'importe quel guide de rivière péruvien.

Et j'ai pensé à Toph, le pauvre garçon, avec ma sœur à cinq mille kilomètres de là.

Comment pouvais-je le laisser ?

p. 297 : Ma mère lisait un roman d'épouvante par soir. Elle avait lu tous ceux de la bibliothèque. Quand les anniversaires ou Noël arrivaient, je songeais à lui en acheter un nouveau, le dernier Dean R. Koontz ou Stephen King par exemple, mais je ne pouvais pas. Je ne voulais pas l'encourager. Je ne pouvais pas toucher les cigarettes de mon père, je ne pouvais pas regarder les cartouches de Pall Mall dans la réserve. J'étais le genre d'enfant qui ne pouvait même pas regarder les *publicités* pour les films d'épouvante – celle de *Magic*, le film où la marionnette tue des gens, m'a plongé dans une frénésie de cauchemars pour six mois. Je ne pouvais donc pas regarder ses livres, je les retournais pour ne pas voir la couverture, les lettres en relief et les éclaboussures de sang – surtout les œuvres de V.C. Andrews, ces images boursouflées d'enfants horribles, immobiles, tous éclairés en bleu.

p. 508 : Bill et Beth, Toph et moi regardons les infos. On parle un instant de la grand-mère de George Bush. Apparemment c'est son anniversaire.

On discute de l'âge que peut avoir la grand-mère d'un homme presque septuagénaire. Ça paraît impossible qu'elle respire encore.

Beth change de chaîne.

« C'est dégoûtant », dit-elle.

p. 523 : Elle vivait dans une sorte de présent perpétuel. On devait toujours lui rappeler son contexte, ce qui l'avait amenée là, les origines et les paramètres de sa situation actuelle. On devait lui redire les choses des douzaines de fois chaque jour – Qu'est-ce qui m'a faite ? Je suis la faute de qui ? Comment je suis arrivée ici ? Qui sont ces gens ? – l'accident, raconté, tracé à grands traits, on le lui rappelait constamment mais elle oubliait toujours.

Elle n'oubliait pas. Elle n'avait pas, en fait, la capacité d'absorber l'information.

Mais qui l'a ? Merde, elle était vivante et elle le savait. Sa voix chantait de la même manière qu'avant, ses yeux s'arrondissaient d'étonnement à la moindre chose, n'importe quoi, ma coupe de cheveux. Oui, elle connaissait encore, elle accédait encore à ces choses qui avaient été avec elle pendant des années – cette partie de sa mémoire était là, intacte, et même si je voulais punir les responsables, si je savourais ce sentiment et pensais ne jamais m'en lasser, être avec elle, si près de sa peau et du sang qui coulait dessous, me vide de ma haine.

La musique de la piscine a changé.

« Ooh, j'aime cet air », a-t-elle dit, en faisant onduler son cou.

Enfin, cette édition reflète le désir de l'auteur de voir supprimer toutes les épigraphes précédentes – y compris « La soif immortelle du cœur d'être entièrement connu et pardonné » (H. Van Dyke) ; « [Mes poèmes] peuvent heurter les morts, mais les morts m'appartiennent » (A. Sexton) ; « Les garçons jetés au loup ne deviennent pas tous des héros » (J. Barth) ; « Tout sera oublié et rien ne sera réparé » (M. Kundera) ; « Pourquoi ne pas simplement écrire ce qui est arrivé ? » (R. Lowell) ; « Ooh, regardez-moi, je suis Dave, j'écris un livre ! Avec toutes mes pensées dedans ! La la la ! » (Christopher Eggers) – car il ne s'est jamais vu comme le genre de personne qui aurait recours à des épigraphes.

*Août 1999*

## SOMMAIRE

CHAPITRE VIII



CHAPITRE IX



CHAPITRE X



CHAPITRE XI

# REMERCIEMENTS

L'auteur voudrait d'abord et avant tout remercier ses amis de la NASA et du United States Marine Corps pour leur grand soutien et leur aide incommensurable en ce qui concerne les aspects techniques de cette histoire. *Les saludo, muchachos !* Il veut aussi remercier les nombreuses personnes qui ont eu l'extrême générosité de permettre que leurs véritables noms et leurs faits et gestes apparaissent dans ce livre. Ceci vaut doublement pour sa famille, en particulier sa sœur Beth, dont les souvenirs furent la plupart du temps des plus riches, et triplement pour Toph (prononcé « Tofe ») pour des raisons évidentes. Son frère aîné Bill n'a pas droit à des remerciements spéciaux parce qu'il est républicain. L'auteur voudrait reconnaître que le rouge ne lui va pas. Ni le rose, l'orange, ou même le jaune – il n'est pas le printemps. Et jusqu'à l'année dernière il pensait qu'Evelyn Waugh était une femme et que George Eliot était un homme. En outre, l'auteur et ceux qui sont derrière la fabrication de ce livre voudraient reconnaître que oui, il y a peut-être trop de livres de mémoires écrits à notre époque, et que de tels livres, sur des personnes et des événements réels, par opposition à des événements et des personnes prétendument inventés, sont intrinsèquement vils et corrompus, mauvais et néfastes, mais il voudrait rappeler à tout le monde que nous pourrions tous faire pire, comme lecteurs et comme écrivains. ANECDOTE : vers le milieu de la composition de ces... ces... *mémoires*, une connaissance de l'auteur l'a accosté dans un bar-restaurant style western, alors que l'auteur mangeait une bonne assiette de côtes de porc et de pommes de terre servies frites à la française. L'accosteur s'est assis en face, en demandant quoi de *neuf*, sur quoi il travaillait, etc. L'auteur a répondu que oh, eh bien, il travaillait à un livre, une sorte de – il marmonne. Oh, fantastique, a dit la connaissance, qui portait une veste de sport faite de ce qui semblait (mais c'était peut-être la lumière) du velours violet. Quelle sorte de livre ? a-t-il demandé. (Appelons-le, oh, « Oswald ».) De quoi ça parle ? a demandé Oswald. Eh bien, euh, a dit l'auteur, toujours la langue aussi agile, c'est plutôt dur à expliquer, c'est des espèces de mémoires – *Oh, non !* s'est écrié Oswald en l'interrompant. (Les cheveux d'Oswald, ça vous intéressera peut-être de le savoir, étaient bouffants.) *Ne me dis pas que tu es tombé dans ce piège !* (Ils lui cascadaient sur les épaules, comme dans *Donjons et Dragons*.) *Des mémoires ! Écoute, ne ressors pas ce vieux truc, mon vieux !* Il a continué comme ça un moment, dans le langage familier de l'époque, jusqu'à ce que, eh bien, l'auteur se sente mal à l'aise. Après tout, peut-être Oswald, dans son velours violet et son velours côtelé marron, avait-il raison – peut-être les mémoires étaient-ils intrinsèquement *mauvais*. Peut-être qu'écrire sur des événements réels, à la première personne, si vous n'étiez pas d'Irlande et avant l'âge de soixante-dix ans, était *mal*. Il n'avait pas tout à fait tort. Espérant changer de sujet, l'auteur a demandé à Oswald, qui partage son nom avec l'homme qui a tué un président, à quoi il travaillait. (Oswald était une sorte d'écrivain professionnel.) L'auteur, bien sûr, à la fois espérait et redoutait que le projet d'Oswald serait d'une profonde gravité et d'une portée gigantesque : un renoncement à l'économie keynésienne, une refonte de *Grendel* (cette fois du point de vue des conifères environnants), ou autre. Mais savez-vous ce qu'il a dit, l'homme aux cheveux bouffants et au velours violet ? Il a dit : un scénario. Il ne l'a pas dit en italiques mais nous en mettrons ici : *un scénario*. Quelle sorte de scénario ? a demandé l'auteur, qui n'avait rien contre les scénarios, car il aimait énormément les films, leur façon de refléter la violence de notre société et tout, mais se sentait quand même un peu mieux brusquement. La réponse : un scénario « sur William S. Burroughs et la culture de la drogue ». Eh bien soudain les nuages se sont déchirés, le soleil a brillé, et une fois de plus, l'auteur a su ceci : que même si l'idée de raconter une histoire vraie est une mauvaise idée, et même si l'idée d'écrire sur les morts dans la famille et les délires qui en ont découlé est peu attrayante pour tout le monde, sauf les camarades de lycée de l'auteur et quelques étudiants en création littéraire du Nouveau-Mexique, il y a encore des idées qui sont *infiniment pires*. D'ailleurs, si vous êtes gêné par la véracité de ce livre, vous êtes invité à faire ce que l'auteur aurait dû faire, et que les auteurs et les lecteurs ont fait depuis la nuit des temps :

FAITES COMME SI C'ÉTAIT
DE LA FICTION.

En fait, l'auteur voudrait faire une proposition. Pour ceux d'entre vous qui sont du côté d'Oswald, il fera la chose suivante : si vous envoyez votre exemplaire du livre, en édition reliée ou en poche, il vous enverra, en échange, une disquette de 3.5" portant un manuscrit digital complet de cette œuvre, quoique avec les lieux et les noms changés, de sorte que les seules personnes qui sauront qui est qui seront celles dont la vie a été incorporée, bien que sous une forme légèrement déguisée. *Voilà !* De la fiction ! De plus, la version digitale sera interactive, comme nous l'attendons de notre matériel digital (hé, vous avez entendu parler de ces nouvelles puces de la taille d'une molécule ? Celles qui peuvent exécuter toutes les fonctions accomplies par les ordinateurs depuis le commencement des temps, en une seconde, un grain de poussière ? Ce n'est pas incroyable ? Eh bien, c'est aussi vrai à présent que jamais : la technologie a changé nos vies). Sur la version digitale, pour commencer, vous aurez la possibilité de choisir le nom du protagoniste. Nous fournirons des douzaines de suggestions, parmi lesquelles « l'Écrivain », « l'Auteur », « le journaliste » et « Paul Theroux » ou vous pouvez jouer cavalier seul et inventer le vôtre ! En fait, en utilisant la fonction rechercher-remplacer que présente certainement leur ordinateur, les lecteurs devraient pouvoir changer tous les noms, des principaux personnages aux plus petits profils. (Cette histoire pourrait être la *vôtre* ! La vôtre et celle de *vos* amis !) Ceux qui seraient intéressés par cette version fictionnelle du livre doivent envoyer leur exemplaire à U.O.D.G.R. Offre spéciale pour les Préféreurs de Fiction, c/o Simon & Schuster, 1230 Avenue of the Americas, New York, NY 10020. NOTE : cette offre est sérieuse. TOUTEFOIS : les livres envoyés, malheureusement, ne pourront pas être retournés. À LA PLACE : ils seront soldés avec le reste. Passons à autre chose : l'auteur veut reconnaître l'existence d'une planète juste après Pluton, et de plus il souhaite, en se basant sur ses propres recherches occasionnelles et sur son intime conviction, réaffirmer le caractère de planète de Pluton. *Pourquoi avons-nous fait ça à Pluton ?* Tout se passait bien avec Pluton. L'auteur souhaite reconnaître que parce que ce livre est parfois loufoque, vous avez le droit de l'abandonner. L'auteur souhaite prendre en compte les problèmes que peut vous poser le titre. Lui aussi a ses doutes. Le titre que vous voyez sur la couverture a remporté une sorte de tournoi circulaire, tenu près de Phoenix, en Arizona, pendant un long week-end de décembre 1998. Les autres titres présentés, avec des raisons d'échouer : *Une Œuvre Déchirante de Mort et de Honte* (trop triste) ; *Une Œuvre Étonnante de Courage et de Force* (on aurait dit du Stephen Ambrose) ; *Souvenirs d'une Enfance Catholique* (déjà pas mal utilisé) ; et *Vieux et Noir en Amérique* (risqué, selon certains). Nous avions une préférence pour le dernier, qui fait allusion à la fois au processus de vieillissement et à une forme américaine d'*altérité*, mais il a été rejeté d'emblée par l'éditeur, ce qui nous laissait avec *Une Œuvre Déchirante d'un Génie Renversant*. Oui, il a attiré votre attention. D'abord vous l'avez pris pour argent comptant et vous l'avez acheté tout de suite : « C'est exactement le genre de livre que je cherche ! » Beaucoup d'entre vous, surtout ceux qui recherchent le larmoyant, le mélodramatique, ont été frappés par le côté « déchirant ». D'autres ont pensé que l'élément « Génie Renversant » semblait une assez bonne recommandation. Mais ensuite vous avez pensé, Hé, ces deux éléments peuvent-ils fonctionner ensemble ? Ou peut-être sont-ils comme le beurre de cacahuète et le chocolat, l'écossais et les motifs cachemire – destinés à ne jamais coexister en paix ? Si ce livre est vraiment déchirant, alors pourquoi gâcher l'humeur par des fanfaronnades ? Ou alors, si le titre est une plaisanterie ingénieuse, pourquoi chercher à y mettre du sentiment ? Sans parler de la fausse (vraie ? Non, suppliez-vous, non) vantardise du titre dans son ensemble. Finalement, la seule interprétation logique de l'intention du titre, c'est de le voir comme a) une plaisanterie bon marché b) renforcée par une volonté d'innover en matière de titre, liée à un intérêt pour une certaine maladresse d'exécution (employée, on le soupçonne, uniquement pour choquer), ce qui est c) miné bien entendu par le côté plaisanterie bon marché, et d) brouillé par l'impression grandissante que l'on a : l'auteur semble croire sérieusement que son titre est une description exacte du contenu, de l'intention, et de la qualité du livre. Oh, flûte ! – est-ce que ça compte maintenant ? Diable non. Vous êtes là, vous êtes entré, on est là pour s'amuser ! L'auteur voudrait reconnaître que c'est vrai, il a voté pour Ross Perot en 1996, et il n'en a pas du tout honte, parce qu'il est un ardent défenseur des riches et des fous, particulièrement quand leur cœur saigne, et le cœur de M. Perot saigne, je vous assure. Sur un plan tout différent, l'auteur se sent obligé de reconnaître que oui, le succès d'un livre de mémoires – de n'importe quel livre, en fait – a beaucoup à voir avec l'attrait personnel du narrateur. L'auteur, à ce sujet, offre les explications suivantes :

a) il est comme vous.
b) comme vous, il s'endort dès qu'il est ivre.
c) il fait parfois l'amour sans mettre de préservatif.
d) il s'endort parfois quand il est ivre et qu'il fait l'amour sans préservatif.
e) il n'a jamais convenablement enterré ses parents.
f) il n'a jamais terminé ses études.
g) il s'attend à mourir jeune.
h) parce que son père fumait et buvait et qu'il en est mort, il a peur de la nourriture.
i) il sourit quand il voit de jeunes hommes noirs tenir des bébés.

Un mot : attrait. Et ce n'est que le commencement ! À présent, l'auteur veut aussi énumérer les thèmes majeurs de ce livre. Ce sont :

## A) LA MAGIE IMPLICITE DE LA DISPARITION DES PARENTS

C'est le rêve de tout enfant et adolescent. Parfois il naît d'un sentiment d'amertume. Parfois d'un apitoiement sur soi-même. Parfois on veut de l'attention. En général les trois facteurs jouent un rôle. Mais à un moment ou à un autre chacun rêve que ses parents meurent, comment ce serait d'être orphelin, comme la petite Annie ou Pippi Longstocking ou, plus récemment, les naïfs tragiques et magnifiques de *Party of Five*. On s'imagine, à la place de l'amour donné de façon imprévisible peut-être et le plus souvent refusé par vos parents, qu'en leur absence, cet amour et cette attention vous seraient prodigués, que les gens de la ville, votre famille, vos amis et professeurs, le monde alentour, seraient soudain pris d'un élan de sympathie et de fascination pour l'enfant devenu orphelin, que sa vie serait un mélange de notoriété et d'émotion, la renommée jaillie de la tragédie – la meilleure sorte, de loin. La plupart en rêvent, quelques-uns le vivent, et cet aspect du livre laissera entendre qu'il en est dans la vie réelle exactement comme dans Pippi. Ainsi, une perte incomparable vous pousse à la fois à lutter constamment et à durcir votre cœur, mais aussi elle entraîne des récompenses indéniables, à commencer par une liberté absolue, interprétable et utile de bien des façons. Et bien qu'il semble inconcevable de perdre ses deux parents en l'espace de trente-deux jours – il y avait cette réplique dans *Il importe d'être Constant* : « Perdre l'un de ses parents, monsieur Worthing, peut être considéré comme un grand malheur. Perdre les deux ressemble à de la négligence » – et les perdre de deux maladies complètement différentes (des cancers, bien sûr, mais suffisamment différents par la localisation, la durée et la provenance), cette perte s'accompagne d'un sentiment – indéniable mais bien sûr générateur de culpabilité – de mobilité, de possibilités infinies, parce que soudain vous vous retrouvez dans un monde sans sol ni plafond.

### B) L'AMOUR FRATERNEL / FACTEUR D'UNE ÉTRANGE SYMBIOSE

Ce fil courra tout du long, et en fait il était censé fournir la conclusion surprise à la fin du livre, la grande récompense, en quelque sorte : tandis que l'auteur cherche l'amour – il y aura des épisodes sur ce thème – et que son frère cherche, vous savez, ce que cherchent les gosses (du chewing-gum et des pièces de monnaie ?) et qu'ensemble ils essaient d'être heureux et normaux, en réalité ils échoueront sans doute toujours à établir une relation extérieure, car la seule personne qu'ils admirent vraiment, qu'ils aiment vraiment, et trouvent parfaite, c'est l'autre.

### C) L'ASPECT DOULOUREUSEMENT, INDÉFINIMENT AUTORÉFÉRENTIEL DU LIVRE

C'est sans doute déjà parfaitement évident. En fait, l'auteur n'a pas l'énergie ou, plus grave, le métier pour vous faire croire qu'il fait autre chose que vous raconter ce qui s'est passé, et il n'est pas assez bon menteur pour le faire avec compétence par le truchement d'une narration sublimée. En même temps, il ne vous cachera jamais qu'il s'agit de mémoires autoréférentiels, ce dont vous vous rendrez peut-être compte, et c'est le prochain thème :

### C.2) LA CONSCIENCE DE L'ASPECT AUTORÉFÉRENTIEL DU LIVRE

Alors que l'auteur se tourmente à l'idée de se prendre comme point de référence, il connaît aussi cette tendance chez lui à se tourmenter à l'idée de se prendre comme point de référence. De plus, si vous êtes l'une de ces personnes qui savent ce qui va arriver avant que ça n'arrive, vous avez prédit ce qui suit : l'auteur a aussi l'intention de se montrer clairement, ouvertement conscient de connaître ladite tendance à l'autoréférentialité chez lui. En outre, il est pleinement conscient, bien avant vous, et le reconnaît pleinement, du côté truqué inhérent au livre, et il devancera votre accusation d'irrecevabilité du livre en raison desdits truquages en disant qu'ils constituent simplement un procédé, une défense, pour masquer la rage et le chagrin aveuglants au cœur de toute cette histoire, qui est à la fois trop noire et trop aveuglante pour être regardée – *détournez les yeux !* – mais néanmoins utile, du moins pour l'auteur, même sous une forme caricaturée et condensée, parce qu'en parler à autant de gens que possible aide, pense-t-il, à diluer la douleur et l'amertume et ainsi facilite leur évacuation de son âme, évacuation dont la poursuite est le fondement du prochain bouquet de thèmes :

## D) RACONTER AU MONDE SES SOUFFRANCES COMME MOYEN D'ÉVACUER OU DU MOINS DE DILUER LA DOULEUR

Par exemple, l'auteur passera quelque temps, plus tard, à raconter sa tentative infructueuse, à un poil près, de devenir membre de la distribution de *The Real World* en 1994, quand la troisième saison de la série était filmée à San Francisco. À ce moment, l'auteur cherchait à réaliser deux objectifs intimement liés : 1) se purger de son passé en claironnant au monde les événements de sa vie récente, et ainsi, en étalant sa douleur, son histoire déchirante, devant les milliers ou millions de spectateurs de l'émission, il recevrait en échange un raz-de-marée d'expressions de sympathie et de réconfort, et ne serait plus jamais seul ; et 2) devenir célèbre pour ses chagrins, ou du moins laisser sa souffrance faciliter son accession à la célébrité, tout en ne refusant pas de reconnaître cette manipulation de sa souffrance à son profit, puisque l'aveu de ces motivations, du moins à ses yeux, l'absout sur-le-champ de toute responsabilité pour les implications et les conséquences de ces manipulations, car en étant conscient de ses intentions on montre au moins qu'on ne ment pas, et personne, mis à part un électorat, n'aime les menteurs. Nous aimons tous la franchise, surtout si elle comporte l'acceptation 1) de sa mortalité et 2) de sa propension à l'échec. (Liées, mais pas la même chose.)

### E) CONSIGNER PAR ÉCRIT TOUT CECI COMME OUTIL POUR ARRÊTER LE TEMPS, ÉTANT DONNÉ LE CHEVAUCHEMENT AVEC LA PEUR DE LA MORT

et le corollaire évident de E),

### E.2) EN PLUS DE CONSIGNER PAR ÉCRIT TOUT CECI COMME OUTIL POUR ARRÊTER LE TEMPS, LES RETROUVAILLES AU LIT AVEC DE VIEILLES AMIES OU BÉGUINS DE L'ÉCOLE PRIMAIRE COMME OUTIL POUR EFFACER LE TEMPS ET GLORIFIER SA PROPRE VALEUR

### F) LA PARTIE OÙ L'AUTEUR EXPLOITE OU EXALTE SES PARENTS, SELON VOTRE POINT DE VUE

### G) LE NET SENTIMENT QUE L'ON ÉPROUVE, APRÈS QU'UNE CHOSE VRAIMENT ÉTRANGE OU EXTRAORDINAIRE, OU EXTRAORDINAIREMENT ÉTRANGE, OU ÉTRANGEMENT TERRIBLE, VOUS EST ARRIVÉE, QUE D'UNE CERTAINE MANIÈRE VOUS AVEZ ÉTÉ *CHOISI*

Bien entendu, c'est arrivé à l'auteur. Après la double mort de ses parents, et la prise en charge de son petit frère, il s'est soudain senti *surveillé* – il ne pouvait s'empêcher de penser, un peu à la manière d'un homme frappé par la foudre, que pour une raison quelconque il avait été distingué, et que sa vie désormais était chargée de sens, de la plus grave importance, qu'il ne pouvait pas perdre de temps, qu'il devait agir en accord avec son destin, qu'il était clairement évident *qu'il... qu'il... avait été choisi... pour mener !*

## H) L'ASPECT AYANT TRAIT AU FATALISME (PEUT-ÊTRE) HÉRÉDITAIRE

Il s'agit de la forte impression que l'on a, semble-t-il, quand l'impensable et l'inexplicable se sont produits – l'impression que, si cette personne peut mourir, et cette autre, ceci peut arriver et cela aussi... eh bien alors, qu'est-ce qui empêche exactement que tout arrive à celui autour de qui tout le reste est arrivé ? Si les gens meurent, pourquoi pas lui ? Si des gens se tirent dessus depuis des voitures, si des gens jettent des pierres du haut de passerelles, il sera sûrement la prochaine victime. Si certains contractent le sida, il a de fortes chances de l'attraper aussi. De même pour les incendies dans les maisons, les accidents de voiture et d'avion, les coups de couteau gratuits, les balles perdues, les ruptures d'anévrisme, les piqûres d'araignée, les tireurs isolés, les piranhas, les animaux de zoo. C'est la convergence du sentiment d'être choisi, exposé dans G), et de la sorte de vision pessimiste que l'on reçoit quand toutes les règles d'impossibilité et de décence ont été rejetées. Ainsi, on commence à sentir que la mort est littéralement à chaque tournant – et plus spécialement, dans chaque ascenseur ; encore plus littéralement que, chaque fois qu'une porte d'ascenseur s'ouvrira, il s'y tiendra un homme en trench-coat, armé d'un revolver, qui tirera une balle droit sur vous, vous tuant instantanément, et à juste titre, en accord avec votre rôle d'objet de colère, et pour vos innombrables péchés, à la fois catholiques et kharmiques. Exactement comme certains policiers – en particulier ceux représentés à la télévision – peuvent être familiers avec la mort, l'attendre à chaque instant – pas forcément la leur, mais la mort en général – il en est de même pour l'auteur, qui possède une disposition naturellement paranoïaque, aggravée par des facteurs environnementaux qui rendent non seulement vraisemblable mais *probable* que la chose, quelle qu'elle soit, qui est là à éteindre des vies soit sur ses traces, que perpétuellement, éternellement, son compte soit bon, sa peau ne vaille pas cher, son numéro soit tiré, qu'il ait une cible sur la poitrine et dans le dos. C'est marrant. Vous verrez.

*Et finalement :*

## I) LES MÉMOIRES EN TANT QU'ACTE D'AUTODESTRUCTION

Ça peut, ça devrait être une sorte de mue, quelque chose que tout le monde devrait pratiquer, aussi nécessaire et revigorant qu'un soin complet du visage ou un lavement de temps en temps. La révélation est tout, pas en soi, parce que la plupart des révélations qu'on peut avoir ne sont que des conneries – *oops* – oui, mais nous devons nous purger de la connerie, la jeter, la flanquer dans un bunker et la brûler, parce que c'est du combustible. C'est du combustible fossile. Et que fait-on du combustible fossile ? Eh bien, on le flanque dans un bunker et on le brûle, bien sûr. Non, on ne fait pas ça. Mais vous me comprenez. C'est indéfiniment renouvelable, utilisable sans diminuer votre capacité d'en créer davantage. L'auteur s'endort dès qu'il est saoul. L'auteur fait l'amour sans préservatif. L'auteur s'endort quand il fait l'amour saoul sans préservatif. Là. C'est quelque chose. Vous avez quelque chose. Mais qu'avez-vous ?

## I.2) LA FRIME NIHILISTE FACILE ET PEU CONVAINCANTE VIS-À-VIS DE LA PLEINE RÉVÉLATION DE SES SECRETS ET DE SA DOULEUR, QU'IL FAIT PASSER SOUS LE COUVERT D'UNE CERTAINE NOBLESSE ALORS QU'EN FAIT L'AUTEUR

EST LUI-MÊME TRÈS SECRET
DANS LA PLUPART DES CAS,
BIEN QU'IL VOIE L'UTILITÉ DE RENDRE
PUBLICS CERTAINS FAITS ET INCIDENTS

I.3) LE FAIT QUE SOUS OU À CÔTÉ
DE LA BONNE CONSCIENCE
ET DE LA HAINE DE SOI EXISTE
UN CERTAIN ESPOIR, INCULQUÉ
BIEN AVANT QUE RIEN DE CECI
SOIT ARRIVÉ

*Il y aura aussi ces fils conducteurs, qui sont tous plus ou moins évidents :*

J) LE PERSIFLAGE DE LA SUBLIMATION EN TANT QUE PREUVE DE SOLIPSISME FORCÉ

K) LE SOLIPSISME EN TANT QUE RÉSULTAT PRÉVISIBLE DU PRIVILÈGE ÉCONOMIQUE, HISTORIQUE ET GÉOPOLITIQUE

L) LA DIALECTIQUE DE TOPH : IL SERT À LA FOIS D'INSPIRATION ET D'ENTRAVE À L'ÉCRITURE DE CES MÉMOIRES

M) LA DIALECTIQUE DE TOPH II : IL SERT À LA FOIS D'AIMANT ET, QUAND LE BESOIN S'EN FAIT SENTIR, D'OBSTACLE DANS LES RELATIONS AVEC LES FEMMES

*De même :*

N) LA DIALECTIQUE DE LA PERTE DES PARENTS : CE FACTEUR SE PRÊTE À DES SITUATIONS NÉCESSITANT DE S'ATTIRER

LA SYMPATHIE ET AUSSI À CELLES EXIGEANT UNE SORTIE RAPIDE

*Sans parler de :*

O) LE CARACTÈRE INÉVITABLE, ÉTANT DONNÉ LA SITUATION AVEC LE FRÈRE, D'UNE ÉMOTION PRESQUE CONSTANTE

P) L'AUTOGLORIFICATION EN TANT QUE FORME D'ART

Q) L'AUTOFLAGELLATION EN TANT QUE FORME D'ART

R) L'AUTOGLORIFICATION PRÉSENTÉE COMME AUTOFLAGELLATION EN TANT QUE FORME D'ART ENCORE PLUS HAUTE

S) L'AUTOCANONISATION PRÉSENTÉE COMME AUTODESTRUCTION SE FAISANT PASSER POUR AUTOGLORIFICATION SOUS LE COUVERT DE L'AUTOFLAGELLATION EN TANT QUE LA FORME D'ART LA PLUS HAUTE

T) LA RECHERCHE D'UN SOUTIEN, D'UN SENTIMENT DE COMMUNAUTÉ, SI VOUS VOULEZ, PARMI SES PAIRS, CEUX DE SA GÉNÉRATION, QUAND ON A REGARDÉ AUTOUR DE SOI ET RÉALISÉ QUE TOUS LES AUTRES, PLUS ÂGÉS, SONT MORTS OU PEUT-ÊTRE DEVRAIENT L'ÊTRE

U) LE FAIT QUE T) CADRE TRÈS BIEN AVEC G)

Ou, sous forme de graphique (ci-contre) :

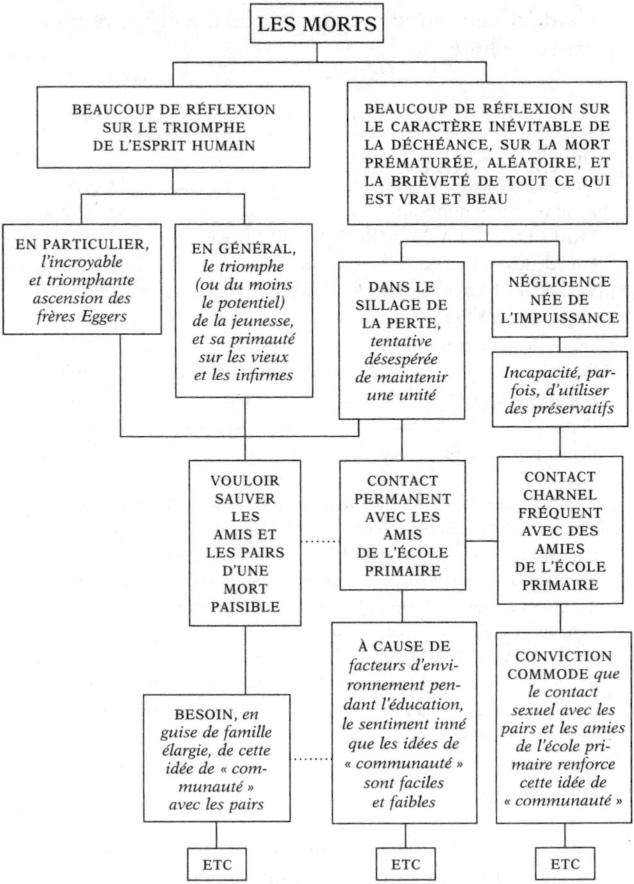


NOTE : le tableau ci-dessus fait partie, en réalité, d'un tableau beaucoup plus grand, 50 × 60 (bien qu'il ne soit pas à l'échelle), qui présente un plan du livre tout entier, essentiellement en caractères trop petits pour être lus. Il devait être inclus dans votre achat, mais vous savez comment sont ces maisons d'édition. Au lieu de cela, il est disponible par courrier, à l'adresse indiquée ailleurs dans cette section. Il coûte 5 dollars. Vous ne serez pas déçu. À moins que vous ne soyez généralement déçu, auquel cas ce sera une nouvelle déception.

L'auteur veut aussi reconnaître qu'il a été payé pour écrire ce livre :

TOTAL (BRUT)........................................................ $100 000

DÉDUCTIONS

Honoraires de l'agent (15 %)......................................... $15 000

Impôts (après honoraires)............................................. $23 800

FRAIS LIÉS À LA PRODUCTION DU LIVRE

Part de loyer, deux ans (entre $600 et $1 500/m env.) .............. $12 000

Voyage à Chicago (recherche)......................................... $850

Voyage à San Francisco (recherche)................................. $620

Nourriture (consommée tout en écrivant).................... $5 800

Divers............................................................................ $1 200

Imprimante laser.......................................................... $600

Papier............................................................................ $242

Frais postaux (pour envoyer le manuscrit, pour approbation, à sa sœur Beth (quelque part en Californie du Nord) et à son frère Bill (conseiller du contrôleur des finances du Texas, à Austin), à Kirsten (San Francisco, mariée), Shalini (vivant chez elle à L.A. ; elle va bien), Meredith Weiss (styliste modéliste en free-lance, San Diego), Jamie Carrick (à L.A., il fait partie de l'équipe de gestion de Hanson, un groupe de musique pop), Ricky (San Francisco, banquier d'affaires-options high tech) etc., etc. ?............................................................................ $231

Copie de la bande sonore du film *Xanadu* (?)......................... $14,32

Service de recherche informatique (tentative infructueuse de retrouver deux ans de notes dans un journal à partir d'un disque dur externe, expirées)............................................................ $75

Total net......................................................................... $39 567,68

Ce qui n'est tout de même pas si mal, quand on y pense – plus que l'auteur, qui ne possède pas d'animal domestique, ne peut dépenser. En conséquence, il s'engage à vous en verser une partie, ou du moins à certains d'entre vous. Les deux cents premiers lecteurs du livre qui écriront en apportant la preuve qu'ils ont lu le livre et absorbé les nombreuses leçons qu'il contient recevront chacun un chèque, de l'auteur, de $5, tiré sur une banque américaine, sans doute la Chase Manhattan, qui n'est pas une bonne banque

– n'y ouvrez pas de compte. Mais : comment prouver que vous avez acheté et lu le livre ? Disons que nous procéderons ainsi : prenez le livre, que vous devez avoir acheté[1] – joignez votre ticket, ou une copie du ticket – et demandez à quelqu'un de prendre une photo de vous en train de lire le livre, ou peut-être d'en faire un meilleur usage. Une considération spéciale sera accordée à : a) l'inclusion d'un bébé (ou de bébés) dans la photo, car tout le monde sait que les bébés sont mignons ; b) l'inclusion dans la photo d'un bébé avec une langue exceptionnellement grande ; c) aux photos prises dans des lieux exotiques (avec le livre, souvenez-vous) ; aux photos du livre contre lequel se frotte un panda rouge, un mammifère qui ressemble à un ours et à un raton laveur, aussi connu sous le nom de « petit panda », originaire du centre de la Chine et qui se frotte souvent contre les choses pour marquer son territoire. N'OUBLIEZ PAS : de vous centrer, ou votre sujet, dans la photo. Si vous utilisez un appareil autofocus avec lentille de 35 mm, rapprochez-vous plus que vous ne croyez devoir le faire ; la lentille, parce qu'elle est convexe, a pour effet de vous faire reculer d'un mètre cinquante à deux mètres. AUSSI : gardez vos vêtements, s'il vous plaît. Les lecteurs suffisamment informés pour avoir pris un exemplaire d'une publication trimestrielle particulière connaîtront aussi l'adresse qui leur permettra de recevoir rapidement cet argent gratuit (bien que cette adresse ne soit valable que jusqu'en août 2000) et seront donc avantagés, question temps. Sinon, envoyez vos élégantes photos à :

1. Il va sans dire que si vous avez pris ce livre à la bibliothèque ou si vous le lisez en édition de poche, vous arrivez beaucoup, beaucoup trop tard. Mais j'y songe, vous lisez peut-être ceci loin, loin dans le futur – il est sans doute enseigné dans toutes les écoles ! Dites-moi, je vous prie : c'est comment dans le futur ? Tout le monde porte-t-il la toge ? Les voitures sont-elles plus arrondies, ou moins arrondies ? Y a-t-il un ligue féminine de foot ?

Offre U.O.D.G.R. c/o Geoff Kloske
Simon & Schuster
1230 Avenue of the Americas
New York, NY 10020

Si, le temps que l'auteur reçoive votre lettre, il a déjà distribué les deux cents chèques, la chance peut encore vous sourire. Si votre photo est amusante ou si votre nom ou celui de votre ville a une consonance malheureuse, et si vous joignez une enveloppe timbrée à votre adresse, il mettra quelque chose (pas de l'argent) dans l'enveloppe et la renverra, parce qu'il n'a pas le câble, et il a besoin de distractions. Bon[2]. L'auteur voudrait maintenant respecter votre désir d'attaquer l'intrigue, le corps du livre, l'histoire. Il va le faire, et contrairement à ce qui a été dit en D), il vous donnera, pendant une bonne centaine de pages, de la prose ininterrompue, spontanée, propre à divertir, à attrister et de temps en temps, à encourager. Il va commencer cette histoire d'une minute à l'autre, parce qu'il sait quand le temps est venu, quand c'est le moment, quand il faut y aller. Il reconnaît les besoins et les sentiments d'un lecteur, le fait que celui-ci ne dispose que d'une certaine quantité de temps, de patience – ce déconnage apparemment interminable, ces raclements de gorge sans fin peuvent facilement ressembler à, ou même *devenir*, une sorte de temporisation méprisante, une façon de décourager le lecteur, et personne ne veut ça. (Ou bien si ?) Alors nous allons avancer, parce que l'auteur, comme vous, veut avancer, entrer dans le vif

2. Une histoire intéressante : mon père nous a raconté un jour comment lui et son ami Les avaient trouvé un moyen, quand ils cherchaient à gagner du temps dans une réunion ou au cours d'une déposition (Les et lui étaient avocats [Les, qui est vivant et en bonne santé, est toujours avocat]). Au lieu de dire « Hem » ou « Euh », on pouvait dire « Bon… », un mot qui accomplit deux choses : il sert le même objectif de gagner du temps que « hem » ou « euh », mais au lieu d'être déroutant et idiot, il crée du suspense pour la suite, quelle qu'elle soit, que le locuteur ne connaît pas encore.

du sujet, plonger directement et revoir tout ça, parce que c'est une histoire à raconter, chargée comme elle l'est de mort et de rédemption, d'amertume et de trahison. Aussi nous plongerons, après quelques remerciements supplémentaires. L'auteur voudrait remercier les hommes et les femmes courageux qui servent dans les forces armées des États-Unis. Il leur souhaite beaucoup de bien, et espère qu'ils rentreront bientôt dans leurs foyers. C'est-à-dire, s'ils en ont envie. S'ils aiment l'endroit où ils sont, il espère qu'ils y resteront. Du moins jusqu'au moment où ils voudront rentrer. Alors ils devraient revenir directement, par le prochain avion. L'auteur voudrait aussi remercier les créateurs des méchants et des superhéros dans les bandes dessinées, ceux qui ont inventé, ou du moins popularisé, l'idée de la personne normale, aux manières douces, transformée en mutant par un accident exceptionnel, et qui désormais est conduite par un curieux mélange de l'amertume la plus noire et de l'espoir le plus insensé à faire des choses très, très étranges et stupides, souvent au nom du Bien. Les créateurs de bandes dessinées semblent avoir trouvé un filon. À présent, dans un esprit de *glasnot* et d'interprétation, l'auteur voudrait vous épargner des efforts en proposant un guide sommaire d'un peu plus de la moitié des métaphores du livre. (Page suivante.)

GUIDE INCOMPLET DES SYMBOLES ET MÉTAPHORES

| | | |
|---|---|---|
| Soleil | = | Mère |
| Lune | = | Père |
| Séjour | = | Passé |
| Saignement de nez | = | Désintégration |
| Tumeur | = | Mauvais présage |
| Ciel | = | Émancipation |
| Océan | = | Mortalité |
| Pont | = | Pont |
| Portefeuille | = | Sécurité<br>Père<br>Passé<br>Style |
| Cordage | = | Équivalent transcendantal |
| Lit blanc | = | Utérus |
| Meubles, tapis, etc… | = | Passé |
| Petit ours en peluche | = | Mère |
| Poupées | = | Mère |
| Lac Michigan | = | Mère<br>Passé<br>Paix<br>Chaos<br>Inconnu |
| Mère | = | Mortalité |
| Mère | = | Amour |
| Mère | = | Rage |
| Mère | = | Cancer |
| Betsy | = | Passé |
| John | = | Père |
| Shalini | = | Promesse |
| Skye | = | Promesse |
| Moi | = | Mère |

Note : aucun symbolisme n'est attaché à l'utilisation de « Any Way You Want It » de Journey.

L'auteur voudrait aussi reconnaître sa tendance à exagérer. Et sa tendance à fabuler pour paraître meilleur, ou pire, selon ce qui sert son propos du moment. Il voudrait aussi reconnaître que non, il n'est pas la seule personne à avoir jamais perdu ses parents et qu'il n'est pas non plus la seule personne à avoir perdu ses parents et hérité d'un enfant. Mais il voudrait faire remarquer qu'à l'heure actuelle il est la seule personne dans ce cas à avoir un contrat pour un livre. Il voudrait remercier le distingué sénateur du Massachusetts. Et reconnaître l'État palestinien. Et la logique implicite de la règle qui consiste à repasser un but au ralenti. Et que lui aussi est conscient de tous les défauts et points faibles du livre, quels qu'ils soient pour vous, et qu'il vous tire son chapeau pour les avoir remarqués. Et pendant qu'il y pense, il voudrait aussi remercier son frère Bill après tout ; son frère Bill est un si brave type. Et l'éditeur de ce livre, Geoff Kloske, et l'assistante de M. Kloske, Nicole Graev, qui intervertit les voyelles mais qui par ailleurs est charmante. Et bien sûr Elyse Cheney, qui a été là, malheureusement pour elle, depuis le début. Et aussi C. Leyshon, A. Quinn, J. Lethem et V. Vida pour avoir calmé les craintes de l'auteur, sans parler d'Adrienne Miller, John Warner, Marny Requa et Sarah Vowell, dont les lectures de ce livre avant qu'il ne soit lisible ont été très appréciées (quoique, en y pensant, l'auteur a refilé cent dollars à Warner, ce qui rend ses remerciements plutôt superflus). Et encore une fois, toutes les personnes qui figurent dans cette histoire, en particulier M. C.M.E., qui se reconnaîtra. Enfin, l'auteur voudrait aussi remercier les hommes et les femmes des services postaux des États-Unis, pour avoir accompli une tâche souvent ingrate avec beaucoup d'aplomb et, étant donné l'ampleur de l'entreprise, avec une étonnante efficacité.

Voici le dessin d'une agrafeuse :

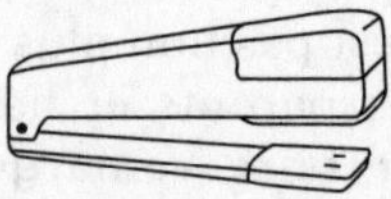

# I

À travers la petite fenêtre haute de la salle de bains, le jardin de décembre est gris et griffu, les arbres calligraphiques. La vapeur du séchoir sort maladroitement de la maison, monte et se déchire en tournoyant dans le ciel blanc.

La maison est une usine.

Je remonte mon pantalon et je retourne voir ma mère. Je prends le couloir, je traverse la buanderie, et j'entre dans notre séjour. Je ferme la porte derrière moi, étouffant le grondement des chaussures dans le séchoir, celles de Toph.

« Où étais-tu ? demande ma mère.

— Dans la salle de bains, dis-je.

— Hmph, fait-elle.

— Quoi ?

— Pendant un quart d'heure ?

— Pas si longtemps.

— Plus longtemps. Quelque chose était cassé ?

— Non.

— Tu es tombé dans le trou ?

— Non.

— Tu faisais des choses ?

— Je me coupais les cheveux.

— Tu te contemplais le nombril.

— Oui, tout ce que tu veux.

— Tu as nettoyé ?

— Ouais. »

Je n'avais pas nettoyé, j'avais laissé des cheveux partout en fait, des tortillons bruns qui avaient été aspirés dans le lavabo, mais je savais que ma mère ne s'en apercevrait pas. Elle ne pouvait pas se lever pour vérifier.

Ma mère est sur le canapé. À ce stade, elle ne le quitte pas. Avant, jusqu'à ces derniers mois, elle se déplaçait. Elle marchait, elle conduisait, elle faisait des courses. Après, il y a eu une période où elle passait le plus clair de son temps dans son fauteuil, celui près du canapé, mais elle faisait encore des choses parfois, elle sortait, et tout. Finalement elle s'est installée sur le canapé, et même alors, pendant quelque temps du moins, alors qu'elle passait presque toute la journée sur le canapé, le soir vers onze heures elle mettait un point d'honneur à monter, lentement et prudemment sur le tapis vert de l'escalier, ses pieds nus encore bronzés en novembre, dans la vieille chambre de ma sœur. Elle y dormait depuis des années – la pièce était rose et propre, avec un lit à colonnes, et elle avait décidé depuis longtemps qu'elle ne pouvait plus dormir avec mon père et sa toux.

Mais la dernière fois qu'elle est montée, c'était il y a des semaines. Maintenant elle est sur le canapé, elle n'en bouge plus, elle y reste allongée dans la journée et elle y dort la nuit, en chemise de nuit, la télé allumée jusqu'à l'aube, une couette sur elle, des pieds jusqu'au cou. Les gens savent.

Allongée sur le canapé la plus grande partie de la journée et de la nuit, ma mère tourne la tête pour regarder la télévision et la tourne dans l'autre sens pour cracher un fluide vert dans un récipient en plastique. Il est neuf. Pendant des semaines elle avait craché le fluide vert dans une serviette de toilette, pas la même mais une succession de serviettes, qu'elle gardait sur la poitrine. Mais la serviette sur la poitrine, on a remarqué au bout d'un moment, ma sœur Beth et moi, n'était pas l'endroit idéal où cracher le fluide vert, parce qu'en fin de compte il avait une odeur horrible, une odeur bien plus âcre qu'on n'aurait pu s'y attendre. (On s'attend à une odeur, bien sûr, mais *ça*.) Donc le fluide vert ne pouvait pas rester là, à empester puis à se pétrifier sur les serviettes éponge. (Parce qu'il formait une croûte sur les serviettes, elles étaient presque impossibles à nettoyer. Aussi elles ne servaient qu'une fois, et même si on en utilisait tous les coins, pliant et retournant, retournant et pliant, elles ne duraient que quelques jours, et on commençait à en manquer, même après avoir pillé les salles de bains, les placards, le garage.) Aussi finalement Beth s'est procuré un petit container en plastique, dans lequel notre mère a commencé à cracher. Il avait l'air improvisé, comme une pièce de climatiseur, mais il avait été fourni par l'hôpital, et pour autant qu'on sache, il était destiné aux gens qui crachent beaucoup de fluide vert. C'est un récipient en plastique moulé, de couleur crème, en forme de demi-lune, qu'on peut garder à portée de la main pour cracher. On peut le placer autour de la bouche d'une personne couchée, juste sous le menton, d'une façon qui permet au dépositaire de fluides organiques verts de lever la tête pour y cracher directement, ou simplement de laisser le fluide couler sur son menton, et dans le récipient placé dessous. C'était une grande trouvaille, ce récipient en demi-lune.

« Ce truc est pratique, hein ? je demande à ma mère en passant près d'elle pour aller à la cuisine.

— Voui, c'est le sourire du chat », dit-elle.

Je prends une glace à l'eau dans le réfrigérateur et je reviens dans le séjour.

On a retiré l'estomac de ma mère il y a six mois environ. À ce stade, il n'en restait pas beaucoup à enlever – ils avaient déjà retiré [j'utiliserais les termes médicaux si je les connaissais] le reste il y a un an. Puis ils ont attaché le [quelque chose] au [quelque chose], en espérant qu'ils avaient enlevé la partie atteinte, et ils l'ont mise sous chimiothérapie. Mais bien sûr ils n'avaient pas tout enlevé. Ils en avaient laissé un peu et ça avait grandi, c'était revenu, ça avait pondu des œufs, c'était en attente, collé à la paroi du vaisseau spatial. Elle avait paru aller mieux un moment, elle avait suivi la chimio, elle avait eu les perruques, et puis ses cheveux avaient repoussé – plus foncés, plus cassants. Mais six mois plus tard elle s'est mise à avoir de nouvelles douleurs – *Était-ce une indigestion ?* Ça pouvait être une indigestion, bien sûr, les renvois et la douleur, quand elle se pliait au-dessus de la table de la cuisine au dîner ; les gens ont des indigestions ; ils prennent des Tums ; *Hé, maman, tu veux que j'achète des Tums ?* mais quand elle est retournée à l'hôpital, et qu'ils l'ont « ouverte » – leur expression – et qu'ils ont regardé à l'intérieur, ils ont vu, les toubibs, c'était comme un millier de vers qui se tortillent sous une pierre, grouillants, luisants, humides et gras – *Grand Dieu !* – ou peut-être pas comme des vers mais comme un million de petits podules, chacun une minuscule cité de cancer, chacun avec une population indisciplinée, tentaculaire, sans respect pour l'environnement, sans le moindre règlement d'urbanisme. Quand le chirurgien a ouvert, et que brusquement de la lumière a été jetée sur ce monde de podules cancéreux, ils ont été furieux d'être dérangés, et plutôt impudents. *Éteignez. La putain. De lumière.* Ils fusillaient le docteur du regard, et chaque podule, bien qu'une ville en soi, n'avait qu'un œil, un méchant œil aveugle au milieu, qui fixait impérieusement, comme seul un œil aveugle peut le faire, le toubib. *Foutez. Le. Camp*. Les médecins ont fait ce qu'ils pouvaient, ils ont retiré tout l'estomac, ils ont relié ce qui restait, cette partie à cette autre, et ils l'ont recousue, laissant la ville en l'état, les colons à leur destin manifeste, leurs combustibles fossiles, leurs centres commerciaux et leurs banlieues galopantes, et ils ont remplacé l'estomac par un tube et un sac à perfusion externe et portatif. Il est plutôt mignon, le sac à perfusion. Elle le transportait avec elle, dans un sac à dos gris – il a un air futuriste, comme un paquet de glace synthétique mâtiné de ces poches de nourriture liquides conçues pour les voyages dans l'espace. On lui a donné un nom. On l'appelle « le sac ».

Ma mère et moi, on regarde la télé. C'est l'émission où de jeunes athlètes amateurs, qui travaillent dans le marketing et la technologie, se mesurent dans des sports de force et d'agilité à des culturistes hommes et femmes. Les culturistes sont généralement blonds et impeccablement bronzés. Ils sont magnifiques. Ils ont des noms qui rendent un son invincible, rapide, des noms comme des voitures américaines et des produits électroniques, comme Firestar, Mercury et Zenith. C'est une émission géniale.

« Qu'est-ce que c'est ? » demande-t-elle en se penchant vers la télé. Ses yeux, qui étaient petits, perçants, intimidants, sont maintenant ternes, jaunes, fanés, tendus – et parce qu'elle crache, ils ont une expression d'exaspération constante.

« L'épreuve de lutte, dis-je.

— Hmm, fait-elle, puis elle se tourne et lève la tête pour cracher.

— Ça saigne encore ? je demande, en suçant ma glace à l'eau.

— Ouais. »

Nous avons un saignement de nez. Quand j'étais dans la salle de bains, elle se tenait le nez, mais elle ne peut pas le serrer assez, alors maintenant je prends la relève, lui pinçant les narines de ma main libre. Sa peau est grasse, lisse.

« Tiens-le plus serré, dit-elle.

— OK », dis-je, et je serre un peu plus. Sa peau est chaude.

Les chaussures de Toph continuent à gronder.

Il y a un mois Beth s'est réveillée de bonne heure ; elle ne se rappelle pas pourquoi. Elle a descendu l'escalier, à pas feutrés sur le tapis vert, et elle est arrivée sur l'ardoise noire du vestibule. La porte d'entrée était ouverte, la porte grillagée fermée. C'était l'automne, il faisait froid, alors des deux mains elle a fermé la grande porte en bois, clic, et elle a bifurqué vers la cuisine. Elle a suivi le couloir, elle est entrée dans la cuisine, des toiles d'araignée de givre aux coins de la porte coulissante en verre, du givre sur les arbres nus dans le jardin derrière. Elle a ouvert le réfrigérateur et regardé à l'intérieur. Du lait, des fruits, des sacs à perf avec la date d'utilisation. Elle a refermé le réfrigérateur. Elle est passée de la cuisine au séjour, où les rideaux qui encadrent la grande fenêtre étaient ouverts, et dehors la lumière était blanche. La fenêtre était un écran brillant, argenté, éclairé par-derrière. Elle a plissé les yeux pour accommoder. Et quand sa vision a été plus nette, au milieu de l'écran, au bout de l'allée, elle a vu mon père, agenouillé.

Ce n'est pas que notre famille n'ait pas de goût, c'est seulement qu'elle a des goûts disparates. Le papier peint des toilettes du rez-de-chaussée, bien qu'on l'ait eu avec la maison, est l'élément décoratif le plus parlant de la maison, avec un motif composé d'une quinzaine de slogans et d'expressions populaires à l'époque de son installation. *C'est bon, c'est beau, bravo !* sont disposés de façon à se réunir et se croiser en combinaisons étonnantes. *Et vas-y !* rencontre *Évacue* de façon que le V de *vas-y* forme aussi *évacue*. Les mots sont écrits en capitales stylisées, comme à la main, rouge et noir sur fond blanc. Ça ne pourrait pas être plus laid, et pourtant le papier est une nouveauté que les visiteurs apprécient, une preuve que la famille n'est pas obsédée par les problèmes de décoration, le signe d'une époque heureuse, un moment exubérant, fantaisiste de l'histoire américaine qui a engendré du papier peint exubérant et fantaisiste.

Le salon est assez élégant, en fait – propre, ordonné, plein d'antiquités et de meubles de famille, un tapis oriental au centre du parquet. Mais le séjour, la seule pièce où nous ayons tous passé du temps, a toujours été, pour le meilleur ou pour le pire, le reflet suprême de nos véritables inclinations. Il a toujours été encombré d'un bric-à-brac, les meubles rivalisant, les dents serrées et les coudes pointus, pour le titre de l'Objet le plus tarte. Pendant douze ans, les sièges dominants ont été couleur d'orange sanguine. Le canapé de notre jeunesse, qui jurait avec les fauteuils orange et le tapis blanc à poils longs, était écossais – vert, marron et blanc. Le séjour a toujours ressemblé à une cabine de navire, revêtu de bois, avec six lourdes poutres qui soutiennent, ou prétendent soutenir, le plafond. La pièce est sombre, et à part une dégradation générale du mobilier et des murs, elle n'a pas beaucoup changé depuis vingt ans qu'on est ici. Les meubles, dans leur écrasante majorité, sont bruns et trapus, comme le mobilier d'une famille d'ours. Notre dernier canapé en date, celui de mon père, est long et couvert de velours terre de Sienne, et le fauteuil à côté du canapé qui il y a cinq ans a remplacé les oranges sanguines est une méridienne écossaise brunâtre, celle de ma mère. Devant le canapé, la table basse est faite de la coupe transversale d'un arbre, découpée de façon à laisser l'écorce, bien qu'elle soit lourdement vernie. On l'a rapportée de Californie il y a des années et des années et, comme la plupart des meubles de la maison, elle illustre une sorte de philosophie humanitaire de la décoration – pour les meubles mis au rancart pour des raisons esthétiques, on est comme les familles qui adoptent des enfants perturbés et des réfugiés du monde entier – on voit leur beauté intérieure et on ne sait pas dire non.

Un mur de la pièce était – est toujours – dominé par une cheminée en brique. La cheminée a un petit recoin qui a été construit pour faciliter les grillades à l'intérieur, bien qu'on ne s'en serve jamais, principalement parce que, lorsqu'on a emménagé, on nous a dit que des ratons laveurs vivaient quelque part dans les hauteurs de la cheminée. Aussi pendant des années le recoin est resté sans objet, jusqu'au jour, il y a quatre ans, où mon père, possédé de la même sorte d'inspiration étrange qui l'a poussé pendant des années à décorer la lampe près du canapé d'araignées et de serpents en caoutchouc, y a installé un aquarium. L'aquarium, dont la taille avait été choisie au pifomètre, est parfaitement rentré.

« Hé, *hé* ! » avait-il dit quand il l'avait installé, en le glissant dans l'espace, avec pas plus d'un centimètre de jeu de chaque côté. « Hé, *hé* » était une chose qu'il disait, et à nos oreilles ça faisait un peu trop Fonzie, dans la bouche d'un avocat à cheveux gris en pantalon madras. « Hé, *hé* », disait-il après de pareils miracles, qui étaient prodigieux par leur nombre et l'émerveillement qu'ils procuraient – en plus du Miracle de l'Aquarium qui est Rentré Tout Seul, il y a eu, par exemple, le Miracle d'avoir Branché la Télé sur la Stéréo pour avoir un Vrai Son Stéréo, sans parler du Miracle d'Avoir Fait Passer les Fils de la Nintendo *Sous* la Moquette Pour que le Bébé ne Trébuche Pas Dessus Tout le Temps Bon Sang. (Il était accro à la Nintendo.) Pour attirer l'attention sur chaque merveille, il se plantait devant quiconque se trouvait dans la pièce et, avec un sourire à tout casser, il serrait ses mains triomphalement, sur une épaule puis sur l'autre, comme le louveteau vainqueur du Pinewood Derby. Parfois, par modestie, il le faisait les yeux fermés et la tête penchée. C'est moi qui ai fait ça ?

« Espèce de minable, on disait.

— Oh, va te faire voir », répondait-il, et il allait se préparer un Bloody Mary.

Le plafond dans un coin du salon est taché de cercles concentriques jaunes et bruns, un souvenir des lourdes pluies du printemps passé. La porte du vestibule pend par l'un de ses trois gonds. La moquette, blanc cassé, est usée jusqu'à la corde et l'aspirateur n'y a pas été passé depuis des mois. Les moustiquaires sont encore relevées – mon père a essayé de les baisser mais cette année il n'a pas pu. La grande fenêtre du séjour donne à l'est, et comme la maison est située sous de gros ormes, elle reçoit peu de lumière. La lumière, dans le séjour, n'est pas très différente de jour et de nuit. La pièce est sombre en général.

Je suis rentré de l'université pour les vacances de Noël. Notre frère aîné, Bill, est retourné à D.C., où il travaille pour la Heritage Foundation – quelque chose à voir avec l'économie de l'Europe de l'Est, les privatisations, les conversions. Ma sœur est à la maison parce qu'elle a été à la maison toute l'année – elle a remis à plus tard ses études de droit pour être ici, pour le plaisir. Quand je rentre, Beth sort.

« Où vas-tu ? je demande d'habitude.

— Je sors », répond-elle d'habitude.

Je tiens le nez. Tandis que le nez saigne et que nous tentons de l'arrêter, on regarde la télé. À la télé un comptable de Denver essaie de grimper à un mur avant qu'un culturiste du nom de Striker ne l'attrape et ne l'arrache du mur. Certaines parties du jeu peuvent être tendues – il y a une course à l'obstacle où les concurrents courent les uns contre les autres et aussi contre la montre, et à un autre moment ils se frappent avec des pagaïes terminées par des éponges, et les deux peuvent être extrêmement excitants, surtout si la compétition est serrée, bien équilibrée, avec un gros enjeu – mais l'épreuve où ils grimpent au mur est trop pénible. L'idée que le comptable soit poursuivi pendant qu'il grimpe au mur... personne ne veut être poursuivi en grimpant à un mur, par des choses, des gens, des mains qui vous saisissent les chevilles quand vous parvenez à la cloche au sommet. Striker veut attraper le comptable et le faire tomber – de temps en temps il saute en l'air pour lui saisir les jambes – il n'a besoin que d'une bonne prise, sauter, une bonne prise et tirer d'un seul coup – et si Striker et ses mains y parviennent avant que le comptable puisse sonner la cloche... c'est la partie horrible du spectacle. Le comptable grimpe vite, fiévreusement, plantant un pied après l'autre, et pendant une seconde on dirait qu'il va y arriver, parce que Striker est si loin en dessous, au moins la hauteur de deux personnes, mais le comptable s'arrête. Il ne voit pas sa prochaine manœuvre. La prochaine saillie est trop loin d'où il se trouve. Alors il recule, descend d'un cran pour essayer un nouveau parcours, et quand il descend le suspense est insupportable. Il descend et repart du côté gauche du mur, mais soudain Striker est là, on ne sait pas d'où il sort – *il n'était même pas sur l'écran !* – il attrape la jambe du comptable par le mollet, il tire et c'est fini. Le comptable s'envole du mur (attaché par une corde bien sûr), et il descend lentement au sol. C'est terrible. Je ne regarderai plus ce show.

Maman préfère l'émission où trois jeunes femmes, assises sur un canapé de couleur pastel, racontent leur rendez-vous avec un inconnu, une sortie qu'elles ont aimée ou détestée, mais avec le même homme. Maman et Beth regardent cette émission tous les soirs depuis des mois. Parfois les participants ont couché ensemble, mais ils emploient de drôles de mots pour en parler. Et il y a le présentateur, un type marrant avec un gros nez et des cheveux noirs bouclés. Il est drôle, l'émission l'amuse, il maintient un ton allègre. À la fin de l'émission, le célibataire choisit l'une des trois pour sortir encore avec elle. Le présentateur fait alors quelque chose de vraiment incroyable : bien qu'il ait déjà payé pour les trois sorties déjà décrites, et qu'il n'ait rien à gagner à aller plus loin, *il donne tout de même au célibataire et à son élue de l'argent pour leur prochain rendez-vous*.

Maman regarde ça tous les soirs ; c'est la seule chose qu'elle puisse regarder sans s'endormir, comme ça lui arrive souvent. Dans la journée elle s'endort et se réveille sans arrêt. Mais elle ne dort pas la nuit.

« Bien sûr que tu dors la nuit, dis-je.

— Non, dit-elle.

— Tout le monde dort la nuit, dis-je – on ne me fera pas changer d'avis là-dessus – même si on n'en a pas l'impression. La nuit est beaucoup, beaucoup trop longue pour rester éveillé tout le temps. C'est vrai, il y a eu des fois où j'étais vraiment sûr d'être resté éveillé toute la nuit, comme quand j'étais certain que les vampires des *Vampires de Salem* – tu te rappelles ce film, avec David Soul ? Les gens empalés sur les bois de cerf ? J'avais peur de dormir, alors je restais toute la nuit à regarder la petite télé portative sur mon ventre, toute la nuit, et j'avais peur de fermer l'œil, parce que j'étais sûr qu'ils attendaient juste ce moment pour flotter vers ma fenêtre, ou dans le couloir, et me mordre, lentement lentement… »

Elle crache dans sa demi-lune et me regarde.

« De quoi tu parles, bon sang ? »

Dans la cheminée, l'aquarium est toujours là, mais les poissons, quatre ou cinq de ces poissons rouges aux yeux exorbités, couverts d'éléphantiasis, sont morts depuis des semaines. L'eau, toujours éclairée d'en haut par la lumière violacée de l'aquarium, est grise de moisissures et d'excréments de poisson, brumeuse comme une boule où l'on a secoué la neige. Je me demande une chose. Je me demande quel goût aurait l'eau ? De cocktail nutritionnel ? D'eaux usées ? Je songe à demander à ma mère : *quel goût tu crois qu'elle aurait, l'eau ?* Mais elle ne trouvera pas la question amusante. Elle ne répondra pas.

« Tu veux vérifier ? » dit-elle, en parlant de son nez.

Je lâche ses narines. Rien.

Je regarde le nez. Elle a encore le bronzage de l'été. Sa peau est lisse, brune.

Puis il vient, le sang, d'abord un mince ruisselet, suivi d'une anguille épaisse, qui se risque lentement. Je prends une serviette et je l'essuie.

« Ça saigne encore », dis-je.

Depuis quelque temps il y a une chute des globules blancs. Son sang coagule mal, a dit le toubib la dernière fois que ça s'est produit, aussi, a-t-il dit, il faut éviter tout saignement. Le prochain pourrait bien être la fin. Oui, a-t-on dit. On n'était pas inquiets. Il semblait fort peu probable qu'elle perde du sang, avec sa façon de vivre sur le canapé. *J'éloignerai les objets pointus,* avais-je plaisanté à l'intention du médecin. Il n'a pas ri. Je me suis demandé s'il m'avait entendu. J'ai songé à le répéter, mais ensuite je me suis dit qu'il avait sûrement entendu et n'avait pas trouvé ça drôle. Mais peut-être ne m'a-t-il pas entendu. J'ai songé un instant, alors, à accentuer la plaisanterie, à l'exagérer, pour ainsi dire, la seconde relevant la première en y rajoutant une couche. *Plus de bagarres au couteau*, j'aurais pu dire. *Plus de lancer de couteau*, hi, hi. Mais ce toubib ne plaisante pas beaucoup. Certaines infirmières, si. C'est notre rôle de plaisanter avec les docteurs et les infirmières. C'est notre rôle d'écouter les docteurs, et après les avoir écoutés, Beth pose généralement des questions précises – *tous les combien elle devra prendre ça ? On ne peut pas simplement l'ajouter au mélange dans la perfusion ?* – et parfois on ajoute un peu de légèreté par une remarque spirituelle. J'ai appris ça dans les livres et à la télé. On doit plaisanter face à l'adversité ; il y a toujours l'humour, paraît-il. Mais ces dernières semaines, on n'en a pas trouvé beaucoup. On a cherché des choses drôles, mais on en a trouvé très peu.

« Je n'arrive pas à faire marcher le jeu », dit Toph, qui est arrivé du sous-sol. La semaine dernière c'était Noël, et on lui a pris tout un tas de nouveaux jeux pour la Sega.

« Quoi ?

— Je n'arrive pas à faire marcher le jeu.

— Il est allumé ?

— Oui.

— La cartouche est bien rentrée ?

— Oui.

— Éteins-le et rallume-le.

— OK », dit-il, et il retourne en bas.

Par la fenêtre du séjour, au milieu de l'écran blanc argenté, mon père était dans son costume gris, habillé pour le travail. Beth s'est arrêtée dans le passage entre la cuisine et le séjour et elle a regardé. Les arbres du jardin de l'autre côté de la rue étaient immenses, leur tronc gris, avec de hautes branches, l'herbe courte de la pelouse était jaunie, ponctuée de feuilles d'automne. Il ne bougeait pas. Son costume, même s'il était à genoux, penché en avant, flottait sur ses épaules et son dos. Il avait tellement maigri. Une voiture est passée, grise et floue. Elle a attendu qu'il se relève.

Vous devriez voir l'endroit où était son estomac. Il a grossi comme une citrouille. Rond, ballonné. C'est curieux – ils ont enlevé l'estomac, et un peu de la région environnante si je me souviens bien, et avec tout ça en moins elle a l'air enceinte. On le voit, le renflement, même sous la couverture. Je suppose que c'est le cancer, mais je n'ai pas demandé à ma mère, ni à Beth. Est-ce le ballonnement de l'enfant sous-alimenté ? Je ne sais pas. Je ne pose pas de questions. Avant, quand j'ai dit que je posais des questions, je mentais.

À ce stade, le nez saignait depuis dix minutes. Elle avait eu un saignement de nez une fois, environ deux semaines plus tôt, et Beth ne pouvait pas l'arrêter, alors elles étaient allées aux urgences. Ils l'avaient gardée deux jours à l'hôpital. Son cancérologue, que parfois on aimait bien mais pas toujours, est venu la voir et il a jeté un coup d'œil aux graphiques encadrés d'acier, il a bavardé à son chevet – il est son cancérologue depuis des années. Ils lui ont donné du sang et ils ont surveillé les globules blancs. Ils voulaient la garder plus longtemps, mais elle a insisté pour rentrer chez elle ; elle était terrifiée d'être là, elle en avait fini avec les hôpitaux, elle ne voulait pas…

Elle était sortie vaincue, dépouillée, et à présent, bien tranquille à la maison, elle ne voulait pas y retourner. Elle nous avait fait promettre, à Beth et à moi, qu'elle n'aurait jamais à retourner à l'hôpital. On avait promis.

« D'accord, avons-nous dit.

— Je parle sérieusement.

— *D'accord* », avons-nous répété.

Je pousse son front le plus en arrière possible. Le bras du canapé est mou et pliant.

Elle crache. Elle a l'habitude de cracher, mais elle fait encore de petits bruits comme si elle vomissait.

« Ça fait mal ? je demande.

— Quoi donc ?

— De cracher.

— Non, ça fait du bien, idiot.

— Pardon. »

Une famille passe dehors, deux parents, un petit enfant en anorak et pantalon de ski, une poussette. Ils ne regardent pas par notre fenêtre. C'est difficile de dire s'ils savent. Ils savent peut-être mais ils sont polis. Les gens savent.

Ma mère aime que les rideaux soient ouverts pour voir le jardin et la rue. Pendant la journée il fait souvent très clair dehors, et bien que la clarté soit visible de l'intérieur de la pièce, pour une raison quelconque la lumière n'y pénètre pas bien, elle ne produit pas d'illumination notable. Je ne suis pas partisan des rideaux ouverts.

Certaines personnes savent. Bien sûr qu'elles savent.

Les gens savent.

Tout le monde sait.

Tout le monde parle. Attend.

J'ai des projets pour eux, les fouineurs, les curieux, ceux qui s'apitoient, j'ai élaboré des fantasmes compliqués pour ceux qui nous voient grotesques, pathétiques, notre situation matière à commérage. J'imagine des strangulations – *Tst, tst, j'ai entendu dire qu'elle* – ARGHH – des cous brisés – *que va-t-il arriver à ce pauvre petit ga* – CRAAC – j'imagine que je donne des coups de pied à des corps recroquevillés sur le sol, crachant du sang tout en – *Merde, putain de merde, je regrette, je regrette !* – suppliant d'être épargnés. Je les soulève au-dessus de ma tête puis je les abats, je les brise sur mon genou, leurs colonnes vertébrales fragiles comme des chevilles de balsa. Vous voyez ça ? Je pousse les coupables dans des cuves géantes d'acide et je les regarde lutter, hurler quand l'acide les brûle, les met en pièces. Mes mains volent vers eux, leur déchirent la peau, j'arrache les cœurs et les intestins et je les jette. J'écrase des têtes, je décapite, je travaille avec des battes de baseball – la variété et le degré du châtiment dépendent du coupable et de son crime. Ceux que je n'aime pas ou que ma mère n'aime pas déjà au départ récoltent le pire – en général de longues strangulations, les visages rouges puis violets puis mauves. Ceux que je connais à peine, comme la famille qui vient de passer, évitent le pire – rien de personnel. Je les écraserai avec ma voiture.

On est tous les deux un peu inquiets du nez qui saigne, ma mère et moi, mais pour le moment on fait comme si le saignement allait s'arrêter. Pendant que je tiens son nez elle tient le récipient en demi-lune sur la partie supérieure de sa poitrine, sous son menton.

Juste à ce moment j'ai une idée géniale. Je lui demande de parler drôlement, comme les gens parlent quand on leur tient le nez.

« S'il te plaît ? dis-je.

— Non, dit-elle.

— Allez.

— Arrête.

— *Quoi ?* »

Les mains de ma mère sont fortes et noueuses. On voit les veines de son cou. Elle a des taches de rousseur dans le dos. Avant, elle faisait un tour où elle avait l'air de s'arracher le pouce, et ce n'était pas vrai. Vous connaissez ce truc ? On fait croire que le pouce droit fait partie de votre main gauche, puis on le glisse de haut en bas contre l'index de la main gauche – on l'attache et on le détache. C'est un truc déconcertant, et encore plus quand ma mère le faisait, parce qu'avec elle, ses mains tremblaient, vibraient, les veines de son cou se gonflaient, se tendaient, son visage soumis à l'effort qui normalement accompagnerait l'arrachement du pouce. Enfants, on regardait ça ravis et terrorisés. On savait que ce n'était pas vrai, on l'avait vu des douzaines de fois, mais le pouvoir du tour ne diminuait jamais, parce que ma mère avait une présence physique exceptionnelle – elle était toute en peau et en muscles. On le lui faisait faire pour nos amis, qui étaient aussi horrifiés et captivés. Mais les gosses l'adoraient. Tout le monde la connaissait à l'école – elle mettait en scène les pièces à l'école primaire, elle prenait les enfants qui vivaient un divorce, elle les connaissait tous et leur donnait de l'amour, et elle n'était pas timide pour les embrasser, en particulier les timides – c'était une sorte de compréhension naturelle, une absence totale de doute sur ce qu'elle faisait qui mettait les gens à l'aise, contrairement aux autres mères, si peu sûres d'elles, si cassantes. Évidemment, si elle n'aimait pas un gosse, il le savait. Comme Dean Baldwin, ce garçon mastoc aux cheveux blond sale qui habitait un peu plus loin dans la rue et qui, de la chaussée, sans être provoqué, lui faisait un bras d'honneur quand elle passait en voiture. « Sale gosse », disait-elle, et elle parlait sérieusement – elle avait une dureté intérieure à laquelle en aucun cas on n'aurait voulu se frotter – et elle l'aurait rayé de sa liste jusqu'à la seconde où il se serait excusé (Dean, malheureusement, ne l'a jamais fait), et là, elle l'aurait embrassé comme n'importe qui. Elle était forte physiquement, mais tout son pouvoir résidait dans ses yeux, petits et bleus, et quand elle les plissait, c'était avec une intensité meurtrière qui signifiait, distinctement, que poussée à bout, elle tiendrait la promesse implicite de ce regard, que pour protéger ce qu'elle aimait, rien ne l'arrêterait, elle vous passerait dessus. Mais elle portait sa force avec nonchalance, elle avait une confiance négligente en sa chair et ses muscles. Elle se coupait en tranchant les légumes, se coupait salement le doigt, le pouce en général, et il saignait partout, sur les tomates, sur la planche, dans l'évier, pendant qu'on regardait, plantés à côté d'elle, impressionnés, croyant qu'elle allait mourir. Mais elle se contentait de grimacer, lavait son pouce sous le robinet, l'enveloppait dans une serviette en papier et continuait de couper, pendant que le sang filtrait lentement à travers la serviette, rampait, comme le sang rampe, du centre humide de la blessure vers l'extérieur.

À côté de la télé il y a différentes photos de nous enfants, et l'une nous représente Bill, Beth, et moi, tous âgés de moins de sept ans, dans un dinghy orange, des expressions de panique sur le visage. Sur la photo, on a l'air entourés d'eau, à des kilomètres de la côte apparemment – c'est sûrement ce qu'indiquent nos expressions. Mais bien sûr on ne pouvait pas être à plus de trois mètres du bord, et notre mère se tenait devant nous, de l'eau jusqu'aux chevilles, avec son maillot une pièce marron à franges blanches, pour prendre la photo. C'est celle qu'on connaît le mieux, celle qu'on voyait tous les jours, et ses couleurs – le bleu du lac Michigan, l'orange du canot, nos peaux bronzées et nos cheveux blonds – sont les couleurs qu'on associe à notre enfance. Sur le cliché on tient le bord du petit bateau, on veut sortir, que notre mère nous en sorte, avant que ce machin ne coule ou ne dérive.

« Comment ça va à la fac ? demande-t-elle.

— Très bien. »

Je ne lui dis pas que j'ai séché des cours.

« Comment va Kirsten ?

— Elle va bien.

— Je l'ai toujours appréciée. Gentille fille. Elle a du cran. »

Quand je pose ma tête sur le canapé je sais que ça va arriver, ça va arriver comme quelque chose dans le courrier, qu'on a commandé. On sait que ça viendra, mais pas très bien quand – des semaines, des mois ? Elle a cinquante et un ans. J'en ai vingt et un. Ma sœur vingt-trois. Mes frères ont vingt-quatre ans et sept ans.

On est prêts. On n'est pas prêts. Les gens savent.

Notre maison est sur une faille. Notre maison est celle qui est aspirée dans la tornade, la petite maison du train électrique qui flotte impuissante, pitoyable, dans le sombre entonnoir hurlant. On est faibles et minuscules. On est La Grenade. Des hommes tombent du ciel en parachute.

On attend que tout finisse par s'arrêter de fonctionner – les organes et les systèmes, un par un, lèveront les bras – *c'est cuit*, dit le système endocrinien ; *j'ai fait ce que j'ai pu*, dit l'estomac, ou ce qu'il en reste ; *on les aura la prochaine fois*, ajoute le cœur, avec une bourrade amicale à l'épaule.

Au bout d'une demi-heure je retire la serviette, et pendant un moment le sang ne vient pas.

« Je crois qu'on a gagné, dis-je.

— Vraiment ? dit-elle en me regardant.

— Rien ne vient. »

Je remarque la largeur de ses pores, surtout sur son nez. Sa peau est tannée depuis des années, bronzée en permanence, ce n'est pas vilain, mais c'est intéressant, étant donné ses origines irlandaises, le fait qu'elle a dû grandir avec le teint clair.

Il commence à revenir, le sang, épais et lent d'abord, moucheté de restes noirs de croûtes, puis plus fluide, d'un rouge plus clair. Je serre de nouveau.

« Trop fort, dit-elle. Ça fait mal.

— Désolé, dis-je.

— J'ai faim », dit une voix. Toph. Il est debout derrière moi, près du canapé.

« Quoi ? dis-je.

— J'ai faim.

— Je ne peux pas te donner à manger maintenant. Prends quelque chose dans le frigo.

— Comme quoi ?

— Ça m'est égal. N'importe quoi.

— Comme quoi ?

— Je ne sais pas.

— Qu'est-ce qu'on a ?

— Pourquoi tu ne regardes pas ? Tu as sept ans, tu es parfaitement capable de regarder.

— On n'a rien de bon.

— Alors ne mange pas.

— Mais j'ai faim.

— Alors mange quelque chose.

— Mais quoi ?

— Bon sang, Toph, prends une pomme.

— Je ne veux pas de pomme.

— Viens ici, chéri, dit maman.

— On prendra quelque chose à manger plus tard, dis-je.

— Viens voir maman.

— Quoi à manger ?

— Va en bas, Topher. »

Toph retourne en bas.

« Il a peur de moi, dit-elle.

— Il n'a pas peur de toi. »

Quelques minutes plus tard, je soulève la serviette pour voir le nez. Il devient violet. Le sang n'épaissit pas, il est toujours fluide et rouge.

« Ça ne coagule pas, dis-je.

— Je sais.

— Qu'est-ce que tu veux faire ?

— Rien.

— Qu'est-ce que tu veux dire, rien ?

— Ça va s'arrêter.

— Ça ne s'arrête pas.

— Attends un peu.

— On a attendu un peu.

— Attends encore.

— Je crois qu'on devrait faire quelque chose.

— Attends.

— Beth revient quand ?

— Je ne sais pas.

— On devrait faire quelque chose.

— Très bien. Appelle l'infirmière. »

Je téléphone à l'infirmière qu'on appelle quand on a des questions. On l'appelle quand la perfusion ne s'écoule pas correctement, ou quand il y a une bulle dans le tube, ou quand des ecchymoses grandes comme des assiettes apparaissent sur le dos de notre mère. Pour le nez, l'infirmière suggère d'appuyer et de lui garder la tête en arrière. Je lui dis que c'est exactement ce que j'ai fait, et que ça n'a pas marché. Elle suggère de la glace. Je dis merci, je raccroche et je vais à la cuisine où j'enveloppe trois glaçons dans une serviette en papier. Je les rapporte et je les applique sur l'arête de son nez.

« Ah ! dit-elle.

— Désolé.

— C'est froid.

— C'est de la glace.

— Je sais que c'est de la glace.

— Eh bien, la glace est froide. »

Il faut toujours que je serre le nez, alors je serre de la main gauche, et de la droite je tiens la glace sur l'arête du nez. C'est difficile, et je ne peux pas faire les deux assis sur le bras du canapé, et regarder quand même la télé. J'essaie de m'agenouiller par terre à côté du canapé. Je tends le bras par-dessus celui du canapé pour appliquer la glace d'une main et serrer de l'autre. Ça marche très bien, mais au bout d'un petit moment j'ai mal au cou, parce que je dois le tourner de quatre-vingt-dix degrés pour voir l'écran. Ça ne va pas.

J'ai une inspiration. Je grimpe au-dessus des coussins, sur le dos du canapé. Je m'y allonge et les coussins soupirent quand j'y installe mon poids. Je me penche pour que ma tête et mes bras soient dans la même direction, mes mains atteignent son nez et ma tête repose confortablement au sommet du canapé, avec une bonne vue du poste. Parfait. Elle me regarde et roule les prunelles. Je lève le pouce. Puis elle crache du fluide vert dans le récipient en demi-lune.

Mon père n'avait pas bougé. Beth est restée à l'entrée du séjour et elle a attendu. Il était à environ trois mètres de la rue. Il était agenouillé, mais avec les mains sur le sol, les doigts écartés, comme les racines d'un arbre au bord de l'eau. Il ne priait pas. Sa tête s'est renversée en arrière un instant quand il a levé les yeux, pas vers le ciel mais vers les arbres dans le jardin derrière la maison voisine. Il était toujours à genoux. Il était allé chercher le journal.

Le récipient en demi-lune est plein. Il y a maintenant trois couleurs dans le récipient en demi-lune – vert, rouge et noir. Le sang qui lui sort du nez sort aussi de la bouche. En étudiant le récipient, je remarque que les trois fluides ne se mélangent pas, le vert étant plus visqueux, et que le sang, ce sang si léger, clapote au-dessus. Il y a du liquide noir dans le coin. C'est peut-être de la bile.

« C'est quoi, ce noir ? je demande, en le lui montrant de mon perchoir au-dessus d'elle.

— C'est sans doute de la bile », répond-elle.

Une voiture entre dans l'allée puis dans le garage. La porte entre le garage et la buanderie s'ouvre et se referme, puis la porte de la salle de bains. Beth est rentrée.

Beth a fait de la gym. Elle aime bien quand je suis à la maison pour le week-end parce qu'elle peut aller au gymnase. Elle a besoin de ses séances de gym, dit-elle. Les chaussures de Toph continuent à gronder. Beth entre dans la pièce. Elle porte un sweatshirt et un caleçon en lycra. Ses cheveux sont relevés, bien qu'elle les porte habituellement sur les épaules.

« Salut, dis-je.

— Salut, dit Beth.

— Salut, dit maman.

— Qu'est-ce que tu fais en haut du canapé ? demande Beth.

— C'est plus facile comme ça.

— Quoi donc ?

— Elle saigne du nez.

— Merde. Depuis combien de temps ?

— Quarante minutes peut-être.

— Tu as appelé l'infirmière ?

— Oui, elle a dit de mettre de la glace.

— Ça n'a pas marché la dernière fois.

— Tu as déjà essayé la glace ?

— Bien sûr.

— Tu ne m'as pas dit ça, maman.

— Maman ?

— Je n'y retourne pas. »

Mon père, un homme de petits miracles, avait fait quelque chose d'assez incroyable. Voici ce qu'il avait fait : il y a six mois environ, il nous a fait asseoir, Beth et moi – pas Bill, Bill était à Washington, et pas Toph, qui pour des raisons évidentes n'était pas invité – dans le séjour. Notre mère n'était pas là pour une raison quelconque, je ne me souviens pas exactement où elle était – mais on était là, assis aussi loin que possible du nuage habituel de fumée qui les entoure, lui et sa cigarette. La conversation, si elle avait suivi le protocole normal dans ces cas-là, aurait comporté des préliminaires, des remarques générales, c'était difficile, ce qu'il allait dire, et cetera, mais on venait de s'installer, bien évidemment sans s'attendre…

« Votre mère va mourir. »

Je donne ma place à Beth pour qu'elle tienne la glace et serre le nez. Rejetant mon innovation, elle s'assied sur le bras du canapé, pas en haut des coussins. La serviette est trempée. Le sang est chaud et humide contre ma paume. Je vais dans la buanderie et je jette la serviette dans l'évier, où elle atterrit avec un claquement. Je secoue mes doigts pour en chasser les crampes et je prends une autre serviette, et les chaussures de Toph, dans le séchoir. Je donne la serviette à Beth.

Je descends au sous-sol voir où en est Toph. Je m'assieds sur les marches, qui offrent une bonne vue du sous-sol, une salle de jeux convertie en chambre à coucher puis reconvertie en salle de jeux.

« Salut, dis-je.

— Salut, dit Toph.

— Comment ça va ?

— Très bien.

— Tu as toujours faim ?

— Quoi ?

— Tu as toujours faim ?
— Quoi ?
— Arrête ce jeu idiot.
— OK.
— Tu m'entends ?
— Oui.
— Tu écoutes ?
— Oui.
— Tu veux toujours à manger ?
— Ouais.
— On va commander une pizza dans un moment.
— OK.
— Voilà tes chaussures.
— Elles sont sèches ?
— Oui. »

Je remonte l'escalier.

« Il faut vider ça, dit Beth en indiquant le récipient en demi-lune.
— Pourquoi moi ?
— Pourquoi pas toi ? »

Je soulève lentement le récipient en demi-lune pardessus la tête de maman et je l'emporte à la cuisine. Il est plein à ras bords et le liquide oscille. Arrivé au milieu de la cuisine, j'en renverse la moitié sur ma jambe, et je me demande aussitôt si le contenu du récipient est acide, avec la bile et tout. *Le fluide va-t-il brûler mon pantalon ?* Je m'immobilise et je regarde si ça brûle le tissu, comme de l'acide, m'attendant à voir de la fumée, un trou qui va en s'agrandissant – comme ça se produit quand on répand du sang d'extraterrestre.

Mais ça ne brûle pas. Je décide de changer quand même de pantalon.

Beth tient le nez un moment, assise sur le bras du canapé, près de la tête de maman. De la cuisine, je monte le son de la télé. Ça fait une heure.

Le nez saigne encore et Beth me rejoint dans la cuisine.

« Qu'est-ce qu'on va faire ? chuchote-t-elle.

— Il faut l'emmener, non ?

— On ne peut pas.

— Pourquoi ?

— On a promis.

— Oh, écoute.

— Quoi ?

— Ça ne peut pas être la fin.

— Ça pourrait.

— Je sais que ça pourrait, mais ça ne devrait pas.

— Elle le voudrait.

— Mais non.

— Je crois que si.

— Mais non.

— Elle l'a dit.

— Elle ne parlait pas sérieusement.

— Je crois que si, peut-être.

— Absolument pas. C'est ridicule.

— Tu l'as entendue ?

— Non, mais quand même.

— Qu'est-ce que tu en penses ?

— Je crois qu'elle a peur.

— Oui.

— Et je crois qu'elle n'est pas prête. C'est vrai, tu es prêt, toi ?

— Non, bien sûr que non. Et toi ?

— Non. Non, non. »

Beth retourne dans le séjour. Je lave le récipient en demi-lune, en jonglant avec la logistique. Alors. Bon. À ce rythme, avec le sang qui sort lentement mais continuellement, combien de temps ça prendrait vraiment ? Une journée ? Non, non, moins – ce n'est pas *tout* le sang, bien avant que tout le sang soit parti ce serait… On n'attendrait pas vraiment que tout le sang se vide ; plutôt, au bout d'un moment, les choses se gâteraient, se... *Merde, combien de sang ?* Cinq litres ? Moins ? On pourrait se renseigner. On pourrait rappeler l'infirmière. Non, non, on ne peut pas. Si on demande à quelqu'un, ils vont vouloir qu'on l'emmène. Et s'ils savaient qu'on avait besoin de l'emmener et qu'on ne l'a pas fait, on serait des meurtriers. On pourrait appeler les urgences, poser une question hypothétique : « Bonjour, je fais un devoir sur les hémorragies lentes et... » Merde. On aurait assez de serviettes ? Non, bon Dieu. On pourrait prendre des draps, on en a plein... Ça pourrait être seulement quelques heures. Ce serait assez de temps ? C'est quoi, assez de temps ? On parlerait beaucoup. Oui. On résumerait. On serait sérieux, sobres, ou drôles ? On serait sérieux quelques minutes... OK, OK, OK. Merde, et si on était à court de choses à dire et... On a déjà pris les dispositions nécessaires. Oui, oui, on n'aurait pas besoin de parler des détails. On ferait monter Toph. On ferait monter Toph ? Bien sûr, mais... Oh, il ne devrait pas être là, si ? Qui voudrait être là à la fin ? Personne, personne. Mais qu'elle soit seule... bien sûr elle ne sera pas seule, tu seras là, Beth sera là, imbécile. Merde. Il faudrait avoir Bill au téléphone. Qui d'autre ? Quels parents ? Pas de grands-parents, ses parents ne sont plus là depuis longtemps, ses beaux-parents non plus, ni sa sœur Ruth, sa sœur Ann n'est pas morte mais partie, hors d'atteinte, elle se cache, cette pauvre cinglée de hippie... Merde. Certains n'avaient pas téléphoné depuis des années. Des amis alors. Lesquels ? Ceux du volleyball, de l'école Montessori – Merde, on en oubliera sûrement quelques-uns – Et après, on en oubliera quelques-uns... ils comprendront, il faudra bien – Bon sang, on s'en va de toute façon, on déménage après tout ça, merde – Une téléconférence ? Non, non – de mauvais goût. De mauvais goût mais pratique, absolument, et ça pourrait être marrant aussi, les gens bavarderaient, des tas de voix, ce serait utile, du bruit et de la distraction, pas de silence, pas de silence, pas bon le silence – On a besoin de bruit. Il faudrait les préparer, les avertir, mais merde, en disant quoi ? « Les choses vont très vite » – quelque chose comme ça, vague mais assez clair, faire ça tranquillement, tout resterait implicite, sur l'appareil de la cuisine, hors de portée de voix, dire quelque chose avant que maman ne prenne le téléphone – ça marcherait, tous ces gens en ligne en même temps – Il va falloir que j'appelle la compagnie du téléphone, qu'on se fasse raccorder – On a déjà pris cette option ? Le signal d'appel, bien sûr, mais la téléconférence – sans doute pas, absolument pas, merde – on a besoin d'un téléphone à haut-parleur, voilà ce qu'il nous faut. Ça ferait l'affaire, un téléphone à haut-parleur, je pourrais aller en chercher un, il faudrait que j'aille au Kmart, que je prenne la voiture de papa même, elle est plus rapide que celle de maman, bien plus rapide – elle a un levier de vitesses ? Non, non, automatique, je peux la conduire, je ne l'ai jamais conduite mais je peux le faire, pas de problème, elle va vite, j'irai plein pot sur l'autoroute – Mais merde, c'est au moins vingt minutes aller retour, plus le temps d'acheter et s'ils n'avaient pas... Je pourrais téléphoner d'abord, bien sûr je téléphonerais, abruti, je leur demanderais s'ils en ont un... Il faudrait que je sache quel téléphone on a ici, pour la compatibilité, bon, Sony et puis... Mais pourquoi je devrais y aller, putain ? Beth a été là toute l'année, elle avait tout le temps, Beth doit y aller, bien sûr Beth, Beth ira Beth ira – mais elle ne va pas trouver ça nécessaire, le téléphone à haut-parleur, elle dira laisse tomber – Merde, on devrait peut-être laisser tomber – Laisser tomber. Est-ce que ça faciliterait vraiment les choses, le téléphone à haut-parleur ? Bien sûr que non, il nous faudrait toujours le raccordement téléconférence – On appellera Bill et tante Jane et les cousines, Susie et Janie, les filles de Ruth. C'est ça. Alors le coup de téléphone durerait vingt minutes peut-être, et puis on ferait monter Toph un moment, une petite visite de nouveau, décontracté, léger, drôle, cool, cool, drôle, léger – alors vingt minutes à peu près avec Toph en haut, et puis – Attends, attends : on parle de combien de temps au total ? Pour le nez ? Deux heures peut-être, facilement plus, bien sûr, ça pourrait être une journée – Bon Dieu, quelqu'un le sait ? – deux heures au bas mot – Attends. Je peux arrêter le saignement de nez. Je vais l'arrêter. Oui. Je trouverai un moyen. Encore de la glace. La changer de position. La tête en bas ; la gravité, oui. Je tiendrai le nez plus serré, plus serré cette fois. Je ne serrais sûrement pas assez avant – Merde. Et si ça ne marche pas ? Ça ne marchera pas. On ne devrait pas passer les dernières heures à le combattre ; non, on saura et on laissera faire – on éteindra la télé tout de suite bien sûr – Mais ce ne serait pas trop dramatique ? Merde, on peut être dramatique là, on peut – Eh bien, on lui demanderait, bien sûr, connard, ce serait à maman de décider, la télé, qu'elle soit allumée ou éteinte – c'est ses oignons bien sûr – une façon idiote de l'exprimer, « ses oignons », si grossier, un tel irrespect, espèce de connard. Merde. OK, alors on aurait du temps, on pourrait rester là, attendre, rester là, ce serait agréable – Putain, ça ne va pas être *agréable*, avec le sang partout – le sang va rendre les choses insupportables – Mais peut-être pas, c'est si lent, le sang – Oh, il va mettre des jours et des jours avant de s'épuiser, de s'épuiser suffisamment, mais ce sera peut-être bien, naturel, un écoulement lent, comme une saignée – non, pas comme une saignée, espèce de *connard taré* – pas une *saignée, bordel* – On dirait aux gens comment c'est arrivé ? Non, non. Ce serait une

« mort à la maison », belle expression, l'expression qu'ils ont employée, maintenant que j'y pense, quand ce type du lycée s'est flingué après son diplôme, le type du cours de dessin avec des yeux à la Marty Feldman. Et aussi quand cette femme, celle qui avait un cancer des os, s'est enfermée dans sa maison pour y mettre le feu. C'était incroyable. Est-ce que c'était courageux ou complètement déjanté ? Est-ce que ça aurait facilité les choses, de tout brûler ? Oui. Non. « Morte à la maison ». C'est comme ça qu'on va faire, sans rien dire de plus. Les gens sauront de toute façon. Personne ne dira rien. Bien. Bien. Très bien.

Je verse le contenu du récipient sur la nourriture amassée dans le broyeur. Je fais couler l'eau, je mets en marche le broyeur, et tout est écrasé. J'entends Beth dans le séjour.

« Maman, il faudrait rentrer à l'hôpital.

— Non.

— Sérieusement.

— Non.

— On doit.

— Mais non.

— Qu'est-ce que tu veux faire ?

— Rester ici.

— On ne peut pas. Tu saignes.

— Tu as dit qu'on resterait ici.

— Mais maman. Écoute.

— Tu as promis.

— C'est insensé.

— Tu as promis.

— Tu ne peux pas continuer à saigner.

— Rappelle l'infirmière.

— On a déjà rappelé l'infirmière. Elle a dit qu'il fallait y aller. Ils nous attendent.

— Appelle une autre infirmière.

— Maman, s'il te plaît.

— C'est idiot.

— Ne me traite pas d'idiote.
— Je ne t'ai pas traitée d'idiote.
— Qui tu traitais d'idiot ?
— Personne. J'ai dit que *c'était* idiot.
— Qu'est-ce qui est idiot ?
— De mourir d'un saignement de nez.
— Je ne vais pas mourir d'un saignement de nez.
— L'infirmière a dit que tu pouvais.
— Le docteur aussi.
— Si je rentre, je ne sortirai jamais.
— Mais si.
— Non.
— Oh, s'il te plaît.
— Je ne veux pas y retourner.
— Ne pleure pas, maman, je t'en prie.
— Ne dis pas ça.
— Désolée.
— On te fera sortir.
— Maman ?
— Quoi !
— Tu sortiras.
— Vous voulez me voir à l'hôpital.
— Oh, c'est pas vrai !
— Regardez-vous tous les deux, Doublepatte et Patachon.
— Hein ?
— Vous voulez sortir ce soir, c'est ça.
— Mon Dieu.
— C'est la Saint-Sylvestre. Vous avez des projets !
— Très bien, saigne. Reste là et saigne à mort.
— Maman, s'il te plaît ?
— Saigne. Mais on n'a pas assez de serviettes pour tout le sang. Il faut que j'en achète d'autres.
— Maman ?
— Et tu vas abîmer le canapé.
— Où est Toph ? demande-t-elle.
— En bas.

— Qu'est-ce qu'il fait ?
— Il joue à son jeu.
— Qu'est-ce qu'il va faire ?
— Il faudra qu'il vienne avec nous. »

Mon père était à genoux au bout de l'allée. Beth regardait et pendant une seconde c'était plutôt joli, de le voir agenouillé dans la fenêtre grise hivernale. Puis elle a su. Il avait déjà fait des chutes. Dans la cuisine. La douche. Elle a ouvert la porte à la volée, puis la porte grillagée, et elle a couru vers lui.

Je vide la banquette arrière du break et je mets une couverture, je pose un oreiller contre la portière et je la referme. Je reviens dans le séjour.

« Comment je vais dans la voiture ? demande-t-elle.
— Je vais te porter, dis-je.
— Toi ?
— Ouais.
— Ha ! »

On prend sa veste. On prend une autre couverture. On prend le récipient en demi-lune. On prend le goutte-à-goutte. Une chemise de nuit de rechange. Des pantoufles. Des trucs à grignoter pour Toph. Beth met le tout dans la voiture.

J'ouvre la porte du sous-sol.

« Toph, on y va.
— Où ?
— À l'hôpital.
— Pourquoi ?
— Pour un contrôle.
— Maintenant ?
— Oui.
— Il faut que j'y aille ?
— Oui.
— Pourquoi ? Je peux rester avec Beth.
— Beth vient aussi.

— Je peux rester seul.
— Non, tu ne peux pas.
— Pourquoi ?
— Parce que tu ne peux pas.
— Mais pourquoi ?
— Bon sang, Toph, amène-toi ici !
— *Booon.* »

Je ne suis pas sûr de pouvoir la soulever. Je ne sais pas si elle sera lourde. Elle pourrait peser quarante-cinq kilos ou soixante-dix. J'ouvre la porte du garage et je reviens. J'écarte la table du canapé. Je m'agenouille devant elle. Je passe un bras sous ses jambes et l'autre derrière son dos. Elle a essayé de s'asseoir.

« Tu ne vas jamais te lever si tu es à genoux.
— D'accord. »

Je me relève et je m'accroupis.

« Mets ton bras autour de mon cou, dis-je.
— Fais attention. »

Elle passe le bras autour de mon cou. Sa main est chaude.

Je me rappelle d'utiliser mes jambes. Je garde sa chemise de nuit entre ma main et l'arrière de ses genoux. Je ne sais pas comment sera le contact de sa peau. J'ai peur de ce qui se trouve sous la chemise de nuit – des ecchymoses, des taches, des trous. Il y a des bleus, des endroits mous... là où les tissus ont pourri ? Quand je me lève, elle tend le bras pour rejoindre l'autre autour de mon cou. Elle n'est pas aussi lourde que je le croyais. Elle n'est pas aussi osseuse que je le craignais. Je contourne le fauteuil près du canapé. Je les avais vus tous les deux une fois, mon père et ma mère, assis sur le canapé. Je me dirige vers le vestibule et le garage. Le blanc de ses yeux est jaune.

« Ne me cogne pas la tête.
— Non.
— Fais attention.

— Oui. »

Je franchis la première porte. La moulure en bois craque.

« Aïe !

— Excuse-moi.

— Aaaïe.

— Désolé, désolé. Ça va ?

— Mmmm.

— Désolé. »

La porte du garage est ouverte. L'air est glacé dans le garage. Elle rentre la tête et je passe la porte. Je pense au seuil des lunes de miel. Elle est enceinte. Une mariée en cloque. La tumeur est une baudruche. La tumeur est un fruit, une calebasse vide. Elle est plus légère que je ne pensais. J'avais cru que la tumeur créerait plus de poids. La tumeur est grosse et ronde. Elle porte son pantalon par-dessus, portait son pantalon par-dessus, celui avec la ceinture élastique, la dernière fois qu'elle a porté un pantalon, avant les chemises de nuit. Mais elle est légère. La tumeur est légère, elle est vide, une baudruche. La tumeur est du fruit gâté, qui devient gris sur les bords. Quelque chose de noir et vivant, aux bords duveteux, qui pourrit sur une ruche d'insectes. Une chose avec des yeux. Une araignée. Une tarentule, les pattes en éventail, un réseau de métastases. Une baudruche couverte de poussière. La couleur est celle de la poussière. Ou plus noire, plus brillante. Du caviar. Comme du caviar par la couleur et aussi par la forme et la taille de ses éléments. Elle a eu Toph assez tard. Elle avait quarante-deux ans. Elle avait prié tous les jours à l'église pendant sa grossesse. Quand elle a été prête, ils lui ont ouvert le ventre pour le sortir, mais il était parfait.

Je descends dans le garage et elle crache. On entend le gargouillement. Elle n'a pas la serviette ni le récipient en demi-lune. Le fluide vert coule sur son menton et atterrit sur sa chemise de nuit. Une deuxième vague monte mais elle garde la bouche fermée, les joues gonflées. Il y a du vert sur son visage.

La portière de la voiture est ouverte et je fais d'abord passer sa tête. Elle remonte les épaules, essaie de se faire plus petite pour mieux rentrer. Je danse d'un pied sur l'autre, j'assure ma prise. Je bouge au ralenti. Je bouge à peine. Elle est un vase, une poupée. Un vase géant. Un fruit géant. Un légume de concours. Je la passe par la portière. Je me penche et je la pose sur le siège. Soudain comme une jeune fille dans sa chemise de nuit, elle la tire pudiquement pour couvrir ses jambes. Elle arrange l'oreiller contre la portière, derrière elle, et s'y adosse.

Quand elle est installée elle prend une serviette sur le plancher de la voiture, y crache et s'essuie le menton.

« Merci », dit-elle.

Je ferme la portière et j'attends sur le siège du passager. Beth sort avec Toph, qui a son manteau d'hiver et des moufles. Beth ouvre le hayon et Toph grimpe.

« Salut, chéri, dit maman, en tendant le cou pour le regarder.

— Salut », dit Toph.

Beth s'installe sur le siège du conducteur, se retourne et joint les mains.

« En voyage ! »

Vous auriez dû voir la cérémonie funèbre de mon père. Des gens sont venus, des professeurs du cours élémentaire, des amis de ma mère, quelques personnes du bureau de mon père, que personne ne connaissait, des parents de nos amis et tous, emmitouflés, entraient dans l'église en se raclant la gorge, les yeux vitreux à cause du froid, et en tapant leurs pieds enneigés sur les paillassons. C'était la troisième semaine de novembre et il gelait prématurément, les routes étaient couvertes de verglas, on n'avait pas vu ça depuis des années.

Tous les invités paraissaient frappés de stupeur. Ils savaient tous que ma mère était malade, on s'attendait à ce genre de chose de sa part, mais ça, venant de lui, c'était une surprise. Personne ne savait que dire, que faire. Non que beaucoup l'aient connu – il ne fréquentait pas beaucoup de gens, du moins pas en ville, il n'avait gardé qu'une poignée d'amis – mais ils connaissaient ma mère, et ils devaient avoir l'impression d'être à l'enterrement d'un mari fantôme.

On était gênés. C'était si tape-à-l'œil, tout ça, si horrible. On était là, on invitait tout le monde à venir nous regarder au milieu de notre désintégration. On souriait et on serrait les mains quand les gens entraient. *Oh, bonjour !* ai-je dit à Mme Glacking, ma maîtresse du cours moyen, que je n'avais pas vue depuis au moins dix ans. Elle avait bonne mine, elle n'avait pas changé. Groupés dans le vestibule, humbles et contrits, on essayait de maintenir un ton enjoué. Ma mère, en robe imprimée à fleurs (c'était ce qu'elle avait de mieux pour cacher son goutte-à-goutte), a essayé de recevoir les arrivants debout, mais bientôt elle a dû s'asseoir, en levant un visage souriant vers tout le monde, bonjour bonjour, merci merci, et vous, comment allez-vous ? J'ai songé à envoyer Toph dans une autre pièce, à moitié pour son bien et à moitié pour que les invités n'aient pas à se farcir toute l'horreur du tableau, mais ensuite il est parti avec un copain de toute façon.

Le pasteur, un inconnu corpulent en noir et blanc et le vert néon qu'ils portent à l'église, était paumé. Mon père était athée, aussi ce pasteur, qui ne savait de lui que ce qu'on lui en avait dit une heure plus tôt, expliqua combien mon père aimait son travail (était-ce vrai ? nous demandions-nous, n'en ayant aucune idée), et le golf (il l'aimait, ça on le savait). Puis Bill s'est levé. Il était bien habillé : il portait bien le costume. Il a lancé quelques boutades, plaisanté brillamment, un peu trop brillamment, peut-être, un peu trop quelques-traits-d'esprit-pour-chauffer-le-public (il parlait beaucoup en public à l'époque). Beth et moi on donnait parfois des coups de coude complices à notre mère, encore plus gênés, toujours contents de rire de lui, en se moquant de son sérieux enjoué. Puis on est sortis à la queue leu leu, et tout le monde regardait notre mère, ses pas lents et prudents, elle souriait à tous, heureuse de voir tous ces gens qu'elle n'avait pas vus depuis si longtemps. On a tourné en rond dans l'entrée, puis on a annoncé qu'il y aurait une petite réception à la maison, les gens avaient apporté des tas de bonnes choses, merci au fait, si quelqu'un voulait passer.

Beaucoup sont venus, les amis de ma mère, de mon frère, de ma sœur, mes copains de lycée et de l'université, qui étaient chez eux pour Thanksgiving, et comme tout le monde était là, qu'il faisait sombre dehors et que c'était l'hiver, j'ai passé la plupart du temps à essayer de transformer une sorte de réunion lugubre en quelque chose de joyeux. J'ai lancé l'idée qu'on se procure de la bière – *quelqu'un devrait en ramener une caisse, mon vieux*, ai-je chuchoté à Steve, un ami de la fac – mais personne ne l'a fait. Je pensais qu'on aurait dû se saouler, non par désespoir ou je ne sais quoi, mais simplement – c'était une soirée, non ?

Bill était venu de D.C. avec la petite amie qu'on n'aimait pas. Kirsten était jalouse parce que Marny, une ancienne copine à moi, était là. Assis dans le séjour, on a essayé de jouer au Trivial Pursuit, toujours en veste et cravate, mais ce n'était pas très drôle, surtout sans la bière. Toph jouait sur sa Sega au sous-sol avec un copain. Ma mère était assise dans la cuisine pendant que ses vieux partenaires de volley, debout autour d'elle, buvaient du vin en riant fort.

Les Blau est passé. C'était le seul ami de notre père qu'on connaissait vraiment, dont on avait véritablement entendu parler. Des années auparavant, ils avaient travaillé ensemble dans le même cabinet de juristes du centre, et même après l'avoir quitté tous les deux pour aller ailleurs, il leur arrivait encore parfois de faire ensemble le trajet de Chicago. Quand Les et sa femme ont pris leurs manteaux et leurs écharpes pour partir, on l'a rejoint à la porte, Beth et moi, et on l'a remercié. Les, un homme gentil et drôle, s'est mis à parler de la façon de conduire de mon père.

« C'était le meilleur conducteur que j'aie jamais vu, disait Les, admiratif. Si calme, si sûr de lui. Il était incroyable. Il prévoyait trois, quatre manœuvres à l'avance, il conduisait de deux doigts. »

On était pendus à ses lèvres, Beth et moi. On n'avait jamais entendu parler de notre père, on ne savait de lui que ce qu'on avait vu. On a demandé à Les de nous en dire davantage, n'importe quoi. Il nous a raconté que notre père appelait Toph « le fourgon de queue ».

« Oui, je n'ai même pas su son nom pendant longtemps, a dit Lou en enfilant son manteau. Toujours "le fourgon de queue". »

Les était formidable. On n'avait jamais entendu ce terme. Il n'avait jamais été utilisé à la maison, pas une seule fois. J'ai imaginé mon père le disant, je l'ai imaginé avec Les dans un restaurant du Loop, lui racontant des blagues sur Stosh et Jon, les deux pêcheurs polonais. On voulait que Les reste. Je voulais qu'il me dise ce que mon père pensait de moi, de nous, des autres, s'il savait qu'il était malade, s'il avait baissé les bras (et pourquoi ?). Et Les, pourquoi allait-il toujours travailler, quelques jours avant de mourir ? Vous le saviez, Les ? Qu'il était au travail quatre jours avant ? Quand lui avez-vous parlé pour la dernière fois, Les ? Est-ce qu'il savait ? Que savait-il ? Vous l'a-t-il dit ? Qu'est-ce qu'il disait de tout ça ?

On demande à Les s'il viendra dîner un soir. Il dit oui, bien sûr. Qu'on l'appelle, quand on veut.

Je ne savais pas que la dernière fois que j'avais vu mon père serait la dernière fois que je le verrais. Il était en soins intensifs. J'étais rentré pour quelques jours de l'université, mais parce que c'était si tôt après le diagnostic, je n'en ai pas pensé grand-chose. Il devait subir quelques examens, être soigné, retrouver ses forces, et il reviendrait à la maison dans quelques jours. J'étais allé à l'hôpital avec ma mère, Beth et Toph. La porte de la chambre de mon père était fermée. On l'a poussée, elle était lourde, et à l'intérieur il fumait. En soins intensifs. Les fenêtres étaient fermées et le brouillard était épais, la puanteur incroyable, et au milieu de tout ça il y avait mon père, l'air heureux de nous voir.

Personne n'a beaucoup parlé. On est restés dix minutes peut-être, massés au bout de la pièce, faisant de notre mieux pour rester à l'écart de la fumée. Toph se cachait derrière moi. Deux lumières vertes clignotaient sur la machine à côté de mon père, alternativement. Une lumière rouge restait allumée, rouge.

Mon père était allongé sur le lit, soutenu par deux oreillers. Il croisait négligemment les jambes et il joignait les mains derrière la tête. Il souriait comme s'il avait reçu le plus grand prix qui ait jamais existé.

Après une nuit aux urgences et une journée en soins intensifs, elle est dans une bonne chambre, une immense chambre avec d'immenses fenêtres.

« C'est la chambre mortuaire, dit Beth. Regarde, ils vous donnent toute cette place, de la place pour les parents, de la place pour dormir… »

Il y a un autre lit dans la chambre, un grand canapé qui se déplie, et on est tous dans le lit, entièrement vêtus. J'ai oublié de changer de pantalon avant de quitter la maison, et la tache est brune, avec des bords noirs. Il est tard. Maman dort. Toph dort. Le canapé-lit n'est pas confortable. On sent les barres métalliques sous le matelas.

Une lumière est allumée au-dessus de son lit, créant un halo ambré beaucoup trop dramatique autour de sa tête. Une machine derrière le lit ressemble à un accordéon, mais elle est bleu clair. Verticale, elle s'étire et se comprime, produisant un bruit de succion. Il y a ce bruit, celui de sa respiration et le ronronnement d'autres machines, celui du radiateur et la respiration de Toph, proche et constante. Le souffle de maman est désespéré, irrégulier.

« Toph ronfle, dit Beth.

— Je sais, dis-je.

— Les gosses ronflent ?

— Je ne sais pas.

— Écoute-la respirer. C'est tellement irrégulier. C'est si long à chaque souffle.

— C'est terrifiant.

— Oui. Elle met vingt secondes des fois.

— C'est dingue.

— Toph donne des coups de pied dans son sommeil.

— Je sais.

— Regarde-le. Il a son compte.

— Je sais.

— Il a besoin d'une coupe de cheveux.

— Oui.

— Belle chambre.

— Oui.

— Mais pas de télé.
— Oui, c'est bizarre. »

Après le départ de la plupart des invités, Kirsten et moi on est allés dans la salle de bains de mes parents. Dans la chambre, le lit grinçait, et on ne voulait pas vraiment dormir là de toute façon, avec l'odeur, celle de mon père, les oreillers et les murs en étaient imprégnés, l'odeur grise de la fumée. La seule raison pour que nous, les enfants, on y aille, c'était pour piquer de la monnaie dans sa commode, ou pour passer par la fenêtre pour aller sur le toit – il fallait passer par leur fenêtre pour aller sur le toit. Tout le monde dormait dans la maison, en bas et dans les différentes chambres, et on était dans le dressing de mes parents. On a mis des couvertures et un oreiller sur la moquette entre le placard et la douche, et on a étalé la couverture par terre, devant les portes en miroir coulissantes.

« C'est bizarre », a dit Kirsten. On s'est rencontrés à l'université, Kirsten et moi, on était sortis ensemble pendant des mois, et longtemps on a été prudents – on s'aimait beaucoup mais je pensais qu'une fille si normale et si adorable allait bientôt me percer à jour – et finalement un week-end elle est venue chez moi, et on est allés au lac, et je lui ai dit que ma mère était malade, on lui avait donné quelques mois à vivre, et elle m'a dit que c'était bizarre, parce que sa mère avait une tumeur au cerveau. Je savais que son père avait disparu quand elle était jeune, qu'elle avait travaillé toute l'année depuis l'âge de quatorze ans, je savais qu'elle était forte mais ces mots nouveaux sortaient de sa bouche, ces petits mots mystérieux. À partir de là c'est devenu plus sérieux entre nous.

« Trop bizarre, a-t-elle dit.
— Non, c'est bien », ai-je dit en la déshabillant.

Partout des gens dormaient – ma mère dans la

chambre de Beth, mon amie Kim sur le canapé du salon, mon amie Brooke sur le canapé du séjour, Beth dans mon ancienne chambre, Bill au sous-sol, Toph dans sa chambre.

On n'a pas fait de bruit. Il ne restait plus rien.

Beth se souvient la première, avec un sursaut, au milieu de la nuit. On en avait été vaguement conscients ces derniers jours, mais ensuite on avait oublié, jusqu'à maintenant, à 3 heures 21 du matin. Demain – aujourd'hui – c'est son anniversaire.

« Merde.

— Chut.

— Toph n'entend pas. Il dort.

— Qu'est-ce qu'on va faire ?

— Il y a une boutique de cadeaux. »

Elle ne saura pas qu'on a failli oublier.

« Oui. Des ballons.

— Des fleurs.

— Tu n'auras qu'à signer à la place de Bill.

— Ouais.

— Une peluche peut-être.

— Tu rigoles, c'est tellement ringard, tout ça.

— Qu'est-ce qu'on peut faire d'autre ?

— Aïe !

— Quoi ?

— Toph m'a donné un coup de pied.

— Il tourne en dormant. De cent quatre-vingts degrés.

— Tu entends ça ?

— Quoi ?

— Écoute !

— Quoi ?

— Chut. Elle ne respire pas.

— Depuis combien de temps ?

— Une éternité, on dirait.

— Merde.

— Attends. Elle recommence.
— Oh là là c'est bizarre.
— C'est terrible.
— On devrait peut-être attendre de rentrer à la maison pour fêter son anniversaire.
— Non, il faut qu'on fasse quelque chose.
— Je n'aime pas que cette chambre soit au rez-de-chaussée.
— Ouais, mais c'est une belle chambre.
— Je n'aime pas la lumière des phares.
— Ouais.
— On devrait fermer les rideaux ?
— Non.
— Et demain matin ?
— Non, pourquoi ? »

À 4 heures 20 Beth dort. Je me redresse et je regarde maman. Elle a de nouveau des cheveux. Pendant si longtemps elle n'en a pas eu. Elle a eu cinq perruques, au moins, en quelques années, toutes tristes, comme sont les perruques. L'une était trop grande. Une autre trop foncée. Une troisième trop bouclée. Une quatrième trop laquée. Mais la plupart paraissaient plus ou moins réelles. Ce qui était curieux, c'est que ses cheveux actuels étaient vrais, mais ils avaient repoussé beaucoup plus frisés que ses cheveux d'avant, et même que la perruque la plus frisée. Et plus foncés. Ses cheveux actuels ressemblaient plus à une perruque que les perruques.

« C'est drôle comme tes cheveux ont repoussé, avais-je dit.
— Qu'est-ce qu'il y a de drôle ?
— Eh bien, ils sont plus foncés qu'avant.
— Mais non.
— Bien sûr que si. Ils étaient presque gris.
— Non. J'avais fait faire un balayage.
— C'était il y a dix ans.

— Je n'ai jamais eu les cheveux gris.
— Très bien. »
Je me rallonge. La respiration de Beth est lourde, calme. Le plafond ressemble à du lait. Le plafond bouge lentement. Les coins du plafond sont plus sombres. On dirait de la crème, le plafond. La barre métallique qui divise et soutient le matelas nous rentre dans le dos. Le plafond est liquide.

Quand mon père était en soins intensifs, à peu près un jour et demi avant de jeter l'éponge, on a envoyé un prêtre, sans doute pour lui administrer les derniers sacrements. Après l'avoir reçu et s'être assuré du but de sa visite, mon père l'a vite congédié, renvoyé. Quand le docteur racontait cette histoire plus tard – c'était un peu devenu une légende à l'étage – il faisait allusion à l'axiome qui nie l'existence d'athées dans les proverbiales tranchées : « On dit qu'il n'y a pas d'athées dans les tranchées, disait le docteur, en regardant par terre, mais... *dites donc* ! » Il n'a même pas laissé le pauvre homme faire une prière rapide, un « Je vous salue Marie », rien. Le prêtre était venu sachant vraisemblablement que mon père n'allait pas à l'église, qu'il n'était affilié à aucune paroisse. Mais croyant lui rendre service, il lui offrait une chance de repentir, un billet de tombola pour la rédemption. Seulement, voyez-vous, mon père avait autant de patience avec la religion qu'avec les démarcheurs qui sonnaient à la porte. Il leur ouvrait, faisait son sourire idiot, disait rapidement et joyeusement non merci, et fermait la porte d'un geste décisif. C'est ce qu'il a fait avec ce pauvre prêtre bien intentionné : il lui a décoché son grand sourire et, étant incapable de se lever et de lui montrer la porte lui-même, il a seulement dit : « Non, merci.
— *Mais, monsieur Eggers...*
— *Non, merci, au revoir.* »

On la fera sortir dans quelques jours. Beth et moi on a juré de la faire sortir, on a projeté de la faire évader, même si les médecins disent non ; on la cachera sous un chariot, on se fera passer pour des toubibs, on mettra des lunettes de soleil et on l'emmènera très vite à la voiture, je la soulèverai, et Toph fera diversion si nécessaire, quelque chose, une petite danse par exemple ; et ensuite on sautera en voiture et on sera partis, on la ramènera à la maison, triomphants – *ça y est ! on a réussi !* – et on se procurera un lit d'hôpital et on le mettra dans le salon, à la place du canapé. On engagera une infirmière vingt-quatre heures sur vingt-quatre – en fait, le lit et l'infirmière seront fournis par une femme, Mme Rentschler, qui habitait avant de l'autre côté de la rue, dans la maison dont mon père regardait le jardin, à genoux, une femme qui avait déménagé depuis longtemps, mais seulement dans un autre quartier, et soudain elle est revenue, elle s'occupe du programme de soins palliatifs, elle organisera tout, elle nous embrassera et on l'aimera, bien qu'on ne l'ait jamais connue. L'une des infirmières sera une forte femme noire d'âge mûr des quartiers nord de Chicago qui parlera avec l'accent du Sud et qui apportera sa propre bible, et parfois elle pleurera, les épaules tremblantes. Il y aura une jeune femme de Russie, renfrognée, toujours en colère, qui fera son travail de façon précipitée, mécanique, et qui dormira quand on ne regardera pas. Il y aura une infirmière qui viendra un jour et ne reviendra pas le lendemain. Des femmes, des amies de notre mère, lui rendront visite, maquillées, en manteau de fourrure. Mme Dineen, une vieille amie de la famille, viendra du Massachusetts pour une semaine, parce qu'elle veut être là, revoir maman. Elle dormira au sous-sol et parlera de spiritualité. Il neigera prodigieusement.

Les infirmières laveront ma mère quand on ne sera pas dans la pièce ou quand on dormira. Il y aura des veillées. On entrera dans la pièce à n'importe quelle heure du jour et de la nuit et, si notre mère n'est pas réveillée, on se figera, puis on se préparera, on ira vers le lit et on mettra la main au-dessus de sa bouche pour voir si elle respire. Un jour elle nous laissera faire venir sa sœur Jane, et on paiera son billet, juste à temps. Quand tante Jane, qu'on sera allés chercher à l'aéroport, arrivera à son chevet, notre mère, qui à ce stade ne se sera pas assise depuis des jours, se dressera comme un enfant dans un cauchemar, elle étreindra sa sœur, qui sourira largement en fermant les yeux. Un flot incessant de visiteurs s'assiéront négligemment à côté de notre mère et raconteront des incidents récents, parce que, parce que, une personne mourante ne veut pas parler de mort, elle préfère savoir qui divorce, quels gosses sont en rééducation ou le seront bientôt. Il y aura des plats cuisinés. Il y aura le père Mike, un jeune prêtre rouquin désigné pour nous assister – comment désigne-t-on les prêtres ? J'imagine une sorte d'officier de police, qui aboie des ordres – « O'Bannan, tu te colles le désastre de Waveland » – et les prêtres protestent quand ils reçoivent leurs affectations. Le père Mike fera clairement comprendre qu'il ne va essayer de convertir personne, il dira la messe près du lit, il fera l'impasse sur l'hostie à cause de son absence d'estomac, et Mme Dineen recevra aussi la communion. Je regarderai un peu en réchauffant une pizza surgelée dans la cuisine. On ira chercher le chapelet dans le petit placard en haut. On allumera des bougies pour écarter l'odeur qui émanera de ses pores quand son foie aura cessé de fonctionner. On s'assiéra près du lit et on lui tiendra les mains, qui seront chaudes. Elle se redressera brusquement au milieu de la nuit, parlant fort, de façon incompréhensible. Chaque parole sera considérée comme la dernière, jusqu'à ce que d'autres la suivent. Un jour, quand Kirsten entrera dans la pièce, elle s'assiéra brusquement et insistera pour que Kirsten voie l'homme nu dans l'aquarium. On étouffera des rires – elle aura parlé de l'homme nu depuis des jours – et Kirsten, avec un certain sérieux, ira à l'aquarium regarder, un geste que maman prendra, avec d'abord un roulement de prunelles puis un sourire profondément satisfait, comme une justification. Puis elle se rallongera, et en quelques jours sa bouche se desséchera, ses lèvres seront gercées, et l'infirmière les humectera toutes les vingt minutes avec un coton-tige. Il y aura de la morphine. Avec ses cheveux, qui pour une raison quelconque continueront à paraître curieusement bouffants et lustrés, sa peau luisante, bronzée et jaune à la fois, et ses lèvres brillantes, elle sera magnifique. Elle portera le pyjama en satin que Bill lui a acheté. On mettra de la musique. Beth jouera du Pachelbel et, quand ça semblera un peu beaucoup, on passera de la musique New Age planante, composée par la sœur de mon père, tante Connie, qui vit dans Marin County avec un cacatoès qui parle. La perfusion de morphine ne suffira plus. On téléphonera sans arrêt pour en avoir davantage. Finalement on en aura assez, et on nous permettra de choisir le dosage nous-mêmes, et bientôt on l'administrera chaque fois qu'elle gémira, en le laissant couler dans le tube transparent, et quand on le fera, le gémissement cessera.

On partira pendant qu'ils l'emmèneront et quand on reviendra le lit sera parti aussi. On replacera le canapé contre le mur, là où il était avant l'arrivée du lit. Quelques semaines plus tard un ami s'arrangera pour que Toph rencontre les Chicago Bulls, après leur entraînement dans le gymnase de Deerfield, et Toph apportera ses cartes de basketball, une ou deux pour chaque joueur, des cartes de rookies surtout, elles ont encore plus de valeur, pour qu'ils puissent les signer et les rendre encore plus précieuses. On les regardera jouer par la fenêtre et puis, après l'entraînement, ils seront là, en survêtement – ils sortent exprès, on le leur a demandé – et Scottie Pippen et Bill Cartwright demanderont à Toph, en signant ses cartes avec le marqueur qu'il aura apporté, pourquoi il n'est pas à l'école, alors que c'est un jeudi ou un lundi ou le jour que ce sera, et il se contentera de hausser les épaules – Beth et moi on le gardera à la maison de temps en temps ce printemps, quand il se passera quelque chose ou n'importe quand, parce que tout en voulant garder aux choses une apparence normale, la moitié du temps on dira, et puis merde, et il est si heureux, il rayonne d'avoir rencontré les Bulls, maintenant il a ces cartes d'une valeur inimaginable, et en rentrant à la maison on parlera de les faire certifier devant notaire pour s'assurer que les gens sauront qu'il les a vus. Bill changera de travail pour être plus près, il déménagera de D.C. à L.A. juste après les émeutes, et il tiendra ses groupes de réflexion là-bas. Il s'occupera de toutes les questions d'argent, l'argent de l'assurance et celui de la maison – il n'y avait pas d'économies, presque rien – et Beth se chargera des factures et des formulaires, de la paperasse et, comme nous sommes les plus proches en âge et qu'on n'en a jamais vraiment discuté, Toph sera avec moi. Mais d'abord il finira le cours élémentaire, et j'abandonnerai quelques cours et, même s'il me manque quelques UV, je serai à la remise des diplômes, et Beth, Toph et Kirsten seront là, et après on dînera mais discrètement, restons discrets, rien de grandiose. Et après, une semaine plus tard tout au plus, tandis que les gens, les vieux, fronceront les sourcils, claqueront la langue et secoueront la tête, on vendra cette maison, la plus grande partie de son contenu, on l'aurait brûlée cette baraque si on avait pu, et on ira à Berkeley, où Beth commencera ses études de droit, et on s'installera quelque part, une grande et belle maison à Berkeley pour nous tous, avec vue sur la baie, près d'un parc avec un terrain de basket et de la place pour courir…

Elle bouge et ses yeux s'ouvrent légèrement.

Je sors du lit et il grince. Le parquet est froid. Il est 4 heures 40 du matin. Toph roule à l'endroit que j'occupais dans le lit. Je m'approche de ma mère. Elle me regarde. Je me penche sur son lit et je touche son bras. Il est chaud.

« Bon anniversaire », je chuchote.

Elle ne me regarde pas. Ses yeux ne sont pas ouverts. Ils étaient entrouverts, mais maintenant ils ne sont pas ouverts. Je ne suis pas sûr qu'ils me voyaient. Je marche vers la fenêtre et je ferme les rideaux. Dehors, les arbres sont nus et noirs, simplement esquissés. Je m'assieds dans le fauteuil en vinyle dans le coin et je la regarde et je regarde la machine bleu clair accordéon. La machine bleu clair accordéon, qui fonctionne en cadence, paraît fausse, un accessoire de théâtre. Je m'enfonce dans le fauteuil, je m'adosse. Le plafond ondule. Il est laiteux, crépi en larges demi-cercles, et les demi-cercles bougent, tournent lentement, le plafond est instable comme de l'eau. Le plafond a de la profondeur ou – le plafond avance et recule. Ou les murs ne sont pas solides. La chambre n'est peut-être pas réelle. Je suis sur une scène. Il n'y a pas assez de fleurs dans la pièce. Elle devrait être pleine de fleurs. Où sont les fleurs ? À quelle heure la boutique de cadeaux ouvre-t-elle ? À six heures ? À huit ? Je me lance un pari. Je parie six. D'accord, six. Je me demande combien de fleurs je peux acheter. Je ne sais pas ce qu'elles valent ; je n'ai jamais acheté de fleurs. Je verrai combien elles coûtent et ensuite j'achèterai toutes les fleurs que je pourrai dans la boutique. Je les apporterai dans cette chambre. Un feu d'artifice de bouquets.

Elle se réveillera et elle les verra.

« Quel gaspillage », dira-t-elle.

Elle bouge et ouvre les yeux. Elle me regarde. Je me lève du fauteuil et je me tiens à côté du lit. Je lui touche le bras. Il est chaud.

« Bon anniversaire », je murmure en souriant, les yeux sur elle.

Elle ne répond pas. Elle ne me regarde pas. Elle n'est pas réveillée.

Je me rassieds.

Toph est sur le dos, les bras écartés. Il transpire en dormant, quelle que soit la température de la pièce. Quand il dort, il bouge et tourne en rond comme l'aiguille d'une horloge. On entend sa respiration. Il a de longs cils. Sa main pend au bord du lit pliant. Sous mon regard, il se réveille. Il se lève et vient vers moi, assis dans le fauteuil. Je le prends par la main et on passe à travers la fenêtre, on vole au-dessus des arbres esquissés, et vers la Californie.

## II

Regardez, je vous en prie. Vous nous voyez ? Vous nous voyez dans notre petite voiture rouge ? Imaginez-nous d'en haut, comme si vous voliez au-dessus de nous dans un hélicoptère, par exemple, ou sur le dos d'un oiseau, tandis qu'on fonce, au ras du sol, en peinant sur la lente côte mais toujours à cent, cent dix, par les virages impitoyables, parfois grotesques de l'Autoroute 1. Regardez-nous, bon sang, tous les deux lancés à la fronde depuis l'arrière de la lune, tournoyant avidement vers tout ce qu'on nous doit. Chaque jour on récolte ce qui nous échoit, chaque jour on est remboursés de ce qui nous est dû, de ce qu'on mérite, avec les intérêts, et de la considération en plus, putain – on nous le *doit*, bon sang – aussi on attend tout, tout, tout. On peut prendre ce qu'on veut, un article de chaque, n'importe quoi dans la boutique, trois heures de courses délirantes, la couleur de notre choix, n'importe quelle marque, n'importe quelle couleur, autant qu'on veut, quand on veut, quoi qu'on veuille. Aujourd'hui on n'a rien de particulier à faire alors on est en route pour Montara, une plage à environ trente-cinq minutes au sud de San Francisco, et pour le moment on chante :

*Elle était seule !*
*Elle n'a jamais su !*
*[tagadatagada !]*
*Quand on se touchait !*
*Quand on (rime avec « su »)*
*Toute [tagadatagada !]*
*Toute la nuit !*
*Toute la nuit !*
*Tou-outes les nuits !*
*Alors serre-moi !*
*Serre-moi !*
*Chérie serre-moi !*
*Comme tu voudras !*
*Comme il te faut !*
*Comme tu voudras !*

Toph ne connaît pas les paroles, et je les connais très mal, mais vous ne pouvez pas nous empêcher de chanter. J'essaie de lui faire chanter le second *Toute la nuit* pendant que je fais le premier, et ça donnerait :

MOI : *Toute la nuit !* (plus haut)

LUI : *Tou-oute la nuit !* (un peu plus bas)

Quand c'est son tour je tends le doigt vers lui mais il me regarde sans comprendre. Je lui montre la radio, puis je le désigne, et ensuite sa bouche, mais il ne comprend toujours pas, et c'est dur de faire tout ça sans quitter la route et sans tomber dans le Pacifique, et d'une certaine façon, mes gestes ont l'air de vouloir dire que je veux qu'il mange la radio. Mais quand même, il devrait saisir. Il ne coopère pas. Ou il pourrait être idiot. Il est peut-être idiot.

Laisse tomber – je chante en solo. J'attaque les notes de Steve Perry, j'imite son vibrato. Je peux le faire parce que je suis un chanteur extraordinaire.

« Je sais chanter, non ? je hurle.

— Quoi ? » hurle-t-il.

Les vitres sont ouvertes par-dessus le marché.

« J'ai dit : je sais chanter ou pas ? »

Il secoue la tête.

« Qu'est-ce que tu veux dire ? je hurle. Je sais chanter, bon sang. »

Il remonte sa vitre.

« Qu'est-ce que tu disais ? Je n'ai pas entendu, dit-il.

— Je disais, je sais chanter ou pas ?

— Non. » Il sourit. « Tu ne sais pas chanter du tout. »

Je me demande si je dois l'exposer à des groupes comme Journey, dont l'appréciation ne lui rapportera rien d'autre que l'opprobre de ses contemporains. Bien qu'il ait souvent résisté – les enfants savent si rarement ce qui est bon pour eux – je lui ai appris à apprécier tous les musiciens vraiment innovateurs de notre époque – Big Country, Haircut One Hundred, Loverboy – et il a de la chance. Son cerveau est mon laboratoire, mon entrepôt. Je peux y fourrer les livres que je choisis, les émissions de télévision, les films, mon opinion sur les élus, les événements historiques, les voisins, les passants. Il est ma salle de classe permanente, mon public privilégié, forcé d'avaler tout ce que j'estime en valoir la peine. C'est un petit veinard ! Et personne ne peut m'arrêter. Il est à moi, et vous ne pouvez pas m'arrêter, nous arrêter. Vous ne pouvez pas nous empêcher de chanter, et vous ne pouvez pas nous empêcher de faire des bruits de pet, de sortir la main par la fenêtre pour tester l'aérodynamique des différentes positions de main, d'essuyer le contenu de nos nez sous nos sièges. Vous ne pouvez pas m'empêcher de demander à Toph, qui a huit ans, de tenir le volant sur une ligne droite pendant que je retire mon sweatshirt parce que brusquement il fait carrément chaud, putain. Vous ne pouvez pas nous empêcher de jeter par terre nos emballages de chips, ni de laisser notre linge sale en tas dans le coffre depuis, merde, huit jours maintenant, parce qu'on avait autre chose à faire. Vous ne pouvez pas empêcher Toph d'abandonner un carton de jus d'orange à moitié plein sous le siège, où il pourrira et fermentera et rendra l'odeur intolérable dans la voiture, et la provenance de cette odeur nous échappera pendant des semaines, pendant lesquelles les vitres devront être baissées tout le temps, jusqu'à ce que finalement on la découvre et que Toph soit enterré jusqu'au cou dans le jardin de derrière et couvert de miel – ou aurait dû l'être – pour son rôle dans cette débâcle. On ne peut pas nous empêcher de regarder avec pitié les malheureux habitants du monde entier qui ne sont pas bénis par nos charmes, pas stimulés par nos épreuves, pas marqués et donc faibles, gélatineux. Vous ne pouvez pas m'empêcher de dire à Toph de faire des commentaires sur les gens de la file voisine et de leur adresser des grimaces.

MOI : Regarde ce taré.

LUI : Quel débile !

MOI : Regarde celui-là !

LUI : Pas possible.

MOI : Un dollar pour faire signe à ce type.

LUI : Combien ?

MOI : Un dollar.

LUI : C'est pas assez.

MOI : OK, cinq dollars pour lui faire un bras d'honneur.

LUI : Pourquoi un bras d'honneur ?

MOI : Parce qu'il ne l'a pas volé !

LUI : OK, OK.

MOI : Pourquoi tu ne l'as pas fait ?

LUI : Je n'ai pas pu.

C'est injuste. La combinaison Nous vs Eux (ou Vous) est injuste. On est dangereux. On est hardis et immortels. Le brouillard monte des falaises et roule sur l'autoroute. Du bleu éclate derrière le brouillard, et soudain le soleil, dans tout ce bleu, pousse son cri.

À notre droite s'étend le Pacifique, et comme on est à des dizaines de mètres au-dessus de l'océan, souvent sans garde-fou entre nous et lui, le ciel est non seulement au-dessus de nous mais dessous. Toph n'aime pas la falaise, il ne regarde pas en bas, mais on roule dans le ciel, des nuages balaient la route, le soleil cligne au travers, le ciel et l'eau dessous. D'ici seulement la terre paraît ronde, vu de cette hauteur l'horizon plonge aux extrémités, on perçoit la courbure de la planète au bord de notre champ de vision. Ici seulement on est presque sûr de filer au sommet d'un gros globe brillant, qui tournoie confusément – on n'est jamais conscient de ces choses à Chicago, où c'est si plat, si droit – et, et, et nous avons été *choisis*, voyez-vous, choisis, on nous a donné ça, puisque ça nous est dû, on l'a gagné, tout ça – le ciel est bleu pour nous, le soleil, pour nous, fait étinceler les voitures qui passent comme des jouets, l'océan ondule et s'agite pour nous, murmure et roucoule pour nous. On nous le doit, voyez-vous, c'est à nous. On est en Californie, on vit à Berkeley, et le ciel par ici est plus grand que tout ce qu'on a jamais vu – il se prolonge à l'infini, il est visible du haut de toutes les collines – les collines ! – de chaque tournant des routes de Berkeley, de San Francisco. On a une maison, une sous-location pour l'été, qui domine le monde, dans les collines de Berkeley ; elle appartient à des Scandinaves, dit Beth, qui doivent avoir de l'argent, parce qu'elle est au sommet, toute en fenêtres et terrasses et lumière, et d'ici rien ne nous échappe, Oakland à gauche, El Cherrito et Richmond à droite, Marin County en face, de l'autre côté de la Baie, Berkeley en bas, des toits rouges et des arbres de chou-fleur et d'ancolie, en forme de fusées et d'explosions, tous ces gens au-dessous de nous, avec des vues plus humbles ; on voit le Bay Bridge, lourdaud, le Richmond Bridge, droit et bas, le Golden Gate, fait de cure-dents rouges et de ficelle, le bleu entre eux, le bleu au-dessus, les cristaux magiques, blancs et luisants de San Francisco, Land of the Lost / Repaire du pôle Nord de Superman… et la nuit toute la zone devient un millier de pistes d'atterrissage, Alcatraz clignote, le flot d'halogènes le long de Bay Bridge s'écoule dans les deux sens, un cordon de lumières de Noël, qui s'étire lentement, régulièrement, et bien sûr les dirigeables – si nombreux cet été – et les étoiles, on en voit peu, avec les villes et tout, mais quelques-unes tout de même, une centaine peut-être, suffisamment, combien il vous en faut, après tout ? De nos fenêtres, de notre terrasse, la vue est hallucinante, elle réfute le besoin de mouvement ou de pensée – tout est là, on l'a sous les yeux sans tourner la tête. Les matins sont blancs comme un film vierge et on prend le petit-déjeuner sur la terrasse, et plus tard le déjeuner, le dîner, on y lit, on y joue aux cartes, toujours avec la vue dans son entier, le tableau de carte postale, juste là, tous ces petits êtres, trop de vue pour paraître vraie, mais quand même, quand même, rien n'est plus vraiment si vrai, il faut s'en souvenir, bien sûr, bien sûr. (Ou est-ce exactement le contraire ? Tout est-il *plus* vrai ? Aha.) Derrière notre maison, pas trop loin, il y a Tilden Park, une étendue interminable de lacs, d'arbres et de collines, des collines de mohair parsemées de touffes de buissons – comme dans colline de mohair, colline de mohair, colline de mohair, puis une aisselle de vert foncé, puis les collines de mohair qui n'en finissent pas, comme des lions endormis, aussi loin que – Surtout quand vous êtes sur votre vélo, partant d'Inspiration Point (Non. Oui.), pédalant contre le vent à l'aller, poussé par le vent au retour, les collines continuent jusqu'à Richmond, à des kilomètres, où il y a des usines et des centrales électriques et de gros réservoirs pleins de substances mortelles ou bio-créatrices, et la piste cyclable va jusqu'au bout, tout le temps avec la baie visible au loin à gauche, les collines sans fin sur la droite, jusqu'au Mont Diablo, la plus grande, la reine des collines de mohair, à trente kilomètres à l'est, au nord-est, peu importe. Les pistes longent des barrières de barbelés et de bois autour de prés où broutent des vaches, et parfois des moutons, et tout ça à quelques minutes de notre maison, notre maison derrière laquelle il y a même une piste de randonnée atteignant, pratiquement, l'énorme rocher, Grotto Rock, qui se dresse à six mètres de notre terrasse, et certains jours, quand Toph et moi on prend notre petit-déj sur la véranda, le soleil fou, heureux pour nous, et nous souriants, les larmes aux yeux de fierté, soudain des randonneurs apparaissent, hommes et femmes, toujours en couple, en shorts kaki et chaussures marron, la casquette devant derrière. Ils surgissent de sous le rocher, puis ils sont au sommet, et ils restent là, les pouces sous les courroies de leur sac à dos, à hauteur de regard, tandis qu'on prend notre petit-déj sur notre terrasse en séquoia, à six mètres.

« Bonjour, disons-nous, Toph et moi, avec de grands signes.

— Bonjour », répondent-ils, étonnés de nous voir là, en train de déjeuner, à hauteur de regard.

C'est agréable, ce moment. Puis ça devient gênant, parce qu'ils sont au sommet, au bout de leur randonnée, et ils veulent seulement s'asseoir un moment pour admirer la vue, mais ne peuvent s'empêcher d'être conscients de ces deux êtres, incroyablement beaux, Toph et moi, assis à moins de six mètres d'eux, en train de manger des Apple Jacks dans la boîte.

On laisse Half Moon Bay et Pacifica et Seaside, les grands immeubles sur la gauche et les surfeurs à droite, l'océan une explosion de rose. On passe à travers des eucalyptus qui nous saluent et des pins qui nous font signe, les voitures en face brillent comme des miroirs, elles ont l'air de venir droit sur nous, et je regarde à travers les pare-brise pour voir les visages de ceux qui nous croisent, cherchant un signe de leur compréhension, de leur confiance, je trouve leur confiance et ils continuent. Notre voiture rugit et je mets la radio plus fort parce que je peux. Je tambourine sur le volant de mes paumes ouvertes, puis des poings, parce que je peux. Toph me regarde. Je hoche gravement la tête. Dans ce monde, notre nouveau monde, il y aura du rock. On rendra hommage à des musiciens comme Journey, surtout si l'émission est Two-for-Tuesday, ce qui signifie inévitablement que l'un des airs sera :

*Just a small town girl...*

Il y a des moments où je m'inquiète de l'expression de Toph quand je chante vraiment, vibrato et tout, parties à la guitare et tout – une expression qui à l'œil non exercé pourrait ressembler à de la terreur abjecte ou de la répulsion – mais je sais bien que c'est de l'admiration. Je comprends son admiration. Je la mérite. Je suis un chanteur extraordinaire.

On a trouvé une école pour Toph, une drôle de petite école privée appelée Black Pine Circle, qui lui a accordé une bourse complète, même si on pouvait payer les frais de scolarité sans problème. On a de l'argent, celui de la maison, de la police d'assurance que mon père a contractée peu de temps avant sa mort. Tout a été réglé. Mais parce qu'on a une dette envers nous, nous n'allons pas casquer. C'est largement l'œuvre de Beth, à qui l'on doit autant ou plus qu'à moi et à Toph, et qui est merveilleusement douée pour tirer de l'argent de notre situation. Ça a marché pour son inscription à l'école de droit, pour laquelle, en raison de son statut (déclaré) de parent unique, on lui a accordé la gratuité. Même si ce n'était pas gratuit, Beth serait tout de même à moitié folle de joie, comme elle l'est, de retourner sur le campus à l'automne, dans quelques mois, de replonger dans ce monde, de se laisser submerger, d'évacuer tout ce qui s'est passé l'année dernière. Elle est ravie, surexcitée, et tous les deux nous flambons l'été, parce qu'on a une dette envers nous. Je ne fais pas grand-chose. Toph et moi on joue au frisbee, on va à la plage. Je suis un cours de peinture sur meubles, que je prends très au sérieux. Je passe pas mal de temps à peindre des meubles dans le jardin derrière la maison, et tout en appliquant mes douze ans d'études des arts plastiques à la peinture sur meubles, je me demande ce que je vais faire, plus généralement, de mon avenir, ce que je ferai exactement. Mes meubles sont beaux, je trouve – je prends des meubles d'occasion, des tables basses surtout, je les ponce, puis j'y peins des visages de gros bonshommes, des chèvres bleues, des chaussettes égarées. Je me suis mis en tête de vendre ces tables, de trouver une boutique quelque part en ville et de les vendre, disons, 1 000 dollars l'unité, et quand je suis au travail sur l'une de mes tables, profondément attaché, pourriez-vous dire, à résoudre les problèmes uniques posés par une nouvelle pièce – *cette exécution d'un pied coupé est-elle trop facile, trop commerciale ?* – j'ai l'impression de faire quelque chose de noble, de significatif, qui plus que vraisemblablement me rendra riche et célèbre. L'après-midi je rentre, j'enlève mes gants épais en caoutchouc, et sur la terrasse, tandis que le soleil se couche je laisse mon propre éclat retomber pour la soirée. Il faudra peut-être que je trouve un travail à une date indéterminée, mais pour le moment, pour l'été du moins, je nous donne du temps pour savourer ce manque de tout, cette absence d'humidité, du temps pour explorer. Toph va en classe d'été sur le campus de Berkeley, animée par les athlètes de l'université, et vu ses aptitudes en tout, du lacrosse au football, au baseball et au frisbee, il est évident que bientôt il sera professionnel en trois sports (au moins). On s'attend à d'autres bourses, d'autres présents étalés devant nous par le monde confus et navré. Beth et moi on le conduit et on le ramène à tour de rôle – on descend une côte, on en remonte une autre – et sinon, on perd les semaines comme des boutons, comme des crayons.

Les voitures étincellent dans les virages de l'Autoroute 1, surgissent du haut des falaises, tout verre et lumières. Chacune pourrait nous tuer. Toutes pourraient nous tuer. Les possibilités surgissent dans ma tête – on pourrait être poussés de la falaise et jetés dans l'océan. Mais merde, on s'en sortirait, Toph et moi, étant donné notre astuce, notre agilité, notre présence d'esprit. Oui, oui. Si on entrait en collision avec une bagnole à cent à l'heure sur l'Autoroute 1, on pourrait sauter à temps. Oui, on pourrait faire ça, Toph et moi. On réfléchit vite, c'est connu, oui. Voyez-vous, après la collision, quand notre Civic rouge décrirait un arc dans le ciel, on aurait tout de suite un plan – non, non, *on saurait* tout de suite quoi faire – la marche à suivre étant évidente, si évidente : tandis que la voiture décrirait son arc descendant, on ouvrirait chacun sa portière, en même temps, toujours en descendant, et puis on sortirait tous les deux de la voiture, chacun d'un côté, on resterait une seconde sur le châssis – la voiture descend toujours – en se tenant à la portière ouverte ou au toit et puis, très vite, alors que la voiture serait à présent dix mètres à peu près au-dessus de l'eau, quelques secondes avant l'impact, on se regarderait d'un air entendu – « *Tu sais quoi faire* » ; « *Reçu cinq sur cinq* » (on ne dirait pas vraiment ces mots, on n'en aurait pas besoin) – et alors tous les deux, simultanément bien sûr, on s'écarterait de la voiture, afin de ménager un espace suffisant entre notre impact et le sien une fois qu'on aurait touché l'eau, et puis, tandis que la Civic briserait le verre trouble de l'océan, nous aussi, mais dans un plongeon impeccable, ayant changé notre trajectoire à mi-vol, les mains d'abord, les doigts en ogive, les corps perpendiculaires à l'eau, les orteils pointés – *parfait* ! On disparaîtrait, on remonterait en demi-cercle vers la surface, et on surgirait dans le soleil, on secouerait la tête pour chasser l'eau de nos cheveux, et puis on nagerait l'un vers l'autre, tandis que la voiture, avec des bulles, se noierait rapidement.

MOI : Pff ! On l'a échappé belle !

LUI : Tu parles !

MOI : T'as faim ?

LUI : Tu lis dans mes pensées.

Toph est dans la Petite Ligue aussi, dans une équipe entraînée par deux Noirs, et ces types sont n° 1 et n° 2 parmi les Noirs que Toph a connus. Son équipe (et les entraîneurs aussi, en fait) porte des uniformes rouges et s'entraîne sur un terrain dans un parc entouré de pins deux rues au-dessus de notre sous-location, d'où la vue est encore plus saisissante. J'apporte un livre à l'entraînement, croyant que regarder des mômes de huit à douze ans faire des exercices sera ennuyeux, mais c'est tout sauf ça. C'est passionnant. J'observe chaque mouvement, je les regarde se rassembler autour de l'entraîneur pour recevoir ses instructions, je les regarde récupérer des balles, je les regarde aller à la fontaine d'eau potable. Non, je ne les regarde pas tous, bien sûr que non, je regarde Toph, je suis les déplacements de son nouveau chapeau géant en feutre rouge pendant les exercices, je le regarde attendre son tour, je le regarde rattraper des roulants, se tourner et relayer à l'entraîneur en deuxième base, je ne regarde que lui, même quand il attend dans la file, pour voir s'il parle avec les autres gosses, s'il s'entend bien avec eux, je m'efforce de voir s'il est accepté, si – bien que parfois je surprenne un des petits Noirs en train de faire quelque chose d'extraordinaire – il y a deux stars, un garçon et une fille, tous les deux grands et rapides, exceptionnellement doués, à cent lieues de tous les autres, bien qu'ils utilisent leur talent avec paresse et imprécision. Pendant les exercices, j'attends le tour de Toph, et quand il est temps pour lui de rattraper des roulants ou de couvrir la deuxième pour faire un 4-3-2, je meurs d'angoisse.

*Il aurait dû l'avoir, celle-là.*

*Bien, bien, bien.*

*Oh, bon Dieu, vas-y !*

Je ne dis rien, mais j'ai un mal fou à m'empêcher de faire du bruit. Il reçoit bien, il peut rattraper n'importe quoi en réalité – on y a travaillé depuis qu'il avait quatre ans – mais pour batter... pourquoi il ne sait pas batter, ce gosse ? *Une batte plus légère ? Remonte tes mains ! Accélère ! Accélère !* Bon sang, c'était servi comme un gros steak, putain. Frappe la balle. *Frappe cette noix de coco, mon gars !*

Je n'ai jamais été un grand joueur de baseball, mais j'ai prétendu en savoir assez pour récolter un boulot d'entraîneur de T-ball et de directeur de l'entraînement pendant la moitié de mes étés de lycée et d'université. Quand Toph a été assez grand, il m'accompagnait tous les jours et il assistait, jubilant timidement de la célébrité qui découlait d'être le frère du directeur de l'entraînement, beau comme il était.

Je regarde, et les mères regardent. Je ne sais pas comment me comporter avec les mères. *Suis-je les mères ?* Parfois elles essaient de m'inclure dans une conversation, mais il est clair qu'elles ne savent pas quoi penser de moi. Je regarde dans leur direction et je souris quand l'une d'elles lance une plaisanterie qui les fait toutes rire. Elles rient, je glousse – pas trop, je ne veux pas paraître trop empressé, mais assez pour dire : « Je vous entends. Je ris avec vous. Je partage ce moment. » Mais quand j'ai fini de glousser je suis toujours à part, autre chose, et personne ne sait très bien ce que je suis. Elles ne veulent pas investir leur temps avec le frère qu'on a envoyé chercher Toph pendant que sa mère prépare le dîner, qu'elle est coincée au boulot ou dans la circulation. Pour elles je suis un intérimaire. Un cousin peut-être. Le petit ami d'une divorcée ? Elles s'en fichent.

Merde. Je ne veux pas être l'ami de ces femmes, de toute façon. Pourquoi m'en inquiéter ? Je ne suis pas elles. Elles sont l'ancien modèle et nous le nouveau.

Plein de suspicion, je regarde Toph communiquer avec les autres gosses.

*Pourquoi ils rient, ces gosses ?*

*Qu'est-ce qui les fait rigoler ? Le chapeau de Toph ? Il est trop grand, non ?*

*Qui c'est ces petits cons ? Je vais les casser, moi.*

*Oh.*

*Oh, c'était ça. Rien que ça. Hé hé. Hé.*

Après l'entraînement, on rentre à pied à la maison, en descendant la rue, Marin Road, une pente monstrueuse de quarante-cinq degrés. Il est presque impossible d'y marcher sans avoir l'air ridicule, mais Toph a inventé une démarche pour surmonter le problème – c'est une sorte de marche branchée, il plie les jambes de façon extravagante, ses bras nagent devant lui, en empoignant l'air et en l'envoyant derrière lui, et ça lui donne, en fin de compte, l'air beaucoup plus normal que la façon maladroite de descendre en claquant des semelles requise par la rue en général. C'est une démarche très happening.

Quand on arrive dans notre rue, Spruce, et que le sol s'aplatit, je me renseigne, aussi discrètement que possible, sur son battage, ou son absence de battage.
« Alors pourquoi tu es si nul à la batte ?
— Je ne sais pas.
— Tu as peut-être besoin d'une batte plus légère.
— Tu crois ?
— Ouais, on va peut-être en acheter une autre.
— On peut ?
— Oui, on va chercher une nouvelle batte. »

On roule toujours. On va à la plage. Pendant qu'on roule, quand il n'y a pas de rock and roll transcendant à la radio, du rock transcendant conçu et exécuté par les maîtres de la musique moderne, on joue à des jeux de mots. Il faut du bruit, il faut de la musique et des jeux. Pas de silence. On joue au jeu où l'on doit trouver le nom de joueurs de baseball en utilisant la première lettre du nom comme première lettre du prénom suivant.
« Jackie Robinson, dis-je.
— Randy Johnson, dit-il.
— Johnny Bench.
— Qui ?
— Johnny Bench. Le receveur des Reds.
— Tu es sûr ?
— Qu'est-ce que tu veux dire ?
— Je n'ai jamais entendu parler de lui.
— Johnny Bench ?
— Ouais.
— Et alors ?
— Alors tu pourrais l'inventer. »
Toph collectionne les cartes de baseball. Il peut citer le prix actuel de chaque carte qu'il possède, des milliers, si on compte la collection qu'il a héritée de Bill. Pourtant, il ne sait rien de rien. Je reste calme, bien qu'il mérite de se faire cogner la tête contre la

fenêtre. Vous devriez entendre le bruit que ça fait. C'est incroyable, même lui le dit.

Johnny *Bench* ? *Johnny Bench, putain ?*

« Fais-moi confiance, dis-je. Johnny Bench. »

On s'arrête sur une plage en route. Je m'arrête sur cette plage parce que j'ai entendu parler de l'existence de plages comme celle-ci, et soudain, dans un large virage, à quelques kilomètres de Montara, en voilà une avec un panneau disant : « Plage nudiste ». Brusquement, je brûle de curiosité. Je m'arrête et je saute de voiture...

« C'est là ? demande-t-il.

— Peut-être », je réponds, perdu, groggy...

... et je traverse presque en courant vers l'entrée, sans attendre que Toph et mes pensées me rattrapent. *Est-ce que c'est OK ?* Je crois que c'est OK. *Ce n'est pas OK*. Je sais quoi faire, je sais ce qui est bien. *C'est bien ?* C'est bien. *C'est très bien*. Plage nudiste ? Très bien. *Plage nudiste*. Plage nudiste. On se dirige vers l'entrée. Un barbu, assis sur un tabouret une boîte en métal gris sur les genoux, veut nous faire payer dix dollars chacun pour entrer.

« Lui aussi c'est dix dollars ? je demande en indiquant le petit garçon de huit ans près de moi, qui porte un sweatshirt CAL et une casquette de baseball CAL, devant derrière.

— Oui », dit le barbu.

Je jette un coup d'œil derrière l'homme, en bas de la falaise, essayant d'apercevoir la plage, pour voir si ça vaut le coup. Vingt dollars ! Pour dix dollars, il vaudrait mieux qu'il y ait des femmes nues vraiment spectaculaires là-bas en bas – et pas seulement des modèles vivants de classe de dessin. *C'est très bien. C'est instructif. C'est naturel. On est en Californie ! Tout est nouveau ! Pas de règles ! L'avenir !*

Je suis presque convaincu. Je me rapproche du

barbu, hors de portée de voix de Toph, et j'essaie de me rancarder.

« Dites, les gosses ont le droit d'y aller ?

— Bien sûr.

— Mais ce n'est pas... *spécial* ?

— *Spécial ?* Qu'est-ce qui serait spécial ?

— Vous savez, pour un petit gosse ? Ce n'est pas trop ?

— Trop de quoi ? De *corps humain* ? » Il dit ça d'une façon destinée à me faire sentir monstrueux, lui M. Naturel et moi une sorte de fasciste textile.

« Ça ne fait rien », dis-je. De la connerie, cette plage – c'est sans doute une poignée de types nus, osseux, pâles et barbus.

On retraverse la route en courant, on remonte dans la Civic rouge et on continue à rouler. On dépasse les surfeurs, on traverse la forêt d'eucalyptus avant Half Moon Bay, des oiseaux piquent, nous survolent et repartent, décrivant des cercles autour de nous – eux aussi nous admirent ! – puis les falaises avant Seaside – puis c'est plat un moment, encore quelques virages et vous voyez ce ciel, putain ? C'est vrai, vous êtes allés en Californie, merde ?

On a quitté Chicago dans le flou le plus complet. On a vendu la plus grande partie des affaires de la maison, celles qu'on ne voulait pas emmener. On a fait venir quelqu'un pour fixer les prix, une petite femme affairée, pour parler aux gens qu'il fallait – apparemment elle a une liste d'acheteurs zélés, fervents amateurs de possessions de gens récemment morts – de la vente mobilière du 924 Waveland, et on s'est éclipsés. Quand ils ont eu fini presque tout était parti, et on a fouillé dans les vestiges – quelques vieilles poupées Action Man de Toph, des gobelets, des couverts dépareillés. On a emballé les choses qu'on avait gardées – beaucoup, en fait, soixante cartons peut-être – et celles qui ne s'étaient pas vendues, on a tout mis dans un camion, et maintenant c'est dans le garage au plafond bas de notre sous-location de Spruce Street. Bill a gardé la voiture de maman, il l'a vendue, Beth a vendu la voiture de papa et acheté une Jeep, et j'ai liquidé les traites de la Civic que papa et moi avions achetée ensemble, juste avant, pour que je puisse venir le week-end.

À Berkeley on habite avec Beth, sa meilleure amie Katie – également orpheline, elle a perdu ses deux parents avant l'âge de douze ans – et ma copine Kirsten, qui a toujours voulu vivre en Californie, alors elle est venue aussi. À nous cinq on a un seul parent encore vivant – la mère de Kirsten – c'est pourquoi au début on était fiers de notre indépendance ; nous autres orphelins, on allait sûrement recréer la vie de famille à partir de rien, sans précédent. Ça nous a paru une idée géniale, tous ensemble dans la maison – exactement comme à l'université ! comme une communauté ! à se partager le baby-sitting, le ménage, la cuisine ! De grands repas ensemble, des fêtes, de la joie ! – pendant au moins trois ou quatre jours, après quoi il est devenu évident, pour toutes les raisons évidentes, que ce n'était pas du tout une bonne idée. On est tous sous le stress des diverses adaptations, les nouvelles écoles et les nouveaux boulots, et très vite on commence à se chamailler, à ergoter : quels journaux sont à qui, qui peut bien ignorer qu'il ne faut pas acheter du détergent en poudre pour le lave-vaisselle, tout le monde ne le sait pas, bon sang ? Kirsten, avec des prêts étudiants à rembourser et très peu d'économies, essaie désespérément de trouver du travail, mais elle n'a pas de bagnole. Et elle ne veut pas me laisser payer sa part de loyer…

« Je peux la payer, ne t'inquiète pas.

— Je ne veux pas que tu la paies.

— Tu joues encore les martyrs ! »

... bien que je puisse la payer, elle ne veut pas rendre les choses faciles, même pour l'été. Alors je l'emmène à la station du BART le matin, en allant conduire Toph à l'entraînement, et tous les deux, Kirsten et moi, on est à cran, on cherche des raisons d'attaquer, d'exploser, de se laisser aller, sans savoir si on sera encore ensemble à l'automne, si on aura du travail à l'automne, si on sera encore amoureux, même, à l'automne. La maison amplifie nos problèmes, ses alliances – Toph et moi, Katie et Beth, Beth et Kirsten et Katie – et les accrochages qui en résultent rendent l'endroit étouffant, même avec la vue, et de façon générale, tempèrent la gaieté que Toph et moi essayons désespérément de créer.

Par exemple, on découvre vite que parce que les sols de la maison sont en bois, et la maison peu meublée, il y a au moins deux pistes idéales pour les glissades en chaussettes. La meilleure va de la terrasse de derrière à l'escalier (fig. 1), qui permet, avec seulement un modeste élan, de glisser au moins sur dix mètres, jusqu'à l'escalier qui mène à l'étage inférieur, dont on peut sauter la première moitié, à condition d'être prêt à se laisser tomber et à faire une roulade sur l'épaule en touchant le palier, ce qui, si on est « coincé », doit être ponctué par un salut du bras et une cambrure du dos à la Mary Lou Retton. *Oui ! l'Amérique !*

*fig. 1*

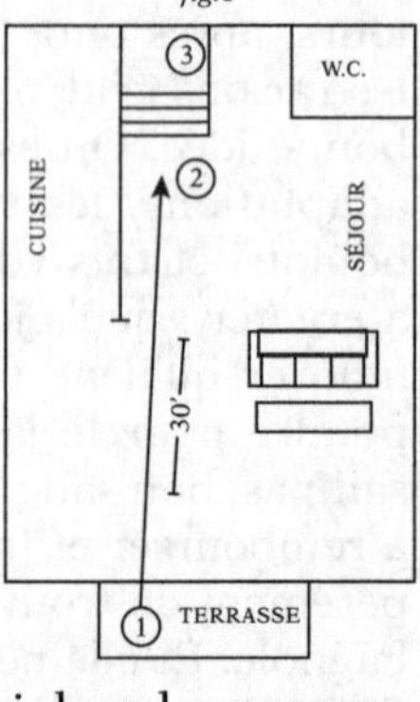


Mais notre meilleur truc, c'est de faire semblant, pour le bénéfice des voisins et de n'importe qui dans les parages, que je bats Toph avec une ceinture. Voici comment : la porte de la terrasse de derrière ouverte, on est dans le séjour et, la ceinture enroulée en cercle, je tire vivement sur l'un ou l'autre bout, la claquant fermement et faisant un bruit pas très différent de celui qui serait produit si je frappais les jambes nues de Toph de toutes mes forces. Quand elle claque, Toph couine comme un cochon.

CEINTURE : Whack !

TOPH : Hiiiii !

MOI : Tu aimes ça, môme ?

TOPH : Je m'excuse, je m'excuse ! Je recommencerai plus !

MOI : Ah oui ? Tu ne marcheras plus !

CEINTURE : Whack !

Hiiii, etc.

On s'amuse beaucoup. On attaque la Californie, Toph et moi, dévorant ce qu'on peut avant que l'automne arrive et nous confine, aussi pendant que Beth et Katie font ce qu'elles font, et que Kirsten passe des entretiens d'embauche, Toph et moi on va à Telegraph regarder les freaks. On parcourt le campus à la recherche du Type Nu, ou des gens qui font du tie and dye, ou des adeptes de Hare Krishna, des Juifs pour Jésus, des femmes aux seins nus qui se baladent, provocantes, défiant les gens de porter plainte, et paradent pour les caméras de télé et les flics qui distribuent des citations injustes. On ne voit pas de seins, et on ne trouve jamais le Type Nu, mais un jour on voit le Vieux Type Nu, avec une barbe grise, qui bavarde nonchalamment dans une cabine téléphonique, nu à part ses tongs. On mange à Fat Slice, on descend parfois en voiture à la Marina de Berkeley, et dans le parc au bout de la jetée, vert et vallonné et pratiquement en plein milieu de la Baie, on sort les battes et les gants de baseball, un ballon de football et un frisbee, qui sont toujours dans la voiture, tout l'attirail, on lance et on fait les fous. Il y a les courses à faire, on va chez le coiffeur se faire massacrer les cheveux, puis les soirées lentes et tranquilles, pas de télé dans la maison, et il va se coucher, on lit, on parle sur son petit lit – « C'est bizarre, déjà je me souviens à peine d'eux », dit-il un soir, les mots brûlants, irrattrapables, et ensuite il doit se taper une heure de photos et de *Tu te souviens ? Tu te souviens ? Tu vois, tu te souviens, bien sûr que oui* – et ensuite Kirsten et moi on dort dans une chambre qui domine tout, la même vue que le salon et la véranda au-dessus, avec Beth dans la chambre à côté et Toph qui dort – il dort comme un ange ; deux, trois minutes et il n'y a plus personne – dans une chambre de fortune qu'on a installée, avec un rideau et un futon, dans l'espace entre nos chambres.

On arrive à Montara, la plage, et on se gare au-dessus, près d'une fourgonnette derrière laquelle un type blond retire une combinaison de plongée. On prend nos affaires et on descend, du haut de la falaise, par des marches branlantes, et le Pacifique nous accueille joyeusement.

Regardez-nous, allongés côte à côte, lui avec sa chemise, parce qu'il a honte de l'enlever. Voici notre conversation :

« Tu t'ennuies ?

— Ouais, dit-il.

— Pourquoi ?

— Parce que tu restes couché sans rien faire.

— Eh bien, je suis fatigué.

— Eh bien, je m'ennuie.

— Pourquoi tu ne vas pas construire un château de sable ?

— Où ?

— Là-bas, près de l'eau.

— Pourquoi ?

— Parce que c'est rigolo.

— Combien tu me donnes ?

— Qu'est-ce que tu veux dire, combien tu me donnes ?

— Maman me payait.

— Pour construire un château de sable ?

— Ouais. »

Je prends le temps de réfléchir. J'ai l'esprit lent.

« Pourquoi ?

— Parce que.

— Parce que quoi ?

— Je ne sais pas.

— Combien elle te donnait ?

— Un dollar.

— C'est dingue.

— Pourquoi ?

— Te payer pour jouer dans le sable ? Laisse tomber. Tu ne joueras pas dans le sable à moins que je te paie ?

— Je ne sais pas. Peut-être. »

L'océan est trop froid, on perd pied trop vite, et le courant est trop fort pour qu'on puisse nager. On est assis, regardant l'eau et l'écume courir follement à travers nos douves et nos tunnels. Il n'est pas excellent nageur, les vagues frappent durement le rivage, et j'ai un flash – je regarde un autre Toph se noyer à cinq mètres. Il a été entraîné, englouti, la vague est venue et l'a soulevé et – ce sacré reflux. Je cours, je saute à l'eau et je nage miraculeusement pour le sauver – j'ai fait partie d'une équipe de natation ! Je sais nager et plonger, vite et bien ! – mais j'arrive trop tard, je me laisse couler, plusieurs fois, mais tout est gris, le sable tournoie, tourbillonne, l'eau est brumeuse, et puis c'est trop tard – il a été entraîné à une centaine de mètres maintenant... quand je remonte pour respirer je vois son petit bras, mince et bronzé, une dernière vague et... *Fini !* On ne doit pas nager ici, jamais.

« Hé. »

On peut nager dans des piscines.

« *Hé.*

— Quoi, quoi ?

— Qu'est-ce qu'ils ont tes mamelons ? demande-t-il.

— Qu'est-ce que tu veux dire ?

— Eh ben, on dirait qu'ils ressortent. »

Je le regarde dans les yeux.

« Toph, je veux te dire une chose. Je veux te parler de mes mamelons, et plus généralement des mamelons des hommes de notre famille. Parce qu'un jour, mon fils [je fais ce truc, et lui aussi, où je l'appelle mon fils et il m'appelle papa, et on a des conversations loufoques de père à fils, un peu pour s'en moquer mais en même temps on est aussi secrètement, profondément mal à l'aise d'utiliser ces termes], un jour mes mamelons seront tes mamelons. Un jour toi aussi tu auras des mamelons qui ressortiront anormalement de ta poitrine, et qui durciront à la plus légère provocation, ce qui t'empêchera de porter autre chose que les plus lourds tee-shirts en coton.

— Pas question.

— Si, Toph, dis-je en regardant pensivement l'océan, les yeux sur l'avenir. Tu hériteras de ces mamelons, et tu hériteras d'un corps décharné, avec des côtes saillantes, tu ne prendras pas de poids avant tes vingt ans, et tu atteindras affreusement tard la puberté, et bientôt les beaux cheveux blonds et raides que tu aimes tant, que tu portes longs et qui te font ressembler au jeune River Phoenix, ces cheveux vont épaissir, durcir, foncer, et boucler si fort et si follement qu'en te réveillant tu auras l'air de t'être fait trois permanentes puis d'avoir roulé six heures dans une décapotable. Lentement tu deviendras laid, avec une peau affligée d'une acné si persistante qu'en plus des boutons qui rendront tes joues et ton menton rugueux, tu auras des pustules rouges – ton dermatologue les appellera des « kystes » – qui une semaine sur deux s'installeront dans la crevasse au-dessus de ta narine, et qui seront si grosses et si rouges que les inconnus s'exclameront à vingt mètres, les petits enfants te montreront du doigt en pleurant...

— Non.

— Si.

— Pas question. Je serai différent, je parie.

— Prie le ciel. »

Il y a du vent mais quand on s'allonge et qu'on écoute le sable, il est chaud, chaud, chaud. Toph, assis, m'enterre les pieds.

Il y a tant à faire. J'essaie de ne pas penser à tout ce qui va bientôt arriver, tout ce qu'on aura à faire quand l'école commencera et que tout ça deviendra réel, mais une idée se pointe – que Toph doit voir un médecin, se faire faire un bilan de santé – et maintenant ma tête déborde, merde. Il faut que je ponde un CV, on doit trouver un nouvel endroit où habiter quand la sous-location se terminera, et comment Toph ira à l'école si je dois travailler de bonne heure ? Beth fera-t-elle sa part, sera-t-elle trop occupée, est-ce qu'on va s'entre-tuer ? Tous les combien Bill viendra-t-il de L.A. ? Jusqu'où devrais-je / pourrai-je / vais-je accabler Kirsten ? Sera-t-elle même là ? S'adoucira-t-elle quand elle trouvera un boulot et une bagnole ? Devrais-je m'éclaircir les cheveux ? Cette pâte dentifrice blanchissante est-elle vraiment efficace ? Toph a besoin d'une assurance médicale. J'ai besoin d'une assurance médicale. Je suis peut-être déjà malade. Ça grandit déjà en moi. Quelque chose, n'importe quoi. Un ver solitaire. Le sida. Il faut que je m'y mette, que je m'y mette bientôt parce que je mourrai avant trente ans. Elle sera accidentelle, ma mort, encore plus accidentelle que la leur. Je tomberai, sans qu'on sache pourquoi, je tomberai comme elle est tombée, quand je l'ai trouvée. J'avais six ans, il était minuit, et je l'ai trouvée quand elle est tombée dans l'escalier et s'est ouvert le crâne sur le sol d'ardoise noire. Je l'avais entendue gémir et j'ai suivi le couloir, la moquette verte, et du haut de l'escalier j'ai vu une silhouette, en chemise de nuit, en tas au pied des marches. J'ai lentement descendu l'escalier, en pyjama – mes pieds descendaient – la main sur la rampe, n'ayant aucune idée de qui ça pouvait être, le sachant presque mais sans le savoir, et quand j'ai été assez près je l'ai entendue, c'était sa voix : « Je voulais voir la fleur. » « Je voulais voir la fleur », a-t-elle dit, trois ou quatre fois. « Je voulais voir la fleur. » Et puis j'ai vu le sang, noir sur l'ardoise noire, ses cheveux collés par le sang. J'ai réveillé mon père et l'ambulance est arrivée. Elle est rentrée à la maison un bandage autour de la tête, et pendant des semaines je n'étais pas sûr que ce soit elle. Je voulais que ce soit elle, le croire, mais il y avait la possibilité qu'elle soit morte et que ce soit quelqu'un d'autre. J'aurais cru n'importe quoi.

Il fait trop froid pour rester couché torse nu. Je me lève et Toph aussi, il court et je lance le frisbee plus loin que lui, à une bonne vingtaine de mètres en avant, mais le frisbee, parce que je l'ai lancé parfaitement, flotte en l'air, flotte lentement, et il l'atteint largement à temps, le dépasse, s'arrête, se retourne et l'attrape entre ses jambes.

Oh, on est bons. Il n'a que huit ans mais ensemble on est fantastiques. On joue près de l'eau et on court, nos pieds nus griffant le sable humide et froid. À chaque lancer on fait quatre pas, et quand on lance le monde s'arrête, admiratif. On lance si loin et avec une telle précision, une beauté si ridicule. On est la perfection, l'harmonie, jeunes et souples, rapides comme des Indiens. Quand je cours je sens que mes muscles se contractent, le cartilage travaille, mes pectoraux montent et descendent, mon sang court, tout fonctionne, tout fonctionne parfaitement, un corps au plus haut de sa forme, quoiqu'un peu maigre, légèrement en dessous de la normale, quelques côtes visibles, ce qui, quand j'y pense, peut sembler bizarre à Toph, lui paraître un peu anémique, l'effrayer, lui rappeler la perte de poids de notre père – la façon dont ses jambes, quand il était assis devant le petit-déjeuner dans son costume, cet automne, après avoir abandonné la chimiothérapie, mais il allait toujours travailler, ses jambes étaient maigres comme des brindilles sous la flanelle grise du pantalon, qui flottait à présent. Je devrais faire de la gym. Je devrais m'inscrire dans un club. Je pourrais acheter un banc de muscu. Ou du moins quelques poids, des haltères. Je devrais. Il le faut. Je dois présenter à Toph un corps explosant de virilité, sans défaut. J'ai besoin d'être au summum de la santé et de la force, d'inspirer confiance, d'anéantir le doute. J'ai besoin d'être invincible, une machine, une machine parfaite, putain. Je vais m'inscrire dans un club. Je vais commencer à faire du jogging.

On lance le frisbee plus loin qu'on n'a jamais vu un frisbee aller. D'abord il monte plus haut que personne ne l'a jamais lancé, si bien qu'au milieu du bleu pâle il n'y a que le phare vitreux du soleil et le minuscule disque blanc, puis il va plus loin qu'un frisbee n'est jamais allé, et il nous faut des kilomètres de plage, d'une falaise à l'autre, des milliers de gens entre les deux, pour l'attraper. C'est la trajectoire qui compte, on le sait, la distance dépend à la fois de la vélocité et de la trajectoire, et il faut lancer comme des malades, et aussi le placer sur la bonne trajectoire, une trajectoire ascendante à la fois directe et régulière, pas trop haut, pas trop bas, car si on l'envoie sur la bonne trajectoire ascendante, son élan lui fera parcourir le double de distance, la seconde moitié, quand il descend, en prime, ce qui signifie qu'on n'a qu'à fournir la moitié de la distance, et son élan le portera sur l'autre, et finalement son avance ralentit, ralentit, s'arrête et il tombe, comme un parachute, et on court dessous, nos pas rapides griffant le sable mouillé, et quand il tombe, il tombe dans nos mains, parce qu'on est là.

On a l'air de pros, on a l'air de jouer ensemble depuis des années. Des femmes à la poitrine plantureuse s'arrêtent pour regarder. Des personnes du troisième âge, assises, secouent la tête, émerveillées. Les croyants tombent à genoux. Personne n'a jamais rien vu d'approchant.

## III

La liste des ennemis s'allonge rapidement, implacablement. Tous ces gens qui nous ont entravés, qui nous ont traités à la légère, sans savoir ce qu'on est, ce qui s'est passé, qui n'en ont rien à cirer. Le drôle de zèbre qui a vendu à Toph cet antivol de merde pour son vélo – son nouveau vélo, celui qu'on a acheté l'année dernière pour son anniversaire, juste avant de quitter Chicago – je voulais le punir, ce type – il a dit que c'était le meilleur antivol qu'ils avaient, « invincible, pas de problème », a-t-il dit – et le vélo a été volé dans la semaine. Et cet imbécile dans la fourgonnette, qui a reculé sur notre petite Civic, nous deux à l'intérieur, à un feu au centre de Berkeley, et je suis forcé de tout imaginer dans cette seconde, la fourgonnette continue, comme un camion monstrueux, sur le capot, sur nous, Toph écrasé lentement, moi qui regarde, impuissant – Et il faudrait s'occuper de cette femme sévère et décharnée dans le BART, celle avec les cheveux tirés si fort en arrière qu'elle avait à moitié l'air d'un oignon et qui, assise en face de nous, n'arrêtait pas de nous regarder pardessus son livre, désapprobatrice, parce que j'avais posé mes pieds sur les genoux de Toph, comme si je faisais dans la maltraitance – Et la secrétaire de l'école, avec son regard accusateur quand il est en retard – Et cette autre femme, la voisine d'en face, la vieille sorcière avec son fils joufflu, qui s'arrête de jardiner pour nous fixer chaque fois qu'on quitte la maison. Et les propriétaires de la sous-location dans les collines de Berkeley, qui ont gardé notre caution, trouvant (ou prétendant trouver) des dégâts presque partout dans la maison. Et avant tout, les agents immobiliers, malveillants, cruels, inhumains. Ces salauds ont été incroyables.

« Où travaillez-vous ?

— Je n'ai pas encore de travail.

— Vous êtes étudiant ?

— Non.

— Et c'est... votre fils ?

— Mon frère.

— Oh. Eh bien, on vous fera signe. »

On ne savait pas où chercher. La nouvelle école de Toph n'avait pas de service de ramassage, aussi j'ai su tout de suite qu'il faudrait l'accompagner et aller le chercher, qu'on soit loin ou près. C'est pourquoi, à la fin juillet, quand on a commencé à chercher un endroit pour l'automne, on a ratissé large, on a envisagé, du moins au départ, à peu près tous les quartiers de Berkeley, d'Albany et d'Oakland sud. Après avoir calculé qu'entre mon revenu – pourvu que cette notion se matérialise un jour – et l'argent de la Caisse de retraite de Toph – il a droit à un versement mensuel, sans doute équivalent à ce qui aurait été versé à nos parents – on pourrait payer dans les mille dollars par mois, on a commencé les recherches.

Et on a bientôt été frappés par la réalité relativement sordide de notre nouvelle vie. Il n'y aurait plus de collines, ni de panoramas – cette sous-location avait été un pur hasard. On n'aurait pas de garage, pas de lave-et-sèche-linge, pas de lave-vaisselle, pas de broyeur, pas de placards, pas de baignoire.

Certains des apparts qu'on a visités n'avaient même pas de portes aux chambres. J'étais effondré, je me sentais personnellement responsable ; je me suis mis à chercher sans Toph, pour lui épargner ces atrocités. On déclinait. À Chicago on avait une maison, une maison vaste, quatre chambres, un jardin, un ruisseau derrière, d'énormes arbres centenaires, un coteau, des bois. Puis il y a eu la sous-location, la maison de rêve dans les collines, entièrement vitrée, lumineuse, qui dominait tout, les montagnes, les océans, tous ces ponts. Et maintenant, en partie à cause de l'implosion inévitable de notre maisonnée – Katie ne veut pas vivre avec la tribu, Kirsten et moi on a besoin de se donner du champ, et Beth et moi, comme tous les frères et sœurs adultes avec une histoire, quelle qu'elle soit, derrière eux, on sait que l'un de nous se retrouvera en sang, les membres arrachés, si on continue à partager quatre murs – on a accepté de se loger plus modestement. Beth habiterait seule, Kirsten avec une colocataire trouvée dans les petites annonces, et Toph et moi on dénicherait un trois-pièces, en essayant d'être près, mais pas trop, de l'une d'elles ou des deux.

J'avais voulu un loft. Pendant des années j'avais imaginé ma première location après mes études comme un immense espace brut, tout en plafonds hauts, peinture écaillée, brique nue, tuyaux d'eau et conduits de chauffage, un énorme espace libre où je pourrais peindre, où je pourrais élaborer et entreposer des toiles gigantesques, jeter quelques balles, peut-être installer un panier de basket, une petite patinoire de hockey. Ce serait près de la Baie, et d'un parc, et du BART, des boutiques, de tout. J'ai appelé quelques endroits situés à Oakland.

« Comment est le quartier ? ai-je demandé.

— Eh bien, ça craint un peu. Mais notre lotissement a une grille.

— Une grille ? Et un parc ?

— Un parc ?

— Oui, j'ai un gosse de huit ans. Il y a un parc pas trop loin ?

— Je vous en prie. Soyons sérieux. »

Même quand on a accepté la perspective d'un trois-pièces de plain-pied en dehors des collines, les gens n'ont pas été gentils ni coulants. J'avais espéré des bras ouverts, des proprios reconnaissants que nous, envoyés tragiques de Dieu, on soit descendus des nuages pour envisager de demeurer dans leurs ridicules petits immeubles. Ce que nous recevions ressemblait étrangement à de l'indifférence.

Au début, on avait vu une annonce – trois pièces, jardin, Berkeley – et on avait téléphoné ; l'homme paraissait enthousiaste, certainement pas méchant. Par une journée chaude et bleue, on est allés chez lui. Quand on est sortis de notre petite voiture rouge, il se tenait sur la véranda, l'air accablé.

« C'est votre frère ?

— Oui.

— Ooh, a-t-il dit avec difficulté, comme si le O était un œuf qu'il avait du mal à faire entrer dans sa bouche. Mince, je m'attendais à ce que vous soyez plus vieux. Vous avez quel âge, les enfants ?

— J'ai vingt-deux ans. Il en a neuf.

— Mais sur la feuille vous disiez qu'il avait un revenu. Je ne vois pas comment c'est possible. »

Je lui ai expliqué la Caisse de retraite. Je lui ai expliqué qu'on avait hérité de l'argent. J'étais enjoué, soulignant qu'on se rendait compte que c'était un peu inhabituel, mais en tout cas, à présent que c'était clarifié…

Il a penché la tête, les bras croisés. On était encore dans l'allée. Il ne nous avait pas invités à entrer.

« Écoutez, les enfants, je ne veux pas vous faire

perdre votre temps. Je cherche un couple en réalité, de préférence un couple plus âgé. »

Le vent rabattait l'odeur de ces fleurs blanches qu'il y a partout sur les buissons. Des rhododendrons ?

« Vous comprenez pourquoi je tombe de haut ? » a-t-il demandé.

À la mi-août, à présent aux abois, je suis entré dans une petite maison en adobe à quelques rues du nouvel appartement de Beth. La propriétaire était une grosse femme noire, d'âge mûr, ressemblant assez à la liseuse de bible qui avait été avec ma mère à la fin. La maison était parfaite. Ou plutôt, elle n'était absolument pas parfaite, mais beaucoup moins imparfaite que tout ce qu'on avait vu jusque-là. Le fils de cette femme venait de partir à l'université – elle aussi était parent unique – et elle allait vivre au Nouveau-Mexique. La maison, à peu près de la bonne taille pour nous, était bien placée dans une rue mouchetée de soleil à travers un dais de verdure. Il y avait un jardin derrière, une véranda, un appentis, une verrière même, pas de lave-vaisselle ni de machine à laver, mais qu'est-ce que ça pouvait faire, alors que la rentrée était dans quelques semaines – quand elle a abordé les questions financières, j'ai joué mon atout.

« Ce qui m'inquiète, c'est que vous n'avez pas de travail, a-t-elle dit.

— Écoutez, ai-je bafouillé. On peut payer. On a de l'argent. On pourrait payer un an de loyer, si vous voulez. »

Ses yeux se sont agrandis.

Alors j'ai fait le chèque. À ce stade, tout sens de l'économie s'était évanoui. On a grandi dans une famille de radins, où il n'y avait pas d'argent de poche, où demander cinq dollars tirait à notre père un énorme soupir, assorti de projets détaillés de remboursement. Notre mère était encore pire – elle ne faisait jamais les courses à Lake Forest, où tout était hors de prix, elle conduisait plutôt vingt, trente, quarante kilomètres pour aller à Marshall's, à T.J. Maxx, acheter à prix réduit ou en gros. Une fois par an on s'entassait dans la Pinto et on allait à un endroit à l'ouest de Chicago, Sinofsky's, où pour 4 ou 5 dollars chacun on achetait des douzaines de chemises de rugby légèrement défectueuses, des trous par-ci par-là, des boutons en trop, des cols déteints à l'eau de Javel, du rose qui débordait sur le blanc. On a grandi avec une curieuse dissonance cognitive ; on savait qu'on vivait dans une ville plutôt friquée – nos cousins de l'Est nous le faisaient souvent remarquer – mais si c'était vrai, pourquoi notre mère s'inquiétait-elle toujours à voix haute de ne pas avoir l'argent pour acheter les denrées de première nécessité ? « Comment je vais acheter du *lait* demain ? » lui criait-elle de la cuisine. Notre père, qui était sans travail une année sur trois ou quatre, ne semblait jamais impressionné par ses soucis ; il semblait avoir tout résolu. Pourtant, on était prêts, on s'attendait à ce que l'indigence nous tombe soudain dessus, à être chassés de la maison au milieu de la nuit, à devoir habiter l'un des appartements au bord de l'autoroute, à l'orée de la ville. À devenir l'un de *ces gosses*.

Ce n'est jamais arrivé, bien sûr, et maintenant, bien qu'on ne soit pas riches, et qu'il y ait peu de vraies rentrées d'argent, on a rejeté, Beth et moi, la culpabilité associée au fait de dépenser. Entre dépense et commodité, on ne se pose pas de question. Alors que ma mère aurait roulé soixante kilomètres pour une tomate à moitié prix, je la paierais dix dollars si ça signifie que je n'aurais pas à prendre la voiture. C'est une question d'épuisement, avant tout. La fatigue délie les cordons de ma bourse. Celle de Beth, encore plus, et le carnet de chèques lié au compte de Toph. On a fini de se sacrifier, a-t-on décidé – du moins quand ce n'est pas nécessaire, quand il ne s'agit que d'argent, et on en a, du moins pour le moment. Même les plus grosses dépenses, qui nécessitent l'approbation de Bill, sont adoptées sans beaucoup de résistance.

On a tenu environ un mois sans lave-et-sèche-linge, Toph et moi. Tous les week-ends, on fourrait notre linge sale dans quatre sacs-poubelles en plastique, on en prenait deux chacun, lui les plus petits, on les jetait sur nos épaules et on partait en titubant, comme deux paysans, vers la laverie du coin un peu plus loin dans la rue. Comme il n'y a pas moyen de porter deux gros sacs pleins à craquer en même temps, au bout de cinquante mètres Toph en avait laissé tomber un. Le plastique se déchirait, ses slips et ses tee-shirts des Bulls se répandaient sur le trottoir, et il repartait en courant vers la maison prendre un autre sac pour remplacer le premier. Quelques secondes après, il revenait avec son vélo…

« Qu'est-ce que tu fabriques ?

— Attends. J'essaie quelque chose. »

… pensant qu'il pouvait porter les sacs en équilibre sur le siège et le cadre, et bien sûr ça foirait, alors, sur le trottoir, on ramassait tout, quatre sacs de linge, les vêtements coincés dans la chaîne du vélo – vingt minutes plus tard, à quinze mètres de notre porte. Le lendemain d'une de ces galères, on a appelé Bill, on a couvert ses faibles protestations, et finalement on s'est acheté une machine à laver et un sèche-linge.

Ils sont d'occasion, trouvés tous les deux pour 400 dollars, ils sont bruyants et pas assortis – l'un est beige et l'autre blanc – mais Dieu, ce sont de belles, belles machines.

La maison est deux fois plus petite que le dernier endroit, mais elle est pleine de lumière, et il y a de la place ici, on peut circuler. Les parquets sont en bois, et parce que la première pièce devient la cuisine, on peut, si ça nous chante, courir d'un bout de la maison à l'autre sans heurter une porte ou un mur. En fait, s'il se trouve qu'on est en chaussettes, on peut courir, théoriquement, de l'arrière de la maison, traverser la cuisine, et quand on arrive sur le parquet du séjour, on peut sauter, glisser, et arriver à la porte d'entrée, parfois toujours à pleine vitesse (fig. 2).

*fig.2*

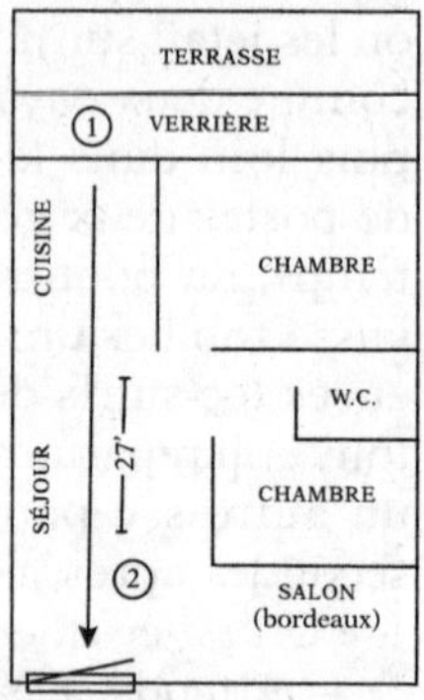


On se sent temporaires ici, comme si on gardait la maison, des vacanciers, aussi on se donne très peu de mal pour se mêler à la collectivité. Le voisinage immédiat compte un couple de lesbiennes, un vieux couple de Chinois, un Noir et une Blanche, la quarantaine, et Daniel et Boona dans la maison à côté, sandales et perles, pas mariés – et simplement amis, semble-t-il – qui tous les deux travaillent dans le social. Ailleurs dans la rue il y a des mères célibataires, des divorcés, des veuves, des veufs, des femmes seules avec des hommes seuls, des femmes seules avec des femmes seules, et à quelques rues de là, il y a même Barry Gifford. Il n'y a qu'ici qu'on pourrait se fondre. Il n'y a qu'ici, par comparaison, qu'on aurait l'air ordinaires.

***

On repeint entièrement la maison. On réalise le boulot en une semaine, Toph et moi, avec des rouleaux, en faisant l'impasse sur les coins, les moulures, laissant les pièces floues, fondues, rothkoesques. On peint le séjour dans une sorte de bleu clair, et le salon un bordeaux profond. Ma chambre est rose saumon, la cuisine d'un jaune éteint, et la chambre de Toph nous la laissons blanche – mais un soir, le soir avant son dixième anniversaire, alors qu'il traverse une période de cauchemars, pour décorer et le protéger je peins sur ses murs deux énormes super-héros, Wolverine et Cable, l'un qui descend en volant du plafond, l'autre debout au-dessus de son lit. Pendant tout ce temps il dort, la peinture coule sur son couvre-lit, sur sa jambe gauche découverte.

L'endroit est à nous maintenant, mais c'est un vrai foutoir.

On discute du problème.

« Tu es nul, dis-je.

— Non, c'est toi qui es nul, dit-il.

— Non c'est toi.

— Noon, toi.

— En tout cas, tu es nul à chier.

— Quoi ?

— J'ai dit, tu...

— C'est complètement idiot. »

On est sur le canapé et on évalue les dégâts. On se dispute pour savoir qui doit nettoyer quoi. Et surtout, on essaie de savoir qui aurait dû faire le travail pour commencer, avant qu'il y ait tant de travail à faire. Il fut un temps, je rappelle à Toph, où pour obtenir son argent de poche il devait accomplir un minimum de tâches ménagères.

« Mon argent de poche ? dit-il. Tu ne me donnes jamais mon argent de poche. »

Je révise ma stratégie.

La table basse est le purgatoire de notre maison, le point intermédiaire pour tout ce qui est mangé, porté ou cassé. Elle est couverte de papiers et de livres, deux assiettes en plastique, une demi-douzaine de couverts sales, une barre entamée de Rice Krispie, et une boîte en polystyrène contenant des frites que, hier soir, l'un de nous deux a décrétées « trop grasses et molles », et qui n'ont pas été mangées. Il y a un paquet de bretzels ouvert par la personne de cette maison qui ne sait pas ouvrir les paquets correctement, alors elle perce des trous au milieu avec des couteaux à viande. Il y a au moins quatre ballons de basket dans la pièce, huit balles de lacrosse, un skateboard, deux sacs à dos, et une valise, encore à moitié pleine, qui n'a pas bougé depuis quatre mois. Près du canapé, par terre, sont posés trois verres qui ont un jour contenu du lait et à présent en contiennent les restes durcis. Le séjour, et son perpétuel chantier, est le problème qu'on tente de résoudre.

Je viens de faire un Discours sur l'État du Séjour, d'une grande portée, d'une stratégie visionnaire, inspiré en tous points, et le problème est maintenant présenté à la commission. Et bien que la commission l'ait examiné sous de nombreux angles, étudiant à la fois la question de la provenance des éléments variés du désordre et celle de savoir précisément qui serait le mieux à même d'appliquer les recommandations de la commission, on est coincés, côté solution.

« Mais c'est surtout tes affaires », dit-il.

Il a raison.

« Rien à voir ! » dis-je.

Un peu plus tôt dans les négociations, en tant que membre plus ancien de la commission, j'avais soumis un projet en vertu duquel le membre cadet de la commission, Toph, étant plus jeune et ayant besoin de précieuses leçons de vie, et certainement désireux de montrer à ses pairs de quoi il est capable, nettoierait la pièce non seulement cette fois, mais régulièrement, peut-être deux fois par semaine, en échange de non seulement 2 dollars par semaine d'argent de poche exonéré d'impôt, mais aussi de la garantie que si tous les devoirs stipulés sont accomplis de façon satisfaisante et à temps, il ne sera pas battu à mort dans son sommeil par le membre plus ancien de la commission. Le membre cadet de la commission, insolent, et manquant manifestement à la fois de bon sens et de toute notion de parité, n'aime pas ce projet. Il le rejette d'emblée.

« Pas question », voilà ce qu'il a dit.

Toutefois, avec une grande charité et dans un esprit de conciliation, le membre senior a aussitôt proposé un projet révisé, un projet généreux, selon lequel Toph, étant si merveilleusement juvénile et ayant besoin de distraction et d'exercice, nettoierait la maison régulièrement, une fois par semaine à présent au lieu de deux, en échange non de deux dollars mais de trois (trois !) par semaine d'argent de poche exonéré d'impôt, avec la garantie que si ces tâches de nettoyage sont accomplies de façon satisfaisante et à temps, le membre junior de la commission ne sera pas enterré jusqu'au cou dans le jardin et laissé sans défense, ne pouvant que hurler quand des chiens affamés lui arracheront la chair de la tête. De nouveau, montrant à quel point il peut être obstiné et avoir la vue courte, Toph rejette la proposition, cette fois sans commentaire – rien qu'un roulement de prunelles – et son refus de considérer le moindre projet raisonnable est ce qui déclenche l'échange tendu détaillé précédemment et qui se poursuit maintenant :

« Tu sais à quel point tu es nul ? je demande à Toph.

— Non, à quel point ? répond-il, feignant l'ennui.

— Beaucoup, dis-je.

— Oh, tant que ça ? »

On est dans une impasse, deux individus avec le même but mais, apparemment, aucun moyen de concilier leurs idées sur la façon d'y parvenir.

« Tu sais ce qu'il nous faut ? demande Toph.

— Quoi ?

— Un robot. »

Rien de tout ceci n'est de sa faute. Bien qu'il soit relativement soigneux – élevé à l'école Montessori, tous ces enfants ordonnés et leurs casiers impeccables – je le convertis lentement, irrévocablement, à ma manière, la manière bordélique, et les résultats deviennent plutôt horribles. On a un problème de fourmis. On a un problème de fourmis parce qu'on n'a pas encore saisi la différence entre laisser traîner des papiers et laisser traîner de la nourriture. La nourriture traîne, elle reste sur les assiettes dans l'évier, et quand finalement je m'attelle à la tâche de faire la vaisselle, je dois d'abord laver les fourmis, la variété petite et noire, des assiettes et des couverts et les chasser dans le siphon. Puis on vaporise la colonne de fourmis, qui part de l'évier, traverse le plan de travail, descend le long du mur et disparaît entre les lames du parquet, avec du Raid, que bien sûr on cache quand on a des invités – on est à Berkeley, voyez-vous.

Certaines choses nous motivent. Un jour, son ami Luke est entré et du haut de ses onze ans, il a dit : « Oh la vache ! Comment vous pouvez vivre comme ça ? » Et après, pendant une semaine environ, on a soigneusement nettoyé, établi des programmes d'entretien, acheté des produits. Mais on a bientôt perdu l'inspiration et on a repris nos vieilles habitudes de laisser les choses tomber sans les ramasser. Si on vise et qu'on rate la poubelle, l'objet, en général un trognon de fruit, reste où il a atterri pendant des semaines, jusqu'à ce que Beth ou Kirsten, en nous faisant bien sentir à quel point elle est scandalisée, le ramasse et le jette. Elles s'inquiètent pour nous. Je m'inquiète pour nous. J'ai peur qu'à tout instant quelqu'un – la police, le service de protection de l'enfance, un inspecteur de la santé publique, quelqu'un – fasse irruption et m'arrête, ou simplement se moque de moi, me bouscule, me traite de tous les noms et ensuite m'enlève Toph, l'emmène dans un endroit où le ménage est fait, où le linge est correctement et souvent lavé, où la figure parentale – les figures parentales – sait cuisiner et le fait régulièrement, où l'on ne court pas dans la maison en se poussant avec des branches du jardin.

Courir partout en se tapant avec n'importe quoi est pratiquement la seule activité qui nous intéresse, c'est pourquoi toutes les autres en souffrent. On franchit chaque journée aveuglément, laborieusement, et on se casse toujours les dents sur une chose qu'on devrait savoir – comment déboucher des toilettes, comment faire cuire du maïs, son numéro de Sécurité sociale, la date d'anniversaire de notre père, de sorte que chaque fois qu'il va à l'école, que je vais au travail et reviens à temps pour dîner, chaque fois qu'on fait la cuisine et qu'on mange avant neuf heures, qu'il se couche avant onze heures et qu'il n'a pas des cernes bleus d'enfant sous-alimenté sous les yeux, comme pendant des mois l'année passée – on n'a jamais compris pourquoi – on a l'impression d'avoir réussi un exploit fantastique, échappé aux mâchoires de la mort, caché la Statue de la Liberté.

Vers le milieu de l'automne, une sorte de routine s'est établie. Le matin, peu après le moment où je vais me coucher, Toph se réveille à, disons, 3 heures ou 4 heures ou 4 heures 30, pour avoir dix minutes pour se doucher, dix pour s'habiller, une demi-heure pour préparer et manger son petit-déjeuner et finir ses devoirs, et au moins trois heures et demie, quatre pour regarder ses dessins animés. À 8 heures 45, il me réveille. À 8 heures 50, il me réveille de nouveau. À 8 heures 55, il me réveille encore une fois et, tout en hurlant après lui parce qu'il est en retard, je le conduis à l'école. Je gare notre petite voiture rouge près de l'école, du côté qui, m'a-t-on dit dans quatre prospectus successifs et un mot personnel, ne doit pas être utilisé pour débarquer ou faire monter les enfants. Puis je prends un morceau de papier dans son sac à dos et je rédige un mot :

Chère madame Richardson,

Je suis désolé que Chris soit en retard ce matin. Je pourrais prétexter un rendez-vous ou une maladie, mais en fait nous nous sommes réveillés en retard. Allez savoir pourquoi.

Meilleurs sentiments,

Le frère de Chris

On est toujours en retard, les choses sont toujours faites à moitié. Tous les papiers scolaires doivent m'être envoyés deux fois, et il faut que je les rende en retard. Les factures sont payées en quatre-vingt-dix jours minimum. Toph est toujours inscrit à la dernière minute dans les équipes de sport, et il faut faire une exception pour lui – je ne sais jamais si notre incompétence dérive de notre situation ou simplement de mon manque d'organisation – même si bien sûr, publiquement, j'incrimine la première. Nos rapports, du moins en ce qui concerne leurs conditions et leurs règles, sont merveilleusement flexibles. Il doit faire certaines choses pour moi parce que je suis son parent, et je dois faire certaines choses pour lui. Bien sûr, quand j'ai à faire une chose que je n'ai pas envie de faire, je n'ai pas à la faire, parce que je ne suis pas, en réalité, son parent. Quand une chose n'est pas faite, on hausse tous les deux les épaules, parce qu'à strictement parler, aucun de nous n'est responsable. On est simplement deux types, des frères peut-être, mais qui se ressemblent à peine, ce qui rend le devoir encore plus discutable. Mais quand il faut accuser quelqu'un, il me permet de le désigner, et s'il résiste, j'ai seulement besoin de le regarder d'une certaine façon, qui signifie : « On est associés ici, petit con, et hier, quand j'étais épuisé, les yeux rouges de manque de sommeil, tu as voulu acheter ces cartes magiques, il te les fallait absolument aujourd'hui parce que les autres en apportaient de nouvelles pour les montrer pendant le déjeuner, et parce que j'avais peur que tu sois impopulaire et catalogué comme un quasi-orphelin, avec de drôles d'oreilles, qui vit en location, et qu'en grandissant tu t'intéresses aux armes et aux uniformes, ou pire, que je te trouve en train de lire sous les couvertures *Du bouillon de poulet pour les âmes prépubères*[1] en te lamentant sur ton sort, je me suis habillé et je suis allé à ce magasin de B.D. qui ouvre jusqu'à huit heures, on a acheté deux paquets de cartes, et dans l'un il y avait un hologramme, tu as fait l'envie de tout le monde, et ta vie a poursuivi son cours de facilité, de confort, de vedettariat relatif, de félicité enchantée » – et il cède.

Garé devant l'école, je voudrais l'inciter à m'embrasser. Je passe mon bras autour de lui, je l'attire plus près et je lui dis ce que je me trouve trop souvent en train de lui dire :

« Ta casquette sent l'urine.

— Non, c'est pas vrai », dit-il.

Mais c'est vrai.

« Sens-la.

— Je ne vais pas la sentir.

— Tu devrais la laver.

— Elle ne sent pas.

— Si.

— Pourquoi elle sentirait l'urine ?

— Tu as peut-être pissé dessus.

1. D'après *Du bouillon de poulet pour l'âme* (*Chicken Soup for the Soul*) de Jack Canfield et Mark V. Hansen, une série de livres de recettes de vie très appréciée aux États-Unis (*N.d.T.*).

— Ta gueule.
— Ne dis pas ça. Je t'ai dit de ne pas dire ça.
— Excuse-moi.
— Tu devrais peut-être moins transpirer.
— Pourquoi ?
— C'est sûrement ta sueur qui donne cette odeur d'urine.
— Au revoir.
— Quoi ?
— Au revoir. Je suis déjà en retard.
— Très bien. Au revoir. »

Il descend. Il doit frapper à la porte de l'école pour pouvoir entrer, et quand elle s'ouvre, la secrétaire me jette son sale regard habituel, mais maintenant comme toujours je ne la regarde pas, je ne la vois pas, surtout pas. Toph disparaît à l'intérieur.

En route pour le boulot d'intérimaire que j'ai ce jour-là ou cette semaine-là, en général quelque part au bout d'East Bay, où le climat est si chaud, je songe vaguement qu'on pourrait lui donner des cours à la maison. Je déplore tout le temps qu'il passe à l'école, à apprendre Dieu sait quoi, loin de moi. Je calcule que ses profs le voient, chaque jour, autant ou plus que moi, et je suis persuadé qu'il y a quelque chose de fondamentalement injuste dans cette situation ; une jalousie me gagne, de son école, de ses profs, des parents qui participent…

Depuis des semaines je travaille pour une compagnie qui fait des études géologiques, à recréer des cartes topographiques, ligne par ligne, avec des logiciels de dessin archaïques Macintosh. C'est monotone, mais aussi apaisant et méditatif, aucune pensée requise, pas d'inquiétude possible – moi ici et eux dans la sécurité absolue de la vie là-bas, dans leur bureau immaculé d'Oakland, avec ses distributeurs d'eau froide, ses machines à soda et ses douces moquettes silencieuses. Quand on fait des boulots temporaires il y a des pauses, et le déjeuner, on peut emporter un Walkman si on veut, faire un break de quinze minutes, se promener, lire – c'est le bonheur. Le travailleur intérimaire n'a pas besoin de prétendre aimer la compagnie, et ils n'ont pas à prétendre lui devoir quelque chose. Et finalement, juste quand le travail, comme ce serait presque toujours le cas, devient trop ennuyeux pour continuer, quand l'intérimaire a appris tout ce qu'il aurait pu apprendre, en a tiré les 18 dollars de l'heure et la valeur douteuse qu'il pouvait avoir, quand continuer serait une sorte de mort et dénoterait un terrible manque de respect pour son temps précieux – en général au bout de trois ou quatre jours – alors, à point nommé, le boulot est fini. *Impeccable*.

Dans sa nouvelle Jeep, avec ses lunettes de soleil, Beth va chercher Toph à l'école, et il passe l'après-midi dans son petit studio, ils partagent son futon, étudiant côte à côte, jusqu'à ce que je rentre. À ce moment, Beth et moi on fait de notre mieux pour trouver un sujet de dispute vital et durable...

« Tu as dit six heures.

— J'ai dit six heures et demie.

— Tu as dit six heures.

— Pourquoi j'aurais dit six heures ? »

... et quand c'est fini, elle nous laisse à notre dîner.

Dont on n'irait pas s'embarrasser si on n'était pas obligés. Ni Toph ni moi, bien qu'élevés par notre mère à treize années d'intervalle, n'avons jamais développé le moindre intérêt pour la nourriture, et encore moins pour la cuisine – nos palais ont été atrophiés à l'âge de cinq, six ans, à coups de biscuits aux fruits et de hamburgers nature. Et bien qu'on rêve à voix haute de l'existence d'une simple pilule, une par jour, qui résoudrait tous nos besoins alimentaires, je reconnais l'importance de cuisiner régulièrement, même si je ne sais absolument pas pourquoi il est important de cuisiner régulièrement. Alors on fait la cuisine à peu près quatre fois par semaine, une opération héroïque pour nous. Voici la carte où nous choisissons, dont presque tous les plats sont calqués sur ceux que notre mère, tout en préparant des repas plus variés et consistants pour notre père, notre frère et notre sœur, concoctait spécialement pour nous, chacun à une époque son plus jeune enfant :

1. LE PIQUANT BEEFEATER
(Des tranches d'aloyau, coupées en morceaux et sautées dans de la sauce au soja Kikkoman, archicuites, servies avec des tortillas et mangées à la main, la tortilla étant déchirée en lambeaux, et chaque morceau utilisé pour envelopper un, deux, trois fragments de bœuf à la fois mais pas plus. Servi aussi avec des pommes de terre, préparées à la française, avec des oranges et des pommes, coupées de la seule façon logique – d'abord en deux, dans le sens de la largeur, puis dans le sens de la longueur, dix tranches par fruit, dans un bol, sur le côté.)

2. LE POULET PIQUANT
(Des blancs de poulet en morceaux et sautés dans de la sauce au soja Kikkoman, cuits jusqu'à être acidulés, presque croustillants, et servis avec des tortillas et mangés à la main de la manière décrite ci-dessus. Accompagnés de pommes de terre, servies à la française – qui, doit-on le mentionner, sont exclusivement des Ore-Ida Crispers ! des frites surgelées, car ce sont les seules de leur espèce à vraiment devenir croustillantes durant le temps passé au four. Aussi avec des oranges et des pommes en tranches, servies à côté.)

3. LE POULET CROQUANT
(Fourni par le comptoir de vente à l'extérieur de Church's Fried Chicken, au coin de San Pablo et de Gilman. Du blanc absolument, avec des petits pains, de la purée de pommes de terre, à laquelle on ajoute, à la maison, une petite salade verte de laitue et un concombre en tranches. Sans sauce.)

4. LE MUR CROULANT
(Un hamburger, cuit à point, avec du bacon et de la sauce barbecue. Acheté à cet endroit dans Solano où, doit-on le

préciser, ils utilisent beaucoup trop de sauce barbecue qui, tout le monde devrait le savoir, a l'effet immédiat de détremper le bun, et il devient comme des flocons d'avoine, immangeable, le burger est gâché, le tout en quelques minutes – si vite que même quand les clients prennent le burger et essaient de sauver le bun (« Sépare-les ! Vite ! Écarte le bun de la sauce ! Et maintenant râcle ! râcle ! ») c'est toujours trop tard, et il faut avoir une provision de buns de remplacement à la maison, qui sont alors grillés, le plus possible, pour opposer le maximum de résistance aux effets dégénératifs de la sauce. Servi avec des pommes frites, et des fruits, comme ci-dessus.)

5. LA GUERRE ITALO-MEXICAINE
(Des tacos : bœuf haché sauté avec de la sauce spaghetti Prego – traditionnelle – servi avec des tortillas, mais sans haricots, sauce pimentée, tomate, fromage, guacamole, ni la substance crémeuse blanche qu'on trouve sur les incarnations mineures, moins pures de ce plat. Servi avec : des croissants Pillsbury et de la laitue. Pas de sauce.)

6. [Nous n'avons pas vraiment donné de nom à ces plats.]
(Pizza, servie avec des poivrons. Tombstone, Fat Slice, Pizza Hut ou Domino's, si le prix est irrésistible. Avec une petite salade verte toute prête.)

7. LE VIEIL HOMME ET LA MER
(Les palourdes frites surgelées de Mrs Paul, un paquet chacun (3 dollars 49, pas données), servies avec des Crispers !, des croissants, et des oranges et pommes en tranches. Ou parfois du melon.)

8. GAVIN MACLEOD ET CHARO
(Pour lui : du fromage grillé, une tranche de fromage américain Kraft posée au milieu de deux tranches de pain de seigle au pavot, passées à la poêle et coupées en diagonale. Pour l'autre lui : des quesadillas – une tranche de fromage américain Kraft, dans une tortilla, préparée à la poêle. Avec du miellat en tranches.

(Nota bene : aucune épice, aucune herbe, sauf de l'origan, qui est saupoudré parcimonieusement sur deux plats : a) la pizza aux poivrons ; et b) le pain de seigle en tranches, que l'on plie autour de l'origan, à la Tufnel. Pas de légumes, sauf des carottes, du céleri, des concombres, des haricots verts et de la laitue, tous servis crus et exclusivement crus. Aucune nourriture qui nage dans ses propres excréments. Les pâtes ne figurent pas au menu, surtout pas cette bouillie régurgitée connue sous le nom de lasagnes. En outre, tout ce qui contient plus de deux ou trois ingrédients mélangés ensemble sans distinction, y compris les sandwiches, sauf au salami, n'est pas expédié, mais excommunié. Chaque repas est servi avec un grand verre de lait écrémé, le container de cinq litres posé sur le sol pour se resservir commodément. Aucune autre boisson n'est disponible. Tout ce qui n'est pas sur la carte n'est pas disponible. Toute plainte sera examinée rapidement et sévèrement.)

« Hé, j'ai besoin de ton aide, dis-je, quand j'ai besoin qu'il m'aide à faire la cuisine.

— OK », dit-il, et il m'aide à faire la cuisine.

Parfois on chante en cuisinant. On chante de vraies paroles, sur le lait à verser ou la sauce spaghetti à sortir du frigo, mais on les chante comme à l'opéra. On sait chanter comme à l'opéra, également.

Parfois, en faisant la cuisine, on se bat en duel avec des cuillères ou des bouts de bois qu'on apporte dans la maison pour ce genre d'occasion. C'est une mission implicite que j'ai, dont la source est parfois claire et parfois moins, de faire avancer les choses, de distraire le petit, de le maintenir en éveil. Pendant une période, on se pourchassait à travers la maison, la bouche pleine d'eau, en menaçant de cracher. Bien sûr, ni l'un ni l'autre n'aurait songé à vraiment cracher une pleine gorgée d'eau sur son frère à l'intérieur de la maison, jusqu'à ce qu'un soir où je l'avais acculé dans la cuisine, je l'aie tout bonnement fait. Les choses ont dégénéré depuis. Je lui ai flanqué un demi-melon dans la figure. Je lui ai frotté une poignée de banane sur la poitrine, je lui ai jeté un verre de jus de pomme au visage. C'est un effort, je suppose, pour lui faire savoir, si ce n'était pas déjà évident, que tout en voulant prolonger l'héritage de nos parents, je tiens aussi à ce qu'on fasse quelques *expériences*, lui et moi. Et on s'amusera constamment, comme dans un incroyable, interminable téléthon. Il y a une voix en moi, une voix très excitée, très allègre, qui me pousse à garder aux choses un ton très joyeux, insensé même, l'humeur enjouée. Puisque Beth sort toujours de vieux albums de photos en pleurant, en demandant à Toph ce qu'il éprouve, j'ai l'impression qu'il faut que je surcompense en nous maintenant occupés. Je fais de nos vies une vidéo musicale, un jeu de la chaîne câblée Nickelodeon – des tas de plans rapides, des angles fous de caméra, du plaisir, du plaisir, du *plaisir* ! C'est une campagne de distraction et d'histoire révisionniste – des tracts lâchés derrière les lignes ennemies, des feux d'artifice, des danses burlesques, des tours de magie. *C'est koa ça ? Regardez les petits enfants ! Où c'est-y passé ?*

Dans la cuisine, quand l'inspiration me prend, je sors le couteau à dinde de la famille, quarante centimètres, je me plante les jambes en A, je m'accroupis un peu et je tiens le couteau au-dessus de ma tête, style samouraï.

« Hiyyyy ! je hurle.

— Non, dit-il en reculant.

— Hiyyyy ! » je hurle encore en avançant vers lui, parce que c'est drôle de menacer les enfants avec des couteaux de quarante centimètres. Les meilleurs jeux ont toujours contenu une menace, de blessure, d'accident, comme lorsqu'il était tout petit et qu'il marchait à peine, et je courais dans la maison en le portant sur mes épaules, en faisant semblant d'avoir le vertige, de tournoyer, de trébucher…

« C'est pas drôle », dit-il en reculant dans le séjour.

Je range le couteau ; il cliquette dans le tiroir aux couverts.

« Papa faisait ça tout le temps, dis-je. Comme ça, sans crier gare. Brusquement, il prenait une expression, les yeux lui sortaient de la tête, et il faisait comme s'il allait nous fendre la tête avec le couteau.

— Ça devait être drôle, dit-il.

— Ouais, c'était drôle. C'était drôle en fait. »

Parfois pendant qu'on fait la cuisine il me raconte des choses arrivées à l'école.

« Qu'est-ce qui s'est passé aujourd'hui ? je demande.

— Aujourd'hui Matthew m'a dit qu'il espère que Beth et toi vous serez dans un avion et que l'avion s'écrasera et que vous mourrez exactement comme papa et maman.

— Ils ne sont pas morts dans un accident d'avion.

— C'est ce que j'ai dit. »

Parfois je téléphone aux parents des camarades de classe de Toph.

« Oui, c'est ce qu'il a dit, dis-je.

— C'est déjà assez dur, vous savez, dis-je.

— Non, il va bien, je poursuis, pour accabler ce crétin incompétent qui a élevé un enfant tordu. Seulement je ne sais pas pourquoi Matthew a dit ça. C'est vrai, pourquoi, d'après vous, votre fils voudrait que Beth et moi on meure dans un accident d'avion ?

— Non, Toph va très bien. Ne vous en faites pas pour nous. On va très bien. Je m'inquiète pour vous. C'est pour le jeune Matthew que vous devriez vous faire du souci. »

Oh, les pauvres gens. Que faire ?

Au dîner, pendant la saison de basket, on regarde les Bulls sur le câble. Sinon, avec notre besoin constant d'être occupés, on joue à toute une série de jeux – au gin-rummy, au backgammon, au Trivial

Pursuit, aux échecs – avec nos assiettes près du jeu. On a essayé de manger dans la cuisine, mais depuis qu'on a le filet de ping-pong, c'est plus difficile.

« Décroche le filet, dis-je.

— Pourquoi ? demande-t-il.

— Pour dîner, dis-je.

— Non, toi, décroche-le. »

Alors en général on mange sur la table basse. Si elle est trop encombrée, on mange sur le parquet du séjour. Si le parquet est couvert des assiettes de la veille au soir, on mange sur mon lit.

Après le dîner, on joue à des jeux pour s'amuser et pour l'édification des voisins. En plus du jeu qui consiste à faire claquer une ceinture, dont j'ai parlé plus haut, il y a le jeu où Toph fait semblant d'être le gosse pendant que je fais semblant d'être un parent.

« Papa, je peux conduire la voiture ? demande-t-il alors que je suis assis, en train de lire le journal.

— Non, fiston, tu ne peux pas, dis-je, toujours plongé dans le journal.

— Mais pourquoi ?

— Parce que je l'ai dit.

— Mais papaaa !

— J'ai dit non !

— Je te déteste ! Je te déteste je te déteste je te déteste ! »

Puis il court dans sa chambre et claque la porte. Quelques secondes après il l'ouvre.

« C'était bien ? demande-t-il.

— Ouais, ouais, dis-je. C'était pas mal. »

Aujourd'hui c'est vendredi, et comme le vendredi il sort de l'école à midi, je rentre généralement de bonne heure aussi, si je peux. On est dans sa chambre.

« Où ils sont ?

— Là-dedans.
— Où ?
— Ils se cachent.
— Où ?
— Dans cette montagne qu'on a fabriquée.
— À l'intérieur du papier mâché ?
— Ouais.
— Tu les as vus quand la dernière fois ?
— Je ne sais pas. Ça fait un moment. Une semaine peut-être.
— Tu es sûr qu'ils sont encore là ?
— Ouais. Presque sûr.
— Comment tu peux en être sûr ?
— Ils mangent encore leur nourriture.
— Mais tu ne les vois jamais ?
— Non, pas vraiment.
— Ils sont vraiment nuls, comme animaux de compagnie.
— Ouais, je sais.
— Tu veux qu'on les rende ?
— On peut ?
— Je crois.
— Ils sont nuls, ces iguanes. »

On va à deux rues de là, on traverse le jardin derrière la maison moussue, et on entre dans le parc où il y a un demi-terrain.

« Dis donc, pourquoi tu vas jusque-là quand tu le fais ?
— Jusqu'où, là ?
— Tu avais le champ libre, mais tu as fait tout ce chemin. Regarde. Je suis toi............... Tu vois ?
— Voir quoi ?
— Je suis allé jusque-là – trois mètres presque.
— Et alors ?
— C'est ce que tu as fait !
— Mais non.

— Mais si.
— Non.
— Si !
— Jouons, c'est tout.
— Il faut que tu apprennes ceci…
— Très bien, j'ai appris.
— Petit con.
— Abruti. »
Le jeu se termine invariablement ainsi :
« Qu'est-ce qu'il y a ?
— …
— Tu t'énerves trop quand on joue.
— …
— Allez. Parle. Dis quelque chose.
— …
— J'ai le droit de te dire comment faire les choses.
— …
— Arrête de bouder, petit crétin.
— …
— C'est quoi, ton problème ? Il faut que tu marches à trois mètres derrière moi ? Tu as l'air idiot.
— …
— Tiens, prends ça. Je vais à la boutique.
— …
— …
— La porte est ouverte ? Je n'ai pas la clé.
— Tiens. »

17 heures 30.
« Je dors un peu.
— Et alors ?
— Il faut que tu me réveilles dans une heure.
— À quelle heure ?
— Six heures vingt.
— Très bien.
— Vraiment. Il faut que tu me réveilles.
— Bon.

— Je serai fou de rage si je ne me lève pas.
— Bon. »

19 heures 40.
« Merde !
— Quoi ?
— Pourquoi tu ne m'as pas réveillé ?
— Quelle heure est-il ?
— Huit heures moins vingt !
— Oh, fait-il, en mettant effectivement la main sur sa bouche.
— On est en retard !
— Pour quoi ?
— Bon sang, pour ta soirée portes ouvertes, idiot !
— Oh », fait-il, en remettant effectivement la main sur sa bouche.

Il nous reste vingt minutes. On est des pompiers, il y a un incendie. Je cours dans un sens, lui dans l'autre. Toph monte dans sa chambre se changer. Quelques minutes plus tard je frappe à sa porte.

« N'entre pas !
— Il faut qu'on parte.
— Attends. »

J'attends et la porte s'ouvre. Il est habillé.

« C'est quoi, ça ? Tu ne peux pas mettre ça.
— Quoi ?
— Pas question.
— Quoi ?
— Ne fais pas l'idiot. Change-toi, espèce de débile mental. »

La porte se referme. Des tiroirs s'ouvrent et des pas résonnent. La porte s'ouvre de nouveau.

« Tu rigoles ?
— Quoi ?
— C'est pire que ce que tu avais avant.
— Qu'est-ce qui ne va pas ?
— Regarde ça. Il y a des taches de cambouis

partout. Et c'est trop grand. Et c'est un sweatshirt. Tu ne peux pas mettre un sweatshirt. Et tu n'as pas d'autres chaussures ?

— Non. Quelqu'un ne m'en a pas acheté.

— Je n'ai pas fait quoi ?

— Rien.

— Non, dis-moi. Qu'est-ce que je n'ai pas fait pour toi ?

— Rien.

— Va te faire voir.

— Non, toi va te faire voir.

— Change-toi ! »

La porte se ferme. Une minute, et elle s'ouvre.

« C'est mi... Mais enfin... tu ne peux pas rentrer ta chemise ? Personne ne t'a appris à rentrer ta chemise ? Tu as l'air d'un crétin.

— Pourquoi ?

— À neuf ans, il faut que je t'aide à rentrer ta chemise.

— Je peux le faire.

— Je le fais. Il nous reste cinq minutes pour arriver là-bas. C'est pas possible, on est toujours en retard. Je suis toujours en train de t'attendre. Ne bouge pas. Et où est ta ceinture ? Oh là là, regarde dans quel état tu es ! »

19 heures 50.

« Bon sang. On est toujours en retard. Pourquoi tu ne peux pas t'habiller toi-même ? Baisse ta vitre. Il fait trop chaud là-dedans. Comment ça se fait que tu refuses d'ouvrir ta fenêtre quand on crève de chaud ? Et tes boutons sont défaits. Regarde tes boutons. Ils sont défaits. Débile.

— *Dé*bile.

— *Dé*bile.

— *Dé*bile. »

On fonce dans San Pablo, dans la file de gauche,

puis celle de droite, on double des coccinelles et des Volvo, avec leurs autocollants militants sur le pare-chocs.

« J'étais bien habillé.

— Bien habillé ? Tu n'étais pas bien habillé, bon sang. Descends encore la vitre. Tu avais l'air d'un débile. Un peu plus. C'est bien. Tu ne peux pas t'habiller comme ça pour une journée portes ouvertes. Les gens s'habillent. Il y a des règles pour ces occasions, mon bonhomme. Écoute, tu ne pourrais pas me lâcher un peu ? C'est évident. C'est une question de bon sens. C'est vrai, quoi, lâche-moi un peu. Il faut que tu m'aides de temps en temps, mon petit bonhomme. Je suis épuisé, surchargé de travail, crevé la moitié du temps, et je ne peux pas habiller quelqu'un qui a neuf ans et qui devrait être parfaitement capable de s'habiller lui-même. Non c'est vrai, Toph, tu ne pourrais pas me lâcher un peu de temps en temps ? Je peux souffler de temps en temps ? Souffler un peu ? Un peu de coopération ? Merde...

— Tu viens de dépasser l'école. »

19 heures 52.

L'école est encore pleine pour la soirée portes ouvertes – ça dure jusqu'à neuf heures, pas huit, comme je le pensais – et ce qu'on a sur le dos, tous les deux, c'est bien trop habillé. On entre. Toph sort aussitôt sa chemise.

Les murs sont couverts de devoirs corrigés sur l'esclavage, et d'autoportraits inquiétants des élèves du cours préparatoire.

Les têtes se tournent. C'est notre première soirée portes ouvertes, et les gens ne savent pas trop quoi penser de nous. Je suis étonné, ayant cru que tout le monde aurait été mis au courant de notre arrivée. Des gosses regardent Toph et lui disent bonjour.

« Salut, Chris. »

Puis ils me regardent les yeux plissés.

Ils ont peur. Ils sont jaloux.

On est pitoyables. On est des vedettes.

On est tristes et maladifs ou on est séduisants et nouveaux. On entre, et les choix se bousculent dans ma tête. Tristes et maladifs ? Ou séduisants et nouveaux ? Tristes / maladifs ou séduisants / nouveaux ? Tristes / maladifs ? Séduisants / nouveaux ?

On est insolites, tragiques et vivants.

On pénètre dans la foule de parents et d'enfants.

On est désavantagés, mais jeunes et virils. On se balade dans les couloirs et le terrain de jeux, et on est plus grands, on rayonne. On est des orphelins. En tant qu'orphelins, on est des célébrités. On est des étrangers, d'un pays où il y a encore des orphelins. La Russie ? La Roumanie ? Un endroit exotique et primaire. On est les nouvelles étoiles brillantes nées d'un trou noir hurlant, les soleils naissants jaillis de l'obscurité, du vide spatial qui vous happe et vous engloutit – une obscurité capable de dévorer quiconque ne serait pas aussi fort que nous. On est des curiosités, des attractions, des sujets de talk shows. On captive l'imagination. C'est pour ça que Matthew veut nous voir morts dans un accident d'avion, Beth et moi. Ses parents sont vieux, chauves, ringards, ils portent des lunettes, ils sont gris et raides, ce sont des boîtes en carton, pliées, closes, mortes au monde. On a mangé chez eux en fait, il n'y a pas longtemps – une invitation entre voisins quelque temps avant la remarque de Matthew sur l'accident d'avion. Et on s'est ennuyés à pleurer dans leur maison mort-née, avec ses planchers et ses murs nus – leur fille a même joué du piano pour nous, le père si fier d'elle, bouffi d'orgueil, le pauvre chauve. Ils n'avaient pas de télé, il n'y avait pas un jouet en vue, l'endroit était étouffant, un cercueil.

Mais nous ! On est magnifiques ! On a un style, négligé, désinvolte, mais curieux et singulier. On est nouveaux et tous les autres sont vieux. On est les élus, manifestement, les reines de leur ruche – le reste des gens rassemblés à cette soirée portes ouvertes sont vieillissants, déclinants, tristes, nuls. Ils sont fripés et n'ont plus d'aventures, comme moi seul parmi eux en suis encore capable. Fini pour eux ces choses ; les imaginer en train de faire l'amour, même, c'est dégoûtant. Ils ne peuvent pas courir sans avoir l'air idiots. Ils ne peuvent pas entraîner l'équipe de foot sans se rendre ridicules et ridiculiser le sport. Oh, ils sont finis. Ce sont des cadavres ambulants, surtout cet imbécile qui fume dans la cour. Toph et moi on est l'avenir, un avenir effroyablement brillant, un avenir venu de Chicago, deux enfants terribles arrivés de loin, rejetés et laissés pour morts, naufragés, oubliés, mais pourtant, pourtant là, ayant refait surface, plus audacieux et plus intrépides, meurtris et pas rasés, bien sûr, le pantalon effrangé, l'estomac plein d'eau salée, mais irrésistibles à présent, insurmontables, prêts à botter les culs flasques des experts en parentèle de Berkeley, une collection de minables à cheveux gris, grosses lunettes, aux épaules tombantes.

Vous voyez ça d'ici ?

On visite les classes. Dans la sienne, aux murs, il y a des devoirs sur l'Afrique. Le sien n'est pas affiché.

« Où est ton devoir ?

— Je ne sais pas. Madame Richardson ne l'a pas aimé, je crois.

— Hmph. »

Qui est cette Mme Richardson ? C'est forcément une idiote. Je veux qu'on amène devant moi cette « Mme Richardson » !

L'école est pleine d'enfants charmants mais excentriques, délicats, curieusement conformés. Ils ressemblent à l'idée que mes copains et moi, ayant grandi dans une école publique, on se faisait toujours des gosses des écoles privées – un peu trop précieux, leurs particularités innées amplifiées, pas étouffées, pour le meilleur ou pour le pire. Des enfants qui se prennent pour des pirates et sont encouragés à endosser le rôle à l'école. Des gosses qui programment des ordinateurs et collectionnent des magazines militaires. Des garçons joufflus à grosse tête et très longs cheveux. Des filles maigres chaussées de sandales qui portent des bouquets.

Au bout de dix minutes environ, on s'ennuie. Ma principale raison d'être venu est tombée à l'eau.

Je voulais draguer.

J'espérais flirter. Je m'attendais à rencontrer de jolies mères seules, et flirter avec elles. Mon but, un but que je croyais sincèrement réaliste, c'était de rencontrer une jolie maman seule, et Toph se lierait d'amitié avec son fils pour qu'on puisse organiser des rendez-vous, durant lesquels la mère et moi on irait au premier s'amuser pendant que les gosses joueraient dehors. Je m'attendais à des regards significatifs et des propositions soigneusement formulées. J'imagine que le monde des écoles et des parents regorge d'intrigues et de débauche, que sous sa façade sérieuse et bien intentionnée, ses familles biparentales, derrière les entrevues avec les professeurs et les questions profondes posées au prof d'histoire sur Harriet Tubman, tout le monde s'envoie en l'air.

Mais dans l'ensemble elles sont moches. J'examine la foule qui piétine dans la cour. Les parents ne sont intéressants que par leur côté éminemment berkeleyien. Ils portent des pantalons informes tie and dye, authentiquement tie and dye, et ne se peignent pas les cheveux. La plupart ont plus de quarante ans. Tous les hommes ont des barbes, et ils sont petits. La plupart des femmes sont assez vieilles pour être ma mère, et ça se voit. Je suis découragé par le manque de possibilités. J'ai moins de différence d'âge avec la plupart des enfants. Oh, mais il y a une mère, une femme à la tête petite, avec de longs, longs cheveux noirs et raides, épais et libres comme la queue d'un cheval. Elle ressemble exactement à sa fille, même visage ovale, mêmes yeux sombres et tristes. Je l'ai déjà vue quand je conduis Toph à l'école, et j'ai deviné qu'elle vit seule ; le père n'est jamais présent.

« Je vais lui demander de sortir avec moi, dis-je.

— Non, s'il te plaît. S'il te plaît », dit Toph. Il pense vraiment que je pourrais.

« Tu aimes bien sa fille ou pas ? Ça pourrait être amusant – on pourrait sortir tous les quatre !

— S'il te plaît, s'il te plaît, ne le fais pas. »

Bien sûr, je ne le ferai pas. Je n'ai pas le courage. Mais il ne le sait pas encore. On arpente les couloirs décorés de papier Canson et de travaux d'élèves. Je rencontre Mme Richardson, le professeur principal, qui est noire, grande et sévère – avec des yeux tirés et un regard furieux. Je rencontre le professeur de sciences qui ressemble exactement à Bill Clinton. Il bégaie. Il y a une fille dans la classe de Toph qui à neuf ans est plus grande que ses parents, et plus lourde que moi. Je voudrais que Toph soit son ami et la rende heureuse.

Une femme près de nous nous regarde. Les gens nous regardent. Ils regardent et se posent des questions. Ils se demandent si je suis un prof, ne sachant pas comment me situer, pensant peut-être que parce que j'ai des poils follets sur le visage et que je porte de vieilles chaussures je vais agresser leurs enfants. J'ai sans doute l'air menaçant. Cette femme, celle qui nous regarde, a de longs cheveux gris et de grandes lunettes. Elle porte une jupe longue imprimée et des sandales. Elle se penche vers nous, nous désigne du doigt, d'abord moi et Toph, puis Toph et moi, et sourit. Puis on trouve nos places et on lit le script :

MÈRE
Bonsoir. C'est votre... fils ?

FRÈRE
Euh... non.

MÈRE
Votre frère ?

FRÈRE
Oui.

MÈRE
*(Plissant les yeux pour être sûre)*
Oh, ça se voit tout de suite.

FRÈRE
*(tout en sachant que ce n'est pas vrai,*
*qu'il est vieux, qu'il a l'air sévère,*
*et que son frère est radieux)*
Ouais, c'est ce que les gens disent.

MÈRE
Vous vous amusez bien ?

FRÈRE
Oui, bien sûr.

MÈRE
Vous êtes étudiant à Cal ?

FRÈRE
Non, j'ai fini mes études il y a quelques années.

MÈRE

Et vous habitez par ici ?

FRÈRE

Oui, on habite vers le nord. Près d'Albany.

MÈRE

Alors vous vivez avec vos parents ?

FRÈRE

Non, rien que nous.

MÈRE

Mais… où sont vos parents ?

FRÈRE

*(réfléchissant, réfléchissant : « Ils ne sont pas là. » « Ils n'ont pas pu venir. » « Je n'en sais rien, en fait. »)*

Oh, ils sont morts il y a quelques années.

MÈRE

*(saisissant l'avant-bras du* FRÈRE*)*

Oh, je suis désolée.

FRÈRE

Non, non, ne vous en faites pas.

*(voulant ajouter, comme il le fait parfois : « Ce n'était pas votre faute. » Il adore cette réplique, surtout quand il ajoute après coup : « Ou bien si ? »)*

MÈRE

Alors il vit avec vous ?

FRÈRE

Oui.

MÈRE

Oh, mon Dieu. C'est intéressant.

FRÈRE

*(pensant à l'état de la maison. Intéressant, en effet.)*

Oui, on s'amuse bien. Dans quelle classe est votre…

MÈRE

Fille. Au cours moyen. Amanda. Si je peux me permettre, je peux demander comment ils sont morts ?

FRÈRE

*(passant de nouveau en revue des réponses divertissantes pour son frère et lui. Accident d'avion. Déraillement de train. Des terroristes. Des loups. Il a déjà inventé des choses auparavant, et ça l'a amusé, mais le degré d'amusement du petit frère n'a pas été clair.)*

Du cancer.

MÈRE

Mais… en même temps ?

FRÈRE

À cinq semaines d'intervalle.

MÈRE

Oh mon Dieu.

FRÈRE

*(avec un petit gloussement inexplicable)*

Oui, c'était bizarre.

MÈRE

C'était il y a combien de temps ?

FRÈRE

Quelques hivers.

*(Le* FRÈRE *se dit qu'il aime la réplique « quelques hivers ». Elle est nouvelle. Elle rend un son dramatique, vaguement poétique. Pendant quelque temps c'était « l'année dernière ». Puis ce fut « il y a un an et demi ». Maintenant, à son grand soulagement, c'est « il y a quelques années ». « Il y a quelques années » est confortablement éloigné. Le sang est sec, les croûtes durcies, arrachées. Avant c'était différent. Peu de temps avant de quitter Chicago, les* FRÈRES *sont allés chez le coiffeur pour faire couper les cheveux de TOPH, et le FRÈRE espérait vraiment que ça ne se présenterait pas, mais quand ça s'est présenté, le FRÈRE a répondu : « Il y a quelques semaines. » Sur quoi la femme qui coupait les cheveux s'est arrêtée, a franchi les portes style saloon vers l'arrière-boutique, et elle y est restée un moment. Elle est revenue les yeux rouges. Le FRÈRE s'est senti très mal. Il se sent toujours mal quand les questions innocentes, bienveillantes, d'inconnus sans méfiance amènent la réponse bizarre qu'il doit fournir. Comme si quelqu'un posait des questions sur le temps qu'il fait et qu'on lui parle de l'hiver nucléaire. Mais ça a ses avantages. Dans ce cas, les FRÈRES ont eu droit à une coupe de cheveux gratuite.)*

MÈRE

*(prenant de nouveau l'avant-bras du* FRÈRE*)*

Eh bien, bravo ! Quel bon frère vous êtes !

FRÈRE

*(Souriant, se demande :* Qu'est-ce que ça veut dire ? *On le lui dit souvent. Aux matches de foot, aux fêtes de bienfaisance de l'école, aux expositions de cartes de baseball, à l'animalerie. Parfois la personne qui le lui dit connaît toute leur histoire et parfois elle ne la connaît pas. Le* FRÈRE *ne comprend pas la tournure, ce qu'elle signifie ni à quel moment elle*

*est devenue une expression toute faite que les gens utilisent.* Quel bon frère vous êtes ! *Le* FRÈRE *n'a jamais entendu l'expression auparavant, mais à présent elle sort de la bouche de toutes sortes de gens, toujours prononcée de la même façon, avec les mêmes inflexions – sur un ton montant :*

Quel bon frère vous êtes !

*Qu'est-ce que* ça signifie *? Il sourit, et si Toph est à proximité, il lui donne un coup de poing dans le bras, ou il essaie de le faire trébucher* – regardez-nous faire les idiots ! Légers comme l'air ! – *puis le* FRÈRE *dira la même chose qu'il dit toujours après ces paroles, pour désamorcer la tension croissante, le drame inconfortable qui s'insinue dans la conversation, tout en renvoyant sa remarque à la personne qui a posé la question, parce qu'il veut souvent qu'elle se rende compte de la portée de ses propos.*
*Ce qu'il dit, avec un charmant petit haussement d'épaules ou un soupir, c'est :)*

Et alors, vous allez faire quoi ?

*(La* MÈRE *sourit et serre l'avant-bras du* FRÈRE *une fois de plus, puis le tapote. Les* FRÈRES *regardent le* PUBLIC *et clignent de l'œil, puis ils se lancent dans une fantastique danse à la Bob Fosse, avec levers de jambe, quelques jetés-portés, une grande glissade sur les genoux à travers la scène, puis encore des bonds, des pas de parade, et finalement un double saut périlleux avant, en se croisant en l'air, grâce à un trampoline caché, et tous les deux atterrissent parfaitement, juste devant l'orchestre, sur un*

*genou, les mains tendues vers le* PUBLIC, *souriants, la respiration lourde. La foule se lève et applaudit à tout rompre. Le rideau tombe. Les applaudissements continuent à crépiter.)*

FIN

Tandis que la foule tape des pieds pour avoir un rappel, on se glisse par la porte de derrière et on disparaît comme des super-héros.

# IV

Oh, je pourrais sortir, bien sûr. C'est vendredi soir et je devrais être dehors, de l'autre côté de la Baie, je devrais être dehors tous les soirs, avec les autres jeunes, à me coiffer, renverser de la bière, essayer de convaincre quelqu'un de toucher mon pénis, rire avec les autres, rire des autres. Kirsten et moi *on prend du recul*, on l'a déjà fait deux fois, et on le refera dix ou douze fois à l'avenir, ce qui signifie que (ostensiblement) on voit d'autres personnes. Alors oui, je pourrais sortir, profiter de cette liberté particulière et de celle de la jeunesse en général, exultant de la richesse de mon époque et de mon habitat.

Mais non.

Je suis là, à la maison. Toph et moi on fait la cuisine, comme d'habitude…

« Tu peux sortir le lait ?

— Il est là.

— Oh, merci. »

… et ensuite on jouera au ping-pong, et après, on prendra sans doute la voiture pour aller louer un film dans cette boutique de Solano, et au retour acheter quelques glaces pousse-pousse au 7-Eleven. Oh, je pourrais être sorti, faire la fête, savourer la plénitude de ma chair et de celle des autres, frotter la mienne contre la leur, je pourrais boire des choses et manger des choses, spéculer sur telle ou telle personne, faire des signes, saluer quelqu'un en levant brusquement le menton, être assis sur le siège arrière d'une bagnole, sur les montagnes russes des collines de San Francisco au sud de Market, aller voir un groupe, acheter de la bière après, quitter la voiture, porter les bouteilles qui tintent dans leur sac en papier, tous nos visages animés, rayonnants sous les réverbères, on est sur le trottoir, on va à une fête quelconque dans un appartement, salut, salut, merci d'être venu, mettre la bière au frigo, en prendre une pour le moment, salut, ouais, et attendre que les toilettes se libèrent, en regardant vaguement cette gravure omniprésente d'Ansel Adams, le Yosemite sûrement, parler avec une fille aux cheveux courts en attendant dans l'entrée, parler de dents, sans raison particulière, le fil de la pensée plutôt vaseux, demander à voir ses plombages, non, vraiment, je te montre d'abord les miens, ha ha, et puis non, vas-y d'abord, j'irai après toi, et après avoir utilisé les toilettes elle est encore là, encore dans l'entrée, elle n'attendait pas seulement les toilettes mais moi aussi, alors en fin de compte on rentre ensemble, chez elle, où elle habite seule, dans un large appartement impeccable, aux pièces en enfilade, repeint de frais, qu'elle a décoré avec sa mère, puis on dort dans son gigantesque lit blanc, hyper-doux, on prend le petit-déjeuner dans le coin-repas empli de lumière, et peut-être ensuite quelques heures à la plage avec le journal du dimanche, et je rentre à la maison quand je veux, si je veux...

Merde. On n'a même pas de baby-sitter.

On pense, Beth et moi, qu'il est encore trop tôt pour laisser Toph avec quelqu'un qui ne soit pas de la famille, si on le faisait il se sentirait rejeté, seul, ça fausserait sa psyché fragile, il essaierait des inhalants, il entrerait dans un gang du genre *River's Edge*, trop de boniment et trop peu de remords, il se ferait des tatouages, il boirait du sang d'agneau, et il nous occirait dans notre sommeil, Beth et moi, l'épreuve inévitable du rituel d'initiation. Aussi quand je sors, une fois par semaine, un jour que Beth et moi on a choisi ensemble, Toph prend ses affaires, les fourre dans son sac à dos, se sert des deux courroies, et il va chez elle où il passe la nuit sur la moitié de son futon.

La règle de ne pas prendre de baby-sitter n'est qu'une parmi d'autres, tant d'autres, toutes nécessaires pour maintenir le statu quo, empêcher les choses de nous échapper. Par exemple, Beth n'a plus le droit de prendre Toph si l'une de ses amies exécrables, médiocres, doit être là – Katie, en tant qu'orpheline, sait se tenir, mais pas les autres, pas du tout – en train de boire ou pas, parce qu'elles tiennent absolument à parler de choses déplacées, les tendances sexuelles de leurs petits copains, leur degré de saoulographie la dernière fois, et elles le font dans un langage attardé, très L.A., qui répand la stupidité par osmose. En outre, si Beth ou moi on sort avec quelqu'un, ce quelqu'un ne sera pas présenté à Toph tout de suite, Toph ne sera pas traîné à des réjouissances – à des matches de football, au zoo, à des rodéos – pour qu'on puisse le montrer à ces nouveaux copains. Non, il y aura une période d'attente, comme ça, le temps que Toph rencontre ce quelqu'un, ce sera vraiment une personne qu'il pourra revoir, et il n'aura pas à en rencontrer des douzaines, des centaines au fil des années, toutes présentées comme quelqu'un de spécial, il finirait pas les confondre, par ne plus savoir où il en est, il grandirait privé du sens de la décence, de sentiment d'identité, sans noyau familial perceptible et constant. Il deviendrait ainsi faible et léger, sensible à l'attraction douteuse des ashrams, des kibboutz et de Jésus. Quant à ma propre vie sentimentale, si j'ai prévu quelque chose qui ressemble à un rendez-vous et si on sort de bonne heure, et que la soirée comporte une activité que Toph pourrait apprécier, alors bien sûr il vient avec nous. Si la vedette de cette sortie qui ressemble à un rendez-vous exprime la moindre réserve à l'idée que Toph nous accompagne, elle est mauvaise, c'est clair. Si elle pense que parce qu'on emmène Toph dîner, ça signifie que je l'aime moins, qu'il sert de tampon entre nous, alors elle se trompe, elle ne pense qu'à elle et elle est mauvaise aussi. Et si, quand elle vient chez nous, elle fait des remarques sur l'état de la maison – « Oh, mon Dieu, il y a de la nourriture sous le canapé ! » ou même « Une vraie piaule de célibataire ! » – ou pire, sur toute décision parentale prise en sa présence ou autrement, tout d'abord elle recevra un sale regard devant Toph, et plus tard on lui fera la leçon quand il n'entend pas, puis elle fera l'objet de conversations malveillantes avec Beth, pendant des mois, sur les gens qui ne savent rien de rien, et comment osent-elles dire quelque chose, ces nunuches mangeuses de lotus qui n'ont jamais eu à se battre, qui ne critiqueraient jamais d'autres parents, mais se sentent le droit de me critiquer, simplement parce qu'on débute, on est jeunes, on est frères. Mais aussi, bien sûr, si la personne avec qui je sors ne demande rien sur les parents décédés, elle manque de considération, elle est grossière, légère, trop jeune, égoïste. Si elle demande, mais suppose que c'était un accident de voiture…

« Qui t'a dit que c'était un accident de voiture ?

— J'ai cru, c'est tout.

— Tu as… Quoi ? »

… alors elle est mauvaise. Toutefois, poser trop de questions n'est pas permis du tout, non plus, parce que…

« Tu ne veux pas en parler ?
— Quoi, maintenant ? Avec toi ?
— Oui. Je t'en prie.
— Dans un bar ?
— Tu n'as pas à porter ça tout seul.
— Oh, c'est pas vrai. »

... ce n'est pas son rôle, et elle n'y survivra pas. Si elle veut que je fasse *plus d'efforts*, que j'aille à Stanford pour *la* voir au lieu que ce soit toujours à elle de faire le chemin, on lui rappelle, poliment, avec toute la retenue nécessaire, le vaste, incommensurable gouffre entre nos situations respectives, la sienne faite de joyeuse frivolité, de télé câblée à tire-larigot, de « Regardons un film », et « Allons dîner dehors », et « Allons ici », « Allons là », de terrasses de cafés, boire ce qu'elle veut quand elle veut, le lac Tahoe et du camping, faire des courses, et du parachute, faire n'importe quoi n'importe quand, alors que la mienne, par un criant contraste – ne soyons pas imprécis (Lily, ça va bientôt être très clair) – c'est d'endurer, d'être résolu, stressé, spartiate, de ne jamais souffler, d'être limité, épuisé, un monde de jeunes genoux demandant à être recousus, de jeunes déjeuners à emballer, de jeunes esprits ayant besoin d'aide pour élaborer des projets ingénieux sur l'Afrique orientale, sans parler de réunions de parents d'élèves exténuantes, et de lettres bizarres et menaçantes de la Caisse de retraite – CHRISTOPHE (SIC) EGGERS A-T-IL ÉTÉ MARIÉ RÉCEMMENT ? RÉPONDEZ PAR OUI OU PAR NON ET RENVOYEZ IMMÉDIATEMENT CE FORMULAIRE. EN CAS DE NON RÉPONSE LES ALLOCATIONS SERONT SUSPENDUES – mon existence vouée à être le seul obstacle entre lui et l'oubli certain si je n'étais pas là, dédiée à essayer d'accomplir ce qui pourrait bien être l'une des plus grandes réussites de l'histoire. Si elle ne comprend pas ça elle est mauvaise. Si elle dit qu'elle comprend, mais se demande pourquoi je ne pourrais pas *quand même* essayer de faire un effort, un plus grand effort, ça ne fait que prouver tout ce qu'elle ne comprend pas, ne comprendra jamais, ne comprendra pas jusqu'à ce qu'un jour, quand quelque chose d'épouvantable se produira – elle devrait prier qu'il n'arrive rien de mal mais ça arrivera certainement – quand l'étoffe même de son existence sera soumise à rude épreuve, quand il n'y aura brusquement plus de marge d'erreur, ni la latitude de traînailler, tergiverser, ne pas savoir gérer son temps... Et c'est difficile de maintenir cette façade moralisatrice tout en sachant parfaitement que cet effort de la retrouver à Stanford, ou même à mi-chemin, serait bien sûr entrepris si la relation semblait en valoir la peine et si elle n'avait pas demandé, à notre deuxième sortie, à être fessée. Mais, aspirant à une forme de compréhension, je me retrouve à chercher ceux qui comme moi ont été mutilés par une machinerie familiale bizarre, dont les parents sont morts ou en train de mourir, divorcés au moins – espérant qu'ils sauront ce que je sais, et qu'ainsi ils ne vont pas me bassiner avec des détails, me parler de réciprocité, de *mes contributions*. Pour ce qui est de Toph, si, alors qu'on se tripote sur le canapé du salon bordeaux une fois qu'il est allé se coucher, elle veut rester pour la nuit, et ne comprend pas pourquoi elle ne peut pas, ne comprend pas pourquoi il ne doit pas se réveiller et voir des inconnues dormir dans le lit de son frère, c'est qu'elle est trop jeune et écervelée et ne comprend pas l'importance de créer pour Toph une enfance aussi simple que possible, alors on cesse de la voir. Si elle ne sait pas parler à Toph, si elle le traite comme un chien dur d'oreille ou pire, comme un *enfant*, on ne la voit plus et on se moque d'elle avec Beth. Si, d'un autre côté, elle traite Toph comme un adulte, très bien, mais pas si des choses inconvenantes sont dites, des choses qui ne sont pas faites pour ses jeunes oreilles, comme « Tu sais combien ils vendaient les préservatifs à Wallgreen ? ». En général si, lesdites règles étant observées, il ne l'aime pas, pour n'importe quelle raison – il ne le dit jamais mais ça devient clair (il se retire dans sa chambre quand elle arrive) – alors elle disparaît lentement, à moins bien sûr qu'elle ne soit exceptionnellement jolie, auquel cas ça ne compte pas, ce que pense ce petit crétin. Si elle apporte quelque chose à Toph, par exemple une boîte de nouvelles balles de ping-pong – dont, sans qu'on sache comment, elle a senti le besoin – alors c'est une bonne personne, pas une mauvaise, et on l'aime sans condition. Si elle vient dîner et mange vraiment notre version des tacos, sans toute la merde grotesque que les gens y mettent d'habitude, c'est une sainte et elle est la bienvenue n'importe quand. Si elle reconnaît que la façon dont on coupe les oranges – dans le sens de la largeur, pas de la longueur – est la seule façon logique, la seule agréable sur le plan esthétique, et qu'elle mange toute la tranche au lieu de simplement aspirer le jus et de laisser l'anémone en bouillie, alors elle est parfaite et on en parlera avec chaleur – tu te souviens de Susan ? On aimait Susan – pendant des mois, même si on ne la revoit plus, parce qu'à part ça elle était trop maigre ou elle paraissait un peu névrosée.

Ce n'est pas qu'on soit exigeants. Non – on est sympas ! Faciles à vivre, détendus. Ha, ha. Oui. Marrants. Il n'y a aucune raison d'être nerveux ; les règles sont pour notre usage exclusif, jamais énoncées, jamais discutées. On est, il faut le dire, pleins de bonne volonté, joviaux, on met les autres à l'aise, même si on passe le plus clair du temps, en sa présence, à essayer moins de la distraire que de se distraire mutuellement, souvent à ses dépens.

*Mais de façon marrante !* Tout est cool avec nous, remarquablement cool, on accepte tout le monde, et le mieux, c'est que Toph s'attache aussitôt à presque tout le monde. Bien sûr, c'est plus facile si vous vous intéressez aux iguanes et si vous savez prononcer des mots en rotant, mais même sans ces avantages, il reconnaît vraiment la position difficile occupée par une fille donnée avec qui je sors, et il facilite les choses, il lui montre ses cartes magiques si elle dit qu'elle aimerait les voir, il lui apporte des boissons, avec de la glace, il s'assied à côté d'elle, pratiquement sur elle, trop content de la nouvelle compagnie, quelqu'un qui pourrait, s'il va chercher le jeu avant l'heure d'aller au lit et si son frère est dans la salle de bains et ne peut donc pas protester, jouer au Trivial Pursuit, du moment que c'est vite fait, une tranche de tarte par réponse juste.

En ce moment je vois une femme de vingt-neuf ans. Cette femme de vingt-neuf ans, une vraie femme-femme, est rédactrice en chef de l'hebdomadaire où je fais de l'illustration et de la mise en page en free-lance. Bien qu'il soit devenu clair assez tôt, un jour qu'elle a mis un béret de velours violet, que nous ne sommes pas faits l'un pour l'autre, je poursuis la relation, jubilant de ma capacité à avoir dégoté cette femme-femme, de sept ans plus âgée, de communiquer avec elle. Elle est élégante, avec de longs cheveux blonds, des rides d'expression, elle est aussi du Midwest, du Minnesota je crois, et elle sait commander et boire de vraies boissons. Et elle a vingt-neuf ans. On l'a déjà dit, qu'elle a vingt-neuf ans ? Je trouve ça particulièrement heureux que moi, qui porte à la fois le poids de Toph et du monde, moi qui ai vécu tant de choses et me sens déjà si vieux, je sorte avec une femme de sept ans mon aînée. Forcément !

Ses motivations ne sont pas claires, mais j'ai une

théorie : à vingt-neuf ans, comme tous ceux de la trentaine ou qui en approchent, elle se sent misérable, vieille, comme si sa chance était passée – et la seule façon de regagner ne serait-ce qu'un soupçon de sa jeunesse perdue, c'est de s'imprégner de quelqu'un comme moi, éclatant de virilité.

Mais qu'est-ce que j'avais peur de voir son corps nu ! Avant qu'on en arrive à ce stade, je me suis souvent demandé si elle serait ridée comme un vieux pruneau, flasque. Je n'avais jamais vu la chair nue de quiconque de plus de vingt-trois ans et, quand on est sortis un soir, sans Toph – on a bu une boisson à la vodka dont je n'avais jamais entendu parler – jusqu'à ce qu'on se tienne les mains à cette table du fond tout en faisant mine d'écouter l'ex-chanteur vedette de ce groupe punk géant de Los Angeles, il chantait confusément, la la la, très loin au-dessous de nous, de la musique de fond à 14 dollars, et qu'ensuite on aille à son appartement, je m'attendais à être horrifié, je me demandais ce que je ferais si je devais toucher sa peau boutonneuse ou variqueuse, et quand on est montés chez elle en trébuchant, j'étais content qu'il fasse si noir, et encore plus dans sa chambre – Mais en fait elle n'était pas grisonnante ni fanée, sa chair était encore ferme et pleine et j'étais ravi, soulagé, et le matin, dans la lumière blanche, elle était pâle et lisse, ses cheveux plus blonds et plus longs que je ne m'en souvenais, flottant partout sur ses draps blancs, et pendant quelques minutes j'ai vraiment aimé – mais il fallait que je m'en aille. C'était la première fois que je passais la nuit ailleurs depuis qu'on était venus vivre en Californie, et même si Toph dormait chez Beth, je voulais être à la maison au cas où il rentrerait tôt – sinon, il saurait que j'avais couché ailleurs et ne comprendrait pas, et quand il grandirait il vendrait du crack ou chanterait dans un boys band de Floride. Je me suis habillé et je suis parti, j'ai croisé sa colocataire en sortant et j'ai repassé le pont en voiture, glorieux, les bateaux sillonnaient la baie, et je suis arrivé à temps. La maison était vide, j'ai plongé dans mon lit, je me suis rendormi, et quand il est rentré son frère était là, il avait été là tout le temps bien sûr, il n'était jamais parti.

Mais ce soir pas de sortie. Je suis sorti mercredi, alors maintenant et jusqu'à la fin de la semaine je reste à la maison, sinon le monde va s'écrouler.

« L'heure d'aller au lit.

— Quelle heure est-il ?

— L'heure du lit.

— Il est dix heures ?

— Oui. [Lourd soupir.] Il est plus de dix heures. Je te rejoins dans une seconde. »

Il se met au lit et sous les couvertures. Je m'assieds à côté de lui, le dos contre la tête de lit. Bill l'a achetée il y a des mois – chaque fois qu'il est en ville il faut qu'on aille acheter des meubles, il veut remplir la maison de fausses antiquités venues de l'entrepôt près de l'autoroute – mais la tête de lit était trop grande pour le sommier de Toph, alors on a simplement posé ce grand panneau de bois entre son lit et le mur, pour faire de l'effet, une tête de lit jouant le rôle d'une tête de lit.

Je prends notre livre par terre. On lit tous les soirs, parfois un bon moment mais en général une quinzaine de minutes, le plus longtemps que je peux sans m'endormir moi-même, mais assez longtemps pour donner à Toph un sentiment de confort, de stabilité, de paix et de bien-être avant qu'il parte pour le pays des songes de l'enfance.

On lit *Hiroshima* de John Hersey. Oh, bien sûr, il y a toute l'horreur, les souffrances indescriptibles, la peau des gens qui s'écaille comme du fromage blanc, mais voyez-vous, j'ai décidé qu'autant il y aura de la joie et de la gaieté dans cette maison, autant je tiens à la remplir de leçons sérieuses et durables. Parfois, pendant le dîner, j'ouvre l'encyclopédie au hasard et je lis, l'énorme bouquin en un volume qu'on a acheté au jeune type maigre qui les vendait au porte-à-porte. Avant, c'était *Maus*. Avant, c'était *Catch-22*, bien que ça on ne l'ait pas fini – avec les références obscures (pour lui) et tous les personnages, il nous fallait une heure pour lire une page. Dans *Hiroshima*, je saute les passages vraiment atroces, et il écoute avec la plus grande attention parce qu'il est parfait – notre expérience le passionne autant que moi, il veut être le nouveau modèle de garçon aussi fort que je veux être le nouveau modèle de parent. Et quand j'ai fini de lire, expliquant soigneusement la signification de ci et de ça, le contexte historique (inventé ou approximatif), c'est toujours agréable de rester allongé une minute, sur son lit étroit, lui sous la couette et moi dessus, on est si bien, on a si chaud ici…

« Va-t'en.

— Hmp ?

— Va-t'en.

— Nooon.

— Réveille-toi.

— Non, non, non.

— Va dans ton lit.

— Oh, s'il te plaît, non. On tient tous les deux.

— Fiche le camp. S'il te plaît.

— Très bien. »

Je roule sur lui, en me faisant aussi lourd que possible, puis je me lève. Je vais dans la salle de bains et je retourne dans sa chambre en me lavant les dents, en fredonnant et en exécutant une danse à petits pas glissés. Il me fait un faux signe d'approbation. Je retourne au lavabo pour cracher, et je reviens. Je m'appuie contre sa porte.

« Alors. Grosse journée, hein ? dis-je.

— Ouais, dit-il.

— C'est vrai, il s'est passé beaucoup de choses. Une journée bien remplie, c'était.

— Ouais. La demi-journée à l'école, puis le basket, puis le dîner, et la soirée portes ouvertes, et la glace, et un film – c'est vrai, presque comme si c'était trop pour un jour, comme si plusieurs journées avaient été mises bout à bout pour dépeindre rapidement une période tout entière, pour créer une idée globale de notre façon de vivre, sans avoir à s'abaisser (ou à s'élever) jusqu'à vraiment décomposer l'histoire.

— Où veux-tu en venir ?

— Non, je pense que c'est bien, très bien. Pas entièrement crédible, mais ça fonctionne très bien, en général. C'est bien.

— Écoute un peu, toi, on a eu plein de journées comme ça, et beaucoup étaient bien plus compliquées. Tu te rappelles quand tu as dormi dehors sous la tente avec tes copains pour ton anniversaire ? L'excursion au lac Tahoe avec ton ami à la grosse tête ? C'était une journée plus banale que la plupart, au contraire. Ce n'est qu'une caricature, tout ça, le squelette de l'expérience – c'est vrai, c'est seulement une toute petite tranche, hyper-mince. Raconter exactement cinq minutes de réflexion intérieure prendrait une éternité – c'est exaspérant, en fait, quand tu t'assois, comme je vais le faire une fois que tu dormiras, pour rendre ce genre de chose, une époque ou un endroit, de se retrouver avec si peu – une ou deux dimensions sur vingt.

— Alors tu en es réduit à te plaindre. Ou pire, à utiliser des subterfuges, par insatisfaction.

— Oui, c'est ça.

— Les gadgets, les grelots, les sifflets. Les graphiques. *Ceci est une agrafeuse*, tout ça.

— C'est vrai.

— Tu sais, honnêtement, ce que je vois, c'est

moins un problème de forme, toutes ces foutaises, qu'un problème de conscience. Tu es déjà complètement paralysé par ta culpabilité de raconter tout ça, surtout le début. Tu te sens obligé de le faire, on ne sait pas pourquoi, mais tu sais que maman et papa détesteraient ça, qu'ils te tueraient...

— Je sais, je sais.

— Mais aussi, je dirais, et Bill et Beth diraient – enfin, sans doute pas Bill, mais Beth certainement – que ta culpabilité, et leur désapprobation, ça fait très classe moyenne, provincial, ça manque d'envergure. C'est de la superstition autant qu'autre chose – comme les primitifs qui pensent que l'appareil photo va leur dérober leur âme. Tu te débats avec une culpabilité à la fois catholique et particulière au foyer où tu as été élevé. Tout y était secret – par exemple, on ne devait pas parler du fait que ton père était aux AA, jamais, pendant qu'il y était, ni après. Tu ne disais jamais rien, même à tes plus proches amis, de ce qui se passait dans cette maison. Et maintenant, tantôt tu te révoltes contre ce refoulement, tantôt tu l'épouses.

— Qu'est-ce que tu entends par là ?

— Eh bien, tu te crois si ouvert aux choses maintenant, tu penses que toi et moi on est le Nouveau Modèle, qu'à cause de notre situation, tu peux envoyer balader les vieilles règles, les réinventer au fur et à mesure. Mais en même temps, jusqu'ici tu t'es montré très collet monté, autoritaire, et tu as beau te vanter, en fin de compte tu maintiens la plupart des usages, des règles imposées par nos parents. Surtout le mystère. Par exemple, tu ne laisses presque jamais mes copains venir, parce que tu ne veux pas qu'ils voient à quel point la maison est bordélique, comment on vit.

— Eh bien...

— Je sais. Je comprends. Tu as peur que les

services sociaux ne frappent à la porte, ou je ne sais quoi. Mais en même temps, tu n'as pas si peur que ça, et tu le sais. Tu as préparé ce que tu dirais, les excuses que tu donnerais, comment tu me ferais évader d'un foyer de placement, si les choses en arrivaient là, où on s'enfuirait, comment on vivrait, de nouvelles identités, de la chirurgie plastique. Mais avant tout, si une assistante sociale, ou n'importe qui, essayait jamais d'intervenir ici, ton territoire à présent, ton projet, tu péterais les plombs, tu perdrais la tête.

— Mais non.

— Laisse-moi te raconter une scène qui s'est passée pas plus tard que la semaine dernière, entre toi et l'une de tes meilleures amies :

> "Alors il était chez Luke tout ce temps, et il n'avait pas téléphoné. Pendant cinq heures à peu près. J'avais préparé le dîner, j'attendais, je devenais fou. Et il avait simplement oublié. Ça me rend dingue. Il faut qu'il apprenne que mon temps est précieux, que je ne peux pas attendre toute la journée qu'il appelle. Je vais le priver de sortie.
>
> — Oh, le pauvre. Ne le prive pas de sortie.
>
> — Quoi ?
>
> — Il regrette, j'en suis sûre.
>
> — Tu es en train de me dire ce que je…
>
> — Non, je crois seulement que…
>
> — Tu vois, c'est d'une telle connerie, de croire que tu as ton mot à dire dans un truc comme ça, parce que je suis jeune. C'est vrai, tu ne contredirais pas une mère de quarante ans, si ?
>
> — Eh bien…
>
> — Alors ne le fais pas. Parce que je suis une mère de quarante ans. En ce qui te concerne, et tous les autres, je suis une mère de quarante ans. Ne l'oublie jamais."

« La pauvre Marny, l'une de tes plus vieilles amies. Elle ne voulait rien dire de spécial, c'était juste une remarque innocente. Elle serait sans doute la dernière personne au monde à se montrer insensible, mais tu vois, tu es toujours prêt à mordre. Tu as cette rage des parents uniques, ce côté sur la défensive des mères noires qui élèvent seules leur enfant, en plus de ton agressivité naturelle. C'est vrai, ce soir, quand tu iras enfin te coucher, tu te mettras à penser à ce que tu ferais si on venait ici me faire du mal. Tu imagineras toutes sortes de façons de tuer pour me protéger. Tes visions seront détaillées et atrocement violentes, essentiellement toi et une batte de baseball, et tu viderais sur la personne qui envahirait notre sanctuaire la somme des frustrations que tu éprouves à cause de tout ça, notre situation actuelle, les limites et les paramètres déjà établis, les dix, douze prochaines années arrêtées, plus ou moins décidées, et aussi la colère générale que tu éprouves, et pas seulement depuis que maman et papa sont morts – ce serait trop commode si c'était vrai – mais ça a commencé bien avant, tu le sais, la colère que les gosses ont dans les os quand ils grandissent dans un foyer alcoolique un peu violent, braillard, où la confusion est toujours... Qu'est-ce qu'il y a ? Qu'est-ce qui te fait rire ?

— Tu as du dentifrice sur le menton.

— Où ?

— Plus bas.

— Ici ?

— Plus bas.

— Encore ?

— Non, tu l'as enlevé.

— En réalité, avec moi...

— On aurait dit une crotte d'oiseau.

— Très bien. Ha, ha. En tout cas, avec moi tu as cette chance incroyable de corriger les erreurs de ta propre éducation, une occasion de mieux faire – de garder les traditions qui avaient du sens et de virer celles qui n'en avaient pas – une chose que tout parent a l'occasion de faire, bien sûr, faire honte à ses propres parents, faire tout mieux qu'eux, évoluer par rapport à eux – mais dans ce cas, c'est encore plus net, encore plus significatif, parce que tu peux le faire avec moi, *leur propre progéniture*. C'est comme si tu achevais un projet que quelqu'un d'autre n'a pas pu mener à bien, a abandonné, t'a confié, à toi, le seul capable de sauver la situation. J'ai raison jusque-là, grand chef ? Et le mieux, pour toi du moins, tu as finalement l'autorité morale dont tu avais soif, et que tu as souvent exercée, même très jeune – tu te baladais sur le terrain de jeux en fustigeant les autres gosses pour avoir juré. Tu n'as pas bu d'alcool avant d'avoir dix-huit ans, tu n'as jamais pris de drogue, parce qu'il fallait que tu sois plus pur, que tu aies quelque chose de plus que les autres. Et maintenant ton autorité morale est doublée, triplée. Et tu l'utilises de toutes les façons qui t'arrangent. Cette femme de vingt-neuf ans, par exemple, tu vas rompre avec elle au bout d'un mois parce qu'elle fume...

— Et le béret. N'oublie pas le béret violet.

— Ce n'est pas la raison que tu lui donneras.

— Bon, mais ce sera justifié. Écoute. Pour des raisons évidentes. C'est incroyablement dur, ces bruits, ces odeurs, la regarder embrasser le papier, tirer sur ces tubes...

— Oui, mais c'est la façon dont tu le lui diras, dont tu lui feras honte, en expliquant que non seulement tes parents sont morts du cancer, ton père d'un cancer du poumon, mais tu ne veux pas de fumée autour de ton petit frère, patati patata, et les mots que tu emploieras, tu voudras que cette pauvre femme se sente comme une lépreuse, surtout parce qu'elle roule ses cigarettes, ce qui, moi-même je le reconnais, est doublement triste, mais tu vois, tu veux qu'elle se sente comme une paria, comme une forme inférieure de vie, parce qu'au fond, c'est ce que tu penses d'elle, ce que tu penses de n'importe qui entravé par une dépendance, quelle qu'elle soit. Et maintenant tu crois avoir l'autorité morale pour juger ces gens, et qu'à cause de tes expériences récentes, tu peux disserter sur n'importe quoi, tu peux jouer la victime conquérante, un rôle qui te donne un pouvoir tiré de la compassion, de ton désavantage – tu peux maintenant jouer le double rôle de produit d'un milieu privilégié et d'un Job privé de ses droits. Parce qu'on touche des allocations et qu'on vit dans une maison bordélique, tu aimes à penser qu'on fait partie de la classe populaire, que maintenant tu connais les difficultés des pauvres – comment oses-tu ! – mais tu aimes cette position, celle de l'opprimé, parce que ça augmente ton pouvoir sur les autres. Tu peux tirer, derrière ta vitre blindée.

— Toute cette énergie de ta part ! Tu as encore bu du soda avant d'aller au lit ?

— Et pauvre papa. Pourquoi tu ne le laisses pas tranquille ? C'est vrai…

— Arrête. S'il te plaît. Alors je n'ai pas le droit de parler de…

— Je ne sais pas. Si, sûrement. Si tu as l'impression que tu dois.

— Oui.

— Très bien.

— Je ne vois pas d'autre issue.

— Bon. Alors tu ne vas pas te coucher ce soir, tu vas rester une grande partie de la nuit, comme toutes les nuits, les yeux sur ton écran – tu te souviens quand tu étais en dernière année à la fac ? Tu étais dans un atelier de création littéraire, et tu écrivais sur leurs morts, moins de deux mois après ; tu parlais même des derniers souffles de maman, un paragraphe décrivait les derniers souffles de ta mère, et dans la classe, ils se posaient sérieusement des questions. “Eeeh bien…”, ils faisaient. Nerveux, leurs photocopies dans les mains, ils ne savaient pas s'ils devaient parler de ton histoire ou t'envoyer chez le psychologue. Mais ça ne t'a pas découragé. Tu étais résolu, alors et depuis, à coucher ça sur le papier, à rendre cette époque, à prendre ce terrible hiver et à en tirer ce qui, tu l'espères, sera quelque chose de déchirant.

— Écoute, je suis fatigué.

— Ah bon, tu es fatigué ? C'est toi qui as commencé à parler. Je suis prêt à dormir depuis une demi-heure.

— Très bien.

— Très bien.

— Bonne nuit. »

J'embrasse son front lisse et bronzé. L'odeur d'urine. La bride de sa casquette, qu'il porte à l'envers, a laissé une ligne de peau pâle.

« Fais le truc », dit-il.

Je fais ce truc où je lui frotte rapidement le dos, à travers la couette, pour réchauffer le lit.

« Merci.

— Bonne nuit. »

Je laisse la lumière allumée, je ferme à moitié sa porte, et je vais dans le séjour. Je redresse le tapis, un tapis d'Orient élimé dont on a hérité. Ce tapis, fané et lamentable, et celui de la cuisine, long et mince, s'effilochent peu à peu. On court dessus, Toph et moi, et les fils s'en échappent, de longues mèches folles. Je ne sais pas quoi faire pour les garder intacts. Je me demande si je vais les protéger, les faire restaurer, et je sais que je ne vais pas m'en donner la peine. Je rentre un fil bleu pareil à un ver de terre, d'une vingtaine de centimètres, sous le tapis.

J'arrange la couverture sur le canapé. Ce canapé était parfait, tout blanc, dans notre salon de Chicago, mais il est vite devenu dégoûtant ici, rayé de noir aux coins où on appuie nos vélos, les coussins jaunis et tachés de jus de raisin, de chocolat. On avait loué une machine à nettoyer les coussins, mais son effet a été risible. Le canapé poursuivra son déclin, comme toutes les choses qu'on nous a données. L'entretien est impossible. Il y a une pile de chaussures près de la porte que je devrais ranger. Le plancher a besoin d'être balayé, mais je suis découragé avant de commencer – la saleté est inhérente à cette maison, elle est dans les moulures et les mastics, dans les recoins et la moquette et les défauts de la structure. Il y a des trous dans les lames du parquet, et les plinthes sont tordues. J'ai essayé un aspirateur, j'en ai emprunté un aux voisins et il a bien marché, mais le lendemain la maison était poussiéreuse, le sol plein de bazar. À présent je me contente de balayer.

Je prends l'une des glaces à l'eau de Toph dans le freezer. Il y a du bruit dans la maison voisine. Je sors sur la véranda de derrière. Daniel et Boona, les voisins de gauche, reçoivent des amis, une dizaine de personnes sur la terrasse.

« Hé là-bas », dit Daniel. Il est toujours amical, toujours gai, gentil, attentionné. C'est énervant.

Il a quelques années de plus que moi et il vit avec Boona, qui a la trentaine et qui s'occupe d'un refuge pour femmes battues. Leurs amis ont l'air d'étudiants de troisième cycle de Berkeley.

« Salut, dis-je.

— Viens un peu par ici ! dit-il.

— Oui, viens prendre un verre, dit Boona.

— Non, je ne peux pas », dis-je. Il fait chaud, la lune est levée.

Je parle du travail que j'ai à faire, de Toph qui est couché, etc. J'invente un coup de téléphone que j'attends parce que je ne veux pas y aller, rencontrer leurs amis, expliquer notre histoire, pourquoi on vit ici, tout ça.

« Allez, juste un verre », dit Daniel. Il me demande

toujours de venir. Même s'ils sont très chaleureux, lui et Boona, des modèles d'hospitalité, je me sens plus d'affinités avec le couple à droite, un Noir et une blonde, avec leurs rideaux blancs immobiles, leur porte bien fermée, les deux dobermans. Ils parlent rarement à qui que ce soit, restent invisibles en général – c'est tellement plus facile.

Je remercie Daniel et je rentre.

Je me réfugie dans le salon, la pièce que j'ai peinte en bordeaux. Les murs sont encombrés de vieilles photos de nos parents et grands-parents, de leurs parents, et de leurs différents diplômes, faire-part, portraits, tapisseries au petit point, gravures. Je m'assieds sur le canapé que j'ai trouvé dans l'appentis derrière la maison, une vieillerie en velours lie-de-vin, les ressorts cassés, le bois écorné. La plupart des meubles anciens qu'on a gardés sont ici – les chaises, la table basse, le beau bureau en merisier. Il fait noir. Il faut que je taille les buissons devant la maison, parce qu'ils ont poussé si haut que la lumière n'entre presque pas par la fenêtre, même pendant la journée, et c'est toujours si sombre ici, rubis, les murs rouge sang. Je n'ai pas encore trouvé de lampe qui aille dans cette pièce.

Il y a eu tant de dégâts au cours des déménagements, de Chicago aux collines, des collines jusqu'ici. Des cadres ont été brisés, le verre s'entrechoquait dans les cartons. On a perdu des choses. Je suis presque sûr qu'il manque un tapis, un tapis tout entier. Et un tas de livres, ceux de notre grand-mère. Je les avais gardés dans l'appentis derrière, dans les cartons où on les avait emballés, mais quand je suis entré là-dedans au bout de quatre mois, j'ai découvert une fuite dans le toit. La plupart étaient trempés, moisis. J'essaie de ne pas penser aux meubles anciens – la bibliothèque en acajou, rayée, ou la table basse circulaire avec des éraflures, le fauteuil recouvert de tapisserie au petit point qui a un pied fendu. Je veux conserver tout ça mais je veux aussi que ça disparaisse – incapable de décider ce qui est plus romantique, la préservation ou la dégradation. Ce ne serait pas magnifique de tout brûler ? De tout jeter dans la rue ? Je ne supporte pas d'être celui – pourquoi pas Bill ? ou Beth ? – qui doit trimballer tout ce fatras d'un endroit à l'autre, tous les cartons, les dizaines d'albums de photos, la vaisselle, le linge et les meubles, qui débordent de nos placards étroits et de notre remise au toit percé. Je sais que j'ai proposé de les garder, j'ai insisté, je voulais que Toph puisse vivre au milieu de tout ça, que ça lui rappelle – On devrait peut-être l'entreposer jusqu'à ce qu'on ait une vraie maison. Ou le vendre et recommencer.

« Hé ! crie-t-il de sa chambre.

— Quoi ?

— Tu as fermé la porte ? »

D'habitude c'est lui qui ferme la porte d'entrée.

« Je le fais. »

Je vais à la porte et je tourne le verrou.

# V

## (OÙ EST TON FRÈRE ?)

Dehors il fait de plus en plus sombre, l'air est bleu noir. Un homme monte les marches. Il n'est pas rasé, il porte des sandales et un poncho fait, on pourrait le parier, de chanvre. Je ne veux pas parler à cet homme. J'ai parlé à l'homme du Groupe de Recherches d'Intérêt Public de Californie (GRIP-Cal). J'ai donné de l'argent au couple du refuge pour femmes, et à ce petit garçon du groupe de jeunesse, à la femme du Parti Vert, aux gosses du Club des Minimes, aux deux ados solennels de l'organisation antinucléaire SANE / FREEZE. Le côté Berkeley de Berkeley, si charmant au début, commence à vieillir.

La sonnette.

« Va ouvrir, dis-je. Je ne suis pas là.

— Tu es juste à côté.

— Et alors ?

— Et alors ?

— *Topher.* »

Il se lève, en chaussettes. J'ai droit à un regard.

« Dis-leur que tu es seul à la maison, dis-je. Tu es orphelin. »

Il ouvre la porte et dit quelque chose à l'homme et soudain celui-ci est dans notre salon. *Qu'est-ce que je viens de dire –*

Oh. Le baby-sitter. Stephen.

Stephen est étudiant de troisième cycle à Berkeley, il vient d'Angleterre ou d'Écosse. Ou d'Irlande. Il est silencieux, il ennuie Toph à pleurer, et il a une bicyclette avec un énorme panier en osier attaché à l'avant. Beth l'a trouvé dans son école ; il avait mis une annonce.

« Hé, dis-je.

— Bonsoir », dit-il.

Il rentre sa bicyclette dans le salon.

Je vais dans ma chambre me changer. Je ressors, je lui dis que je serai revenu à minuit...

« En fait, tu peux rester jusqu'à une heure ?

— Pourquoi pas ?

— Bien. Alors disons une heure.

— Très bien.

— Mais je pourrais rentrer plus tôt.

— D'accord.

— Ça dépendra de ce qui se passe. »

... et je précise que Toph doit être au lit avant onze heures.

C'est la troisième fois pour Stephen, qui remplace Nicole, qu'on aimait beaucoup – Toph l'aimait presque autant que je rêvais de l'aimer – mais qui après son diplôme il y a quelques mois a eu la témérité d'aller vivre ailleurs. On a eu aussi Janie, l'étudiante de Berkeley qui tenait à ce que Toph vienne à son appartement de Telegraph Avenue, et qui a été très bien jusqu'au soir où, après avoir joué au foot avec Toph dans son entrée – il rentrait en général à la maison trempé de sueur – elle a plaisanté : « Tu sais, Toph, c'est chouette d'être avec toi, on devrait sortir un jour, boire quelques bières... »

D'où Stephen.

J'embrasse Toph sur la tête, qui est couverte d'une casquette de baseball portée à l'envers. La casquette sent l'urine.

« Ta casquette sent l'urine, dis-je.
— C'est pas vrai », dit Toph.
Mais si.
« Mais si.
— Comment elle pourrait sentir l'urine ?
— Tu as peut-être fait pipi dessus. »
Il soupire, retire mes mains de ses épaules.
« Je n'ai pas fait pipi dessus.
— Peut-être par accident.
— Ta gueule.
— Ne me dis pas ça. Je te l'ai déjà dit.
— Pardon.
— Stephen, je demande, tu veux sentir cette casquette et me dire si elle sent l'urine ? »

Stephen ne prend pas la question au sérieux. Il sourit, gêné, mais ne fait pas un geste pour sentir la casquette.

« Bon alors, dis-je. À tout à l'heure. Toph, eh bien… à demain je crois. »

Et je passe la porte, je descends les marches et je monte en voiture. Quand je sors de l'allée en marche arrière l'euphorie habituelle…

*Libre !*

… s'empare de moi. Souvent je ris tout haut, je pouffe, je tape le volant plusieurs fois, en souriant, je mets la bonne cassette dans la stéréo.

Cette fois ça dure dix, douze secondes.

Puis, au moment où je tourne le coin, je suis soudain convaincu, dans un éclair de pure lucidité – ça arrive chaque fois que je le laisse quelque part – que Toph sera tué. C'est évident. Le baby-sitter avait un comportement étrange, il était trop calme, trop discret. Il avait des projets dans les yeux. Bien sûr. C'était si clair depuis le début. J'ai ignoré les signes. Toph m'avait dit que Stephen était bizarre, il avait parlé à plusieurs reprises de son rire effrayant, de la nourriture végétarienne qu'il apportait et faisait cuire, et j'avais haussé les épaules. Si quelque chose arrive ce sera de ma faute. Il voudra faire des choses horribles à Toph. Il va tenter de le violer. Pendant que Toph dormira il fera quelque chose avec de la cire et une corde. Les possibilités me traversent l'esprit comme des images de rétroprojecteur sur la pédophilie – des menottes, des lames de parquet, des costumes de clown, du cuir, des bandes vidéo, du chatterton, des couteaux, des baignoires, des réfrigérateurs...

Toph ne se réveillera jamais.

Je devrais faire demi-tour. C'est stupide. On n'a pas besoin de ce genre de risque. Je n'ai pas besoin de faire ça, pas besoin de sortir. C'est idiot, juvénile, irréfléchi. Il faut que je rentre.

Mais si, je dois le faire. Il n'y a pas de risque.

Si, il y a un risque.

Mais ça vaut le coup.

J'ouvre la vitre, je monte le son. Je double deux voitures à la fois, je prends l'autoroute et je fonce vers le Bay Bridge, à cent dix dans la file de gauche, le long de l'eau.

Je franchis le péage, le feu, je prends la rampe, je suis sur le pont. À présent je ne peux pas faire demi-tour. Les chantiers navals d'Oakland à gauche, un panneau encourageant à économiser l'eau.

Je rentrerai à la maison et la porte sera grande ouverte. Le baby-sitter sera parti et ce sera le silence. Et aussitôt je saurai. Une odeur me dira que tout va parfaitement mal. Sur les marches qui mènent à la chambre de Toph il y aura du sang. Du sang sur les murs, des empreintes de main trempées dans le sang. Un mot pour moi, de Stephen, provocant ; peut-être une vidéo du – ce sera de ma faute. Son petit corps bleu, tordu – Le baby-sitter était là et il savait déjà ce qu'il ferait – avec eux, je sentais que quelque chose clochait, que ça n'allait pas... *et je suis quand même parti*. Qu'est-ce que ça indique ? Quelle sorte de monstre – Tout le monde saura. Je saurai, je ne me défendrai pas. Il y aura une audience, un procès, un procès exemplaire.

*Comment avez-vous rencontré cet homme, ce baby-sitter ?*

On a trouvé une annonce sur un panneau d'affichage.

*Et combien de temps a duré votre entretien avec lui ?*

Dix, vingt minutes.

*Et c'était suffisant ?*

Oui. Je crois.

*Vous ne saviez rien de cet homme en réalité, n'est-ce pas ?*

Je savais qu'il était écossais. Ou anglais.

*Ou irlandais*.

C'est possible.

*Et vous avez laissé votre frère pour aller où ?*

Pour sortir. Dans des bars.

*Dans des bars. Et qu'y avait-il dans ces bars ?*

Des amis, des gens, de la bière.

*De la bière*.

Il y avait une promo, je crois.

*Une promo*.

Sur la bière. Certaines marques.

Oh, vous savez, je voulais seulement sortir. Ça m'était égal ce qu'on faisait. Vous devez comprendre qu'à ce stade je sortais une fois par semaine, maxi, peut-être une fois tous les dix jours, aussi quand je pouvais avoir un ou une baby-sitter un soir où il se passait quelque chose, je me donnais à fond, je partais de bonne heure pour être sorti un bon moment, je faisais venir le ou la baby-sitter à six, sept heures, ça dépendait, et je filais en ville, pour y manger avec ceux qui mangeaient – parfois ils étaient là assis à ne rien faire, chez Moodie en général, à regarder le câble, à se préparer, et j'étais sur le canapé, avec une bière sortie du frigo, à savourer chaque minute, ne sachant pas quand elle reviendrait, et ils étaient détendus, n'ayant aucune idée de ce que ça signifiait pour moi, même si j'étais un peu trop frénétique, un peu trop empressé, riant trop, buvant trop vite, espérant que quelque chose arriverait, espérant qu'on irait dans un bon endroit, n'importe quoi pour que la soirée soit mémorable, qu'elle vaille la peine que je me sois donné tout ce mal, que je me sois inquiété sans arrêt, que j'aie eu ces idées – parfois je me sentais si détaché que je passais des semaines d'affilée sans voir des gens de mon âge.

Sur le pont, le vent s'engouffre en sens contraire. J'augmente le son. Loin à gauche, à huit cents mètres au sud, des tankers flottent dans la baie noire, attendant de toucher Oakland.

Est-ce courageux de rester ?

Ou courageux de partir ?

Une trahison. Il y aura déjà des ambulances. Il y aura des lumières. Le quartier sera éclairé comme au carnaval – Mais tranquille. Rien que les lumières, les chuchotements. Tout le monde demande où je suis. *Où sont les parents du petit garçon ? Ils quoi ? Eh bien, où est le frère du petit garçon ? Il quoi ?*

À droite il y a Treasure Island, puis Alcatraz, la crique, et l'océan. Dans le tunnel on est des vaisseaux spatiaux, les voitures changent de file, avides, chercheuses, des balles dans le canon, vives et obliques comme des libellules – et après le tunnel il y a la ville, les milliers de tubes au néon piqués dans le papier noir de la nuit.

Il y aura un petit cercueil. Je serai à la cérémonie mais tout le monde saura. On me jugera et on me condamnera et je serai tué sur une chaise. Ou pendu ; je serai pendu parce que j'appellerai la douleur, lente, les veines qui brûlent, qui éclatent...

Oh, mais cette érection gênante à la fin...

Dans la lumière brune de l'immense bar, Brent essaie toujours de donner un nom à son orchestre. Pour le moment il s'appelle The Gods Hate Kansas, d'après un roman de science-fiction des années soixante, mais il porte ce nom depuis près de six mois, il est temps de passer à autre chose. Il procède à un sondage, les choix gribouillés sur une longue et mince feuille de papier, comme un petit rouleau de papyrus :

Scott Beowolf

Van Gogh Dog Go

Jon & Pontius Pilate

Jerry Louis Farrakhan

Pat Buchanitar

Kajagoogubernatorial Process

Spike Lee Major Tom Dick and Harry Connick, Jr. Mints

La plupart des noms sont de cet ordre, la fusion de deux éléments culturels ou plus, dans l'idéal l'un élevé et l'autre terre à terre, bien ficelés, le résultat totalement dépourvu de sens. D'autres groupes, surtout de la région, ont planté leur drapeau sur ce territoire – JFKFC ; Thomas Jefferson Slave Apartments ; Prince Charles Nelson Reilly.

Brent et moi, et tous les autres, on est au deuxième niveau du bar, avec vue sur une centaine de têtes au-dessous de nous, tout en buvant de la bière qui a été brassée sur place. On sait que la bière a été brassée sur place parce que là, juste derrière le bar, il y a trois énormes cuves en cuivre, avec des tubes qui en sortent. C'est comme ça qu'on fait la bière.

Tout le monde est là : Brent, Moodie, Jessica, K.C. Pete, Eric, Flagg, John – tous les amis du lycée, d'avant le lycée, de l'école primaire, d'avant même, tous de Chicago, tous fraîchement sortis de l'université, et tous vivant ici – c'est la manifestation d'un inexplicable phénomène de migration en masse. Nous sommes déjà une quinzaine, et d'autres atterrissent tous les mois à San Francisco, tous pour des raisons différentes, ou sans raison particulière. Personne, certainement, n'est venu pour profiter du marché du travail, qui est tout sauf attrayant. Pour le moment, on s'en tire en faisant de l'intérim ou autre chose. Jessica est bonne d'enfants à Santa Rosa ; K.C. enseigne en sixième dans une école catholique de filles ; Eric est en troisième cycle à Stanford ; et Pete, membre d'un douteux corps de volontaires jésuites (une secte ?), vit avec une demi-douzaine d'autres adeptes à Sacramento, où il travaille pour l'Union pour les Droits des Prisonniers, comme rédacteur en chef d'un périodique très lu, *The California Prisoner*.

La présence de tous ces gens est à la fois irréelle et infiniment réconfortante. Ils constituent les seuls liens que Toph et moi on ait encore avec notre passé, parce que déjà, moins d'un an après avoir quitté Chicago, on a perdu contact avec tous les amis de nos parents, même ceux de notre mère. C'est curieux, pense-t-on, Beth et moi – on croyait que nos progrès seraient suivis de plus près, vérifiés. Mais c'est aussi bien. Ces conversations, ces échanges épistolaires, quand ils se produisaient, au début, étaient toujours difficiles, tendus. Leur inquiétude pour nous était palpable, mal dissimulée, leur méfiance implicite.

Ces amis, toutefois, créent pour nous et pour Toph, bon an mal an, un monde de faux cousins, de tantes et d'oncles. Ils mangent avec nous, ils vont à la plage avec nous ; les filles, K.C. et Jessica, nous achètent des ustensiles de cuisine, viennent ranger un peu, faire les lits, enlever les assiettes de l'évier et des chambres, sont disponibles à tout moment pour répondre à des questions sur la cuisson du maïs, la décongélation du bœuf. Et tous ont connu Toph depuis sa naissance, ils l'ont porté quand il était chauve, c'est pourquoi ils n'ont rien contre sa présence au cinéma, à des barbecues, à des réunions entre amis. Il les connaît aussi, il reconnaît leurs voix au téléphone, leurs voitures dans l'allée, il se souvient de la plupart des phrases de notre spectacle de fin d'année au lycée, celui qu'on a tous répété au sous-sol pendant des mois. À ce moment Toph avait quatre, cinq ans, mais il était là chaque fois, il suppliait notre mère de le laisser rester tout le temps, et il nous regardait de l'escalier, en riant comme un fou. Il savait toutes les répliques.

Aussi j'essaie d'attirer ces gens à Berkeley aussi souvent que possible, j'ai envie qu'ils soient là, autant pour me distraire que pour la continuité, pour tenir lieu de famille élargie, pour jouer des rôles : la tante qui fait la cuisine, la tante qui chante, l'oncle qui sait faire un tour, il met une pile de quarters sur son coude plié et les rattrape dans sa paume, d'un coup saccadé du bras. Et ils viennent, ils restent, en général de leur plein gré. Moodie, pour sa part, est là constamment, ces derniers temps il a dormi sur le canapé au moins trois nuits par semaine. On est proches depuis le lycée, où on partageait de la poudre déodorante pour les pieds, on comparait des remèdes contre l'acné – qui nous affligeait tous les deux – et on buvait de la Miller Genuine Draft dans sa super-piaule au sous-sol. En nous inspirant de notre affaire de fausses cartes d'identité, qui avait fait un tabac au lycée – on a été les premiers en ville à utiliser la technologie Macintosh, alors nouvelle, et on a écrasé la concurrence, qui se servait encore de Polaroids et de panneaux d'affichage – on a lancé de ma chambrette une minuscule entreprise de design graphique qu'on a appelée Gigantic Design Associates, produisant des en-têtes imprimés au laser et des cartes de visite gravées (39 dollars 99 les 500), pour une clientèle, comme celle des faux papiers d'identité, qui veut du travail rapide et pas cher, et se fiche pas mal s'il est criblé d'erreurs et…

« Merci. »

John est allé me chercher une bière.

John, je le connais depuis toujours.

Il a un beau bronzage, comme d'habitude. Il a toujours aimé être bronzé.

Il a grandi dans le quartier, et nos parents étaient proches. Je le connais depuis que j'ai été en âge de connaître quelqu'un. Il y a des photos de nous sous la table de la cuisine en train de manger des glaces à l'eau, de moi dans leur jardin, buvant dans la trémie des oiseaux avec une paille. Ensemble, à neuf, dix ans, on écrivait des lettres laborieuses aux fabricants de Lego pour suggérer des améliorations du design et proposer des idées de futurs produits. J'étais autant l'enfant de ses parents qu'il l'était des nôtres, et même au collège et plus tard, quand on avait de moins en moins de choses à se dire, on était encore inextricablement liés, indécollables. Nos placards étaient pleins de vêtements empruntés à l'autre.

Ses parents sont morts aussi. Sa mère, grande, blonde, la voix forte, a eu un cancer notre deuxième année de lycée, un énorme gâchis, et notre famille l'a encore plus chaudement accueilli. Cinq ans plus tard, après une année à l'université de Pennsylvanie, il s'est fait transférer à celle de l'Illinois, pour être plus près de son père, qui n'allait pas bien, il avait eu une attaque, on l'avait soigné pour dépression – Et un an plus tard, il est parti aussi, une rupture d'anévrisme, quel souk, putain, notre vie – c'était quelques mois seulement après mon père, toute cette année, pour nous deux, a été floue ; on ne se voyait même pas beaucoup – ça rendait les choses pires, en se voyant on se mettait à ricaner, à lancer des vannes.

Après l'enterrement de son père, John n'avait

manqué que quelques jours de classe, il était revenu le mercredi.

« Tu es revenu, ai-je dit.

— Ouais », a-t-il répondu.

Il n'avait nulle part où aller.

« Qu'est-ce que tu as aux mains ? » Ses jointures étaient coupées, couvertes de croûtes.

« Oh, j'ai cassé une vitre. Tu sais.

— Ouais », ai-je dit.

Et maintenant il est ici, il vit à Oakland pour le moment. Après son diplôme il a d'abord essayé Chicago, mais il en a eu assez de tomber tout le temps sur des gens de Champaign. Ils étaient tous là, toute la fac – ils sont si peu nombreux à quitter l'État. Pour la plupart, Chicago était le pays d'Oz, au-delà c'était la Chine, la lune.

« Alors, comment va Toph ? demande-t-il.

— Très bien », je réponds.

Des tenailles, des menottes.

« Où est-il ? » demande-t-il.

Du diluant, de la vaseline.

« À la maison. Avec un baby-sitter. »

D'autres accessoires – *qu'il a apportés d'Écosse !* —

« Oh. »

Je change de sujet.

« Comment va ta recherche de boulot ?

— Je ne sais pas. Bien peut-être. Je viens de voir un conseiller pour l'emploi.

— Un quoi ?

— Un conseiller pour l'emploi.

— Qu'est-ce que ça signifie ?

— C'est un type qui t'aide à savoir…

— Oui, je sais, mais comment ça marche exactement ?

— Eh bien, tu lui parles de tes intérêts, il te file un test, tu le remplis.

— Comme un questionnaire à choix multiples ?

— Ouais, ça m'a pris trois heures.

— Il te fait passer un test pour savoir quel genre de travail tu veux ?

— C'est ça.

— Tu rigoles.

— Pourquoi je rigolerais ? »

On regarde les gens en bas. Ils portent des vêtements achetés d'occasion à la Mission ou, pour deux fois le prix, dans Haight Ashbury. Ils ont déboutonné les deux premiers boutons de leur chemise ajustée en fibres synthétiques, portée sur des tee-shirts avec des logos pour des compagnies inexistantes. Ils ont la tête rasée ou des coiffures savamment désordonnées à la Westerberg. Il y a des jeunes gens de Stanford en oxford bleu ciel, les cheveux courts, plaqués au gel. Il y a des petites femmes avec de grosses chaussures et des tee-shirts moulants à côtes.

Tout le monde parle. Les gens sont venus avec des amis, ils parlent avec leurs amis. Ils sortent avec des collègues. Ils regardent des visages qu'ils voient tous les jours en disant des choses qu'ils ont dites cent fois. Comme nous, ils ont à la main de la bière brassée sur place.

« On commande à manger ? disent-ils / disons-nous.

— Je ne sais pas. Tu crois ? » disent-ils / disons-nous.

D'ici, du bar au premier étage, leurs lèvres remuent, mais leurs mots ne sont que des grognements, un grognement continu, monocorde, une sorte de mugissement, ponctué de temps en temps par un cri perçant – « Ohlavache ! »

Ils sont trop nombreux. Nous sommes trop nombreux. Trop nombreux, trop semblables. Qu'est-ce qu'ils font tous ici ? Ils sont debout, assis, ils parlent. Il n'y a même pas de table de billard, pas de jeu de fléchettes, rien. Rien à faire que traîner, traînailler, boire de la bière dans des verres épais.

*J'ai tout risqué pour ça ?*

Il faut que quelque chose se passe. Quelque chose de gigantesque. Qu'on s'empare de quelque chose, d'un immeuble, d'une ville, d'un pays. On devrait tous être armés et s'emparer de petits pays. Ou se soulever. Ou non : une orgie. Il devrait y avoir une orgie.

Tous ces gens – on devrait fermer les portes, baisser les lumières et être nus ensemble. On pourrait commencer par nous tous, K.C. et Jessica, ce serait un début. Là ça vaudrait le coup, ça justifierait tout. On pourrait pousser les tables, apporter des canapés, des matelas, des oreillers, des serviettes, des animaux en peluche…

Mais ça – c'est obscène. Comment osons-nous être plantés là, à parler de rien, sans devenir une énorme masse de gens, sans nous précipiter sur quelque chose d'immense, sans le renverser ? Pourquoi nous donnons-nous la peine de sortir, de nous rassembler ici en nombres pareils, sans allumer des incendies, sans abattre les cloisons ? Comment osons-nous ne pas fermer les portes, ne pas remplacer les ampoules blanches par des rouges et commencer l'orgie colossale, la joyeuse confusion d'un millier de bras, de jambes et de seins ?

Quel gaspillage.

*De quoi pourrait-on bien parler ?*

Pete s'approche.

« Salut, dit-il avec une trace de l'accent britannique qu'il cultivait déjà au lycée.

— Dis-moi, demande-t-il. Comment va le jeune Toph ?

— Très bien, dis-je.

— Où est-il à propos ? »

J'adore Pete, et il ne veut pas de mal, mais pourquoi cette question ? Pourquoi cette question deux fois en une soirée ? Tout à fait comme le refrain

« Quel bon frère ! », « Où est ton frère ? » est devenu une sorte de question exigée, sans logique interne. Pourquoi me demander, alors que je suis dehors à essayer de boire et d'inciter à l'orgie, où est mon frère ? Quelle réponse Pete, John, pourraient-ils attendre ? Une question ridicule. *Comment va* suffirait. *Comment va ton frère ?* ça se comprend, et je peux y répondre facilement : Toph va bien. Mais pourquoi *Où est-il ?*

« À la maison, dis-je.

— Oh. Avec qui ? »

Des rasoirs, des tronçonneuses, des congélateurs…

« Il faut que je parte. »

Je me fraie un chemin vers les toilettes.

Ces questions. Ils ne devraient pas. *Tous mes amis sont-ils des crétins ?*

Aux toilettes quelqu'un pisse dans le lavabo. Tandis que je remarque que quelqu'un pisse dans le lavabo, ce quelqu'un me remarque et naturellement il pense que je regardais son pénis, ce qui n'est pas vrai, posé là comme un oisillon nouveau-né, violet et ridé, et s'efforçant d'uriner.

Je veux sortir mais aussitôt je me rends compte que ça me rendrait encore plus suspect, comme si j'étais entré dans les toilettes *spécialement* pour voir le pénis de cet homme sur le lavabo en porcelaine, et l'ayant fait – *oui, je vois* – j'étais libre de partir. J'entre dans un cabinet, je referme la porte derrière moi. Et là, à hauteur d'yeux, il y a l'un de nos autocollants.

NIQUEZ CES IDIOTS
MIGHT MAGAZINE.

On les a conçus il y a un mois, Moodie et moi, on les a passés à des amis en leur demandant de les mettre dans les toilettes, sur les murs, les réverbères, les voitures. Ça devait être la première étape d'une campagne de marketing préliminaire de trois mois, pour que tout le monde ait sur la langue le mot « Might ». *C'est quoi Might ?* demanderont-ils, intrigués. *Je ne sais pas, mais quand ce sera clair, je m'intéresserai à leurs agissements*.

On n'a pas beaucoup discuté de ce que l'autocollant devrait dire. C'était évident, et en ce qui nous concernait, ça disait tout :

NIQUEZ CES IDIOTS

Mais maintenant, en regardant l'autocollant, flanqué de travers sur le mur en parpaings, je réalise qu'il y a un problème : on ne sait pas *qui* doit être niqué. Qui sont les idiots qui devraient être niqués ? Oh merde. Bien sûr, on voulait que ce soit assez vague, les « idiots » interprétables comme n'importe qui – d'autres magazines, les employeurs, les parents, les hippies, l'épicier du coin. Mais maintenant, une terrible question se fait jour : a-t-on voulu dire que le lecteur de l'autocollant devrait *nous* niquer ?

Oh mon Dieu, oui, oui. Après tout, juste après avoir imploré le lecteur de « niquer ces idiots », ça dit « Might Magazine ». C'est nous qu'on doit niquer ! Ça ne donne pas le choix !

C'est un désastre. On a couvert la ville d'autocollants qui disent aux gens de nous niquer. Il y avait tant de meilleures façons de le formuler. Par exemple :

MIGHT MAGAZINE DIT :
NIQUEZ CES IDIOTS.

Ou

« NIQUEZ CES IDIOTS »,
DIT MIGHT MAGAZINE.

Ou

NIQUEZ CES IDIOTS
(« CES IDIOTS » NE FAIT PAS ALLUSION À CEUX QUI SONT DERRIÈRE MIGHT MAGAZINE, LES AUTEURS DE CET AUTOCOLLANT, QUI SONT DES GENS BIEN ET NE DEVRAIENT PAS ÊTRE NIQUÉS).

C'est catastrophique, c'est l'apocalypse. On a déjà imprimé cinq cents de ces trucs. Je me penche au-dessus du siège et j'essaie d'arracher celui-ci – je vais tous les retirer, à la main ! – mais il pèle seulement un peu. Je gratte, je gratte, sans progrès sensible, mes ongles noirs de boules de colle. Et je pends toujours par ma fermeture éclair.

Quand je sors, l'homme au pénis comme un oisillon violet est parti, et quand je reviens à notre place près de la balustrade, la moitié des gens sont partis ; Deirdre est seule.

On parle à bâtons rompus deux ou trois bonnes minutes avant que :

« Alors, comment va ton petit frère ?

— Très bien, merci. »

Je m'inquiète, mais pas question…

« Comment il s'appelle déjà ?

— Toph. »

… qu'elle sache jamais…

« Où est-il ? » demande-t-elle.

Merde. Ces gens. Je regarde la foule, tous ces abrutis en bas.

« Toph ? Oh, je ne l'ai pas vu depuis des semaines.

— Qu'est-ce que tu veux dire ?

— Eh bien, il est sans doute dans le Dakota maintenant.

— Quoi ?

— Ouais, c'est foutu. Un jour il est parti. En stop. À travers le pays avec des copains.

— Tu plaisantes.

— Je voudrais bien.

— Je suis désolée.

— Oh, ne t'inquiète pas. C'est en partie ma faute. Il m'en voulait un peu, je crois. Typique, pour un ado.

— Qu'est-ce que tu veux dire ? »

J'ai les yeux sur quelqu'un en bas, un type d'un certain âge en béret et blouson de cuir noir. Il essaie de lever deux filles qui doivent être à la fac, le pauvre homme, sans savoir que c'est fini pour lui, pour toujours, béret et tout. Je jette un coup d'œil à Moodie pour m'assurer qu'il ne nous entend pas. Il me tuerait. Il ne fait pas attention alors je regarde Deirdre, à la fois pour produire un effet dramatique et pour m'assurer qu'elle est toujours avec moi.

Elle l'est, aussi je continue. Je ne sais pas pourquoi je continue. Les gens posent des questions, et avant que je puisse formuler une réponse véridique, je mens. Je mens sur la façon dont mes parents sont morts – « Vous vous souvenez de cette bombe dans une ambassade, celle de Tunisie ? » – sur mon âge – je dis toujours quarante et un ans – l'âge de Toph, sa taille ; quand ils demandent de ses nouvelles ils récoltent les mensonges les plus dingues – il vient de perdre un bras, il a le cerveau d'un nouveau-né, d'un demeuré, d'un blaireau (ça, je ne le dis qu'en sa présence) ; il est dans la marine marchande, il est en prison, en maison de redressement, il est sorti, il vend du crack – « Oh, donne-lui du crack et tu devrais voir sa figure s'illuminer ! », il joue dans la CBA.

« En fait, il a eu des ennuis à l'école, dis-je à Deirdre.

— Quel genre d'ennuis ?

— Eh bien, tu sais qu'on n'est pas censé apporter des armes à l'école ?

— Oui.

— Eh bien, je lui avais dit de ne pas apporter son flingue à l'école. C'est aussi simple que ça. Tout le monde le sait. On peut jouer avec à la maison, dans le quartier – n'importe où, je lui ai dit, mais pas à l'école, parce que les règles sont les règles, pas vrai ?

— Attends. Il a une arme ?

— Bien sûr, évidemment.

— Il a quel âge ?

— Neuf ans. Presque dix.

— Ouh. Alors on l'a pris avec le flingue ?

— Oh, c'est bien pire que ça. Tu vois, Toph a mauvais caractère, tu sais, alors ce gosse, Jason machin chose, l'avait embêté, en chantant une chanson énervante toute la journée, une chanson que Toph n'aimait pas du tout, et finalement il a craqué – whack, comme ça, il prend le revolver dans son casier et il lui en colle une.

— Oh, mon Dieu.

— Oui, je sais. »

Non, je lui dis, le petit Jason n'est pas mort, il va bien maintenant, il est sorti du coma il y a une semaine. Et naturellement, j'ai confisqué son revolver à Toph, et bien sûr je l'ai battu comme plâtre, avec un tel zèle que quelque chose a claqué dans sa jambe, un tendon peut-être, et il est tombé par terre en poussant des cris de cochon qu'on égorge, il n'a pas pu se relever, il a fallu l'emmener aux urgences. Pendant qu'on était à l'hôpital un médecin a dû moucharder, parce qu'un flic vient et –

« Qu'est-ce que tu as dit au flic à propos de sa jambe ? Deirdre veut savoir.

— Oh, c'était facile. J'ai dit à cette femme que lui et un ami s'étaient fouettés avec des serviettes mouillées.

— Et elle t'a cru ?

— Bien sûr, bien sûr. Tu n'imagines pas ce que les gens croient une fois qu'ils connaissent notre histoire. Ils sont prêts à tout, au départ – ils croiront n'importe quoi, parce qu'ils ont été déroutés, ils se demandent encore si c'est vrai, tout ça, notre histoire en général, mais ils ne sont pas sûrs et ils ont très peur de nous offenser.

— Ouais », dit-elle, sans saisir. Je décide de rallonger la sauce.

« En tout cas, après, il a eu des béquilles pendant

trois semaines, il m'en voulait vraiment et tout, il était furieux, et puis boum, la seconde où il n'a plus ses béquilles, il s'en va.

— Faire du stop.

— Oui.

— Je suis désolée. Écoute, si je peux faire quelque chose…

— Rien qu'une ?

— Quoi ?

— N'en parle pas à Moodie.

— OK.

— Il s'inquiéterait. »

Il va me tuer. Je ferais mieux de partir. Elle va lui en parler, et il me tuera. Il va me cogner. Comme il l'a fait au lycée, après la fête de la rentrée, au lac, quand j'étais saoul et que je suis tombé sur lui d'une branche d'arbre. Il me frappera comme il l'a fait alors – un bon coup dans le sternum, que j'ai senti pendant des mois, chaque fois que je respirais – pour délivrer un message simple et rapide, tu es un connard.

Je trouve ma voiture et je traverse la ville, ébloui par l'éclat moqueur de tous les phares – ce n'est sûrement pas bien, ce que je viens de faire à Deirdre : un thérapeute dirait que ce n'est pas bien. Je prends la Neuvième, je traverse Market, je remonte Franklin et je descends vers Cow Hollow, où habite Maida. Au pied de la colline, je roule encore quelques centaines de mètres et sa maison à tourelles apparaît. Maida habite au second et dernier étage d'une énorme maison bleu clair dans Gough, à quelques rues d'Union Street, dans un appartement qu'elle a décoré aidée par sa mère, avec cache-pots, rideaux, et une centaine de coussins rebondis. L'idée est de finir dans son lit. Son lit est immense et il a des colonnes.

Je m'arrête de l'autre côté de la rue, une pente à

quarante-cinq degrés, et je lève les yeux pour voir s'il y a de la lumière à sa fenêtre. Elle est sombre. Je vois la petite chouette en plastique sur son escalier de secours. Elle dort. Non, non, une faible lumière près de la cuisine. Une télé ? Elle pourrait être levée. Elle a pu sortir et ensuite rentrer et elle n'est peut-être pas couchée. Il n'est que onze heures et demie – *Oh, être à l'intérieur !* Non, non, non. C'est stupide. Je fais le tour du pâté de maisons. Je n'ai aucune excuse pour être là.

J'y retourne. J'aurai bien une idée.

Je me gare dans l'allée derrière sa voiture, je monte en courant les marches en bois de la véranda et je sonne. Je dirai que je veux dormir là. Que j'ai besoin de dormir là – j'ai oublié ma clé. C'est gênant, dirai-je, en gloussant. Hé, hé. Un de ces trucs bizarres, je dirai. J'étais tout près, j'étais en ville quand je m'en suis rendu compte. Toph est chez Beth, je dirai. Désolé. *Comment vas-tu ? Tu dormais ?*

Elle me fera entrer. On ira à la plage, comme l'autre fois, la dernière fois, quand je me suis pointé à minuit, en manque. Quand je lui ai demandé de venir à la plage elle était en pyjama mais l'idée lui avait plu, elle s'était habillée, et pendant qu'elle s'habillait j'ai mis des bananes dans un sac, des biscuits aux figues Newton et une bouteille de vin. Elle a pris des couvertures et quand on est montés dans la voiture, les sièges étaient froids, on a mis le chauffage, on s'est pris les mains, on a franchi le Golden Gate et traversé les Headlands. La route noire sinuait à travers des collines violettes, comme si on roulait autour d'immenses corps endormis. On a dépassé les vieux bâtiments militaires en bois, les tourelles au-dessus du Pacifique, et on est descendus à la plage de Fort Cronkite. On s'est garés près de la caserne assombrie, on est sortis de voiture et on a enlevé nos chaussures, on a traversé le pont en bois gris sur le petit étang – le bruit ! – et l'océan était noir, le vent venait tout droit de l'eau. On s'est blottis sous la couverture, toujours pieds nus, en se réchauffant les mains sous les aisselles de l'autre –

Elle ne répond pas à la sonnette.

Elle secouera la tête en me voyant mais elle me laissera entrer. Je sonne encore deux fois. Je fais demi-tour et je regarde la rue.

Une voiture noire et luisante monte la colline et s'arrête au coin. À l'intérieur il y a une femme, trente-cinq ans peut-être, bien habillée, seule au volant. Elle met le frein à main et fouille dans son sac. Je suis à cinq mètres, pas plus. Elle va lever les yeux vers moi. Elle va regarder la véranda et me voir. Elle ouvrira la portière du passager et me dira de venir partager son lit avec elle. *J'espérais que vous demanderiez,* dirai-je, la voix onctueuse. Je me moque de ce qu'on fera, n'importe quoi sera très bien, rien aussi. Aucune importance. Un lit avec de la place et de la chaleur et ses jambes mêlées aux miennes. Je remarquerai que ses pieds sont froids et elle les frottera contre mes jambes.

Des choses comme ça arrivent parfois.

La femme trouve ce qu'elle cherche dans son sac, relâche le frein, monte la côte et tourne. Maida n'est pas chez elle. Je m'en vais.

Dans Union Street les bars viennent de fermer et la rue est noire de monde. Julie est barmaid dans un bar appelé The Blue Light qui, à part être imprégné de lumière bleue précisément, est plein de miroirs et de gens en mocassins et pantalons blancs. Julie, je l'ai rencontrée à la dernière soirée de Moodie ; je vais passer la voir. Je ferai semblant de chercher quelqu'un là-dedans, ou alors je serai direct et je lui dirai que je suis venu pour la voir, parce que brusquement je pensais à elle et j'ai eu envie de la voir. Ça lui plaira. Elle sera étonnée et flattée. Elle pourrait le dire : *Je suis étonnée et flattée !*

Je me gare cinq rues plus bas. Union Street grouille de gens en pantalons blancs et mocassins. Des gens de Marin County, de New York, d'Europe. À la porte le videur ne veut pas me laisser entrer. J'ai laissé mon permis dans la voiture.

« Il me faut une pièce d'identité.

— Je sais, mais –

— Désolé, tu t'en vas.

— Je voulais seulement –

— Demi-tour. Ne reste pas ici. »

Bien entendu j'imagine que je le tue. Pour une raison quelconque avec une énorme épée à deux mains. Je tranche sa tête chauve en forme de melon.

« Écoutez. Julie est là ?

— Non.

— Elle est partie ?

— Elle n'a pas travaillé ce soir. »

Je retourne à la voiture en dépassant encore une douzaine de personnes en pantalons blancs. Quelques originaux en kaki. Oh, si seulement quelque chose arrivait. Il ne se passe jamais rien. C'est une terrible machine, où seul le prévisible arrive.

Je vais au White Hen Pantry pour me servir du téléphone. Je vais appeler Meredith. Meredith sortira.

Elle répond. Je lui demande ce qui se passe. Ellc dit qu'il nc se passe rien. Je lui demande ce qu'elle fait. Elle dit qu'elle ne fait rien. Je lui demande si elle veut faire quelque chose. Elle dit d'accord.

Meredith et moi on n'a jamais été autre chose que des amis, et depuis l'université, alors qu'elle était à L.A. et moi ici, on ne se parle qu'au téléphone. Elle est chez une amie pour une semaine, au coin de Haight.

Je vais la chercher. On va à pied chez Nickie. C'est petit, plein de corps, la chaleur est étouffante.

« On danse ?

— Il faut que je boive un peu plus », dit-elle.

... et après avoir bu au bar, où la musique gueule à tue-tête, on danse. Maladroitement, en cognant les autres, en transpirant tout de suite à profusion. La foule est dense sur la petite piste, on est obligés de danser très près. Cherchant de l'espace, on s'approche d'un coin, sous un haut-parleur. C'est assourdissant, quoi que ça puisse être (Earth, Wind and Fire ?), la basse est puissante, envahissante ; la basse cogne et se déverse comme l'eau d'une inondation dans nos cerveaux, elle est partout, chassant toute pensée ; elle apporte dix valises et s'installe dans la chambre principale ; elle déplace le mobilier ; la basse vibre dans nos têtes, ajoutant une bande sonore à nos neurones, à tout ce qui est engrangé là-dedans, les numéros de téléphone et les souvenirs d'enfance. On laisse nos corps se rapprocher et bien sûr le seul endroit où regarder, c'est vers le bas, où le corps de Meredith se trémousse, et grossit, rétrécit, grossit, rétrécit.

On quitte le bar ; on ira à l'océan.

La route est longue pour l'océan.

À présent, le baby-sitter a fini ce qu'il voulait, il est parti sur sa bicyclette à panier et il est retourné à son repaire, où il raconte tout à ses amis. Ils se marrent bien. Il leur montre les Polaroids.

Non, Toph trouverait un moyen. Il ferait semblant de dormir ou d'être mort puis, quand Stephen se serait endormi – après s'être empiffré de tout ce qu'il a trouvé dans le frigo – il arriverait derrière lui et l'assommerait avec quelque chose. Sa batte. Celle qu'on vient d'acheter, en métal. Il lui défoncerait le crâne avec la batte, et quand je rentrerai il sera un héros, fatigué et meurtri, mais un héros, content, et il ne me reprochera pas d'être parti, il comprendra.

MOI : Pff ! Tu l'as échappé belle !

LUI : Tu parles !

MOI : Tu as faim ?

LUI : Tu m'étonnes.

Je gare la voiture et Meredith et moi on enlève nos chaussures. Le sable est froid. En marchant vers l'eau, on voit des feux de joie brûler partout sur la plage. Près des vagues, éclairés par les phares derrière nous, on pose une petite serviette et on s'assied, on se penche l'un contre l'autre. Mais notre élan n'est plus ce qu'il était ; on allait tomber dans le puits de plaisir sans remords qu'on avait ardemment préparé tout à l'heure, qui semblait inévitable il y a seulement vingt minutes, mais à présent qu'on est là, soudain ça semble forcé, idiot entre nous, des amis qui devraient avoir dépassé ce stade. Alors on parle de nos boulots. En ce moment, elle travaille à la postproduction de la reprise télévisée de *Flipper*.

« Vraiment ? » dis-je. Je ne le savais pas.

« C'est mieux que ça paraît », dit-elle.

Mais elle veut faire des films, elle veut avoir un vrai studio, elle veut produire davantage de films, meilleurs, en dehors des sentiers battus, avoir une sorte de collectif, quelque chose comme la Factory de Wahrol, avec tous ces gens autour…

« Mais tu sais, dit-elle, ça pourrait prendre cinq, dix ans de monter ce genre de chose. Et ça coûte tellement d'argent… C'est vrai, même si je commençais maintenant… c'est d'attendre qui est tuant – attendre d'arriver où tu veux aller. Survivre jour après jour, faire de l'intérim ou de la postproduction sur *Flipper*.

— Tout prend une éternité.

— Oui. Savoir exactement ce que tu veux faire, savoir exactement ce que tu ferais, si tu avais les moyens, si tu avais le temps, avoir les projets en tête, l'ensemble du travail, tout planifier – qui sera dans le coup, à quoi ressemblera le local, où tu mettras les bureaux, les canapés, le jacuzzi…

— Ça devrait être plus facile.

— Ça devrait être automatique.

— Instantané.

— Tous les jours une révolution pour changer le monde, sans effusion de sang, plus orientée vers la régénération que toute forme de destruction. Tous les jours on commence un monde nouveau – ou encore mieux, tous les jours on commence avec ce monde, celui qu'on connaît, et à neuf, dix heures, on l'a détruit.

— Tu viens…

— Je sais. Je viens de me contredire. Alors d'accord, il y aurait une certaine destruction, mais ce ne serait aux dépens de personne, ni contre la volonté de personne.

— Oui, oui, et… ?

— Disons que chaque jour, chaque matin, des millions de gens, au signal, démolissent toutes ces conneries, les villes et les cités, avec des marteaux, des scies, des pierres, des bulldozers et des tanks – n'importe quoi. On secoue la maquette. On converge sur les bâtiments comme des fourmis, puis on branche les fils, on les abat, on flanque tout par terre, tous les jours, si bien que le monde, vers midi, est de nouveau plat, nettoyé des bâtiments et des ponts et des tours.

— J'ai des rêves comme ça, où on déplace les choses.

— Ouais. Et après avoir tout démonté, quand la toile est vierge…

— Alors on recommence. Mais pas à la manière Rome-ne-s'est-pas-faite-en-un-jour. Pas même à celle de la reconstruction de l'Allemagne. Je veux dire, on se réveille, on rase le monde jusqu'à ses fondations, plus bas même, et puis, à trois heures de l'après-midi, on a un monde neuf.

— À trois heures ?

— Oui, deux ou trois, selon que c'est l'hiver ou l'été – il nous faudrait assez de lumière du jour pour en profiter. C'est vrai, je crois que c'est une idée à creuser. Par exemple, imagine, si cent millions de personnes, ou plus, beaucoup plus – dans le monde entier, il doit y avoir deux milliards de gens comme nous, non ?

— Deux mil...

— Ouais, alors tu prends tous ces gens, et tu donnes le mot d'ordre : à partir de maintenant, tous les jours on recrée le monde à partir de zéro.

— Plus juste et plus égal, tu veux dire...

— Oui, bien sûr, davantage de justice et tout, mais en plus de toutes les raisons politiques et économiques pour le faire, c'est vrai, au-delà de ça, en réalité, il y a le sentiment de – imagine un peu que tu marches dans les ruines, tu sais ? Ce ne serait pas phénoménal ? Pas des ruines avec des morts partout ni rien ; simplement des ruines, comme des choses disloquées, balayées, et chaque jour on aurait seulement un paysage nu, pur – il faudrait des tas de camions et de trains pour emporter tout ça, au Canada ou ailleurs.

— Et chaque matin on repartirait à zéro, tout le monde se rassemblerait et dirait, hé, mettons des bâtiments là et, euh, par là, mettons un hippopotame en peluche de cent cinquante mètres, et là, devant cette montagne, un énorme, euh, autre chose, putain.

— Oui, bien sûr. Mais il faudrait pouvoir tout accélérer, que ce soit un peu plus facile que maintenant, pour la construction et le reste ; il faudrait, par exemple, d'immenses robots ou je ne sais quoi.

— Oui, des robots bien sûr.

— Je parle très sérieusement.

— Moi aussi. Je suis avec toi.

— On peut le faire.

— Absolument.

— Il faut qu'on y intéresse les gens.
— Tous ceux qu'on connaît.
— Même les barjos.
— John.
— Oui. Bon courage.
— Je sais. Tu sais de quoi il parlait ce soir ?
— Tu l'as vu ?
— Ouais.
— Il faut que je l'appelle.
— Il me racontait qu'il avait passé un test, un test d'aptitude, pour savoir quelle sorte d'emploi il devrait avoir, pour qu'on puisse lui dire quoi faire de sa vie.
— C'est pas vrai !
— Dur dur.
— Il faut qu'on le change.
— Qu'on l'inspire.
— Lui, tout le monde.
— Qu'on rassemble tout le monde.
— Tous ces gens.
— Plus une minute à perdre.
— Les moyens par le nombre.
— C'est criminel d'attendre.
— De se prélasser.
— De se plaindre.
— Il faut qu'on soit heureux.
— Ne pas être heureux serait difficile.
— Il faudrait qu'on se donne du mal pour ne pas être heureux.
— On a une obligation.
— On a eu des avantages.
— On a une plateforme de lancement.
— Des coussins pour amortir notre chute.
— C'est l'abondance.
— Un luxe de lieu et de temps.
— Une chose rare et merveilleuse.
— C'est presque sans précédent, historiquement.
— On doit faire des choses extraordinaires.

— On doit absolument.

— Ce serait indécent de ne pas le faire.

— On va prendre ce qu'on nous a donné et unir le monde.

— Et on essaiera de ne pas avoir l'air aussi énervants.

— Oui, à partir de maintenant. »

Je lui dis que c'est drôle qu'on parle de tout ça parce qu'il se trouve que je travaille déjà à changer les choses, je suis actuellement en train de monter un projet pour aborder toutes ces questions, pour entraîner les foules à faire de grandes choses, qu'avec des amis de lycée – Moodie et deux autres, Flagg et Marny – on lance une opération qui fracassera toutes ces idées fausses sur nous, ça nous aidera à briser les chaînes de nos prétendues obligations, de nos carrières infructueuses, on obligera, ou du moins on poussera des millions de gens à vivre des vies plus exceptionnelles, à [je me lève pour donner plus de poids à mes paroles] faire des choses extraordinaires, à voyager à travers le monde, à aider les autres, à entreprendre, à finir, à construire…

« Et comment ferez-vous ? veut-elle savoir. Un parti politique ? Une marche ? Une révolution ? Un coup d'État ?

— Un magazine.

— Oh… oui.

— Ouais, dis-je en regardant l'océan, baignant dans son ovation. Ce sera gigantesque – on aura une grande maison quelque part, ou un loft, et il y aura une galerie d'art, et peut-être un dortoir –

— Comme la Factory !

— Oui, mais sans la drogue, les travestis.

— Oui. Un collectif.

— Un mouvement.

— Une armée.

— Mais ouverte.

— Sans distinction de race.
— Ni de sexe.
— Jeunesse.
— Force.
— Potentialités.
— Renaissance.
— Océans.
— Feu.
— Sexe. »

Nos bouches sont l'une sur l'autre. Tous ces projets et ces nouveaux mondes… On est assis, et au début on s'embrasse comme des amis, les yeux ouverts, presque en riant. Mais quand nos mains se mettent à bouger, on commence à y croire, et nos yeux se ferment, nos têtes tournent à droite et à gauche, on s'embrasse mais c'est beaucoup plus, on s'embrasse comme des guerriers qui sauvent le monde à la fin du film, les deux derniers, les seuls qui peuvent tout sauver – et comme on est trop fatigués après les brumes de l'alcool pour garder la tête droite et les yeux fermés, on s'allonge, et bientôt la serviette sous Meredith n'est qu'une peau de serpent entortillée et on a retiré nos pantalons, l'air frais sur la peau nue. Le sexe, inévitable, nous rendra plus puissants. Un manifeste consommé sous ce grand ciel, avec l'approbation de la mer battant le rivage.

On entend du bruit plus loin sur la plage. Je plisse les yeux et je vois un groupe venir vers nous en poussant des cris et des rires aigus. Je me soulève sur un coude pour mieux regarder. Ils sont six, sept peut-être, entièrement habillés, en pantalons sombres, chaussures, casquettes. On prend la serviette sous la tête de Meredith pour couvrir la moitié inférieure de nos corps. On va rester naturels. On recommence à s'embrasser pour qu'ils nous laissent tranquilles, d'ailleurs ils n'iraient pas nous embêter.

Les voix sont plus fortes, les voix se rapprochent.

« Attends qu'ils soient passés, je murmure dans la bouche de Meredith.

— Ils sont lo…

— Chuut. »

Elles se rapprochent encore et on entend les pas crisser et soudain, au lieu de passer, ils sont sur nous. Des jambes partout. Je lève les yeux. L'un d'eux a pris mon pantalon et le fouille. Il le jette vers l'océan. Ils sont mexicains, mexicains-américains, des ados. Quatre garçons et trois filles. Cinq garçons, deux filles. Des hommes, des femmes. Âges indéterminés.

« Qu'est-ce que vous fabriquiez, tous les deux ? demande une voix.

— Des cochonneries ! dit une autre.

— Où est ton pantalon, mec ? »

Que des voix féminines jusque-là, avec des accents prononcés. Nus en dessous de la taille on ne peut même pas bouger. Je tiens la serviette autour de nous, incrédule. C'est quoi ce bordel ? Le commencement de quelque chose de très mauvais – La fin ?

Je cherche mon caleçon. Il est dans le pantalon, près de l'eau. Je prends l'autre serviette, celle en dessous de nous, je la tire, je l'enroule autour de ma taille et je me lève.

« Qu'est-ce que vous fou… ? Putain ! » Quelqu'un m'a jeté du sable dans les yeux. Mes yeux sont pleins de sable. Je les cligne follement, comme un épileptique. Je titube puis je m'assieds.

« Et merde ! » Le sable est sous mes paupières. Je ne peux pas les ouvrir. *Je vais être aveugle*.

Les filles sont sur Meredith.

« Hé mon chou !

— Hé chérie !

— Allez vous faire foutre », dit Meredith. Elle est toujours assise, la tête dans les genoux. L'une des filles la pousse.

*Je suis aveugle*. Je cligne frénétiquement des yeux,

je les frotte, tout en me demandant si je suis aveugle et si on sera bientôt morts tous les deux. Quelle façon idiote de finir. *C'est comme ça qu'on meurt ? On peut leur échapper si on court ?* Je refuse de laisser ces gens nous tuer. *Est-ce qu'ils sont armés ?* Pas d'armes encore. Toph. Toph. Je larmoie follement, je cligne des yeux, et finalement j'en ouvre un. Je me relève, je remets la serviette, la tenant autour de ma taille comme si je sortais de la douche.

Ils nous entourent, à intervalles presque parfaits, un garçon, une fille, un garçon. C'est curieux...

L'une des filles est venue derrière moi et elle essaie d'arracher la serviette de ma taille. On ne sait pas ce qu'ils veulent. Je suppose déjà que le type qui a fouillé mon pantalon a pris mon portefeuille. Et ensuite ?

« Foutez le camp ! » Je voudrais flanquer un coup de poing à la fille. Je cherche mon caleçon sur le sol. « Qu'est-ce que vous voulez, bordel ?

— On veut rien, dit une voix masculine.

— Hé, t'as de l'argent ? demande une fille.

— Vous ne prenez pas notre argent, putain », dis-je.

Qui sont ces gens ? L'un d'eux me sourit. Un petit type avec un feutre. Je suis poussé par-derrière, je trébuche sur la serviette et je tombe dans le sable. Meredith se tient les genoux. Ils ont fait quelque chose de son pantalon, aussi.

Ils sont debout au-dessus de nous, souriants. Il y a des rires. Ils sont six. Est-ce que l'un d'eux est parti ? Et Meredith, elle pleure ? Trois types, trois filles. La lumière des phares derrière eux donne à chacun trois, quatre ombres. Où est passé l'autre ? Il y a un grand type, un moyen, et un petit, celui au feutre, qui paraît plus vieux. Les filles sont en jupe et en blouson de cuir noir.

« Pourquoi vous ne nous laissez pas tranquilles, enfin ? » demande Meredith.

La question plane une minute, maladroitement. Question idiote. Ce n'est que le début, sûrement…

« OK, on s'en va », dit le petit.

Ils commencent – Je rêve ? – à s'éloigner. Il suffisait de demander ? C'est incroyable.

Le petit, le plus vieux du groupe, se tourne vers nous.

« Hé, écoute, mon vieux, on voulait juste rigoler. Désolé. »

Et il court sur la plage pour rattraper les autres.

C'est fini.

Ils sont partis et je jubile. Les salauds ! Ma tête est claire, musclée, pleine de sang. Il s'est passé quelque chose. On est vivants, on a gagné ! On est tout-puissants. Ils ont eu peur. On leur a fait peur. Ils ont eu peur de nous. On a gagné. On leur a dit de partir et ils l'ont fait. Je suis le président. Je suis champion olympique.

Je trouve mon caleçon dans le sable. Il est froid. Je l'enfile. Puis mon pantalon. Meredith met le sien. Je tâte mes poches.

« Merde.

— Ton portefeuille ?

— Oui. »

Ils repartent dans la direction d'où ils sont venus, ils sont à cent mètres maintenant. Je suis pieds nus et ça fait du bien de courir – mes jambes sont fortes, légères. J'ai la tête claire, lucide. Sont-ils armés ? Toph. Toph. Est-ce que ça va encore se gâter ? Non, non. Je suis immense, je suis le Capitaine Amérique. À mi-chemin je commence à crier.

« Hé ! »

Rien. Ils sont indifférents, incrédules même.

« Hé ! Attendez, bon sang ! »

Certains s'arrêtent et se retournent.

« Une minute ! » dis-je.

Ils s'arrêtent tous. Ils attendent, en me regardant courir vers eux.

À cinq mètres d'eux, je m'arrête, les mains sur les hanches, haletant.

« Bon, qui a pris mon portefeuille ? »

Un temps mort. Ils se regardent.

« Personne a pris ton portefeuille », dit celui au feutre. Il paraît la trentaine. Il se tourne vers ses copains. « Quelqu'un a pris son portefeuille ? » Ils secouent la tête. Les salopards.

« Écoutez, dis-je, qu'est-ce que vous croyez ? Ça va vous coûter cher si on n'arrange pas ce merdier tout de suite. »

Personne ne dit rien. Je fais un signe de tête au petit, le plus vieux :

« C'est à toi que je dois parler ? C'est toi le chef ? »

Les mots sortent avant que je m'en rende compte. *C'est toi le chef ?* Je viens de dire ça. Ça sonne si bien. C'est comme ça que les gens parlent. Mais j'aurais peut-être dû le tourner autrement. *Le chef, c'est toi ?*

Il hoche la tête. Apparemment il est le chef.

Je lui fais signe de s'écarter avec moi, pour qu'on puisse parler. Viens ici. Il obéit. C'est comme ça qu'on fait. De près, il est plus petit. Je baisse les yeux sur lui, sur sa figure raide et basanée.

« Écoute, mon vieux, je ne sais pas pourquoi vous avez fait les cons avec nous, mais maintenant mon portefeuille a disparu, bordel.

— On n'a pas pris le portefeuille, amigo », dit-il.

*Est-ce qu'il a dit amigo ? C'est si bizarre, si* 21 Jump Street, *qu'il ait vraiment dit ami…*

« Écoute, je poursuis. Je vous ai tous vus. Je peux vous identifier, tous jusqu'au dernier, et si vous êtes pris, vous serez vraiment dans la merde. »

Il réfléchit à ça une seconde. Mon regard le transperce. C'est moi le chef. Aha !

« Alors, qu'est-ce que tu veux ?

— Je veux que vous me donniez ce putain de portefeuille, voilà ce que je veux.

— Mais on n'a *pas* le portefeuille. »

Le grand type l'entend. « On l'a pas pris, son putain de portefeuille.

— Eh bien, dis-je en m'adressant à tous à présent, d'une voix forte, avant que vous arriviez et que vous commenciez à faire les cons avec nous, j'avais un portefeuille, bordel. Et puis vous arrivez, vous commencez à faire les cons avec nous, et maintenant je n'ai plus de portefeuille, putain. Et c'est tout ce que les flics ont besoin de savoir, merde. »

Les flics. *Mes* flics.

Le petit me regarde. « Écoute, on n'a pas le portefeuille, je te jure. Qu'est-ce que tu veux qu'on fasse ?

— Je crois qu'il va falloir que vous reveniez m'aider à le trouver, parce que sinon, je vais appeler les flics, et les flics vont vous embarquer, bordel, et ils vont bien savoir où il est passé, ce putain de portefeuille. »

Le petit me regarde par-dessous le bord de son chapeau, puis il se tourne vers ses copains.

« Allons-y », dit-il.

Et ils me suivent.

On retourne, moi marchant sur le côté pour les empêcher de déconner, pour prévenir les embûches, à l'endroit où on était. Meredith est debout, habillée, une serviette à la main. Elle ne comprend pas. *Ils sont revenus ?*

« Bon, vous feriez mieux de commencer à chercher. J'espère que vous allez le trouver... » Je me tais et l'une des filles me jette un regard dégoûté. « Parce que sinon vous êtes foutus. »

Ils se dispersent et commencent à chercher, en poussant le sable du pied. Je reste à l'écart pour les voir tous en même temps, je supervise, les mains sur les hanches. Je suis le contremaître, le patron.

Ils soulèvent et secouent la serviette sur laquelle on était couchés. Ils le font tous au moins deux fois, de secouer cette serviette. Ils tournent en rond, ramassent des bouts de bois, les jettent vers l'eau.

« Et merde ! dit l'une des filles. On l'a pas, son putain de portefeuille. On a rien fait.

— Tu parles que vous n'avez rien fait ! C'était une agression, idiote ! C'est vrai, qui vous pensez que les flics vont croire ? Deux vrais Américains assis sur la plage, ou vous ? Je suis désolé, mais c'est la vérité, putain. Vous n'avez pas une chance, les gars. »

Je suis le flic, un flic sévère mais amical. Je les aide. Je suppose que l'un d'eux a encore mon portefeuille, qu'ils veulent gagner du temps. Il faut que je trouve un moyen de leur faire peur, de récupérer mon bien. Puis je – *devrais-je ? – Je ne devrais pas* – oui, pourquoi pas :

« C'est vrai, je ne sais pas où vous en êtes avec les cartes vertes et tout, mais vous pourriez vraiment avoir des emmerdes, les gars. »

Pas de réaction visible.

Ils continuent à chercher. Meredith s'y met aussi, mais je lui prends le bras. « Non. Laisse-les faire. »

L'une des filles s'assied, renfrognée.

« J'espère vraiment que vous allez le trouver, les amis », dis-je, estimant préférable de parler tout le temps. Je décide de jouer ma dernière carte. « C'est le portefeuille de mon père que vous avez volé, bon sang. » Je ne sais pas trop jusqu'où je peux aller mais comme je veux le portefeuille à tout prix…

« Et mon père vient de mourir, dis-je. C'est tout ce que j'ai de lui. »

Et c'est la vérité. Il avait si peu de choses, d'objets personnels, et on a vendu les vêtements, les costumes – le portefeuille est la seule chose que j'ai gardée, en dehors d'un petit carton de paperasse, des cartes de visite, des presse-papiers de son bureau.

Ils continuent. Je regarde les poches de pantalons, à la recherche de bosses. Je me demande un instant s'ils me laisseraient les fouiller.

« Écoute mon vieux, dit le petit bonhomme. On l'a pas pris, putain. Qu'est-ce que tu veux ? »

Je connais la réponse : je veux le portefeuille, et ensuite, je veux les voir en prison, je veux qu'ils souffrent. Je veux que tous les sept, ou tous les cinq, portent des uniformes gris qui grattent et irritent la peau, et qu'ils dorment mal, sur des paillasses, la tête pleine de regrets, les joues humides d'avoir pleuré pour implorer le pardon, moins celui de leur simple Dieu ou de leur gardien que le mien. Ils vont regretter. Leurs crânes de piafs exploseront de culpabilité et de remords. Le beau portefeuille en cuir souple, élimé de mon père mort...

« Il n'est pas là, dit-il.

— Alors vous feriez mieux de venir avec moi, dis-je. Il faut qu'on trouve un téléphone. Vous pourrez raconter aux flics votre version de l'histoire, et moi la mienne, et on verra ce qui arrivera. Mais si vous vous cassez, vous êtes foutus, les gars, parce qu'ils penseront que vous l'avez pris. »

On se regarde. Il commence à marcher vers le parking. Ses copains le suivent.

Meredith prend la seconde serviette, la secoue. On marche derrière les trois, pour ne pas les perdre. Trois en tout – je peux en affronter deux. Les trois même. Je suis géant ! Je suis l'Amérique !

Personne ne parle. Nos ombres, deux ombres chacun, se croisent et bondissent sur le sable. Le crissement de nos pieds. Les lumières des maisons au-dessus de la plage sont rares. Le curieux moulin à vent à l'extrémité du Golden Gate Park est juste en face, tout noir.

Quand on arrive au parking, ce que je prenais pour

un téléphone – une boîte fixée à un réverbère – n'est pas un téléphone.

On reste une seconde sous la lumière. Je regarde autour de moi, puis les maisons de l'autre côté de la grande autoroute, toutes vitrées face à l'océan. Je cherche du secours, peut-être quelqu'un sur une véranda, ou un type qui fait du jogging, un cycliste ; personne n'est debout à cette heure.

« Bon, dis-je, il faut qu'on traverse. On traverse l'autoroute et on monte jusqu'à ce qu'on trouve un téléphone. »

Je suis toujours aux commandes. On est une équipe. Je suis leur meneur, leur gardien. Ils semblent consentir.

Je m'avance vers eux, m'attendant à ce qu'ils fassent demi-tour et marchent vers la route. Quand j'arrive parmi eux, ils ne bougent pas. Soudain je suis entre les trois.

C'est reparti pour un tour.

« Va te faire foutre », dit le grand type, en m'envoyant son poing dans la figure. Je n'ai pas le temps de bouger, mais il me manque. Un autre coup, par-derrière. Rien. Puis une jambe apparaît, le pied atterrit entre mes cuisses. Je tombe à genoux. Je fixe le ciment. Du chewing-gum, des taches de cambouis…

Ils se sauvent en agitant les bras et les jambes comme de grosses araignées, et en riant.

« Va te faire foutre ! » crient-ils.

Le coup de pied ne m'a pas fait si mal. J'ai encore du souffle. Puis je me relève ! Je suis debout et je cours après eux. De l'allée du parking, je les vois un peu à droite, cinquante mètres plus loin, monter – il y a – quoi ? Merde ! Merde ! – deux bagnoles, dans la rue, prêtes, moteur en marche.

*Comment ils ont su ? Comment ils ont su ?*

Quand j'arrive au milieu de la rue, les portières se referment ; les voitures démarrent dans ma direction. Celle de devant est une vieille décapotable vert foncé avec un toit noir, un énorme capot. L'une des filles de tout à l'heure conduit. Putain de bordel de merde. Des bagnoles les attendaient, *comme après un hold-up* ! Je reste sur la chaussée pendant qu'ils approchent. Je vais relever les numéros.

Ils roulent vers moi, lentement d'abord, puis plus vite. Je les tiens. Les plaques, connards ! Les plaques, salopards ! Je hurle les numéros, les montrant du doigt à chaque chiffre, en exagérant mon geste pour être sûr qu'ils savent ce que je fais, que je les tiens *– je les tiens !*

« G !

— F !

— Six !

— Sept !

— Neuf !

— Zéro ! »

*Magnifique ! Magnifique, espèces de salauds ! Espèces de connards de salauds !*

Ils font une embardée pour m'éviter, en criant, en riant, en me faisant des bras d'honneur.

Je hurle, surexcité, euphorique !

« Ha ha, espèces de salauds ! Je vous tiens ! Je vous tiens, salopards ! »

Ils passent, puis s'engagent sur l'autoroute, accélèrent, disparaissent. J'ai le numéro de la première voiture mais pas de la seconde. Je cours rejoindre Meredith. Une rue plus loin on trouve un téléphone.

« Attendez, calmez-vous, où êtes-vous ? demande l'opératrice.

— Je ne sais pas. À la plage.

— Qu'est-ce qui ne va pas ?

— On a été attaqués, volés.

— Par qui ?

— Une bande de jeunes Mexicains. »

Je lui dis à quoi ressemblait la voiture. J'essaie de

lui donner le numéro d'immatriculation, mais elle dit qu'elle ne peut pas le prendre, de le donner à l'agent de police quand il arrivera. Je raccroche.

G-H… 6-0…

Merde.

G-H-0-0-

Merde !

On s'assied.

Je n'ai pas mal. Je me demande si j'ai mal. Non. On est assis sur le muret en ciment de l'allée et pendant un moment j'ai peur qu'ils reviennent. Ils auront peut-être des armes, pour éliminer les témoins en tirant par la portière. Non, non. Ils sont partis, partis. Ils ne reviendront pas. Je saute à bas du mur ; je ne peux pas rester assis, je suis trop énervé. Je fais les cent pas devant Meredith. *J'ai leur numéro !* Les connards.

La voiture de police arrive deux minutes plus tard. Elle paraît immense. Le moteur rugit. Elle est impeccable, brillante comme un gros jouet. L'agent descend. Il est trapu et moustachu et – je ne rêve pas ? Il est plus de deux heures du matin – il porte des lunettes de soleil. Il se présente et nous demande de monter à l'arrière, et on monte. C'est une belle voiture, propre, le vinyle noir est luisant, parfait. Je réponds :

« Oui, on était sur la plage.

« Ils étaient sept.

« Mexicains.

« J'en suis sûr. Leur accent, leur allure. Absolument. Ils parlaient anglais, mais avec un accent mexicain. » J'essaie de me rappeler à quoi ils ressemblaient, à qui le plus vieux ressemblait. *Baretta*. Il ressemblait à Robert Blake.

« Ils ont pris mon portefeuille.

« Je ne sais pas combien. Vingt dollars peut-être.

« On appelait la police pour tirer les choses au clair.

« Oui, ils sont venus avec moi.

« Je ne sais pas pourquoi. Parce qu'ils disaient qu'ils ne l'avaient pas pris.

« Mais ensuite ils m'ont filé un coup de pied dans les couilles, ils sont montés dans deux voitures et ils sont partis.

« Une décapotable vert foncé avec un toit noir.

« Ouais, ouais, je l'avais noté. Merde. Ça commence par GH, il y a un six, et un zéro. Je crois que ça se terminait par zéro. Ça suffit ? Vous pouvez en faire quelque chose ? »

La voiture est si propre. J'adore la voiture. Un fusil pend à hauteur des yeux devant nous. L'ordinateur près du volant émet une lueur bleue, il est beau. La radio grésille et bipe. Le policier écoute et répond à des questions sur la CB. Il se tourne vers nous.

« Bon, on dirait qu'on a des suspects. On a arrêté une voiture juste à la sortie de l'autoroute. Il va falloir qu'on y aille pour que vous puissiez les identifier. »

Je regarde Meredith. On est dans la voiture depuis trois ou quatre minutes peut-être. C'est possible ?

« Vous avez déjà trouvé la voiture ? C'est la décapotable vert foncé ? je lui demande, en me penchant vers le siège avant.

— Je ne suis pas sûr. Mais on ferait mieux d'y aller. » On y va.

Meredith et moi on regarde par la fenêtre, les yeux brillants, attentifs, comme des touristes qui traversent une ville un samedi soir. On prend une autre route et soudain il y a des lumières partout. On dirait un accident. Au moins quatre voitures de police. Cinq. Toutes garées, les gyrophares en action. Il y a des flics sur la chaussée, qui vont et viennent, se tiennent à côté des voitures, parlent dans des micros de CB passés par les fenêtres. C'est un événement.

Notre voiture s'arrête avant un toboggan. Il y a une vieille décapotable garée à une vingtaine de mètres, bleu clair avec un toit noir.

« Ce n'est pas ça », dis-je. Le policier se retourne.

« Pardon ?

— Ce n'est pas la voiture, dis-je. La leur est verte. Vert foncé. Avec un toit noir. J'en suis certain. »

Il me regarde, se retourne et parle dans sa CB. Au bout d'une minute, il se retourne vers nous.

« Bon, on va vous demander de jeter un coup d'œil aux occupants de la voiture, rien que pour être sûr, dit-il.

— Mais ce n'est pas la voiture, dis-je.

— Il faut qu'on le fasse », dit-il.

Il y a quatre flics debout près de la décapotable bleue. L'un d'eux ouvre la portière avant et tend la main à l'intérieur. Il en fait sortir un homme, les menottes aux poignets. Le type sort de la voiture en se tortillant et se redresse. Il se tourne vers nous, plisse les yeux. Il a de longs cheveux blonds, une barbiche, il porte une chemise en flanelle, un short de l'armée, des godasses noires. À la lumière des gyrophares il est bleu puis rouge puis de nouveau couleur chair, et encore bleu et rouge. Il regarde dans notre voiture par le pare-brise.

« Vous le reconnaissez ?

— Non. Ce n'est absolument pas lui. Je suis sûr qu'ils étaient mexicains. Ce n'est pas la bonne voiture.

— Eh bien, attendez un peu. On va regarder tous les passagers. »

*Pourquoi ?*

Le flic fait un signe de la main à l'un des agents dehors. Ils font sortir une fille avec des cheveux teints en roux, une minijupe et des bottes fantaisie. Elle se tient près du premier type.

« Mon Dieu, les pauvres, chuchote Meredith.

— Non, non, dis-je au flic. Il faut que vous compreniez, ils étaient mexicains. Vous savez, bruns, plus petits. Ceux-là sont blancs. »

Ils en font sortir encore trois, deux hommes et une femme, qui se tiennent tous là, épaule contre épaule, éclairés, peints en rouge et bleu, les yeux plissés dans la lumière de nos phares. Ça pourrait être des gens qu'on connaît. Meredith m'attrape le bras en se laissant glisser dans le siège. « J'espère qu'ils ne peuvent pas nous voir, dis donc. »

Je me penche en avant et je répète au flic :

« Ce n'est pas eux. »

Il parle à sa CB un moment et il écrit quelque chose sur un bloc. Quand il fait demi-tour pour nous raccompagner, on enlève les menottes à ces jeunes debout près de la route. Les autres flics remontent en voiture. On se baisse.

On retourne au parking de la plage. Une fois arrivé, le flic nous donne sa carte. Les flics ont des cartes.

On descend. Je lui demande s'ils pensent pouvoir trouver les jeunes Mexicains, ou le portefeuille.

« Il y a peu de chances, dit-il. C'est un portefeuille, vous savez. Pas grand-chose. Tenez, le double du rapport. C'est votre numéro de rapport, au cas où vous auriez quelque chose à signaler. Ou si on a besoin de vous appeler, vous en aurez besoin comme référence. »

Et il s'en va.

Meredith veut rentrer chez elle dormir. J'ai plutôt envie de retourner à ma voiture et de chercher la décapotable verte, de les poursuivre, de trouver une arme d'abord et puis je roulerai, je les poursuivrai, je leur ferai du mal, à tous, un par un.

Mais il faut que je rentre pour voir ce qui est arrivé à Toph, si le baby-sitter a fait ce que je craignais.

On ne parle pas beaucoup pendant le trajet jusqu'au Haight, le long des larges avenues désertes de Richmond. Quand on arrive devant l'immeuble de son amie elle descend. On décide de se revoir avant qu'elle reparte à L.A. Puis je vais chez moi. Je passe devant les mômes débiles au coin de Haight et de Masonic, qui fument, assis contre le mur, avec leurs bérets rasta. Ils jouent au bâton du Diable, à faire sauter cet idiot de bâton avec les deux autres, comme si ça pouvait être divertissant plus de vingt ou trente secondes. Le bâton monte, descend, avance, recule, c'est pas vrai ! – et je descends Fell, je prends la 80 et je me dirige vers le Bay Bridge.

Les salauds. Ces connards ont volé le portefeuille de mon père, la seule chose, putain, que j'avais de lui, ça et du papier à lettres, les presse-papiers, les cartes de visite, un album de promotion du lycée, des documents sur son passage dans l'armée.

Ces sales mômes. Ces petits cons – je les chercherai sur la plage demain. Je n'oublierai pas.

Les nuages sont gros et gras, ils se déplacent lentement au-dessus du pont gris comme des fantômes de lamantins.

Sur le pont, je commence à sentir l'alcool peser comme du plomb dans mon organisme. Je pique du nez. Je me gifle, pour le bruit et la sensation – *réveille-toi !* Je monte le son de la radio. Sur le pont, au niveau inférieur, c'est tout droit et plein d'action. C'est une piste d'atterrissage de *Battlestar Galactica*. C'est le circuit à l'intérieur d'un ordinateur, un vieil ordinateur délabré, un 2XL –

Je pique encore du nez. Réveille-toi !

Le pont est un tunnel. Sur les ponts je pense à l'accident, celui que j'ai entendu raconter cent fois : ma mère conduisait sa minuscule coccinelle bleu pastel quelque part dans le Massachusetts, avec Bill et Beth encore en bas âge, sur un pont à deux voies – un pneu éclate, elle dérape, redresse, coupe la circulation en sens inverse et franchit à moitié la glissière de sécurité de l'autre côté, l'avant de la voiture dépassait du bord, et elle voyait la fin, Bill et Beth hurlaient, moi dans son ventre…

Les autres voitures sont rares. Une BMW noire et luisante, rien que des hommes à bord. Les lumières du pont rendent les voitures plus brillantes, plus élégantes, elles paraissent plus rapides. On retourne tous chez nous, dans nos maisons en adobe, en bois. Une famille dans une petite bagnole bleue – grand Dieu, mettez la ceinture à ce gosse !

*Ces connards ont pris mon portefeuille, putain.*

Je suis seul, et je ne sortirai plus jamais. Quand est-ce que je sortirai de nouveau ? Pas avant des semaines. Ou jamais. Je suis perdu. Je suis dans le corridor sombre du pont, au niveau inférieur, roulant sous des voitures qui vont dans l'autre sens, vers San Francisco. Je retourne à Berkeley, vers la plaine, vers notre maison, où il n'y a personne, où il n'y a que mon lit, tranquille. Et Toph. Du sang sur la véranda. Le baby-sitter l'a emmené. Ou le baby-sitter l'a laissé dans son sang, pour m'avertir. Des marques sur le visage, des chiffres, des conneries astrologiques sur la poitrine, des indices pour retrouver le coupable. C'est entièrement de ma faute. Je m'enfuirai. Ils me chercheront dans un pays tropical mais ils ne devineront pas que je suis allé en Russie. J'irai en Russie et j'errerai dans le pays jusqu'à ma mort. Comment ai-je pu partir ? Mes parents ne nous laissaient jamais quand nous étions enfants. Ils ne sortaient pas. Ils restaient à la maison, bien installés chez eux, dans le séjour, on pouvait compter sur eux, lui sur le canapé, elle dans son fauteuil.

Après l'accident du pont, elle était à ramasser à

la petite cuillère quand elle conduisait au-dessus de l'eau, près de falaises, sur des routes à deux voies. Pendant notre seul voyage en Californie, on avait tous moins de dix ans, on est allés voir les Séquoias, au sommet d'une montagne, et elle a pu monter, avec tous les lacets, deux voies jusqu'en haut, mais elle n'a pas pu redescendre, sur la voie extérieure, il n'y avait pas de barrière, seulement le précipice, et Bill essayait de la calmer…

« Maman tu n'as qu'à –

— Je ne peux pas ! Je ne peux pas ! »

… alors elle s'est garée, elle a attendu qu'un garde vienne prendre le volant pour nous faire redescendre, et elle, dans le siège du passager, se retournait pour nous sourire, gênée.

Je quitte le pont, je descends la côte vers la fourche Oakland – Berkeley. Je me réveille encore en sursaut, cette fois après avoir dévié vers la bande médiane. Je me gifle encore, plusieurs fois. J'ouvre la vitre. La sortie d'Ashby. Bien, bien. J'approche, j'approche. L'université. J'arrive à bon port. Stephen a fait quelque chose. Je devrais peut-être partir maintenant, aller prendre l'avion, supposer le pire. Je ferai demi-tour si je vois les lumières clignotantes. Je viendrai par Solano Avenue, en bas de la côte, pour voir s'il y a des ambulances et dans ce cas je pourrai faire demi-tour et gagner l'aéroport avant d'être vu.

Le portefeuille a disparu. Mon père a glissé plus profondément dans le puits. Le portefeuille était un rappel constant ; chaque fois que je l'utilisais, il était toujours là, dans ma poche ! Pris par ces connards, les araignées mexicaines. La seule chose que j'avais de lui. Les tapis s'effilochent, les meubles se fendillent. On ne peut rien me confier, tout est précaire, perdu, cassé, trempé.

La vie n'est pas comme elle devrait, Toph et moi dans cette petite baraque miteuse, des trous dans le plancher, tout se décompose, je perds les choses, je laisse une bande de mômes piquer le portefeuille de notre père. Et Toph avec le baby-sitter, cet homme sanguinaire…

Il fera froid en Russie, mais peut-être pas maintenant. Je peux acheter un blouson à l'aéroport.

La sortie pour Gilman ! Je ne vais pas m'enfuir. Je m'installerai chez des amis. Je m'en remettrai. Je partirai en Russie ou je m'en remettrai. Je tourne dans notre rue, Peralta, et il n'y a pas de lumières, pas de flics, pas le cirque des ambulances, des voitures de police et de pompiers.

La porte est fermée. Pas de sang sur les marches. Je monte sur la véranda et par la fenêtre je vois le vélo du baby-sitter toujours posé contre la cheminée et, quand j'approche de la porte, je vois Toph vautré sur le canapé. Bien, bien. Au moins il est là.

Mais il pourrait être mort. Il pourrait toujours être mort. La porte n'est pas verrouillée – peut-être *quelqu'un d'autre* a tué Toph *et* le baby-sitter – Je n'y avais pas pensé mais bien sûr ! Un cambrioleur est entré, a pris ce qu'il voulait et ensuite… il les a empoisonnés tous les deux ! Ou alors c'était le complice de Stephen. C'était un coup monté.

J'entre, avec précaution, les poings serrés. Je m'approche de Toph. Je cherche du sang – il n'y en a pas. Empoisonné peut-être. Ou battu – hémorragie interne. J'approche mon visage du sien. Son souffle est chaud sur ma joue.

*Il est vivant ! Il est vivant !*

Mais il pourrait être en train de mourir, comme le petit garçon dans le film, le fils d'Andie MacDowell et de Bruce Davidson. Comment saurai-je ? J'aurai confiance. Aller à l'hôpital ? Non. Non. Il va bien. Très bien. Il a bavé sur le bras du canapé.

Où est Stephen ? C'est ça. Stephen est parti parce qu'il a empoisonné Toph. Toph est en train de mourir. Toph a une heure à vivre. Ça ne servira à rien de l'emmener à l'hôpital. La voix de la femme du centre antipoison se brisera – « Il n'y a rien... que vous puissiez faire » – et, anéanti, hystérique, je rassemblerai mes facultés pour pouvoir le réveiller, et parler avec lui pendant notre dernière heure ensemble. Devrais-je lui dire ? Non, non. On s'amusera. J'y arriverai.

*Hé, petit bonhomme.*

*Quelle heure est-il ?*

*Une heure.*

Il n'est pas mort. Il vivra. Tout est normal. Normal, normal, normal. Bon. Bien. Très bien.

J'entre dans la cuisine, je laisse tomber mes clés, tic, dans le bol où il y a de la monnaie. Je jette un coup d'œil dans la chambre. Pas de Stephen. J'ouvre la porte de la chambre du fond. Là. Stephen est endormi sur le lit, des brouillons étalés autour de lui.

Je le réveille. Il rassemble ses affaires.

« Il parlait dans son sommeil, dit-il.

— Hm. Qu'est-ce qu'il disait ?

— Rien, en fait. Il marmonnait. »

Je lui fais un chèque. Je lui ouvre la porte. Il monte sur sa bicyclette et, encore à moitié endormi, il s'éloigne, maladroit et sautillant comme un papillon. Je ferme le verrou derrière lui.

Je retourne dans le salon, où Toph est couché, bras et jambes écartés, comme désossé, sur le canapé. Il a apporté une couette de sa chambre, et maintenant elle est par terre. Il a la bouche ouverte et il y a un cercle sombre de salive sur son tee-shirt gris.

« Hé.

— Mmph.

— Hé. Aide-moi un peu.

— Mmph.

— Je vais te mettre au lit. Passe ton bras. »

Il met un bras autour de mon cou et l'agrippe

de l'autre, rentre sa tête vers moi pour que je ne la cogne pas sur le montant.

« Ne me cogne pas la tête.

— Mais non. »

La moulure craque.

« Aïïe.

— Excuse-moi.

— Imbécile. »

Je le pose sur le lit, dans son jean et son tee-shirt, et j'étends la couverture sur lui. Dans la cuisine, je consulte le répondeur. Je regarde dans le frigo. Je me demande un instant qui je pourrais appeler. Qui ne dormirait pas ? Quelqu'un voudra peut-être passer. Qui serait d'accord ?

Je retourne dans ma chambre, je laisse tomber ma monnaie sur la commode.

Le portefeuille. Sur la commode.

Il était là.

# VI

Quand on apprend la nouvelle elle ne signifie presque rien au début. On vient d'annoncer que la prochaine saison de *The Real World*, l'émission capitale de MTV qui met sept jeunes gens d'une vingtaine d'années dans une maison pour téléviser leur vie, sera filmée à San Francisco. MTV cherche des candidats. Ils veulent une nouvelle distribution.

Au bureau on en rit de bon cœur.

« Quelqu'un a vu l'émission ?

— Non.

— Non.

— Un peu. »

Nous mentons tous, bien sûr. Tout le monde a vu l'émission. On la méprise, mais elle nous passionne, elle suscite chez nous une curiosité morbide. Est-elle intéressante parce qu'elle est si mauvaise, parce que les acteurs sont si profondément ennuyeux ? Ou est-ce parce que nous y reconnaissons tant de choses qui nous sont affreusement familières ? C'est peut-être nous en fait. Regarder l'émission, c'est comme écouter sa voix enregistrée : c'est elle bien sûr, mais on a beau la trouver mélodieuse, claire quand on l'entend dans la vie, une fois passée par cette machine et restituée, elle est aiguë, nasale, horrible. Nos vies sont-elles cela ? *Parlons-nous ainsi, sommes-nous ainsi ?* Oui. *Ce n'est pas possible.* Si. *Non.* La banalité de nos vies bourgeoises, vulgairement coincées entre la conduite en état d'ivresse des années de lycée – c'est une métaphore – et la mort lente que représente le fait d'avoir une famille et un foyer, surtout dans le confort de canapés colorés, de lampes en pierre volcanique et de tables de billard – ça ne ferait de la télévision intéressante que pour ceux dont la vie est encore plus ennuyeuse que celle des acteurs de *The Real World* ?

Mais il est impossible d'ignorer l'émission.

Tandis que la moitié de ceux qu'on connaît se démènent, secrètement ou ouvertement, pour envoyer leurs candidatures, on se demande quel sel on peut apporter, quel élan nécessaire on peut donner à tout ça.

L'un de nos collaborateurs, David Milton, leur écrit une lettre qu'on tient prête pour le premier numéro. La voici :

Chers Producteurs,

Quelque chose irradie tout au fond de moi et il faut que ce soit transmis ou je vais imploser et le monde, sans s'en rendre compte, subira une grande perte. Épiques sont les proportions de mon âme, pourtant sans un champ d'expression qui se soucie de mon existence ? C'est pourquoi il faut mais il faut que je sois l'un des habitants du « Real World » de MTV. Là seulement, brûlant de tous ses feux dans un million d'yeux éblouis, mon être encore privé de contours pourra assumer les formes sublimes qui non seulement sont les siennes, mais qui sont dues à tout un marché spécialisé.

Je suis un personnage à la Kirk Cameron-Kurt Cobain, excentrique et espiègle, élégant mais pratique, délirant mais compréhensible ; habitant de la pénombre croissante entre la culture dominante et la culture alternative ; prophète tourmenté de l'apocalypse déjà révolue, et pourtant optimiste, fringant et sexy !

Oscar Wilde a écrit : « Les bons artistes existent par ce qu'ils font, ils sont donc parfaitement sans intérêt pour ce qu'ils sont. Un grand poète, un vraiment grand poète, est la moins poétique des créatures. Mais les mauvais poètes sont absolument fascinants... [ils] vivent la poésie qu'[ils] ne savent pas écrire. » Comme pour Dorian Gray, ma vie est mon art ! Oh, MTV, prends-moi, fais-moi, éveille-moi de mon sommeil informe et place-moi dans le Vrai Monde de rêve du marketing ciblé.

Bien à vous,
David Milton

Et après avoir bien ri, et quand j'ai surmonté un moment de paranoïa où je me figure que Milton se moque de moi en particulier, on devient sérieux une seconde. On essaie de réunir de la pub, des moyens de distribution, tout le bric-à-brac de notre premier numéro, et pour le moment on n'arrive à rien, parce qu'on n'est personne et qu'on a les mains vides.

Mais on a rassemblé une équipe d'enfer. Il y a Moodie, bien sûr, et maintenant Marny, qui est venue en Californie, ses études terminées depuis quelques mois. Oui, on était sortis ensemble au lycée. Oui, elle avait été majorette, bien qu'une majorette invraisemblable, sérieuse, celle qui ne sourit jamais. Et à présent, c'est elle, parmi nous, qui lit *Ms.*, qui lit *The Nation*, qui sait qui était Che Guevara, ce qu'il représentait. Et il y a Paul, qui vient de se joindre à nous et qui a grandi à une trentaine de kilomètres au sud de chez moi, sur les rives du lac Michigan, dans les rues froides et cruelles de la Gold Coast de Chicago. On avait commencé avec un autre, mon meilleur ami de l'école primaire, Flagg, que j'avais obligé à quitter sa copine et un travail à Washington pour venir à Berkeley participer à la jeune entreprise. Il avait fait le voyage, s'était installé avec nous, à un bureau près de la fenêtre, avait passé des jours à faire notre « étude de marché » – juste pour montrer, des statistiques légères, invérifiables à agiter sous le nez des annonceurs – mais il a vite compris ce qu'on savait déjà plus ou moins dès le début : qu'il n'y aurait pas d'argent là-dedans, pas avant longtemps du moins, voire jamais, et les heures de travail seraient grotesques, passées dans un coin crasseux d'un entrepôt branlant, où la poussière tombe des poutres quand les locataires marchent au-dessus, où les serrures sont purement décoratives, où le loyer nous pompe 250 dollars par mois.

Mais personne ici, à San Francisco, dans cet immeuble, ne va vous dire que vous perdez votre temps.

Le reste des locaux comprend, avec de temps en temps un peu de chaises musicales, un bureau pour notre propriétaire, Randy Stickrod (son vrai nom), un consultant presse qui a récemment aidé à lancer *Wired*, dont les fondateurs ont récemment libéré l'endroit précis qu'on occupe actuellement pour s'installer deux étages plus haut. En face de nous se trouvent le bureau, l'agenda de bureau et le minuscule ordinateur de Shalini Malhotra, qui travaille pour *Just Go !*, une petite revue de tourisme vert, et aussi pour son propre magazine, provisoirement intitulé *Hum* – le mot indien pour « Nous » – qui aura pour but de rallier les jeunes de vingt ans de la communauté sud-asiatique américaine, de leur parler et de parler en leur nom. Il y a aussi *bOING bOING*, un « neurozine » publié par Carla Sinclair et Mark Fraunfelder, une équipe mari et femme style plastique-gel-cuir-nouvelle-vague-circa-1984, récemment arrivés de L.A. Au fond il y a un type qui sort un magazine appelé *Star Wars Generation* – pas besoin d'explication. Dans l'ensemble, notre étage, cet immeuble ont quelque chose, ils éclatent, ce n'est pas simplement un endroit où les gens travaillent mais où ils créent et s'efforcent de changer *la façon même dont nous vivons*.

L'entrepôt, il se trouve, est dans le quartier de South Park, une zone de six pâtés d'immeubles peut-être qui, si les journaux ne se trompent pas, est elle-même sur le point d'exploser, parce que c'est là que *Wired* a choisi de s'installer, tout comme une poignée d'autres magazines, surtout des journaux d'informatique mais aussi *SF Weekly, The Nose* (humour) et *FutureSex* (« cybererotica », des gens nus portant des accessoires de réalité virtuelle) – sans parler d'innombrables start-up de software, de créateurs de sites Web, de fournisseurs d'accès – et on est en 1993, quand tout ça est nouveau – de graphistes, de designers d'interface, tous autour ou très près d'un petit ovale de vert appelé South Park (aucun rapport) – bordé de petites maisons victoriennes et coupé en deux par un terrain de jeux très animé – où s'assied, sur l'herbe d'un vert magique, une concentration incroyablement dense de magnifiques jeunes gens sophistiqués – un ovale vert où pullule tout ce qui est printanier, progressiste, nouveau et beau. Ils ont des tatouages avant que tout le monde ait des tatouages. Ils conduisent des motos, et leurs cuirs sont incroyables. Ils pratiquent (ou prétendent pratiquer) le Culte de la Terre. Ce sont par exemple la lumineuse jeune fille de Charles Bronson, qui fait un stage à *Wired*, où la proportion de jolies jeunes femmes par rapport aux stagiaires et aux assistantes est de 1/1, ce sont les mêmes. Il y a des coursiers à vélo qui composent aussi des tracts socialistes, et des coursiers à vélo qui sont des travestis de cent kilos, et des écrivains qui préfèrent le surf, et les raves attirent toujours les foules, et la jeune élite créative de San Francisco est là, uniquement là, elle ne veut pas être ailleurs, parce que sur le plan technologique New York a dix ou douze ans de retard – on ne peut même pas encore y envoyer des e-mails – et en matière de style L.A. est tellement années quatre-vingt, parce qu'ici, contrairement à là-bas, il n'y a pas d'argent, personne n'a le droit de gagner de l'argent, ni de dépenser de l'argent, ni d'avoir l'air d'avoir dépensé de l'argent, l'argent est suspect, faire de l'argent et se soucier d'argent – du moins dans la mesure où l'on a plus, disons, de 17 000 dollars par an – est archaïque, collégien, totalement à côté de la plaque. Ici, il n'y a pas de vêtements qui ne soient pas préportés – quand une chemise n'est pas usée, quand une chemise a coûté plus de 8 dollars, on dit :

« Hé, jolie *chemise*.

— Oui, jolie... chemise. »

Et il n'y a pas de voitures qui ne soient pas de vieilles voitures, ou de préférence de très vieilles voitures, des voitures impensables, bon marché, les places de parking convoitées autour de South Park sont remplies de mutants automobiles, d'anomalies. Et à San Francisco, pour le meilleur ou pour le pire, aucune idée n'est assez débile pour être rejetée, ou personne n'est assez honnête pour vous dire la vérité sur vos idées débiles, alors la moitié d'entre nous faisons des choses débiles, vouées à l'échec – et aucun prestige n'égale celui de travailler pour *Wired*, de porter l'un de ces nouveaux sacs noirs à bandoulière qu'ils viennent d'adopter, ou d'avoir été à la soirée donnée par les types de Survival Research Laboratories, qui fabriquent des robots géants et les font s'affronter – et bien que les avantages matériels soient ridicules, et que les loyers des appartements commencent déjà à devenir grotesques, on ne dit rien et on se plaint peu parce que, quand le présentateur chauve à tête de chérubin dit aux infos que c'est le « meilleur endroit sur la terre », ça nous énerve mais en fait on le croit, d'une certaine façon, on croit devoir travailler dix-huit heures par jour, que ce soit pour nous ou pour l'une de ces start-up, parce qu'on est à un certain endroit, on a de la chance, on se trouve bénis des dieux même si ça ne fait que quelques années que les collines ont brûlé, que les autoroutes se sont effondrées – On est donc rassemblés ici, chaque journée idéale, chaude-mais-pas-trop, baignée de soleil et de possibilités, de probabilités, et tandis que tout le monde boit son *latte* et mange son *burrito*, en faisant semblant d'ignorer les autres – il y a le sentiment que nous sommes, du moins à ce stade, avec nos amis, sur cette herbe grasse, dans le noyau en fusion de tout, que quelque chose se passe ici, que, pour changer de métaphore, on chevauche une vague, une grande vague – pas trop grosse bien sûr, pas comme l'une de ces vagues géantes de Hawaï qui tuent les gens sur la barrière de corail…

Bien entendu, en ce qui nous concerne, nous et notre magazine, pas question d'admettre qu'on fait partie de ce monde, ni d'aucun monde. On commence à parfaire un équilibre entre être proches de là où les choses se passent, connaître les gens et leurs modes de comportement, tout en gardant nos distances, une mentalité d'outsider, même parmi d'autres outsiders. Ridiculisant d'autres magazines, en particulier *Wired* au-dessus, on dresse une liste de ce qui est hot et de ce qui ne l'est pas :

| CE QUI EST HOT | CE QUI NE L'EST PAS |
|---|---|
| le soleil | la neige |
| le flambé | la vichyssoise |
| les fers à marquer | une boisson froide |
| la lave (fondue) | la lave (durcie) |

On passe une annonce dans les médias locaux, disant qu'on n'est pas ceci, pas cela, que ce magazine sera, à moins que quelque chose de bizarre et terrible ne se produise, le tout premier magazine vraiment marquant de l'histoire de la civilisation, qu'il sera créé *par et pour nous les vingtenaires* (on essaie des termes de rechange, mais en vain : les gens d'une vingtaine d'années ? les gens de vingt ans ?), qu'on cherche des journalistes, des photographes, des illustrateurs, des dessinateurs humoristiques, des stagiaires – Tous ceux qui voudront aider seront mis à contribution – il nous faut des centaines de collaborateurs, on peut en utiliser des milliers. On envoie le manifeste en forme de listing, et en quelques jours (quelques heures ?) on reçoit une cascade de CV. La plupart viennent de sortir de l'université, quelques-uns ont dessiné des portraits au-dessus de leur nom, des croquis dans les marges, ils joignent le détail de leurs notes reçues à Bates, Reed, Wittenberg. On les appelle tous, ça ne peut pas être assez vite, on veut tous les épouser, on est fous de joie de les avoir trouvés, d'avoir *établi ce contact*. On offre du travail à tous.

« Quelle sorte d'aide cherchez-vous ? demandent-ils.

— Qu'est-ce que vous voulez faire ? disons-nous.

— Combien d'heures vous faudra-t-il ?

— Combien de temps avez-vous ? »

On prendra n'importe quoi, n'importe qui, peu importe si ce sont des minables, on s'en fout, même s'ils sont allés à Stanford, à Yale. Pour nous c'est une question de nombre, amasser le plus grand nombre – la plupart de ceux qui viennent ont un autre emploi, et beaucoup, Dieu merci, n'en ont pas du tout, et leurs parents leur ont donné un an pour trouver leur voie. Chaque fois que quelqu'un passe la porte, piétine notre foutoir, contourne nos cartons pour se proposer, on a rencontré un frère, une sœur, qui croit déjà avec ferveur à l'extrême urgence de ce que nous faisons.

« J'ai vu votre annonce et il a fallu que je vienne, putain. Il était grand temps que quelqu'un fasse ça, bordel.

— Génial. Merci.

— Écoutez, j'ai de la poésie... »

Et bien qu'on ne puisse pas satisfaire tous les talents, inclinations, et emplois du temps – cinq personnes différentes veulent écrire sur les nombreux, nombreux usages du chanvre – on sait qu'on a quelque chose, qu'on a touché un nerf. On veut que chacun suive son rêve, son cœur (n'éclate-t-il pas, comme le nôtre ?) ; on veut qu'ils fassent des choses qu'on trouvera intéressantes. Hé Sally, pourquoi faire ce boulot imbécile de règlement des litiges – tu ne chantais pas avant ? Chante, Sally, *chante* ! On est sûrs de parler pour les autres, de parler pour des millions. Si seulement on pouvait le faire savoir, répandre le bruit avec ce, ce magazine... On fera du magazine une plateforme d'où se lancer, un tremplin pour exprimer...

On écrit l'éditorial du premier numéro :

> Peut-il vraiment y avoir autre chose dans une génération que des « glandeurs » illettrés, sans imagination, vêtus de flanelle ? Une bande de gens de moins de vingt-cinq ans peuvent-ils publier un magazine national sans l'appui des grandes entreprises et aucune idée du marketing ? Avec des vues réelles sur des problèmes réels ? Avec le sens de l'urgence et le sens de l'humour ? Avec courage et cran, avec espoir ? Qui lirait ce genre de magazine ? Vous. *Might Magazine* est votre magazine.

Pour financer une deuxième ligne de téléphone pour le fax, on vend des gâteaux dans le parc. Tous les collaborateurs apportent les leurs, et on ramasse près de 100 dollars. On supplie tous ceux qu'on connaît de prendre Working Assets pour leurs appels longue distance.

« Mais tu *dois*. Ils donnent de l'argent à des causes, et ils disent que si on fait changer cent personnes, ils pourraient nous faire de la pub et... »

On cherche des alliances avec d'autres, comme

nous, qui prennent une masse informe et muette de potentiel humain pour essayer de la faire parler, chanter, crier, pour en faire une force politique. Ou du moins de l'utiliser pour qu'on parle d'eux dans *Time* et *Newsweek*.

Il y a Lead or Leave, un groupe politique de Washington, D.C., qui déjà, en 1993, revendique 500 000 membres. Il y a Third Millenium, un groupe militant de même orientation, qui est né d'une séance de brainstorming tenue au repaire familial de l'un des jeunes Kennedy. Les deux organisations veulent réunir des milliers d'adhérents, enregistrer des votants et devenir la version jeune de l'AARP puis, une fois que les masses seront enrôlées et les armes distribuées, ils livreront la guerre qu'on doit tous livrer, la guerre qui deviendra notre Grande Guerre, ou du moins notre Viêt-nam :

La retraite.

Il apparaît, d'après les calculs de nombreux économistes, que lorsqu'on aura tous soixante-cinq ou soixante-dix ans et qu'on prendra notre retraite, il n'y aura plus assez d'argent dans la marmite pour nous... que la Caisse de retraite sera en faillite. Lead or Leave et Third Millenium font parler d'eux partout en amassant des électeurs et en donnant des conférences de presse pour attirer l'attention sur la menace de cette apocalypse, et on prend contact avec eux, on promet d'être solidaires, bien qu'à franchement parler on n'ait absolument aucune idée de quoi ils parlent. Bien qu'on partage avec eux le désir de motiver et d'entraîner à l'action (une forme d'action, mais laquelle exactement on ne sait pas trop) nos quarante-sept millions d'âmes, ce qui nous intéresse surtout, c'est leur liste d'adresses.

Ce n'est pas qu'on ne les soutienne pas – parce qu'on le fait, en principe, sinon matériellement ou idéologiquement – c'est seulement que, étant donné notre manque ou notre peu de contact avec l'insécurité économique, on a du mal à trouver le feu sacré pour ces choses. On veut se joindre à eux pour protester contre le fardeau des emprunts étudiants, mais on se rappelle que de nous tous, seul Moodie a dû en prendre un. On veut se plaindre de l'emploi, mais on ne veut pas vraiment d'emplois nous-mêmes – pas le genre d'emploi dont on aurait à se plaindre – aussi on est vite réduits au silence. Et la retraite ? Eh bien, personnellement du moins, je ne me vois pas, dans mes rêves les plus fous, vivre plus vieux que cinquante ou cinquante-cinq ans, aussi je trouve la question plutôt théorique. Tout ce qu'on veut vraiment, c'est que personne n'ait une vie ennuyeuse, être impressionnants, pour pouvoir être impressionnés.

On essaie de convaincre les gens qu'on est un magazine de style de vie.

« Tu vois, on parle ici d'un *style* de *vie*.

— Hmh.

— Tu saisis ? Pas branché sur la vie. Pas branché. Pas sur la vie. Un *style* de *vie*.

— Oui.

— Un style. De *vie*. »

On puise de la force à voir certaines personnes faire des choses qu'on trouve salutaires, héroïques, et dont les exploits sont vantés dans la presse. On adule Fidel Vargas, le plus jeune maire du pays, dont la politique nous est totalement inconnue, mais pas l'âge (vingt-trois ans). On glorifie Wendy Kopp, à vingt-cinq ans la fondatrice de Teach for America, qui place des diplômés récents dans des écoles manquant de personnel ou de moyens financiers, surtout dans les villes. On adore les gens comme elle, qui mettent sur pied d'énormes organisations, qui essaient de nouvelles approches face à des problèmes immémoriaux, et qui le font savoir, grâce à d'excellentes relations publiques, des photos fantastiques, disponibles en noir et blanc ou diapos couleur.

On est disposés, on est prêts. Quelles que soient les personnes avec qui on doive s'allier, quoi qu'on ait à faire, on sera là – si on doit organiser des événements et sponsoriser des conférenciers, si on doit aller à de vastes concerts de rock assourdissants, s'asseoir à des tables et distribuer des tracts, plonger le regard dans le décolleté du débardeur d'adolescentes attardées... même si on doit passer à la télé et apparaître dans des magazines, être abondamment cités, vivre comme des stars de rock et exercer du pouvoir comme des messies – *quoi que ça exige*, on est prêts. Vous n'avez qu'à nous dire où on doit être, à qui on parle, quel est le tirage de votre journal ou, approximativement, l'étendue de votre audience, et nous donner une vague idée de ce que vous voulez qu'on dise.

C'est comme les années soixante ! Regardez ! Regardez ! on se dit, horrifiés, stupéfaits par les déséquilibres, les défauts flagrants du monde. Regardez comment vont les choses ! Regardez, par exemple, tous ces sans-abri ! Ils doivent déféquer partout dans les rues, où nous devons marcher ! Regardez le prix des loyers ! Regardez comme les banques vous font payer des frais cachés quand vous utilisez leurs distributeurs ! Et Ticketmaster ! Vous avez entendu parler de leurs frais de service ? Si vous prenez vos billets de concert par téléphone, ils vous comptent dans les 2 dollars par billet, bon sang. Vous le saviez ? C'est *grotesque, putain*.

Mais bientôt tout va s'arranger. Quand on commencera à publier, et qu'on aura déployé les six mois d'efforts nécessaires pour dominer le monde, ces problèmes seront abordés, réglés. On regarde des albums. Un jour je m'assieds avec une jolie photographe du nom de Debra, et non seulement je vois une possibilité de sortir avec elle, mais une image me saute aux yeux : ce sera l'indicatif de notre message. Dans son album, il y a la photo d'un homme nu comme un ver qui traverse une plage en courant, rendu flou par la vitesse.

« C'est notre couverture ! dis-je.

— OK », dit-elle, et je me demande si ça va améliorer mes chances avec elle.

Le streaker engendre une autre idée : nous aussi nous serons nus ! Oui, sur la couverture il y aura le copain streaker de Debra (son concubin, hélas), et à l'intérieur il y aura des centaines de jeunes gens faisant du streaking. On copiera la lumière et l'allure du premier, mais aha ! on sera des centaines, tous ensemble sur la plage, un troupeau de chairs nues et optimistes, courant de gauche à droite, symbolisant toutes les choses qu'à l'évidence ça peut symboliser. On téléphone à Debra pour régler les détails, puis on commence à chercher des modèles nus – on appelle les amis, tous ceux qu'on connaît.

L'idée se trouve bientôt réduite. On n'a pas besoin de centaines de gens. (Comment en aurait-on fait tenir des centaines dans le cadre, de toute façon ?) Il ne nous faut que quelques personnes, dix peut-être, huit, cinq. Bien sûr nous serons là, pour commencer. Moodie, Marny et moi. Mais il faut diversifier. On est obsédés par la nécessité de paraître divers. Pas d'avoir une équipe incroyablement diverse ni rien, mais d'avoir l'air divers. Aussi, quand il s'agit de faire des photos, on panique. On se doit d'être l'échantillon représentatif de la jeune Amérique ! Pour la pellicule, il nous faut trois hommes et trois femmes, trois Blancs, un Noir, un Latino, un Asiatique – mais on n'a que nous, trois ou quatre Blancs (*et même pas un Juif !*). Pour la prise de vues on a besoin d'un Afro-Américain, d'un Latino. Une Latina. Peu importe.

Il nous faut quelqu'un d'asiatique. Lily dit non. Ed Rigaud, un expert en tirage qu'on connaît à *Wired*, qui est noir, dit non. Désespérés, on se demande : est-ce que Shalini, qui est indienne, pourrait passer pour quelqu'un d'une minorité plus connue ? Sur une photo floue, est-ce qu'elle paraîtrait nettement de *couleur* ?

« Tu veux…

— Non », répond-elle.

On téléphone à June.

June Lomena est notre amie noire. Elle travaille de temps en temps dans l'immeuble, pour l'un des autres magazines, elle s'était arrêtée une fois pour dire bonjour, et par la suite elle avait écrit un papier allusif sur les rapports hommes femmes pour le premier numéro. Ai-je précisé qu'elle est noire ? (Elle pourrait aussi être hispanique, pense-t-on, à cause du nom et tout, mais on ne lui pose pas la question.) De formation (à Brown), elle est actrice, aussi quand on lui demande de courir nue, elle dit oui sans se faire prier. On sera donc quatre. Tous les autres refusent. Finalement on trouve encore un type par un ami, qui sera bon, croit-on, parce qu'il a la tête rasée.

« On ne peut pas te payer, disons-nous.

— Ça ira », répond-il.

On ne sait pas pourquoi il veut faire ça, monter dans une voiture avec quatre inconnus, courir nu sur une plage et se faire photographier en le faisant, et d'ailleurs, on ne tient pas à le savoir.

Et puis on est sur la plage, Black Sands Beach dans les Marin Headlands, un matin anormalement froid d'octobre. On vient de se déshabiller, et on a remarqué que, là où devrait se trouver le pénis du cinquième type, il a un pénis avec de l'or passé au travers. Comme une aiguille ou un clou – c'est difficile à dire sans regarder en détail. Quand j'y jette un coup d'œil la tête me tourne. En tant que catholique fervent et terrifié, je n'avais pas vu mon pénis avant l'âge de treize ans, je ne l'avais pas touché avant l'université, alors voir ça – je ne savais même pas que ça existait. Je tourne mon attention vers les seins de Marny, qui sont différents déshabillés, et quand on y pense, un peu inégaux. June paraît normale, souple et forte, certainement la seule parmi nous qui ait tout parfaitement à sa place. Puis j'essaie de distinguer si le pénis de Moodie est sensiblement plus gros que le mien, et je décide que du moins au repos, on est ex aequo. À peu près.

On est jeunes et nus et à la plage !

Debra s'installe, assise sur une bûche, face à l'eau. On prend une avance de vingt mètres puis on court devant elle, le long du rivage, à toute vitesse. On essaie de se disperser pour qu'en passant devant elle on soit étalés, et que tout le monde soit visible, chaque taille et chaque couleur. Ce sera beau et poétique, et ça fait un mal de chien. Nos pénis sautent, et comme on prend de la vitesse, ils battent de gauche à droite – qui aurait cru de gauche à droite ? La douleur ! On ne devrait pas faire ça. Les pénis n'ont pas été construits pour courir. Je songe à un pot d'échappement décroché qui racle la chaussée. Je songe à un oiseau secouant un ver de terre – la douleur est atroce. On court devant elle, elle prend deux photos peut-être, et on recommence. Au moins une douzaine de fois. Je me mets à tenir mon pénis pendant la plus grande partie de la course, ne le lâchant qu'en passant directement devant elle. Je ne peux même pas imaginer ce que ça fait au type au pénis percé. Ça ne l'aide sûrement pas à le garder en place. S'il avait une sorte d'arrimage, dans le nombril par exemple…

On en fait une où on court en partant de la bûche et droit dans l'eau, qui est glacée, comme toujours.

Puis on se rhabille et on rentre chez nous. Quand les photos arrivent on est tous affreusement flous, et les efforts démographiques pertinents qu'on a déployés – deux femmes, une Noire – sont à peine visibles. Toutes les photos où on court devant l'appareil sont inutilisables, ce qui signifie que la torture infligée au pénis, c'était pour des prunes. Il nous reste la dernière, qui nous montre tous cul nu, courant dans le Pacifique. On utilisera celle-ci.

C'est la dernière photo de l'intro sur six pages du premier numéro, un montage visuel qui précède la déclaration reproduite plus haut. Chaque page est une sorte de quadrillage, avec des photos juxtaposées. Et au-dessus de chacune un mot est imprimé. À savoir :

Au-dessus de la photo d'une jeune femme à l'air gâté : Niet.[1]

Au-dessus d'un étalage de fusils à vendre : Niet.[2]

Au-dessus d'un modèle en céramique de deux poupées Barbie en tenue de mariée : Niet.[3]

Au-dessus d'un télévangéliste exhortant ses ouailles : Niet.[4]

Au-dessus d'un détail de *L'Enlèvement des Sabines* : Niet.[5]

Au-dessus d'un gros plan d'un jeune homme au sourire méprisant : Niet.[6]

Au-dessus d'un tas de chaussures à hauts talons : Niet.[7]

Au-dessus d'un gros plan d'un col-cravate : Niet.[8]

Au-dessus d'Adam et Ève expulsés du Jardin d'Éden : Niet.[9]

On est convaincus d'avoir là un travail d'un tel génie, si prophétique que ça pourrait très bien déclencher des émeutes. Au cas où la signification échapperait au lecteur, une clé :

[1]. Nous ne sommes *pas* gâtés ni paresseux !

[2]. Nous ne pensons *pas* que des fusils devraient être vendus à l'étalage, comme ici.
[3]. Nous ne sommes *pas* pour le mariage.
[4]. Ni la religion.
[5]. Et nous sommes *absolument* contre le viol.
[6]. Et les sourires méprisants.
[7]. Et les talons hauts.
[8]. Pareil pour les cravates.
[9]. Et aussi l'expulsion des jardins par Dieu. Et la honte d'être nus. Ou de manger des pommes. [Ce dernier point n'était pas clair.]

Puis, dans l'intro, après toute cette négativité, tout ce qu'on rejette d'emblée, vient l'apothéose : une photo pleine page de cinq personnes qui courent nues, le dos à la caméra, dans l'océan. Au-dessus de cette photo, étalé en noir contre le ciel (c'est en noir et blanc), un seul mot : MIGHT.

*Boum !*

En général, on est sûrs de marquer un tournant, et nos heures de travail le reflètent. Ce sont des épreuves de volonté, des exemples des effets délétères de la pression de groupe, de la culpabilité, car on a beau, c'est clair, ne pas être traditionnels, on commence à observer des heures de travail normales, de neuf à cinq, et à leur ajouter deux ou trois heures en prime, selon ce qu'il faut absolument, pour notre bien et celui de l'humanité, terminer pour le lendemain.

*Ça doit être fait ! Attendre est indécent !*

Pendant la journée Moodie et moi on fait notre travail de graphistes, principalement pour le service des ressources humaines du *San Francisco Chronicle*. Moodie a encore un autre travail de marketing, et moi je fais de l'intérim, en général au siège social de Pac Bell à San Ramon, où je passe des journées de huit heures à composer des certificats commémorant des réussites exemplaires (fig. 3). Marny est serveuse quatre soirs par semaine, mais de plus en plus nos factures sont payées par le *Chronicle*, dont les dirigeants m'ont pris en pitié il y a quelque temps – les yeux de Dianne Levy, la mère célibataire d'une adolescente, se sont remplis de larmes quand je lui ai dit que moi aussi j'avais un enfant à la maison – et maintenant ils comptent sur nous pour faire des pubs, des affiches et des campagnes pour promouvoir les différentes sections du journal et certains de leurs rédacteurs. On exécute le travail avec la précision éclatante pour laquelle nous sommes connus.

*fig.3*

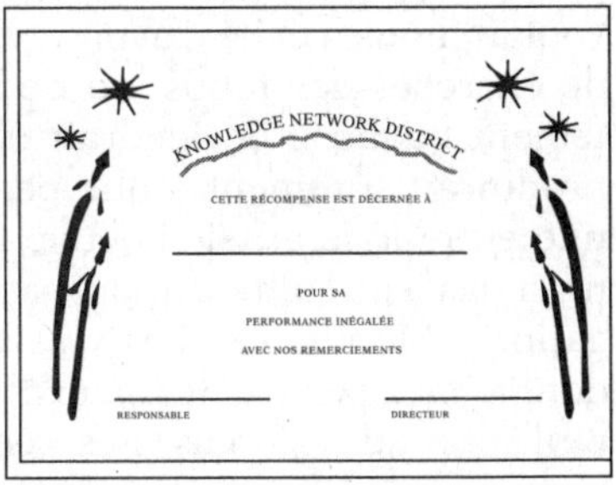


« On a besoin d'une pub pour la rubrique affaires », disent-ils.

Certainement, répondons-nous. Le résultat :

THE CHRONICLE. FAITES-EN VOTRE AFFAIRE.

« Et maintenant une pour la rubrique sports. »

LES SPORTS DU CHRONICLE. NOUS CONNAISSONS LE SCORE.

On en a assez que nos pouvoirs créatifs soient si mal employés, et on a décidé qu'on ne va pas attendre de réunir de l'argent de cette façon pour financer *Might*. Alors qu'on dit à ceux qui posent la question qu'on a démarré *Might* en tirant sur un compte épuisé, et grâce aux liquidités de notre affaire de graphisme, la terrible, indicible vérité, c'est que j'ai tout bonnement rédigé un chèque. D'environ dix mille dollars pour la première facture de l'imprimerie, une grosse partie de l'argent de l'assurance et de la maison que j'ai touché une fois l'héritage réglé. Je pensais, au début, qu'il fallait dire la vérité à tout le monde. Quelle meilleure métaphore pour notre entreprise ? Renaissant des cendres – littéralement – de nos parents, cette petite somme d'argent nous a permis de faire ce qu'on voulait, nous a évité d'avoir à vendre l'idée à d'autres, de chercher des fonds, ou de l'abandonner complètement quand il deviendrait évident – comme ça se produirait sûrement – que personne n'irait financer une entreprise aussi ridicule. Mais de cette façon il n'y a pas à attendre d'approbation. Il n'y a pas d'obligations. Moodie et Marny savent que c'est la façon dont le magazine a été financé, mais personne d'autre ne l'apprendra jamais. Les gens ne comprendraient peut-être pas ; peut-être ils ne comprendraient que trop bien. Après ce premier investissement, toutefois, les contributions seront minimes, puisque l'opération commence presque immédiatement à être payante, bien que les espoirs qu'elle *nous* paie soient très vagues et lointains. Mais on ne sait jamais, les choses pourraient changer très vite. Il pourrait y avoir un redressement de situation si, par exemple, on n'était pas une bande d'abrutis anonymes qui publient un magazine sans fonds suffisants… mais plutôt, les mêmes abrutis, admettons, mais que l'un d'eux soit la vedette d'un phénomène télévisuel largement regardé, largement remarqué, l'émission de MTV qui vous dit tout sur la vraie vie.

On se procure des candidatures.

Marny et moi on décide de poser chacun la nôtre. On remplit les courts questionnaires. Comme on nous le demande, on enregistre des bandes vidéo où on parle et où on fait des choses qu'ils trouveront divertissantes, espérons-nous. Certains font du skateboard, d'autres des claquettes, présentent leur famille, jouent avec leur chien. Pour la mienne, je suis assis à mon bureau dans l'entrepôt, et Moodie me filme pendant que je parle de tout et de rien puis, brusquement, je me mets à jouer de la batterie comme un épileptique. Je fais un numéro où je suis le batteur de Loverboy, qui pour une raison quelconque ne pouvait pas jouer sans cligner des yeux et gigoter comme s'il était assis sur du fil électrique dénudé. La vidéo est plutôt drôle, selon nous. Elle est sans doute plus effrayante que drôle, mais Moodie rit. On l'envoie.

Deux jours plus tard une femme, Laura Folger, téléphone. Elle est l'une des productrices de l'émission, chargée du casting ou autre, et manifestement elle a reconnu en moi une personne qui a sa place à la télé et pourrait inspirer une nation de jeunes mécontents. Je dois aller au nouveau siège social de *Real World* pour un entretien, une demi-heure à peu près, qui sera aussi enregistré sur bande.

L'entretien a lieu un dimanche. Comme Toph dort encore, je prends la voiture et je traverse le pont, des kilomètres au-dessus de l'eau, pour gagner les bureaux de fortune de MTV à North Beach, près de l'Embarcadero, logés avec à-propos parmi bon nombre d'agences de publicité de la ville. Je suis plein de fierté et de terreur. Bien sûr, je voulais qu'on me demande de passer une audition, je voulais qu'ils voient tout ce qu'il y a à voir en moi, mais je n'avais pas vraiment l'intention d'aller jusqu'au bout. Et maintenant que je le fais, je suis pétrifié à l'idée que quelqu'un l'apprenne – Beth, Toph, David Milton. Je me persuade que c'est seulement pour des raisons sociologiques ou journalistiques. Quel sujet amusant ça fera ! Mais en réalité : est-ce que je suis seulement curieux ? Ou je le veux pour de bon ? Et si je le veux, qui suis-je exactement ?

Quand j'arrive, le quartier est désert et je suis en avance de vingt minutes. Comme les gens qui passent sur MTV ne sont pas en avance, ne sont pas assez angoissés et responsables pour être en avance, je me promène jusqu'à ce qu'il soit l'heure. Lorsque j'ai deux minutes de retard, j'entre. Le bureau, qui ne date que de quelques semaines, possède déjà, au-dessus du comptoir de la réceptionniste, un immense, parfait logo MTV en acier ondulé. Tandis que j'attends, les jeunes secrétaires bavardent avec moi, essayant de me mettre à l'aise. Tout en attendant et en bavardant, je me rends compte que, quel idiot, je suis déjà en train d'auditionner. Je me mets à peser mes paroles, à les rendre plus mémorables, voulant à la fois être drôle, précurseur, romantique, et représentatif du Midwest. Je remarque mes jambes ; elles sont croisées. Mais comment dois-je les croiser ? Comme un homme homme, ou à la façon des femmes et des vieux messieurs ? Si j'adopte la dernière manière, penseront-ils que je suis gay ? Est-ce que ça me servira ?

Puis une femme entre – fait gracieusement son entrée. Elle me regarde. C'est ma mère, ma petite amie, ma femme. Laura Folger, la productrice / directrice du casting qui a téléphoné. Elle est du genre Ali MacGraw – la peau légèrement bronzée, les yeux sombres, des cheveux raides, chocolat, qui tombent doucement sur ses épaules, un rideau de velours touchant une scène de velours.

Elle m'invite à passer dans une autre pièce, où elle dirigera l'interview. Je la suis. Je suis déjà prêt à me donner à elle. Elle écoutera, et quand elle écoutera, elle saura. Mais mes cheveux ne vont sûrement pas. Je voulais les vérifier aux toilettes avant mais je n'ai pas pu. Ridicule. Le jour qui pourrait être le plus important de ma vie, pour moi, pour mes cheveux, je les laisse au hasard – et si je demandais à les regarder maintenant elle me croirait futile, occupé de ma personne – et on ne peut pas la laisser se faire une idée fausse. Bien sûr, peut-être veut-elle quelqu'un de futile. Je pourrais être la Personne Futile. Il y a toujours quelqu'un de futile. Mais c'est des mannequins, en général. Je ne ferais jamais l'affaire, impossible – à moins que je ne sois l'un de ces modèles Benetton, bizarroïdes et plutôt moches. Je pourrais faire ça. Curieux, mais avec provocation – comme les consommateurs d'héroïne, ou ceux avec des taches de rousseur et une énorme chevelure. Ça pourrait être moi.

Oh, mais regardez-la. Je veux être dans l'émission de Laura Folger, mais plus encore, je veux vivre avec elle, élever une famille avec elle, sur une dizaine d'acres de la côte de Caroline du Nord. On aura un chien du nom de Skipper. On fera la cuisine ensemble, pour ses parents, pour les voisins. On aura une foule de gosses qui ressembleront non à moi mais à elle, avec des traits fermes, délicats, ce nez merveilleux.

« Bon », dit-elle en s'asseyant derrière la caméra vidéo.

La bande démarre, lumière rouge et tout.

« Où avez-vous grandi ? demande-t-elle.

— Oh. Ça je le sais. Dans une petite banlieue de Chicago, Lake Forest. C'est à une cinquantaine de kilomètres au nord...

— Je connais Lake Forest.

— Vraiment ? dis-je, sentant venir un changement de formule, où les guillemets tombent et un simple entretien devient autre chose, quelque chose *d'entièrement différent*. Ce n'est qu'une petite ville de banlieue, dans les dix-sept mille habitants. Je suis étonné que... »

*Je vous en prie. Lake Forest est l'une de ces villes, comme Greenwich ou Scarsdale – c'est vrai, n'est-ce pas l'une des villes les plus riches d'Amérique ?*
Ah bon ? Oui, peut-être. Je suppose. Je ne sais pas.

Mais je ne connaissais pas de gens riches. On n'était pas riches. Les amis de mes parents étaient des professeurs, ils vendaient des fournitures médicales, ils tenaient des boutiques d'encadreur… Mes parents conduisaient des voitures d'occasion, ma mère achetait tous nos vêtements chez Marshall. Ce genre de choses. On était dans la moitié socio-économique inférieure de la ville, je crois.

*Que faisaient vos parents ?*
Ma mère n'a pas travaillé jusqu'à ce que j'aie douze ans. Puis elle a été professeur. À l'école Montessori. Mon père était juriste, courtier en matières premières à Chicago, sur les marchés à terme.

*Et vos frères et sœurs ?*
Ma sœur fait des études de droit à Cal. Mon frère Bill travaille dans un groupe de réflexion.

*Qu'est-ce que ça signifie ?*
Eh bien, il a débuté à la Heritage Foundation, il voyageait en Europe de l'Est, il conseillait les anciennes républiques soviétiques, si c'est comme ça qu'on les appelle, sur la conversion en économies de marché et le reste. Puis il a écrit un livre sur la réduction des effectifs de l'administration ici, au niveau local. Ça s'appelle *Revolution at the Roots : Making Government Smaller, Better, and Closer to Home*. Si vous voyiez le bouquin… Il a même une citation de Newt Gingrich sur la couverture ; dans le genre : tous les Américains, si ce sont de bons Américains, devraient lire ce livre.

*D'après ce que je comprends, vous ne parlez pas beaucoup politique tous les deux.*
Non, pas trop.

*Et vous aviez de l'argent quand vous étiez petit ?*
Je ne sais pas. Quelquefois. D'autres fois pas. On ne manquait jamais vraiment de rien, mais ma mère avait une façon de nous faire croire qu'on s'en sortait à peine. « Tu nous envoies à l'hospice ! » elle criait, en général à notre père mais aussi à n'importe qui, à personne en particulier. On n'a jamais vraiment su ce qui se passait, mais ce serait ridicule de se plaindre. On habitait une maison dans cette jolie ville, on avait chacun notre chambre, des vêtements, de quoi manger, des jouets, on allait en vacances en Floride – toujours en voiture, remarquez. On a tous travaillé depuis l'âge de treize ans, tout l'été, Bill et moi on tondait des pelouses, Beth était au Baskin-Robbins, en uniforme marron, et bien sûr on devait acheter nous-mêmes nos tristes voitures d'occasion, qui ne faisaient pas long feu, des Rabbit et des Camaro rouillées, on est tous allés dans des écoles publiques, à l'université de l'État. Alors non, on ne roulait pas sur l'or, d'après moi – il n'y avait jamais d'économies, en tout cas, on s'en est aperçus quand ils sont morts...

*Hmm.*
Alors je suis pris ?

*Que voulez-vous dire ?*
J'ai réussi ? Je suis engagé ?

*Attendez une minute. On vient de commencer.*
Oh.

*Alors, vous vous sentiez différent – les divisions sociales étaient basées sur la richesse ?*
Pas vraiment. Mais si elles l'étaient, c'était à l'envers. On avait pitié des gosses qui se conduisaient et s'habillaient comme s'ils avaient de l'argent, c'étaient des

parias, on les plaignait, ils n'étaient jamais populaires. C'est comme partout – les enfants, dans les écoles publiques, sont conditionnés, on leur serine que se distinguer, c'est peut-être attirer une attention défavorable. Alors, être ostensiblement riche, c'était la même chose qu'être trop grand, trop gros, avoir un furoncle dans le cou. On gravitait tous vers le milieu. Ça s'est passé comme ça pendant toute ma scolarité – les gosses les plus riches étaient généralement vus comme les défavorisés, c'étaient eux qui ramaient le plus, ils faisaient constamment des fêtes pour attirer l'attention des gosses que tout le monde enviait vraiment, comme le type de l'équipe de football qui habitait dans la vieille maison de bois derrière le lycée. Les gosses populaires conduisaient des camions, achetaient les bagnoles les plus pouilleuses, avaient des parents divorcés ou alcooliques ou les deux, ils vivaient loin des quartiers considérés comme désirables. Les gosses riches, ceux dont la chemise était toujours rentrée dans le pantalon, qui étaient toujours bien coiffés, surtout ceux, vous savez, qui allaient dans les écoles privées en ville, on les voyait comme des cas désespérés, perturbés, excentriques. C'est vrai, vous imaginez vivre dans une ville comme Lake Forest, avec toutes ces excellentes écoles publiques – et claquer quand même dix mille dollars par an pour envoyer votre môme dans une école appelée Country Day ? C'étaient eux les anormaux. Vous savez comment on appelait cette école ?

*Non.*
C'est assez drôle.

*Comment l'appeliez-vous ?*
Country Gay.

*(——)*
Country Gay. Vous comprenez ? Country *Gay* ?

*C'était une ville plutôt intolérante.*
Homogène, oui ; intolérante, non. C'était blanc en grande majorité, bien sûr, mais n'importe quel racisme – du moins exprimé ouvertement – c'est plutôt lourdingue, aussi, à la base, on a grandi sans aucun sens des préjugés, directement ou même dans l'abstrait. On vivait dans l'aisance, on était isolés des problèmes sociaux. La délinquance, à part le vandalisme perpétré par moi et mes copains, était inconnue dans la ville. Elle était donc libre de voir ce genre de choses comme une sorte de distraction – des matches de catch disputés par d'autres, ailleurs. Le seul exemple d'obscurantisme que j'aie connu, c'est quand j'étais à l'école primaire, et qu'un gosse tout maigre, l'air taré, binoclard, a emménagé au coin de la rue, et dans sa chambre il a accroché un de ces drapeaux, le drapeau du Sud...

*Le drapeau confédéré.*
Oui. Alors ce gosse, qui avait l'âge de mon frère, trois ans de plus que moi, est venu s'installer là quand j'avais neuf ans, et presque aussitôt il a tout chamboulé. D'abord, dans le bus, mon frère Bill l'a vu dessiner une svastika sur le dos d'un siège. Personne n'avait jamais vu, de ses yeux, une chose pareille, et c'est donc devenu la grande histoire du jour. *Un véritable raciste !* Et puis il a créé une sorte de club, il a converti – désolé, le mot est mal choisi – d'autres gosses du quartier, et ils se sont tous mis à dessiner des svastikas sur leurs cahiers, et à employer le mot que les gens emploient dans ce registre.

*Quel mot ?*
Je me trompe peut-être, c'est youpin, non ?

*Oui.*

Ça s'écrit i-n ou a-i-n ?

*I-n je crois.*

Huh. J'aurais pensé a-i-n. Mais donc, brusquement, c'était un mot que les gosses employaient. On était une enclave de civilisation, soudain corrompue par – c'était rétrograde, d'une certaine façon – l'arrivée de cette espèce de missionnaire de l'obscurantisme... En tout cas, l'un des gosses du quartier, Todd Golub, qui jusque-là avait été ami avec les autres, brusquement il était *juif* ! Et il a été exclu sur-le-champ. Bien sûr, je n'en ai pas beaucoup entendu parler moi-même. Ces types étaient plus vieux, de l'âge de mon frère Bill, alors j'apprenais des bribes par lui, et de toute façon l'information n'était pas encouragée, parce que mes parents ne voulaient même pas qu'on le sache. « De sales gosses », disait ma mère, et c'était réglé. Enfants, on ne savait absolument rien. Je ne connaissais pas un seul juron, je ne savais rien du sexe. J'avais douze ans quand j'ai compris que les « bonbons » c'étaient les testicules et pas seulement des friandises. Ne riez pas. Ce genre de choses me terrorisait. À cette époque, je n'avais aucune connaissance de mon anatomie, parce que j'étais catholique...

Je m'écarte. Alors Bill a essayé de rester ami avec ces gosses, espérant que cette histoire de svastika n'était qu'un virus temporaire. Mais d'après le peu que je savais, je me suis mis à imaginer les trucs les plus dingues sur ce qui se passait dans la maison de ce type. Chaque fois qu'on roulait devant, je me démanchais le cou pour voir ce grand drapeau confédéré. On le voyait facilement d'ailleurs, il couvrait toute la fenêtre du gamin, il était drapé pour pendre au milieu. Je ne savais pas quoi penser, ni dans quelle mesure c'était enraciné dans cette maison, aussi quand on passait en voiture, je m'attendais à moitié à le voir devant avec son père, en train de brûler des croix, des hommes avec des cagoules jeter des nœuds coulants sur les branches d'arbres. Je vous assure. On n'avait pas de système de référence, voyez-vous. Ce gosse était exotique de la même façon que ceux qui vivaient dans des appartements. Je n'avais aucun moyen de traiter l'information. Notre ville était rigide à bien des égards, l'uniformité des choses, les couleurs de peau, les marques de voitures, le vert des pelouses, mais en même temps, c'était une sorte de toile vierge, c'est pourquoi – et je suppose que c'est vrai de n'importe quel enfant – j'étais prêt à accepter la subversion soudaine et totale de tout ce que je savais être vrai.

*Et les enfants noirs ?*
On en avait quelques-uns. Peut-être quatre, cinq à la fois. À l'école primaire, il y avait Jonathan Hutchinson. Il habitait dans Old Elm Road, une route d'est en ouest qui servait de limite entre Lake Forest et Highland Park, pas loin de chez nous ; il était OK. Un gosse un peu drôle, mais gentil. Et puis il est parti et pendant quelque temps il n'y a pas eu de gosses noirs. Et puis Mister T. est arrivé.

*Mister T. ?*
Ouais, c'était, mon Dieu, je crois qu'on était au CES, ou qu'on venait d'entrer au lycée, et *Agence Tous risques* n'était plus diffusé depuis un an ou deux quand on l'a su – Je vous jure, on ne parlait plus que de ça. On n'était pas encore revenus du tournage de *Des Gens comme les autres* – il y avait toutes ces photos de Robert Redford au McDo – mais on n'avait jamais eu quelqu'un du niveau d'un Mister T. C'est vrai, à l'époque c'était encore une énorme vedette ;

j'ai oublié ce qu'il faisait à ce moment, il était peut-être entre deux séries, vous savez comme ça peut être dur, mais c'était encore une grande star. Il s'est installé dans une immense propriété de Green Bay Road, cinq hectares au moins, avec une grille, et un grand mur en brique le long de la rue. C'était tout près du centre, à quelques portes de notre église, St Mary.

*Et comment a-t-il été accueilli ?*
On en perdait la tête tellement on était excités. Les gosses je veux dire. C'est vrai, *Agence Tous risques* avait été de loin notre série favorite – on faisait des soirées *Agence Tous risques*, on se baladait à la cafétéria des cinquièmes en chantant l'indicatif – Duh duh duh DUH ! Duh duh duh… dududududuh ! Mais nos parents, je crois, rétrospectivement, avaient l'enthousiasme un peu plus prudent. Tout d'abord, ceux qui ont de l'argent ne veulent pas être impressionnés par la célébrité, surtout mal acquise, et c'était l'opinion générale, je crois. Après tout, ce type était videur quand il a été découvert. Et bien sûr il n'a pas arrangé les choses quand il s'est mis à couper tous les arbres.

*Je crois que je me souviens de ça.*
Oui, on en a parlé dans tous les journaux. C'était un scandale. D'un côté il y avait cette ville de Blancs, soi-disant collet monté, et cet énorme type noir avec des chaînes en or et une coiffure mohawk arrive, il prend sa tronçonneuse, et il coupe, littéralement, tous les arbres sauf deux sur sa propriété – à peu près deux cents, sans doute, au grand jour, tout seul, avec la tronçonneuse. C'était incroyable. Il fallait être gonflé ! Il a dit qu'il était allergique. Mais ça n'a pas vraiment marché. C'était une ville qui était fière de ses arbres, voyez-vous. Et pour de bonnes raisons ;

on avait de beaux arbres. On avait des panneaux partout : « La ville des arbres, USA ». On adorait ces panneaux. Alors il coupe tous ces arbres, et personne ne sait vraiment quoi dire, parce qu'ils voulaient le condamner – et certains l'ont fait – mais la grande majorité avaient un peu peur de paraître racistes, ou manquer d'humour – le gardien noir avait reçu une standing ovation quand il a chanté « Deep River » à la fête de fin d'année – alors en fin de compte tout le monde a attendu la suite. Mon père trouvait l'histoire hilarante, il adorait lire ce qu'on en disait dans la presse, il riait comme un fou. « Oh, fantastique », disait-il chaque fois que les journaux de Chicago nous traînaient dans la boue. Il ne s'est jamais identifié avec Lake Forest, il n'avait pas d'amis en ville, il ne conduisait pas les bonnes voitures. On l'a vu une fois, Mister T., en allant à l'église, il était là, devant sa grille, avec la tronçonneuse. Inimaginable. Il s'attaquait aux buissons.

*Pourquoi on s'est mis à parler de tout ça ?*
Les gosses noirs. Eh bien, il avait deux filles, et elles sont allées au lycée. Quand elles sont arrivées, elles ont tout de suite doublé la population noire, qui est passée à quatre élèves. Je crois que c'était quatre.

*Vous étiez combien au lycée ?*
Environ treize cents.

*Et ce n'est qu'à une trentaine de kilomètres de Chicago.*
Oui, et en fait il y avait une ville au nord, à huit kilomètres à peu près, North Chicago, qui était en majorité noire. Du moins il me semble.

*Que voulez-vous dire, il vous semble ?*
Eh bien, je n'y suis jamais allé. Je suis allé à Highland Park, la ville juive, et j'achetais de la bière

à Highwood, où étaient tous les restaurants italiens, et où habitaient les tondeurs de pelouse mexicains. Il y avait un centre commercial à Waukegan, je crois – toujours plein de marins – et Libertyville, c'était l'endroit où habitaient les jeunes avec la coiffure « mulet », cheveux courts devant, longs derrière.

*Et comment elles étaient traitées, les filles de Mister T. ?*
Tout le monde avait l'air de bien les aimer, pour autant que je pouvais le constater. Elles étaient très gentilles, apparemment, et plutôt drôles, mais je ne les connaissais pas du tout, je ne savais même pas leurs noms en fait (je ne le sais toujours pas) – elles avaient un an de moins. Elles roulaient toujours dans leur Mercedes – personnalisée, avec ces plaques, Mr T. 3. Mais tout le monde les aimait bien. C'étaient les filles de Mister T., après tout, et donc une grande source de fierté pour l'école, du moins pour nous les gosses. C'était la première chose qu'on disait à tout le monde, en fait. Ça et le tournage du film *Des Gens comme les autres*.

*Elles étaient les seuls enfants noirs ?*
Le seul autre gosse noir dont je me souvienne était un type dans la classe de ma sœur, Steve, dont je ne connais pas le nom de famille, je ne l'ai jamais su. Je ne savais rien, en réalité, des élèves de la classe de ma sœur, mais Steve, parce qu'il était le seul type noir de leur classe, on l'appelait simplement Steve le Black.

*Pardon ?*
Oui, selon ma sœur, c'était son nom dans tous les contextes. C'était un type moyen, pas extrêmement populaire, mais plutôt sympa. Et les gens l'aimaient bien, et pour eux, je crois, parce qu'il était différent,

il était curieux, nouveau, de la même façon qu'on trouvait curieux qu'un des gosses ait les cheveux en brosse, et qu'une fille, j'ai oublié son nom, elle était toujours fourrée avec les joueurs de basket, soit naine. Alors c'était Steve le Black.

*Alors c'était oppressant.*
Qu'est-ce que vous entendez par là ? Non.

*Vous aimiez l'endroit ?*
Oui. Oui je l'aimais. Beaucoup ne l'aimaient pas. Beaucoup s'en plaignent. Beaucoup ont honte de dire que c'est là qu'ils ont grandi – ceux de Chicago, de Champaign, peuvent être durs quand on leur en parle ; ils s'inclinent, ils vous baisent la main – mais je ne vais pas m'excuser d'avoir été élevé là. C'était une banlieue plutôt simple, du moins dans ma partie de la ville – des arbres et un ruisseau, de jolis parcs. De toute façon on n'avait pas le choix, à huit ou neuf ans, ou plus tard, on n'allait pas quitter la maison pour aller ailleurs, un endroit moins grevé par cette affreuse prospérité. Mais je dois dire que, comme dans tout contexte apparemment stable et satisfaisant, avec une certaine régularité, de l'attention portée aux détails, le respect de la famille – c'était confortable mais profondément provincial – en même temps, c'était très calme parfois, étrangement calme, et sous le calme on entendait un bruit faible, minuscule, comme de l'air qui passe par un trou étroit, un bruit qui fait penser à quelqu'un qui crie à des années-lumière de là, et les gens mouraient dans des circonstances déroutantes, obscures.

*Que voulez-vous dire ?*
Oh, des suicides, des accidents bizarres. Un gosse que je connaissais était au sous-sol en train de jouer, paraît-il, et une pile de bois lui est tombée dessus. Il

a étouffé. C'était notre première mort. Il avait dix ans peut-être. Et puis, deux ans après, le père de Ricky.

*Le père de Ricky ?*
Ricky était l'un de mes meilleurs amis, il habitait juste de l'autre côté du ruisseau – il coulait derrière nos deux maisons – et lui, Jeff Farlander et moi on était toujours ensemble, on était dans la même équipe de natation et tout. C'était drôle de l'autre côté du ruisseau. La plupart des trucs qu'on faisait étaient liés à une sorte de vandalisme, quand j'y pense, jeter des choses sur les voitures – de la glace, des pierres, des pommes, des glands, des boules de neige.

*Et quel rapport avec le père de Ricky ?*
Oh. C'était une journée claire, au début de l'été. J'étais chez moi, je construisais une ville martienne avec des Lego, en suivant des plans compliqués que j'avais dessinés dans mon carnet de croquis, à côté de mes dessins de dinosaures volants et de gentils extraterrestres aux grands pieds. J'avais posé toutes les fondations sur les plaques grises perforées que j'avais eues pour mon anniversaire. Et Jeff a téléphoné en disant qu'on ferait mieux d'aller chez Ricky parce que quelque chose de terrible était arrivé.

« Quoi donc ?

— Le papa de Ricky s'est arrosé d'essence, il a craqué une allumette et couru en feu dans le jardin, il a cessé de courir et il est mort là, devant la maison. »

Je l'ai dit à ma mère, puis j'ai descendu la rue jusqu'à l'endroit où elle se terminait en impasse, j'ai sauté le ruisseau où il n'était pas profond, je suis passé chez Jeff, et on est allés chez Ricky. Il était dans le séjour, il regardait la télé. Son séjour était comme le nôtre, tapissé de bois et sombre. Il a dit salut. On a dit salut. Il y avait l'un des premiers clips musicaux – c'était avant MTV – et ils passaient un clip d'une chanson de Bob Dylan appelée « Jokerman ». On aimait ce clip. Il y avait des choses qui volaient vers l'écran, comme en trois dimensions. Je venais de commencer à lire *Rolling Stone*, et j'avais entendu parler de ce Bob Dylan, et je savais que pour être dans le coup, je devais aimer Bob Dylan, alors je voulais vraiment aimer sa chanson, mais Ricky m'a devancé.

« J'aime bien cette chanson », a dit Ricky.

J'étais un peu furieux mais j'ai décidé de laisser couler.

Les deux petites sœurs de Ricky, beaucoup plus jeunes, entraient dans la pièce de temps en temps. On a encore regardé la télé, assis tout près.

« À quoi ça ressemblait ? » a demandé Jeff. J'étais stupéfait qu'il demande.

« Tu sais à quoi ça ressemblait ? a dit Ricky. C'était comme à la fin des *Aventuriers de l'arche perdue*. »

On connaissait cette partie, à la fin, quand les nazis ouvrent l'arche d'alliance et les esprits en sortent, les esprits qui sont d'abord beaux et agréables, mais ensuite ils se fâchent, et des flammes descendent de l'arche et tuent tous les nazis, en les empalant sur des colonnes de feu, et puis les chefs nazis, un par un, fondent comme des mannequins de cire, la peau, puis le cartilage, puis le sang coulent de leur crâne, dans l'ordre, comme des eaux de différentes couleurs. On était terrifiés et fascinés.

Woah, on a pensé. *Les Aventuriers de l'arche perdue*.

On est restés avec Ricky, on est restés un moment à regarder la télé, et puis ça nous a ennuyés et on est sortis dans le jardin pour voir s'il y avait des marques sur l'herbe, du sang ou n'importe quoi. Mais il n'y avait rien. La pelouse était impeccable, l'herbe aussi verte que jamais.

*Et pourquoi me racontez-vous ça ?*
Je ne sais pas. Ce sont les histoires que je raconte. Ce n'est pas ce que vous cherchez ? Ces morts terribles qui déchiraient cette pure collectivité…

*Alors dites-moi une chose : ce n'est pas vraiment une transcription de l'entretien, si ?*
Non.

*Ce n'est pas du tout comme le véritable entretien ?*
Pas trop, non.

*C'est un procédé, ce style interview. Fabriqué, factice.*
Oui, en effet.

*Mais c'est un bon procédé. Une sorte de fourre-tout pour réunir un tas d'anecdotes qu'il serait maladroit de mettre ensemble autrement.*
Oui.

*Et le but de ces anecdotes déjà ?*
Eh bien, le but de ces tartines sur Lake Forest devrait être assez évident. Ça nous ancre dans un certain monde, un monde qui sera familier à beaucoup de gens, surtout ceux qui ont eu le privilège de voir *Des Gens comme les autres*, avec Timothy Hutton dans un rôle marquant. Meilleur film 1980. Les passages décrivant des suicides sont des expériences formatrices, bien sûr, qui annoncent mon idée selon laquelle, raisonnablement, on peut s'attendre à ce que moi et ceux que je connais on disparaisse de façon absurde et spectaculaire, et annoncent aussi des choses qui se passent dans la seconde moitié du livre. Les notes sur la race et l'ethnicité sont censées éclairer le contexte dans lequel on a grandi, où il y avait une homogénéité incroyable, où on était

profondément enracinés, contrairement à Toph et moi à Berkeley, où il y a cette diversité insensée, mais dans laquelle, paradoxalement, on se sent très drôles, en dehors de la norme – il s'agit donc d'inclusion et d'exclusion. L'anecdote sur Sarah…

*Sarah ? Qui est Sarah ?*
Oh, je voulais en parler plus tôt. Je vais le faire rapidement :

On a su pour ma mère, entre ma première et ma deuxième année d'université, un jour où papa nous a rassemblés dans le séjour. Cet été a été catastrophique. J'ai fait des choses bizarres, cet été et cet automne-là. Picoler par exemple, casser des choses, comme d'habitude, griffer les murs en rêvant, et j'ai commencé à rentrer chez moi dans des voitures inconnues, à boire avec des amis bizarres. Une nuit, le temps était lourd, je suis allé à une soirée chez ce type, Andrew Wagner. Il habitait dans une vieille maison en bois de l'autre côté de l'autoroute, plutôt écartée, et il donnait des soirées gigantesques, les soirées en plein air qu'il était dur d'avoir à Lake Forest, avec tant de policiers vigilants sur les dents. Et j'y suis allé avec Marny et pas mal de ses copains – ils apparaissent dans mon histoire un peu plus tard quand je retourne chez moi pour chercher mes parents – et j'ai beaucoup bu, de la bière tirée d'un fût dans des chopes rouges brillantes, celles qui sont épaisses avec l'intérieur blanc. Bientôt – ça m'a paru bientôt, mais ça ne l'était sans doute pas – les amis avec qui j'étais venu ont voulu s'en aller. Marny m'a proposé de me raccompagner, mais j'ai dit non, je parlais avec Farlander, je restais. Je parlais avec Farlander pour la première fois depuis des années. On avait grandi ensemble ; j'avais passé des jours d'affilée chez lui. Sa maison était le premier endroit où on allait quand ça tournait mal chez nous, sa mère était comme une tante pour nous.

Vous voyez ce que je veux dire. Jeff et moi on s'était éloignés au lycée, mais à cette soirée, chez Andrew Wagner, sous les lumières fanées de la véranda, tous les deux imbibés de Schaefer tirée du fût, on rattrapait le temps perdu, on se donnait des coups de poing dans le bras, tout ça. Quand la soirée s'est transportée dans ce bar appelé Chez McCormick, on a décidé d'y aller ensemble, Jeff et moi.

« Tu viens avec moi, a-t-il dit.

— Ouais, ouais », ai-je répondu. Je voulais avoir onze ans de nouveau avec lui, jeter des œufs sur les voitures. Mais, alors qu'on marchait vers sa bagnole, j'ai tout gâché en disant : « Jeff, ma mère est en train de mourir. » C'est sorti avant que je m'en rende compte.

Non, ce n'est pas vrai, je savais ce que je faisais, j'y avais réfléchi, j'avais pensé à le lui dire toute la soirée, quand on parlait sous la lumière de la véranda, parce qu'il la connaissait, il avait été là depuis le début – mais j'ai sorti ça quand on marchait vers la voiture, et il a ralenti, et de sa voix râpeuse, même quand on était très jeunes il avait la voix râpeuse, il a dit : « Je sais. »

On pleurait tous les deux en se dirigeant vers la bagnole, mais une seconde seulement, et puis on est montés et on a traversé la ville par l'autoroute, on a laissé Lake Forest et Lake Bluff, et on est arrivés chez McCormick, une sorte de bar routier dans la direction de Libertyville et Waukegan. Le parking était plein. Tout le monde, les joueurs de football et leurs parasites et n'importe qui, en réalité, venait là depuis des années. Je n'y avais jamais été.

À l'intérieur c'était plein, et la crainte m'a saisi que si Jeff savait, tout le monde là-dedans saurait. Il y aurait un silence, les gens retiendraient leur souffle.

Des ricanements. Mais personne n'a rien dit. On est entrés et il y avait ce barman costaud, aux joues comme des pommes, Jimmy Walker. Il y avait aussi Harenstine, un type énorme, plus âgé, qui avait joué pour les Bears.

Et il y avait Sarah Mulhern. Oh, oh.

On avait pratiquement grandi ensemble, Sarah et moi, on avait fait partie de la même équipe de natation quand j'avais neuf ans et elle onze, on y est restés des années. Mais on ne s'était pas parlé une seule fois. Elle était plus grande, et c'était une meilleure nageuse. Et une bien meilleure plongeuse. J'étais un poids mort pour cette équipe de natation, pour l'équipe de plongée. Je nageais lentement, je plongeais médiocrement, je ne savais pas faire un plongeon retourné, je ne réussissais même pas les retournés périlleux et demi. Elle savait tout faire – les retournés, les retournés périlleux et demi, les doubles sauts périlleux, les sauts périlleux et demi arrière, n'importe quoi – toujours les jambes jointes et les orteils pointés, et le petit plouf à la fin. Elle faisait le relais quatre nages, elle remportait toujours ses séries, son nom était connu de tous, on le diffusait sur les haut-parleurs. Mais je ne lui ai jamais parlé. Ni au collège ni au lycée, les deux ans qui nous séparaient étaient un gouffre, et elle avait les cheveux trop blonds et trop raides.

Mais Sarah était là, au bar, et je ne sais absolument pas comment j'ai commencé à lui parler, ni plus très bien ce qu'on a dit, mais ensuite, Jeff était parti et je montais sur la banquette arrière d'une voiture avec Sarah, conduite par l'amie de Sarah. La bagnole sentait la fumée et le vieux vinyle. Sarah fumait.

Ensuite on était dans son lit, dans la grande maison de ses parents, et on a commencé à ci, à ça, mais j'ai sombré avant...

Je me suis réveillé dans un lit à colonnes, et elle

était déjà réveillée, elle me regardait. Les meubles et les murs étaient inondés de jaune clair, comme si non seulement les murs mais l'air lui-même avaient été peints. On s'est assis par terre et on a parlé de l'école primaire, des enfants attardés qu'on nous disait de traiter gentiment, parce qu'ils allaient mourir jeunes. On a mis des disques, on a parlé de la rentrée – elle voulait être prof, elle avait obtenu son diplôme, et elle donnait des cours particuliers.

Puis on s'est glissés dehors par le garage – ses parents étaient à la maison – et elle m'a reconduit chez moi. Assis dans mon allée, je voulais lui dire un tas de choses – qu'en fait je sortais avec quelqu'un d'autre, Kirsten, et que ce que j'avais fait était une erreur, un crime abominable, et que j'avais dérapé parce que je ne savais pas où j'en étais.

Mais à ce moment j'ai vu une silhouette par une fenêtre, quelqu'un qui se redressait dans le séjour pour nous regarder, et je ne voulais pas expliquer à Sarah pour ma mère, ni Sarah à ma mère, alors...

On s'est vite embrassés et je suis descendu.

*C'était Sarah.*

Oui. Vous savez, c'est bien, cette formule, en un sens, parce qu'une interview où j'ai confié tout ça à une inconnue devant une caméra vidéo a vraiment eu lieu – MTV pourrait bien encore avoir l'enregistrement (la candidature disait : « Nous ne pourrons pas vous envoyer la cassette et une partie pourrait en être diffusée en relation avec la série. Votre signature sur la candidature nous y autorise ») – et d'ailleurs, fourrer tout ça dans un questions-réponses complète la transition entre la première moitié du livre, qui est un peu moins nombriliste, et la seconde, qui l'est de plus en plus. Parce que, voyez-vous, je crois que ce que ma ville et votre émission reflètent si parfaitement, c'est que le principal sous-produit du confort et de la prospérité que je décris, c'est une sorte de solipsisme pur, diffus, qu'en l'absence de lutte contre un ennemi commun – la pauvreté, le communisme, peu importe – tout ce qu'on peut faire, ou plutôt, tout ce que ceux d'entre nous un peu obsédés par eux-mêmes peuvent faire…

*Attendez une seconde, combien d'entre vous croyez-vous si obsédés par eux-mêmes ?*
Tous les bons. Ou plutôt, en fait il y a deux façons dont l'obsession de soi se manifeste : en la tournant vers l'intérieur, et en la tournant vers l'extérieur. Par exemple, j'ai un ami, John, qui canalise tout vers l'intérieur – il parle de ses problèmes, de sa copine, de ses perspectives réduites, de la mort de ses parents, sans fin, au point d'en être paralysé – il ne s'intéresse littéralement à rien d'autre. C'est tout son monde, l'exploration incessante de son esprit obscur, de cette maison hantée qu'est son cerveau.

*Et les autres ?*
Ceux qui pensent que leur personnalité est si forte, leur histoire si intéressante, que les autres doivent la connaître et s'en instruire.

*Laissez-moi deviner là, vous…*
Eh bien, je fais semblant d'appartenir à la deuxième catégorie, mais en fait c'est à la première, éperdument. Mais quand même, j'ai l'impression que si on n'est pas obsédé par soi-même on doit être ennuyeux. D'ailleurs on ne reconnaît pas toujours les nombrilistes. Les meilleurs ne le sont pas ouvertement. Mais en général ils font plutôt quelque chose de public, en s'assurant que les autres savent qu'ils le font, ou le sauront tôt ou tard. Je garantis que les candidats pour *The Real World* – je garantis que si vous mettiez toutes ces bandes dans une capsule temporelle et que

vous l'ouvriez dans vingt ans, vous vous apercevriez que ce sont ceux qui, d'une façon ou d'une autre, mènent le monde – du moins, ils seront le segment le plus visible de la population. Parce qu'on a grandi avec une idée de nous par rapport aux produits éphémères des médias, de la politique, du spectacle et de la chanson, bien à l'abri dans nos maisons confortables, avec du temps pour se demander ce qu'on donnerait dans tel groupe, telle émission de télé ou tel film, de quoi on aurait l'air en y participant. Ce sont des personnes pour qui l'idée d'anonymat est irrationnelle en soi, indéfendable. Et on parle beaucoup de tout ça – la production culturelle de ce temps le reflétera sûrement – il y aura beaucoup de débats, des films entiers pleins de débats, de débats sur le débat, sur le débat et la réflexion, sur l'endroit où nous vivons, nos désirs et nos obligations – la logomachie de la belle époque, vous savez. Le solipsisme renforcé par l'environnement.

*Le solipsisme.*
Bien sûr. C'est inévitable, omniprésent. Vous le voyez, non ? Je suis le seul à voir le solipsisme ?

*Je plaisantais.*
Oui, oui. Donc.

*Alors. Que pensez-vous pouvoir offrir à l'émission ?*
Eh bien voyez-vous, j'y ai beaucoup pensé, et je me dis que ça va se faire, pour deux raisons : d'abord, je peux être la Personne Tragique. Et puis on a ce magazine.

*Oui. Comment il s'appelle déjà ?*
« Might ».

*M-i-t-e ?*
Non, M-i-g-h-t. Tout le monde l'écrit M-i-t-e. C'est ridicule. Pourquoi il porterait un nom d'insecte ? Mite est un mot si obscur, comparé à Might, non ?

*Eh bien, pourquoi il s'appelle comme ça ?*
Eh bien, c'est à double sens, vous savez – vous allez adorer ça, c'est génial, ça peut vouloir dire deux choses à la fois, être à cheval entre deux significations – dans ce cas, « Might » signifie à la fois *pouvoir* et *possibilité*.

*Oooh.*
Oui, je sais. C'est très bon.

*Et de quoi ça parle ?*
Eh bien, vous voyez, c'est ce qui est génial – ce sera un mariage parfait. Ça s'adresse au même segment démographique que vous visez. On essaie de faire comprendre qu'on n'est pas seulement une bande de mecs et de nanas qui glandent en regardant MTV. Non, non, c'est très bien, MTV, vraiment, mais – vous savez ce que je veux dire. Alors oui, j'entre dans l'émission, vous nous filmez en train de composer le magazine, de toucher des millions de lecteurs, de définir l'esprit du temps, d'insuffler de la grandeur à la jeunesse du monde.

*Vous travaillez beaucoup ?*
Oui.

*Combien ?*
Je ne sais pas, peut-être soixante-dix heures par semaine. Cent même. Je ne sais pas. Toute l'équipe. On se punit pour nos enfances confortables. Marny sans doute encore plus – elle est serveuse dans un restaurant d'Oakland, dans un autre à San Francisco,

mais elle bosse quand même autant que nous… Mais c'est bien, non ? Des jeunes qui travaillent dur pour, vous savez, réaliser leurs rêves, leurs rêves de grandeur. C'est de la bonne télé, non ?

*Eh bien…*
Ou pas. On est souples. Je pourrais moins travailler. Je pourrais travailler à mi-temps. Je pourrais laisser les autres faire le plus gros. Comme vous voudrez. Vous me dites.

*Eh bien, ce serait une chose dont il faudrait qu'on parle.*
Oui. Ça veut dire que j'ai le rôle ? Je l'ai, non ? Je ne ressors pas dans le brouillard de ces candidats minables ? Tous ces êtres ennuyeux ? C'est vrai, ce n'est pas parfaitement clair maintenant ? Vous ne voulez pas la Personne Tragique ?

*La Personne Tragique.*
Oui. La distribution compte sept membres, non ?

*Oui.*
Alors, voyons un peu. D'abord, vous prendrez un Noir, peut-être deux – ce sera des chanteurs de hip-hop ou des rappeurs ou autre – et puis vous prendrez deux personnes vraiment canon, agréables à regarder mais complètement ignorantes et portées à commettre de terribles fautes de goût et de culture, leur présence ayant deux objectifs : a) elles seront merveilleuses à voir à l'écran, et b) elles serviront de repoussoirs pour le ou les Noirs, qui seront beaucoup plus intelligents et calés, mais aussi très susceptibles, et qui prendront un malin plaisir à tourmenter les deux idiots, semaine après semaine. Ça fait donc trois ou quatre personnes. Vous ajouterez sans doute un homo ou une lesbienne, pour voir s'ils se vexent

souvent aussi, et peut-être un Asiatique ou un Latino, ou les deux. Ou attendez. Un Amérindien. Il vous faut un Amérindien ! Ce serait génial. Personne ne connaît d'Indien. C'est vrai, je n'ai jamais rencontré d'Indien. En fait, il y avait ce type à la fac, Cletus, qui disait qu'il était un seizième... Mais il vous en faut un qui ait le cuir sensible, pas quelqu'un de passif. Il vous faut quelqu'un qui prendra vraiment à cœur le « coup de tomahawk », les Redskins[1], qui en discutera. Ce serait vraiment bien. Bon. Voyons, ça fait cinq ou six personnes jusqu'ici. Et puis il vous faut quelqu'un de vraiment sérieux, un membre d'une profession libérale, un médecin ou autre chose, un avocat peut-être, ou quelqu'un en thèse. Et puis moi.

*La Personne Tragique.*

Oui. Je me rends compte que je parais bien trop moyen, au premier abord. Je suis blanc, même pas juif, je suis mal coiffé et mal habillé et tout – je sais que c'est banal, conventionnel, petit-bourgeois, deux parents (pourquoi on a tous l'air si ennuyeux ? est-ce qu'on est aussi profondément ennuyeux qu'on le paraît ?) – ça ne m'a certainement pas aidé à me faire admettre à l'université, je vous assure. Mais vous avez besoin de quelqu'un comme moi. Je représente des dizaines de millions de gens, je représente tous ceux qui ont grandi dans une banlieue, qui sont blancs, mais j'ai aussi tout le reste qui joue en ma faveur. Je suis catholique irlandais, et je peux certainement mettre l'accent là-dessus si vous voulez. Et puis je suis du Midwest, et je n'ai pas besoin de vous dire que c'est plutôt précieux. Et si vous voulez

1. The Washington Redskins, équipe de football de la NFL. Le rituel du « coup de tomahawk » et le nom de l'équipe (Les Peaux-Rouges) ont fait l'objet d'un débat animé. L'équipe a conservé son nom (*N.d.T.*).

du rural, exploiter cet angle, je suis allé à l'école au milieu d'un champ de maïs, j'ai vu des vaches, j'ai senti leur bouse chaque fois qu'il y avait un vent du sud. Oh, et puis : c'était une école publique. Alors je peux être l'Américain moyen, blanc, banlieusard, du Midwest, familier de mondes à la fois prospères et centre Illinois, dont le physique n'est pas intimidant, qui est effacé mais avec des principes, et – et ça c'est le gros morceau – quelqu'un dont la tragédie récente touche le cœur de tout un chacun, dont les difficultés deviennent universelles et exaltantes.

*Ça doit être dur.*
Quoi ?

*D'élever votre frère.*
Comment vous le savez ?

*C'était sur votre candidature.*
Oh, c'est vrai. Eh bien non, ce n'est pas dur du tout en fait. C'est comme… Vous avez une colocataire ?

*Non.*
Ça vous est déjà arrivé ?

*Oui.*
C'est pareil. On est colocataires. C'est facile, en fait c'est souvent plus facile que ce serait avec un vrai colocataire, parce qu'on ne peut pas lui dire de balayer le couloir, ou d'aller acheter de la margarine. Alors c'est le meilleur des deux mondes. On se distrait mutuellement. Alors non, ce n'est pas… Oh, mais s'il faut que ça le soit, c'est possible. Ça peut être dur. En fait oui, c'est dur. Très dur.

*Mais comment pensez-vous vous débrouiller pour être dans l'émission ?*
Que voulez-vous dire ?

*Avec votre frère…*
Oh, oui, oui. Eh bien, j'en ai parlé avec ma sœur, et elle serait prête à prendre le relais pour la durée de l'émission. Elle n'habite qu'à une rue de chez nous. Attendez. Combien de temps dure le tournage ?

*Environ quatre mois.*
Et il faudrait que je vive dans la maison de *The Real World* ?

*C'est l'idée, oui.*
Ouais, je pourrais le faire. On en a parlé. On a passé un accord, Beth et Toph et moi, depuis le début. C'était qu'on ferait tout pour que les choses restent normales, pour maintenir, en fait, plus de normalité qu'on n'en a connue en grandissant, mais en même temps on ne se sentirait pas obligés de faire tous les sacrifices que notre mère a faits, qui l'ont pratiquement tuée, d'après nous.

*Sur votre candidature vous disiez que c'était le cancer.*
Oui, bien sûr, en principe. Mais c'était le cancer de l'estomac, qui est extrêmement rare, de provenance inconnue, et Beth et moi – c'est nous qui ruminons ces choses, alors que Bill a avancé, il est beaucoup plus sain mentalement, complètement normal apparemment. Beth et moi on a pensé que si elle a contracté ce cancer, s'il s'est développé, c'est parce qu'elle a intériorisé tout son stress, ses innombrables fardeaux, tous les conflits dans notre famille pendant vingt et quelques années, et elle en est arrivée à – c'était, d'une certaine façon, comme un soldat qui saute sur une mine pour sauver sa… c'est peut-être

une mauvaise analogie. Je veux dire, elle a avalé le chaos, elle l'a séquestré là-dedans, et il s'est infesté, il a grossi, il s'est assombri, et c'est devenu un cancer.

*Vous croyez vraiment ça ?*
Bien sûr. En quelque sorte.

*Et vous disiez, à propos de votre accord ?*
Le marché, c'était que même si Beth et moi on se serrait les coudes pour recommencer, on créait un monde d'ordre relatif, on donnait à Toph une vie aussi normale que possible, étant donné les circonstances, si des occasions se présentaient, on ferait de notre mieux pour – l'idée c'était qu'on ne se servirait pas l'un de l'autre, qu'on n'utiliserait pas nos obligations pour refuser les occasions. Du moins pas si on y arrivait encore. C'est vrai, vous n'imaginez pas à quel point on le protège absolument de tout – Par exemple, franchement, il n'a jamais entendu plus de quelques jurons dans sa vie – mais on a décidé qu'on ferait tout ce qu'on pourrait pour faciliter ce qu'on veut faire, qu'on ne refoulera pas nos envies pour devenir amers et des années plus tard le lui reprocher, ou se le lancer à la figure. Oh attendez, ça c'est drôle. Ma mère nous traitait parfois d'un nom que j'ai seulement compris au lycée. Je l'essaie sur vous. OK, ce nom, c'était « mahdda ».

*C'est quoi un mahdda ?*
Oh, ha ha. Vous êtes merveilleuse. J'aurais dû le savoir. Mais sérieusement, c'est ce que je me suis toujours demandé. Quand on faisait la tête pour quelque chose, si on avait un rhume et qu'on ne voulait pas aller à l'école – il nous était interdit de rester à la maison, à propos, on n'a jamais manqué un jour avant les dernières années de lycée – ma mère disait, Oh, ne fais pas ton *maddha* ! On a toujours pensé

que ça avait à voir avec le fait de bouder quand on n'avait pas obtenu quelque chose. Et puis au lycée j'ai compris. Le mot était déformé par son accent de Boston.

*Martyr.*
Oui, c'est martyr. Bien sûr, ma mère a été l'un des plus grands martyrs de tous les temps.

*À propos de l'émission...*
Oui, en ce qui concerne l'émission, je me suis dit que je verrais quand même Toph tout le temps, mais il habiterait surtout avec Beth pendant cette période. Elle viendrait sans doute s'installer chez nous, dormir là et tout, et moi je serais là aussi souvent que je pourrais – sûrement pas beaucoup moins que maintenant, en réalité. C'est vrai, j'ai tout imaginé, les trajets aller retour, entre l'émission et mon petit monde de Berkeley, l'équipe de télévision peut-être avec moi dans la voiture, qui me suivrait quand je rentrerais chez moi tous les soirs, ou n'importe quand, la musique à l'arrière-plan, et moi je ferais le trajet pour être avec lui, comme le père divorcé – vous voyez les potentialités, non ? Ce serait plutôt touchant. Et puis de temps en temps il viendrait dans la maison de *The Real World* avec moi. Ce serait génial. Il serait bon à la télé.

*Qu'est-ce qu'il en penserait ?*
Je suis sûr qu'il adorerait.

*Il est à l'aise devant une caméra ?*
Pas vraiment. Il est assez timide, en réalité.

*Mmm.*
Mon cœur est pur.

*Pardon ?*
Rien.

*Pourquoi voulez-vous être dans* The Real World *?*
Parce que je veux que tout le monde soit le témoin de ma jeunesse.

*Pourquoi ?*
Elle n'est pas splendide ?

*Qui est splendide ?*
Pas comme ça. Non, je veux seulement dire qu'elle est en fleur. C'est ce que vous faites, non ? Montrer le fruit sauvage, c'est bien ça ? Que ce soit dans les vidéos ou dans la sortie de printemps, peu importe, l'amplification de la jeunesse, le montage et le grossissement, ce que ça signifie d'être là, au moment où tout est permis et votre corps veut tout, il est avide, tendu, bouillonnant, un tourbillon d'énergie qui aspire tout. C'est vrai, on fait le même métier, en fait, bien que nos approches soient entièrement différentes, bien sûr, parce que votre *Real World* est lourdement explicatif, sans vouloir vous offenser, alors que les vidéos, au moins, ne prétendent pas être autre chose que ce qu'elles sont – mais vous, votre émission a l'ambition d'aller plus loin mais elle a aussi l'étrange capacité d'aplatir les nuances et la profondeur de ces gens.

*Alors pourquoi êtes-vous ici ?*
Je veux que vous partagiez ma souffrance.

*Vous n'avez pas l'air de souffrir.*
Non ?

*Vous paraissez heureux.*
Oui, bien sûr. Mais pas toujours. Parfois c'est dur.

Ouais. Parfois c'est si dur. On ne peut pas toujours souffrir. C'est dur de souffrir tout le temps. Mais je souffre pas mal. Des fois je souffre.

*Pourquoi voulez-vous partager votre souffrance ?*
En la partageant je la diluerai.

*Mais on dirait que ça pourrait être exactement le contraire – en la partageant vous pourriez l'augmenter.*
Que voulez-vous dire ?

*Eh bien, en en parlant à tout le monde, vous vous purgez, mais aussi, parce que tout le monde sait ces choses sur vous, tout le monde connaît votre histoire, ça ne va pas vous la rappeler constamment ? Vous ne serez pas incapable de lui échapper ?*
Peut-être. Mais regardez les choses ainsi : le cancer de l'estomac est génétique, davantage transmis par les femmes dans notre famille, mais étant donné que, selon Beth et moi, ma mère a été tuée par ses troubles digestifs, le résultat de tout ce qu'elle a avalé, notre cruauté, notre tumulte, on est décidés à ne rien avaler, à ne rien laisser pourrir là-dedans, nager dans ses sucs, la bile mangeant la bile… on est pro-purges, Beth et moi. Je ne retiens plus rien. La douleur vient et je la prends, je la mâche quelques minutes, et je la recrache. Elle n'est plus à moi, tout simplement.

*Mais si votre histoire est dans les yeux de tous ceux que vous rencontrez ?*
Alors ça n'en suscitera que plus de compassion.

*Mais ça s'usera.*
J'irai vivre en Namibie.

*Mmm.*
Je suis un orphelin d'Amérique.

*Quoi ?*
Rien.

*Et qu'est-ce que vous vouliez dire, en parlant de dilution ?*
C'est là que le cordage entre en jeu.

*Le cordage.*
Le cordage dont nous faisons partie ou dont nous sommes exclus. Le cordage est le tissu conjonctif. Le cordage, c'est tous les autres, ma famille, la jeunesse dans son ensemble, les gens comme moi, les cœurs mûrs, les cerveaux resplendissants. Le cordage, c'est tous ceux que j'ai connus, surtout de mon âge ou par là – en dehors d'eux je connais quoi ? seulement six ou sept personnes de plus de quarante ans et je n'ai rien à leur dire – mais ceux comme moi, on est encore là, toujours capables, si on commence tout de suite – je nous vois comme un seul, comme une vaste matrice, une armée, un tout, chacun de nous responsable du groupe, parce que personne d'autre ne l'est. C'est vrai, toute personne qui passe la porte pour nous aider à faire *Might* s'intègre à notre cordage : Matt Ness, Nancy Miller, Larry Smith, Shelley Smith (ils ne sont pas parents), Jason Adams, Trevor Macarewich, John Nunes, et cetera, et cetera, tous ces gens, ceux qui viennent vers nous, vers qui nous allons, les abonnés, nos amis, leurs amis, les amis de leurs amis, une chaîne sans fin de connaissances, un océan humain en mouvement comme un seul être, qui ondule, fait des vagues...

*Ahem.*
Ou comme une raquette.

*Une raquette.*
On porte des raquettes quand la neige est profonde et poudreuse. Le cordage tissé dans l'ovale de la raquette distribue le poids de celui qui la porte sur une plus grande surface, pour l'empêcher d'enfoncer dans la neige. Alors les gens, les relations entre les gens, ceux qu'on connaît, deviennent une sorte de cordage, et plus on connaît de gens, plus de gens vous connaissent et connaissent votre situation et votre histoire, vos ennuis et le reste, plus large et plus fort est le cordage, moins vous êtes susceptible de…

*D'enfoncer dans la neige.*
Oui.

*C'est médiocre comme métaphore.*
Oui. Je la travaille.

*Ça ne vous ennuie pas de vous retrouver dans un aquarium.*
J'ai déjà l'impression d'être dans un aquarium.

*Pourquoi ?*
J'ai l'impression d'être observé tout le temps.

*Par qui ?*
Je n'en ai aucune idée. J'ai toujours eu l'impression que les gens m'observaient, qu'ils savaient ce que j'avais fait. Je suppose que ça a commencé avec ma mère, la façon qu'elle avait de… elle avait des yeux étonnants, de petits yeux perçants, toujours plissés, qui vous taraudaient, rien ne lui échappait, qu'elle soit présente ou à l'autre bout du monde. Rien ne pouvait lui échapper. C'est pourquoi, par exemple, j'aime les salles de bains. J'aime les salles de bains parce qu'en général, quand je suis à l'intérieur, je peux être pratiquement sûr, plus sûr du moins,

que personne ne m'observe. Je me sens très à l'aise dans les endroits où on ne peut pas me regarder – les pièces sans fenêtre, les caves et les sous-sols, les petits espaces. J'ai le sentiment qu'on m'observe toujours, ou qu'on voudrait le faire. En fait, on ne m'observe pas tout le temps, sans doute très rarement, mais l'idée, l'important, c'est que ça pourrait être tout le temps. C'est ça, avant tout : n'importe quand, quelqu'un pourrait m'observer. Je le sais.

*Comment le savez-vous ?*
Parce que j'observe tout le temps les autres. Quand je les observe, moi aussi je les perce à jour. J'ai appris ça de ma mère. Un coup d'œil n'est pas suffisant ; les yeux et le cerveau agissent ensemble, comme une volée de rapaces, qui battent des ailes, déchirent, fouillent... Je sais tout sur les gens quand je les regarde un instant seulement. Je sais, d'après leurs habits, leur démarche, leurs cheveux et leurs mains, toutes les mauvaises actions qu'ils ont commises. Je sais comment ils ont échoué, comment ils échoueront, comme ils sont malheureux.

*Et ils vous font la même chose ?*
Peut-être.

*Alors que faites-vous ?*
Je reste à l'intérieur. Les chambres à coucher sont sûres parfois, si la porte est fermée et les stores baissés, mais si les observateurs sont dans les arbres, ils peuvent voir certaines choses. Les fenêtres sont très bien pour regarder dehors mais si on est devant, c'est horrible. Même si vous vérifiez, et que personne n'observe, ils peuvent être à un endroit pas immédiatement visible. Pas à portée de l'œil nu, par exemple. Ils utilisent des télescopes, des jumelles. J'en ai utilisé, des télescopes, des jumelles. Ils peuvent être

dans des placards. On devrait toujours vérifier les placards. Les grands meubles, il faut les vérifier – ça ne prend qu'une seconde. Et les grosses malles. Les portes ouvertes sont à éviter. Les salles de bains sont bien. Le seul problème, avec les salles de bains, c'est le risque de miroirs sans tain. Il y a des années j'ai vérifié tous les miroirs de notre maison, pour m'assurer qu'il n'y avait pas de fenêtres derrière, avec des gens qui regardaient. Il n'y en avait pas.

*Vous exagérez.*
D'accord, vous voulez entendre une histoire triste ? Hier soir j'étais chez moi, j'écoutais un disque. Une de mes chansons préférées a commencé, et je chantais tout haut, assez fort pour que ça compte mais pas assez pour réveiller Toph, qui dormait dans la chambre à côté, et tandis que je chantais, je me passais les mains dans les cheveux de manière bizarre, obsessionnelle, comme si je me shampouinais lentement – c'est un truc que je fais avec mes cheveux quand je suis seul et que j'écoute de la musique que j'aime – et pendant que je chantais et que je faisais ce lent mouvement de shampouinage, je me suis trompé dans les paroles de la chanson, et même s'il était trois heures moins dix du matin, je me suis vite trouvé profondément gêné de mon erreur, convaincu qu'il y avait une très bonne chance que quelqu'un puisse me voir – par la fenêtre, à travers la nuit, de l'autre côté de la rue. J'étais sûr, je voyais en détail que quelqu'un – ou plus vraisemblablement quelqu'un et ses amis – rigolait de bon cœur à mes dépens.

*Ça doit vous rendre f…*
Oh, je vous en prie. Que ferait un cerveau sinon cette sorte d'exercice ? Je ne sais vraiment pas comment les gens fonctionnent sans un chaos intérieur quasi-constant. Je perdrais la tête.

*Heh, heh. Vous êtes sûr de vouloir me dire tout ça ?*
Tout quoi ?

*Sur vos parents, votre paranoïa…*
Qu'est-ce que je vous donne ? Rien. Je vous donne des choses que Dieu sait, que tout le monde sait. Leur mort est fameuse. Ce sera le mémorial que je leur dédie. Je vous donne toutes ces choses, je vous parle des jambes de mon père et des perruques de ma mère – je le fais plus tard dans cette partie du livre – et je vous raconte que je me demande si je devrais faire l'amour avec ma petite amie devant leur placard la nuit de l'enterrement de mon père, mais en fin de compte, je vous ai donné quoi ? Il semble que vous sachiez quelque chose, mais vous ne savez toujours rien. Je vous raconte et ça s'évapore. Je m'en fous – qu'est-ce que ça peut me faire ? Je vous dis avec combien de personnes j'ai couché (trente-deux), ou comment mes parents ont quitté ce monde, et que vous ai-je donné en réalité ? Rien. Je peux vous dire le nom de mes amis, leur numéro de téléphone…
Marny Requa : 415 431 2435
K.C. Fuller : 415 922 7893
Kirsten Steward : 415 614 1976
… mais vous avez quoi ? Vous n'avez rien. Ils m'ont tous donné la permission. Pourquoi ça ? Parce que vous n'avez rien, que des numéros de téléphone. Ça semble précieux une ou deux secondes. Vous avez ce que je peux me permettre de donner. Vous êtes un mendiant, qui supplie qu'on lui donne n'importe quoi, et je suis l'homme qui passe rapidement et qui jette un quarter dans votre gobelet en carton. Je peux me permettre de vous donner ça. Ça ne va pas me ruiner. Je vous donne pratiquement tout ce que j'ai. Je vous donne les meilleures choses que j'ai, et alors que ce sont celles que j'aime, des souvenirs auxquels

je tiens beaucoup, bons ou mauvais, comme les photos de ma famille sur mes murs, je peux vous les montrer sans les diminuer. Je peux me permettre de tout vous donner. On a le souffle coupé par les misérables qui révèlent leurs affreux secrets dans les émissions de l'après-midi devant des millions de téléspectateurs aussi misérables, et pourtant… que leur avons-nous pris, que nous ont-ils donné ? Rien. On sait que Janine a couché avec le petit ami de sa fille, mais… et alors ? On mourra et on aura protégé… quoi ? Protégé quoi du monde ? Qu'on a fait ceci ou cela, que nos bras ont fait ces mouvements et nos bouches ces bruits ? Écoutez ! On a l'impression qu'en révélant des choses embarrassantes ou intimes comme, par exemple, des habitudes de masturbation (pour moi, environ une fois par jour, en général sous la douche), on a donné quelque chose à quelqu'un, et comme un primitif craignant que le photographe ne lui vole son âme, on a peur que nos secrets, nos passés et leurs ratages ne soient associés à notre identité, que révéler nos habitudes ou nos pertes ou nos exploits nous amoindrisse. Mais c'est exactement le contraire, plus est plus – on saigne plus, on donne plus. Ces choses, ces détails, ces histoires, n'importe, sont comme la peau perdue par les serpents, qui laissent la leur à la vue de tous. Qu'est-ce que ça peut lui faire où elle est, qui la voit, ce serpent, sa peau ? Il la laisse où il mue. Des heures, des jours ou des mois après, on tombe sur une peau de serpent perdue depuis longtemps, et on sait quelque chose du serpent, son épaisseur approximative et sa longueur approximative, mais on ne sait presque rien d'autre. Sait-on où est le serpent maintenant ? Ce qu'il pense maintenant ? Non. À présent il pourrait avoir de la fourrure ; il pourrait vendre des crayons à Hanoï. La peau n'est plus à lui, il l'a portée parce qu'elle a poussé sur lui, mais ensuite elle s'est desséchée et elle est tombée, et lui et les autres ont pu la regarder.

*Et vous êtes le serpent ?*
Bien sûr, je suis le serpent. Alors, le serpent devrait-il l'emporter avec lui, cette peau, devrait-il se la coller sous le bras ? Vous croyez ?

*Non ?*
Non, bien sûr que non ! Il n'a pas de bras, putain ! Comment un serpent pourrait-il porter une peau ? S'il vous plaît. Mais comme le serpent, je n'ai pas de bras – métaphoriquement parlant – pour porter ces choses. D'ailleurs, elles ne sont même pas à moi. Rien de tout ça n'est à moi. Mon père ne m'appartient pas – pas de cette façon. Sa mort et ce qu'il a fait ne m'appartiennent pas. Ni mon éducation, ni ma ville et ses tragédies. Comment ces choses pourraient-elles être à moi ? Me rendre responsable de garder ces renseignements cachés est ridicule. Je suis né dans une ville et dans une famille, mais en réalité, la ville et ma famille me sont arrivées. Je n'en possède rien. C'est à tout le monde. C'est un bien commun. Je l'aime, ça m'a plu d'en faire partie, je tuerais ou je mourrais pour protéger ceux qui en font partie, mais je ne demande pas l'exclusivité. Prenez-le. Prenez-le-moi. Faites-en ce que vous voulez. Rendez-le utile. On fait bien de l'électricité à partir de poussière ; c'est presque trop beau pour être vrai, qu'on puisse faire de la beauté de ces choses.

*Mais que faites-vous de l'intimité ?*
Bon marché, surabondante, facile à obtenir, perdue, regagnée, achetée, vendue.

*Et l'exploitation ? L'exhibitionnisme ?*
Vous êtes catholique ?

*Non.*
Alors pourquoi parlez-vous d'exhibitionnisme ? C'est un terme ridicule. Quelqu'un veut célébrer son existence et vous appelez ça de l'exhibitionnisme. C'est mesquin. Si vous voulez que personne ne connaisse votre existence, autant vous tuer. Vous prenez de la place, de l'air.

*Et la dignité ?*
Vous mourrez, et quand vous mourrez, vous connaîtrez un manque profond de dignité. Ce n'est jamais digne, toujours brutal. Qu'y a-t-il de digne à mourir ? Ce n'est jamais digne. Et dans l'obscurité ? Choquant. La dignité est une affectation, jolie mais excentrique, comme apprendre le français ou collectionner des foulards. Et c'est fugace, incroyablement capricieux. Et subjectif. Alors on s'en fout.

*Alors c'est tout et n'importe quoi ?*
Pendant que ma mère mourait dans le séjour, j'allais périodiquement dans le salon qui, curieusement, recevait presque toute la lumière de la maison, et assis sur le canapé blanc, parmi toutes ses poupées, j'écrivais ce que je dirais à la cérémonie. Je gardais le papier caché sous le canapé, un bout plié de page de cahier. J'y allais, je le repêchais sous le canapé, et je réfléchissais à ce que j'allais écrire.

*Et votre mère était dans l'autre pièce ?*
Oui. Elle était là, déjà à moitié dans les vapes à cause de la morphine. Ma sœur et moi on s'attendait à ce qu'elle parte à n'importe quel moment, en réalité, aussi tous les matins – ou chaque fois qu'on l'avait laissée seule plus d'une demi-heure – on se précipitait dans la pièce en se demandant si elle était déjà morte. En fait, on ne courait pas vraiment dans

la pièce, ne voulant pas l'alarmer, l'ennuyer, parce qu'elle saurait tout de suite ce qu'on faisait, alors on courait à la porte du séjour, et on restait là, à regarder dans la pièce, on observait sa poitrine, on fixait son sternum jusqu'à ce qu'il bouge et qu'on sache qu'elle respirait. Parfois l'attente était insoutenable, et d'autres fois, si elle avait une couverture sur elle ou autre chose, on devait aller plus loin, se pencher tout près et voir si son visage bougeait – ça a duré des semaines. Mais au bout d'un moment, surtout quand elle a totalement perdu conscience, ce n'était plus que sa respiration, et on a commencé à se poser des questions sur le choix du moment.

*Que voulez-vous dire ?*
Eh bien, on ne peut pas s'empêcher de vouloir choisir le moment aussi bien que possible. Tout le monde, par exemple, était là pour les vacances de Noël, et on voulait que ça finisse avant que tout le monde reparte. Je voulais qu'ils soient tous là, je l'avais imaginé cent fois, tous mes amis, dans leurs costumes, leurs robes, entrant les uns après les autres, la tête baissée, assis en groupe compact au milieu de la pièce. Et en fait, pendant ces vacances de Noël ils pensaient la même chose. Ils espéraient qu'elle s'en irait pendant qu'ils étaient là.

*Mais…*
Mais elle durait, elle durait. Beth s'est mise à l'appeler le Terminator, ce que je trouvais plutôt de mauvais goût, mais… Vous savez, pendant qu'on parle, je vois mon reflet dans l'œil de la caméra. Et je sens que je passe mal. Je ricane involontairement. Mes lèvres se retroussent, mon front se plisse. Oh là là, je ne suis pas télégénique. Ça va poser un problème, non ?

*Et le discours...*
Oui, alors j'étais là, à écrire le discours sur le canapé, pendant que ma mère était dans l'autre pièce. Comme le canapé était blanc, et que je laissais toujours tomber mes stylos, j'écrivais au crayon, je le mettais dans ma bouche, je corrigeais, je recommençais. Je ne savais pas trop quel point de vue adopter. Je ne savais pas par où commencer. Par son enfance ? Est-ce que ça devait être sa biographie ? Quelques anecdotes parlantes ? Je reprenais sans cesse au début. Mais j'ai surtout choisi de dire l'effet que sa mort me faisait, où je me retrouvais.

*Intéressant.*
Oui, à l'époque j'ai pensé que ce serait mieux. J'ai laissé Bill parler un peu de sa vie, quelle bonne mère elle était, quelques détails de sa personnalité. Il est parti dans l'une de ses digressions, en expliquant qu'elle nous avait toujours encouragés à collectionner, il avait collectionné des trains, j'avais collectionné des ours, Beth des poupées – bien sûr ça semblait radicalement insuffisant – c'est vrai, comment ça peut marcher, un vie résumée en – alors j'étais assis là, et tandis que Bill parlait, je regardais le père Mike, notre prêtre, à qui j'étais censé faire signe, un signe pour indiquer que je voulais vraiment me lever et parler, parce que dans les jours qui avaient précédé la cérémonie, je n'étais pas arrivé à me décider. Mais j'avais préparé un discours, je l'avais terminé la veille au soir, tard, dans l'obscurité du salon. Alors pendant que Bill parlait, j'ai regardé le père Mike, j'ai capté son regard, et au moment même où j'ai hoché la tête pour indiquer que j'avais quelque chose à dire, que je voulais le partager avec les personnes assemblées, j'ai aussitôt voulu renoncer, et qu'on en finisse avec tout ce bazar, pour qu'on puisse sauter dans la voiture, la Nissan de mon père, qui était chargée et

attendait dans le parking, et partir en Floride, avoir fait au moins la moitié de la route avant minuit. Mais ensuite le père Mike m'a présenté et je me suis levé et...

*Quoi ? Vous venez de sursauter.*
Rien. Quelque chose m'a traversé l'esprit. En tout cas, quand j'ai parlé, j'ai expliqué à tout le monde qu'on se sentait trahis, *je* me sentais trahi. Mais j'ai été charitable. J'ai dit quelque chose du genre, vous savez, je pourrais m'insurger parce qu'elle ne verra jamais mes enfants, c'était injuste, tout ça, qu'elle soit emportée un mois après mon père, c'était dur pour nous. Mais ensuite j'ai ajouté, la voix de plus en plus tremblante, qu'on ne devrait pas avoir de pensées aussi tristes, qu'on devrait simplement cueillir une étoile brillante dans le ciel noir et penser à elle, et ensuite en trouver une autre, tout près, et penser à mon père.

*Mmm...*
Oui, je sais, je sais. C'est affreux, facile, mesquin. Et le pire, c'est que j'ai dessiné un portrait d'elle sur son lit de mort.

*Mais qu'est-ce que...*
À ce stade elle était à peine consciente. Elle marmonnait de temps à autre, parfois elle se redressait en sursaut, elle disait quelque chose, mais autrement il n'y avait que sa respiration, ses gargouillements, les bougies, sa peau chaude. Et l'attente, en réalité. On restait là jour et nuit, en se relayant, Beth et moi, avec Toph en bas en général. Beth et moi on la regardait, on tenait sa main chaude, on dormait là, parfois drapés sur elle, à attendre l'approche de la fin, pour pouvoir se réunir et attendre la fin tout court. Et pendant ce temps, dans le noir, une nuit,

assis sur une chaise à sa gauche, je me suis senti obligé de la dessiner, avec un crayon gras rouge sur une grande feuille de papier à dessin. J'ai d'abord fait un croquis, en construisant légèrement les grandes lignes, pour m'assurer que ça tiendrait sur la page, en faisant des ajustements. Il semblait que j'allais manquer de place à gauche. J'ai déplacé sa tête plus à droite, pour que l'oreiller tienne entier dans le cadre. J'ai ébauché vaguement la forme du lit, le montant métallique. Et puis j'ai attaqué le visage – d'habitude je ne commence pas par le visage, parce que si on ne saisit pas la ressemblance ça corrompt le reste du dessin, je trouve – mais cette fois son visage était facile, il avait une géométrie simple de profil, il était si creusé, il s'élevait à peine des oreillers, il était plat. Tout ça à cause du processus, quel qu'il soit, qui creusait et aplatissait son visage. Il brillait de jaunisse, des excrétions lui sortaient de la peau, qui seraient sorties de son corps ailleurs si les organes nécessaires avaient fonctionné. Puis j'ai dessiné les tubes, la perfusion, la barrière en aluminium du lit, les couvertures. Une fois terminé, il était assez juste, un beau dessin, avec beaucoup de détails au milieu, moins en allant vers les bords. Je l'ai encore, bien qu'il s'effrange sur les côtés… Je n'ai jamais été doué pour conserver les dessins ; je les garde, mais je les maltraite. Ce dessin par exemple, des dix mille peut-être que j'ai faits en classe ou ailleurs, pourrait bien être le plus important que j'aie jamais fait de ma vie, mais quand je l'ai cherché, il dépassait à moitié d'un vieux carton, déchiré au coin. Comment puis-je être si négligent avec ce souvenir de ma mère ? Et pourquoi je l'ai dessinée, déjà pour commencer ? C'est vrai, qu'est-ce que ça veut dire ?

*Ça pourrait être purement sentimental…*
Je me demande. Mais je me souviens aussi que

j'ai pensé à prendre des photos. À l'époque, je peignais beaucoup d'après photos, et j'ai pensé qu'elles seraient utiles plus tard, les photos, que j'en prendrais tout un tas, sous des angles différents, et que je m'en servirais pour travailler par la suite.

*Mais vous ne l'avez pas fait.*
Non. Pour être franc, je n'ai même pas sérieusement envisagé de le faire, mais j'y ai songé, il faut dire.

*Et ensuite vous êtes allés en Floride.*
Après la cérémonie, on a passé une vingtaine de minutes à une sorte de goûter dans le presbytère, et puis on a dit au revoir. Ma petite amie d'alors, Kirsten, était là, et Bill, et mon oncle Dan et au bout d'un moment on a dit à bientôt, bisous bisous, et on a filé, bourrés d'adrénaline, on a conduit jusqu'à minuit, on s'est arrêtés à Atlanta. Le lendemain on a roulé jusqu'à ce qu'il y ait du sable le long de la route, et on était en Floride, on a acheté de nouveaux maillots de bain, on a mis du sable dans la voiture – la voiture que notre père ne nous laissait conduire sous aucun prétexte, dans laquelle il interdisait d'apporter de la nourriture – et on a regardé des films sur HBO le soir dans la chambre d'hôtel, et pendant la journée Toph et moi on a joué au frisbee, sur une plage blanche, blanche, et le vent était chaud et humide, et le soir on a appelé Bill, et on a pensé rendre visite à des parents qu'on a là-bas – Tom et Dot, j'ai déjà parlé d'eux – mais on ne l'a pas fait, parce qu'ils étaient vieux et pour le moment on en avait assez des vieux.

*Et ensuite vous…*
Je ne les ai jamais enterrés correctement.

*Pardon ? Qu'est-ce que…*
Je ne sais pas où ils sont.

*Qu'est-ce que vous entendez par là ?*
Ils ont été incinérés. Ils ont décidé, ensemble je crois, Dieu sait pourquoi, et d'où l'idée leur est venue, qu'ils donneraient leurs corps à la science. On ne savait pas du tout pourquoi – ça ne collait même pas avec des convictions bien ancrées qu'on leur ait connues ; on ne les avait jamais entendus en parler. Mon père était athée, on le savait – ma mère prétendait qu'il vénérait « Le Grand Arbre » – alors dans son cas ça peut se comprendre, l'idée de donner son corps, mais ma mère était très catholique, beaucoup plus romantique, émotive, superstitieuse même quand il s'agissait de ces choses. Mais tout d'un coup les ordres étaient là – je ne me souviens pas si on l'a su avant ou après ; ça devait être après sa mort à lui et avant celle de ma mère, quand j'y pense – et c'est ce qui s'est passé. Après avoir été amenés chez le légiste ou ailleurs, à un moment ils ont été emmenés par un centre de donation d'organes, et emportés dans une école de médecine, où on s'en est servi pour Dieu sait quoi.

*Ça vous tourmente ?*
Mais bien sûr. À l'époque, on a pensé que c'était plutôt noble. Ça nous a étonnés, cette donation, alors comme tout fichait le camp, on a suivi le mouvement, en partie, je suppose, parce que ça facilitait les choses.

*Que voulez-vous dire ?*
Eh bien, le cercueil et tout. Ou l'absence de cercueil.

*Vous n'avez pas eu de cercueil ?*
Non. Rien. On a eu des cérémonies pour les deux, bien sûr, mais on ne s'est pas occupés du cercueil, puisqu'il serait vide.

*Alors il n'y a pas eu de cérémonie funèbre classique, comme dans un cimetière...*
Non.

*Ils n'ont pas de pierres tombales.*
Ils n'ont pas de pierres tombales. On ne sait absolument pas où ils sont, en fait. C'est-à-dire, les employés du centre de dons ont promis qu'après avoir fini, ils incinéreraient les corps et ensuite ils nous les enverraient, mais ils ne l'ont pas fait. Du moins pas encore. C'était censé être dans les trois mois. Mais maintenant ça va faire deux ans.

*Alors vous n'avez pas les restes ?*
Non. En fait, c'est plutôt drôle – ils ne les appellent pas *restes* ; ils les appellent « incinérestes ». Mais on croit encore que les cendres pourraient arriver. Beth pense qu'on ne les a pas reçues parce qu'on a déménagé plusieurs fois. Elle pense qu'ils ont sans doute essayé de nous contacter et ils n'ont pas pu nous trouver parce qu'on a pris la sous-location de Berkeley, on l'a quittée, alors ils les ont jetées ou je ne sais quoi. J'ai tendance à penser qu'ils pourraient encore être quelque part.

*Vous avez essayé de contacter le centre de dons ?*
Non. Je crois que Beth l'a fait. C'est une chose dont on parle tous les deux ou trois mois, mais de moins en moins souvent. C'est dur, parce que plus le temps passe, plus on s'éloigne de cette époque, plus ça devient impossible d'aborder le sujet. C'est gênant, en fait. Pour moi du moins. Ça et l'absence de pierres tombales, l'absence de funérailles, le fait qu'on ait vendu ou jeté la plupart des objets de la maison. Tout était si flou, et on allait si loin, il y avait tant à faire. J'essayais de terminer mes études, et j'ai fait la

navette, trois jours à Chicago et quatre à Champaign, tout le printemps, et Beth a dû s'occuper de tout le reste – essayer de vendre la maison, calculer ce qui revenait de la vente, trouver une école à Berkeley pour Toph, payer toutes les factures, vendre la voiture de maman... On était convaincus que tout nous serait pardonné, vraiment, les manques de jugement, les erreurs, toutes les affreuses erreurs. Certaines des choses qu'on a vendues...

*Vous regrettez tout ça.*
Parfois. Parfois Beth et moi on se dit que c'est mieux, d'avoir tout débarrassé, cette rupture nette avec la maison, avec la plupart des éléments du... vous savez, c'est bizarre, mais beaucoup de gens désapprouvaient le fait qu'on emmène Toph, qu'on parte en Californie, ils pensaient que le meilleur réseau de soutien serait là-bas, à Lake Forest, et patati et patata. Mais je vous jure, si on avait pu partir encore plus loin on l'aurait fait, parce qu'en restant on était sûrs de devenir la triste légende locale, de malheureuses célébrités, et Toph la pupille de la ville... pas question. Alors on n'a pas fait de cérémonie au cimetière ni rien, on ne s'est pas embêtés à choisir des cercueils. Beth dit toujours que nos parents ne voulaient pas d'enterrement, que pour eux les funérailles et la pierre tombale étaient un racket, une tradition ridicule, profondément commerciale, comme la Saint-Valentin, et en plus c'était beaucoup trop cher. Alors on peut soulager notre conscience, en se disant qu'on a exaucé leurs vœux.

*Vous pensez qu'ils voulaient vraiment que ça se passe ainsi ?*
Non, pas une seconde. Beth oui. Beth en est sûre, elle était là. Mais moi... moi je pense franchement qu'ils trouvent incroyable qu'on ne les ait pas encore

enterrés, qu'on ne sache même pas où ils sont. C'est épouvantable, en réalité.

*Peut-être.*
Mais je crois vraiment qu'embaumer les morts, les habiller, les maquiller... c'est barbare, médiéval. Quelque part j'aime bien l'idée qu'ils aient disparu, qu'ils soient partis – on ne les a jamais vus après leur mort, ils se sont évaporés on dirait, et parce qu'ils n'ont pas été enterrés, ça pourrait être...

*Est-ce que vous rêvez d'eux ?*
Ma sœur rêve d'eux constamment. Tout le temps, et dans ses rêves nos parents sont souvent joyeux, ils parlent et ils marchent et ils disent des choses intéressantes. Je n'ai pas vu mes parents parler, marcher et dire des choses intéressantes depuis qu'ils sont morts. Quand on en parle, quand on ne se renvoie pas nos responsabilités, ma sœur et moi, on s'assied sur le canapé, elle penche la tête et tortille ses cheveux autour de son doigt, et elle reconstruit ses rêves les plus précis. Dans la plupart, notre mère fait quelque chose de simple comme conduire ou cuisiner, et quand elle rêve de mon père, il rôde, ou il vient de tuer quelqu'un, ou il la poursuit. Mais de temps en temps c'est un rêve agréable. Alors je suis jaloux, parce que j'adorerais les voir parler et marcher de nouveau, même si c'est fabriqué dans un rêve. Mais je ne rêve pas d'eux. Je ne sais pas du tout pourquoi, ni comment y remédier.

*Pourquoi ne pas simplement penser à vos parents avant de vous coucher ? Ça semblerait au moins un moyen d'y parvenir.*
J'ai essayé. C'est-à-dire, j'ai essayé d'essayer. Par exemple, en ce moment, je pense, ouais, ouais, je ferai ça ce soir, merci de me le rappeler. Mais

quelque part en route, j'oublie. C'est arrivé cent fois. Pourquoi je ne peux pas me rappeler de penser à mes parents avant de dormir ? Pourquoi je ne peux pas simplement laisser un mot sur l'oreiller – PENSER AUX PARENTS ? Pourquoi je ne peux pas faire ça ? C'est vrai, la récompense serait si grande – par exemple, si je pensais à ma mère juste avant de m'endormir, il y aurait de bonnes chances que mon rêve lui donne vie – la fabrication des rêves, comme on le sait tous, est souvent aussi bêtement prévisible – et pourtant je ne peux pas me résoudre à le faire, à faire le travail de base nécessaire. C'est stupéfiant. En fait, j'ai rêvé de mon père une fois, en quelque sorte. Dans le rêve, je roule dans Old Elm, une rue près de notre maison, et c'est l'hiver, pas de neige, mais il fait gris. Je descends la côte du 7-Eleven à la maison, et soudain je vois, à deux cents mètres peut-être, sur une route parallèle, à travers un millier d'arbres dénudés, une voiture exactement comme celle de mon père. C'est une Nissan machin chose, grise, et dedans il y a un homme à cheveux gris, qui porte un vieux manteau de daim marron, et il ressemble exactement à mon père, sauf que même dans le rêve je doute un peu que ce soit lui – dans le rêve, je sais qu'il est mort, ce que je vois doit être une coïncidence ou un mirage, mais brusquement il me vient à l'esprit – et c'est là, dans le rêve même, que c'est à la fois conforme à la logique et que ça s'en écarte follement – il me vient à l'idée qu'il pourrait très bien être encore vivant, que sa mort avait déjà si peu de sens, qu'elle a été si brusque, le moment choisi en dépit de toute logique… puis les autres facteurs conspirent – qu'aucun de nous n'ait été là quand il a fini par mourir, qu'on n'ait pas reçu ses restes – ses incinérestes, pardon – et dans le rêve je me dis que ça pourrait être une autre supercherie, que peut-être il est vivant après tout…

*Que voulez-vous dire, une autre supercherie ?*

Eh bien, comme tous ceux qui boivent, et le font en réussissant à conserver une famille et un emploi, c'était un magicien extraordinaire. Ses trucs, une fois éventés, étaient un peu légers bien sûr, mais à l'époque, pendant longtemps, ils ont trompé une pleine maisonnée de gens naturellement soupçonneux et malins. Le truc le plus fameux a été celui des AA, qui consistait à assister à des réunions des AA, même dans notre maison, alors qu'il s'en était déjà jeté quelques-uns. C'était génial. Il était parti pour un mois dans un centre de traitement quelque part, pendant qu'on était allés voir notre famille dans l'Est, et quand on est rentrés, il était là, sobre, désintoxiqué, triomphant. On était fous de joie. On avait l'impression qu'on en avait enfin fini avec tout ça, notre famille était soudain devenue propre et digne, et naturellement, parce qu'il était sobre et fort, il allait conquérir le monde et nous entraîner avec lui. On s'asseyait sur ses genoux, on le vénérait. C'est peut-être un peu fort. Je crois que de bien des manières on le détestait et on le craignait toujours, après des années d'engueulades, de poursuites et tout, mais quand même, on était déterminés, on voulait que les choses soient normales – on n'était pas très sûrs de ce qu'était la norme, ni de l'avoir jamais connue, d'ailleurs – mais on était quand même pleins d'espoir. Et puis ces réunions, y compris celles qui se tenaient dans notre salon. On était censés rester au lit, mais une fois je me suis faufilé en bas et j'ai regardé à travers les barreaux de la rampe, et j'ai vu tous ces adultes, flous à travers la fumée, et notre père était là, à l'endroit du canapé où il s'asseyait à Noël. C'était bizarre de voir tous ces adultes dans notre maison – nos parents ne recevaient pas – mais l'essentiel, c'est qu'il buvait même à ce moment, sans doute même ce soir-là – on ne l'a jamais su, ils ne le savaient pas – ce qui est une belle supercherie, si vous y réfléchissez. C'est un truc que je ne peux que respecter, étant moi-même diabolique.

*Comment pouvait-il boire sans qu'on le sache, s'il était chez vous tout le temps ?*
Aha. Oui. Il n'y avait pas une bouteille dans la maison. On fouillait partout. Ma mère était vigilante, nous aussi. Mais vous savez où c'était ? Vous allez vous étrangler, c'était si simple. De temps en temps, tôt le matin – c'était le seul moment où il était vraiment seul et n'éveillerait pas les soupçons – il sortait, il achetait une bouteille de vodka et quatre ou cinq litres de quinine, et il les rapportait à la maison.

*Et puis il…*
Oui, il vidait la moitié des bouteilles de quinine, les remplissait de vodka, et balançait toute trace de vodka. Alors le soir, quand on se réunissait tous dans le séjour, pour regarder *Three's Company* ou autre chose, il allait dans la cuisine et – c'était le plus beau détail – il versait la quinine (la vodka) dans – au lieu des petits verres qu'il utilisait avant, un petit verre qui indiquerait à l'observateur superficiel, *alcool* – dans un grand verre. Un grand verre et on marchait ! Pour récapituler : qu'est-ce qui va dans le petit verre ? De l'alcool. Et dans le grand verre ? *Une boisson non alcoolisée bien sûr !* Oui, le grand verre est le récipient de choix pour une bonne boisson fraîche sans alcool. Vous vous rendez compte ? Il devait se sentir le type le plus intelligent du monde, ou du moins plus intelligent que sa progéniture bornée. Ça a duré un an – pendant qu'on était gonflés de fierté et d'espoir, croyant qu'il avait abandonné, et qu'on n'irait plus s'installer, des jours et des semaines d'affilée, chez des amis et des parents, on ne parlerait

plus de le quitter, et pendant qu'on échafaudait... pendant ce temps – c'était incroyable. Bien sûr, en plus, avec le grand verre (rappelez-vous, grand verre égale boisson non alcoolisée), il buvait encore plus, et on était de plus en plus perplexes, parce que tout en étant ostensiblement sobre, il parlait toujours bizarrement après dix heures, il piquait encore des rages implacables, et il s'endormait toujours assis sur le canapé à onze heures du soir.

*Alors après avoir été démasqué, il a arrêté ?*
Oh mon Dieu non. Ma mère sortait sur le patio, fermait la porte coulissante, elle criait et pleurait, les bras serrés autour des épaules, et il y avait sans doute des menaces de le quitter, tout ça. Mais ensuite, on a laissé tomber. Ma mère était épuisée, par lui et par nous, elle n'avait plus trois enfants, mais quatre, et je suppose qu'elle s'est résignée au fait qu'il allait boire, qu'il était né pour boire – et il était doué pour ça, d'ailleurs, un buveur parfaitement organisé, pas du genre à prendre des cuites, inoffensif s'il n'était pas provoqué. Alors avec un nouveau bébé, déménager ou partir devenait soudain beaucoup plus difficile à faire (ou même à menacer de faire), et j'imagine qu'à un moment notre mère épuisée a tout simplement réduit ses exigences – tant de verres par soirée et pas plus. Et quand vous pensez jusqu'où il allait pour nous abuser, dans le but, bien sûr, de nous empêcher de partir – il s'arrangeait comme il pouvait, en réalité, il nous sortait ses tristes petits mensonges, avec la quinine et les grands verres, par exemple – tout ça pour qu'on ne parte pas – quand vous y pensez, eh bien, il n'était pas parfait, mais il était correct. Donc il a réduit sa dose quotidienne après ça, il a volontiers accepté la trêve, il ne buvait que de la bière et du vin à la maison, et quand Toph a commencé à ramper puis à marcher, il a atteint un palier. Et pour vous

dire la vérité, on préférait presque ça. L'ambiance des AA était dérangeante, et tous ces adultes dans la maison, les murmures et la fumée, ça ne lui convenait pas, ce n'était pas un homme grégaire, pas du genre à marcher dans ces combines. D'une certaine manière, on ne voulait pas que notre père soit aux AA. Il voulait se contrôler ou décrocher tout seul, et on aimait mieux ça aussi. Et les AA, ça devait être un cauchemar pour lui, avec toutes les références à des pouvoirs supérieurs, pour lui ça ne tenait pas debout. De toute façon, une fois que le mirage du traitement a été abandonné, c'était mieux parce qu'à présent c'était au grand jour, on connaissait ses paramètres exacts et lui les nôtres, on pouvait donc se préparer aux éventualités. J'avais été nul à ce jeu, ne sachant jamais à quoi m'attendre. Voyez-vous, depuis ma petite enfance, j'avais eu une imagination délirante, infestée d'horreurs – par exemple, je croyais fermement que lorsqu'on allait se coucher, le sous-sol se transformait en laboratoire d'expérimentations humaines, un pot-pourri de réminiscences de *Coma* et de *Charlie et la fabrique de chocolat*, plein de Oompa Loompas et de corps en stase, et avec l'instabilité de mon père, ça pouvait se combiner et produire du chaos et de la terreur qui n'étaient pas nécessairement présents – en fait, pour moi, ça a pris fin, ce fil fragile de confiance entre un enfant et son père s'est rompu, sans doute quand j'avais huit ans, avec l'histoire de la porte.

*C'est-à-dire…*
C'était quand les choses allaient un peu mal, il se contrôlait un peu moins. Et je ne me souviens pas du problème, mais apparemment j'avais fait quelque chose de mal, et j'étais donc censé être puni – vous savez ce qui était drôle ? Quand une punition nous attendait, il nous disait chaque fois de nous « mettre en position », ce qui voulait dire qu'on devait venir

et se pencher sur ses genoux – ridicule, non ? – et bien sûr je n'allais pas me prêter à ces conneries. Ce n'est pas qu'il nous frappait vraiment fort – c'était ma mère qui y allait de bon cœur – mais il y avait quelque chose de terrifiant dans sa façon de tâtonner, de nous empoigner maladroitement… c'était tellement imprévisible, parce qu'on savait bien quand il était déjà un peu glauque, alors on ne voulait pas être dans son champ de – vous connaissez ce jeu, la pieuvre ? Vous courez partout, en essayant de passer d'un côté à l'autre, entre tous vos camarades de classe, pour atteindre la ligne rouge où ils ne peuvent plus vous toucher, mais il ne faut pas approcher des tentacules, les petits bras parfaits si périlleux, si effroyables tout d'un coup ? – c'était comme ça d'une certaine façon, une impression accrue de terreur née du doute, de son comportement imprévisible – on ne voulait pas s'approcher suffisamment de lui le soir pour qu'il se passe quelque chose de tordu. Alors quand le verdict était tombé et la fessée imminente, on se sauvait. Chaque fois qu'on se sauvait, on essayait d'aller assez loin et assez longtemps pour que – c'était plutôt prendre nos désirs pour des réalités – pour que sa colère tombe ou que notre mère intervienne, ou les deux : qu'un sursis nous soit accordé. Si ça se passait pendant la journée on courait simplement dans la rue, vers le parc ou le ruisseau ou chez un ami, et on attendait que ça passe. Mais le soir – et c'était le moment où ces choses arrivaient d'habitude, étant donné qu'on ne voyait notre père, un joueur de golf acharné, que quelques heures de jour dans la semaine – bien sûr on ne pouvait pas (moi du moins) sortir, certains que c'était bien pire dehors, le quartier étant peuplé des créatures des *Vampires de Salem* et de l'homme masqué, William Shatner, de *Halloween*. Le soir, les choix étaient circonscrits à la maison, et ils étaient nombreux, en fait, mais chacun avait ses avantages et ses inconvénients. Au sous-sol on pouvait se cacher près de la chaudière ou dans le vide sanitaire, mais pour que la cachette soit efficace il fallait garder les lumières éteintes, et on ne savait jamais quand il y aurait de vrais assassins là-dedans, près de la chaudière ou dans le vide sanitaire, ou des cadavres – hautement vraisemblable, bien sûr. Et puis il y avait les placards, qui étaient souvent sûrs, mais dans un placard, même si on se sentait au chaud et en sécurité, on était si brusquement débusqué – la porte coulissante s'ouvrait avec un soupir et les mains étaient là, prêtes à vous empoigner – alors les meilleurs endroits étaient la salle de bains du premier ou ma chambre, les deux pourvues de simples verrous qui tenaient souvent assez longtemps pour que les choses se calment de l'autre côté. Donc, ce soir-là, j'ai couru dans ma chambre, j'ai fermé et verrouillé la porte, tout en l'écoutant vociférer au pied de l'escalier – c'était d'ailleurs ce qu'il faisait d'abord, exigeant inexplicablement qu'on descende, qu'on descende l'escalier pour lui permettre de nous empoigner, de nous traîner au canapé où il nous malmenait, nous mettait en position, pour ensuite administrer la fessée... grotesque. On ne lui devait pas ça, je ne lui devais pas ça, bien sûr que non, on ne méritait jamais de fessée parce qu'on était parfaits, parfaits, inattaquables, ou sinon parfaits, du moins il nous avait provoqués pour qu'on fasse ce qu'on avait fait, et donc, dans ma chambre, les yeux sur la porte, hors d'haleine, je cherchais des idées. J'ai regardé le papier mural – le genre de papier qui est une immense photo, la mienne était un paysage automnal orangé, un paysage de forêt ; je l'avais choisi avec ma mère, on l'avait trouvé si beau, on s'était assis par terre pour l'admirer après l'avoir posé – et dans ma chambre ce soir-là j'aurais voulu courir dans la forêt orange, parce qu'elle avait l'air profonde, la forêt, et en plus il y faisait jour. Mais bien sûr je ne pensais pas vraiment à faire ça, je n'étais pas idiot ni délirant, alors j'ai regardé un autre mur, celui qui n'était pas tapissé au-dessus de mon lit, sur lequel j'avais dessiné, avec des marqueurs, une vingtaine de petits monstres et des Vikings joyeux mais sûrement féroces, pour me protéger dans mon sommeil et pour s'animer dans des situations comme celle-ci – mais ils ne s'animaient pas, pourquoi ? Les hurlements continuaient et, certain qu'il était encore en bas, je me suis glissé dans le couloir, j'ai pris le téléphone et j'ai vite regagné ma chambre en passant le fil sous la porte, que j'ai de nouveau verrouillée. J'ai porté le téléphone sur mon lit et j'ai appelé l'opératrice à qui j'ai demandé le code de la région de Boston. Puis je me suis souvenu que ce n'était pas Boston, mais Milton, près de Boston. J'ai appelé les renseignements à Milton, je cherchais ma tante Ruth. Ou l'oncle Ron. Elle avait été aux AA, il y avait été avec elle, ils savaient de quoi il retournait – qu'est-ce que je devais faire ? je demanderais, ils sauraient, ils interviendraient… Puis les pas ont commencé à monter l'escalier, ce qui n'arrivait que de temps à autre, quand il était extraordinairement en colère et ma mère ne pouvait pas le calmer, et tandis qu'ils résonnaient sur les marches – pourquoi montait-il si lentement, pour me rendre fou ? – j'ai raccroché – je n'avais plus le temps – et j'ai élaboré un plan. J'ai ouvert la fenêtre au-dessus de mon oreiller, puis j'ai arraché le drap de mon lit. Le bruit a cessé, ce qui voulait dire qu'il était à l'étage, à six ou sept pas de ma porte… J'ai tordu le drap pour qu'il ressemble à une corde – j'avais vu ça à la télé – et quand j'ai commencé à l'attacher au montant du lit, il a essayé la porte, et soudain j'ai entendu mon nom si fort que j'ai sursauté, puis des coups et des ordres, et si seulement je pouvais attacher ma corde à temps…

les coups étaient de plus en plus forts, mais le drap était attaché, un double nœud, j'ai tiré dessus pour éprouver sa force, ça avait l'air d'aller – il fallait qu'il tienne seulement quelques secondes, le temps que je sois assez bas pour sauter – alors j'ai pivoté sur le lit et j'ai commencé à reculer, j'ai sorti une jambe par la fenêtre, j'ai senti mon pied nu contre le bois rugueux du mur de la maison… et les coups ont cessé. Je descendais encore, j'étais à moitié sorti par la fenêtre, la nuit était chaude et humide, je voyais le sol, le jardin du voisin, accroché des deux mains au drap… Je me suis arrêté, la respiration rapide comme celle d'un animal, réfléchissant, me demandant s'il avait été interrompu… c'était si calme. Puis la porte a cédé, le bois a explosé, et il était sur moi.

*Il a défoncé la porte à coups de pied.*
Oui, il l'a forcée, il a cassé le verrou et la poignée et tout.

*Oh là là.*
Spectaculaire, non ?

*Eh bien oui. Et il vous a puni plus sévèrement après ça ?*
Pas vraiment. Quand ma mère a entendu la porte se casser, elle est arrivée en courant, alors il ne m'a tenu que quelques secondes avant qu'elle soit dans la chambre, et là, il était mal. En fin de compte c'était plutôt une justification, parce que cette fois, comme chaque fois qu'on pouvait prouver son instabilité – à quel point il était changeant, je devrais dire, parce que sobre c'était un type tout à fait normal, drôle même – on a eu l'impression de marquer un point, d'allonger la liste permanente qu'on tenait tous contre lui. J'aurais toujours voulu arriver à l'école avec des bleus, des égratignures – j'avais appris à des réunions scolaires que ça marchait comme ça, le maître verrait, et ça

sortirait enfin au grand jour, ça deviendrait à moitié public, il recevrait une sorte d'avertissement, et alors les choses seraient un peu freinées.

*Alors c'était une situation d'enfant battu ?*
Oh mon Dieu non. La fessée n'était pas très forte, une fois qu'il avait mis la main sur nous. Je ne me souviens même pas que ça faisait mal.

*Oh.*
C'était ma mère qui tapait vraiment fort. Elle nous frappait bien plus souvent que lui, mais avec elle on savait toujours qu'elle savait ce qu'elle faisait, même si elle disait : « Je vais te tuer ! » un peu trop souvent pour notre goût. On sortait une vanne au dîner, et elle fonçait sur nous et nous tapait sur la tête pendant une minute, du tranchant de la main, un peu comme au karaté, de son bras brun et musclé, ses longs doigts ponctués d'énormes bagues, celles de sa mère, et nous, on se couvrait la tête, on se débattait pour éviter les coups. Au bout d'un moment c'était surtout devenu drôle. Au début, ce n'était pas drôle du tout, on paniquait, on courait en haut ou on se sauvait pendant quelques heures, en criant : « Je te déteste, je te déteste », on voulait qu'elle soit morte, on voulait une nouvelle famille, on voulait s'installer dans la famille d'un ami, celle qu'on trouvait la plus équilibrée, la plus normale. Bien sûr une heure après on était de nouveau sur ses genoux, heureux comme des poissons dans l'eau. Mais quand on a grandi, c'est devenu plutôt drôle. C'est Bill qui a déclenché ça, je crois, en roulant des yeux et en riant quand elle lui flanquait ses coups de karaté sur la tête en hurlant : « Sales gosses ! » ou autre chose. Il restait assis sans réagir, il la laissait se fatiguer. Et après, on a suivi son exemple. On était des ados à ce stade et on ne prenait plus ça aussi sérieusement, on la laissait

s'éclater, en quelque sorte. Et au bout d'un moment même elle commençait à oublier ce qui l'avait rendue si furieuse, et elle rigolait en nous battant. C'était un drôle de spectacle, je vous jure, de la regarder rigoler et taper Beth ou Bill sur la tête, en disant qu'elle allait les tuer, tout en riant.

Mais ça vous donne de bons réflexes. On voyait la main monter, le poignet raide, les doigts réunis, style kung-fu, et…

Bien sûr, on se tapait dessus, aussi, on passait beaucoup de temps, étant gosses, à dresser des plans pour se tuer pour de vrai – jeter l'autre par la fenêtre, dans l'escalier – alors on ne savait jamais vraiment à quoi s'attendre, parce que les différents seuils de violence, comme vous le savez, peuvent si vite se rapprocher, et une fois franchis, on revient rarement en arrière. La mise avait monté, et la terre était de moins en moins ferme. Alors on devenait nerveux, bien trop sur la défensive, du moins Beth et moi, puisque Bill était plus âgé, et si notre père s'approchait de nous avec l'intention de nous toucher, on piquait littéralement une espèce de crise d'épilepsie, on donnait des coups de pied, on battait des bras. On avait des imaginations florissantes et très noires, je crois, et avec les informations officielles qu'on recevait, les statistiques des cours d'hygiène… dans mon cas, je pense, c'était surtout mon imagination, ma façon de lui donner les traits des assassins et des monstres qui peuplaient mes cauchemars à peu près chaque nuit, au point que je m'étais convaincu qu'il y avait de bonnes chances, dans des circonstances défavorables, qu'un jour, ce serait un accident, mais un jour il tuerait l'un de nous. Cette porte, par exemple, n'a jamais été réparée, elle est restée avec cette brèche en zigzag pendant une douzaine d'années. On n'arrivait jamais à réparer ce genre de choses.

*Qu'est-ce qu'il faisait dans la vie, déjà ?*
Il était juriste, dans les marchés à terme.

*Et votre mère ?*
Professeur. Récompensez-moi pour mes souffrances.

*Pardon ?*
Je vous en ai donné assez ? Récompensez-moi. Mettez-moi à la télévision. Laissez-moi partager tout ça avec des millions de spectateurs. Je le ferai lentement, subtilement, avec tact. Tout le monde doit savoir. Je le mérite. Ça m'est destiné. Je suis engagé ? Je vous ai brisé le cœur ? Mon histoire était assez triste ?

*Elle était triste.*
Je sais comment ça fonctionne. Je vous donne ces choses, et vous me donnez une plateforme. Donnez-la-moi. Elle m'est due.

*Écoutez, je...*
Je peux vous en dire plus. J'ai tellement d'histoires. Je peux vous parler des perruques qu'ils portaient, la fois, dans le séjour, cet automne, où ils ont tous les deux retiré leurs perruques en même temps, sachant que ça me terrifierait, les taches sur leur crâne, les cheveux comme de l'étoupe, ils riaient, riaient, les yeux brillants – et les fois où il tombait. Je peux vous faire les derniers souffles, les derniers mots. J'en ai si long à raconter. Il y a tant de symbolisme. Vous devriez entendre les conversations qu'on a, Toph et moi, les choses qu'il dit. C'est merveilleux, incroyable, vous ne pourriez pas mieux l'écrire dans un script. On parle de la mort et de Dieu, et je n'ai pas de réponses pour lui, rien pour l'aider à dormir, pas de contes de fées. Laissez-moi partager ça. Je peux le faire de la façon que vous voulez, d'ailleurs – drôle, ou larmoyante, ou directe, sans inflexion – n'importe

comment. Vous me dites. Je peux le faire triste, ou inspiré, ou furieux. Tout est là, toutes ces choses à la fois, alors ça dépend de vous – vous choisissez, vous décidez. Donnez-moi quelque chose. Donnant donnant. Je promets d'être bon. Je serai triste et plein d'espoir. Je serai le catalyseur. Je serai le cœur qui bat. Rendez-vous compte ! Je suis le dénominateur commun de 47 millions de personnes ! Le parfait amalgame ! Je suis né à la fois de la stabilité et du chaos. Je n'ai rien vu et j'ai tout vu. J'ai vingt-quatre ans mais j'ai l'impression d'en avoir dix mille. Je suis enhardi par ma jeunesse, sans entraves et optimiste, bien qu'inextricablement lié au passé et à l'avenir par mon merveilleux frère, qui appartient aux deux. Vous ne voyez pas que nous sommes extraordinaires ? Que nous étions destinés à autre chose, à quelque chose de plus grand ? Tout ça ne nous est pas arrivé pour rien, je vous assure – il n'y a pas de logique à ça, la seule logique c'est de supposer qu'on a souffert pour une raison. Donnez-nous seulement notre dû. Je déborde des espoirs d'une génération, ses espoirs jaillissent à travers moi, menacent de faire éclater mon cœur endurci ! Vous ne le voyez pas ? Je suis à la fois pitoyable et monstrueux, je sais, et c'est entièrement de ma faute, je sais – pas de celle de mes parents mais ma propre création, oui, mais je suis le produit de mon environnement, et donc représentatif, il faut m'exhiber, pour servir d'inspiration et d'avertissement. Vous ne voyez pas ce que je représente ? Je suis à la fois a) un moraliste martyrisé et b) un omnivore amoral produit du vide de la vie petite-bourgeoise + de l'oisiveté + de la télévision + du catholicisme + de l'alcoolisme + de la violence ; je suis une bizarrerie de la nature en fripes de velours, un lépreux qui utilise le Méga Gel qui ne colle jamais de L'Oréal. Je suis sans racines, arraché de toutes les fondations, un orphelin qui élève un orphelin, et je veux prendre tout ce qui existe et le remplacer par ce que j'ai fait. Je n'ai rien sauf mes amis et ce qui reste de ma petite famille. J'ai besoin de communier, j'ai besoin de répercussions, j'ai besoin d'amour, de relations, d'échanges. Je suis prêt à saigner s'ils veulent m'aimer. Laissez-moi essayer. Laissez-moi le prouver. Je m'arracherai les cheveux, j'enlèverai ma peau, je me tiendrai devant vous faible et frissonnant. Je m'ouvrirai une veine, une artère. Si vous ne m'engagez pas, c'est à vos risques et périls ! Je pourrais mourir bientôt. J'ai sans doute déjà le sida. Ou un cancer. Il va m'arriver quelque chose de mal, je sais, je le sais parce que je l'ai vu tant de fois. On me tirera dessus dans un ascenseur, je serai aspiré dans une faille, je me noierai, alors il faut que j'apporte ce message maintenant ; je n'ai qu'un certain temps devant moi, je sais que ça paraît ridicule, je semble jeune, en bonne santé, fort, mais des choses arrivent, je sais que vous ne le croyez peut-être pas, mais des choses m'arrivent à moi, à ceux qui m'entourent, elles arrivent vraiment, vous verrez, alors il faut que je saisisse cette occasion pendant que je peux, parce que je pourrais disparaître d'un moment à l'autre, Laura, Mère, Père, Dieu – Oh, s'il vous plaît, laissez-moi le montrer à des millions de gens. Laissez-moi être le cordage, le centre du cordage. Laissez-moi être le catalyseur. Il y a tous ces cœurs, et le mien est fort, et s'il y a – il y en a ! – des vaisseaux qui apportent du sang à des millions de gens, si nous sommes tous un seul corps et si je suis… Oh, je veux être le cœur qui injecte le sang à tous, le sang c'est ce que je connais, je suis tellement au chaud dans le sang, je peux nager dans le sang, oh, laissez-moi être le cœur qui bat fort et qui apporte le sang à tout le monde ! Je veux…

*Et ça vous guérira ?*
Oui ! Oui ! Oui !

## VII

ET MERDE. CE N'EST QU'UN SHOW À LA CON.

J'apprends la nouvelle par téléphone de la bouche de Laura Folger. Je n'ai pas été choisi. Elle me dit que je suis passé près, que je leur ai beaucoup plu, que mon histoire était triste (et elle l'était, *elle l'était*), mais que la mienne n'était qu'une parmi des centaines, que je n'étais qu'un parmi tant d'autres, la plupart plus jeunes que moi, à trimballer cette sorte de croix, cette sorte de bagage, des garçons avec les passés les plus déplorables, mais qu'en fin de compte ils ne pouvaient employer qu'un Blanc du sexe masculin élevé dans une banlieue, il fallait qu'ils en choisissent un, et ce n'est pas tombé sur moi. Ma place, mon tremplin ont été pris par quelqu'un du nom de Judd.

« Judd ? dis-je.

— Oui, dit-elle.

— Judd ?

— Oui, il est auteur de bandes dessinées. »

Et merde. C'est aussi bien. C'est un soulagement. Ç'aurait été une erreur. Une erreur, non ? Une erreur. C'est une émission débile, une émission presque insupportable à regarder, qui rend tous les participants affreux, stupides et simplets, à deux dimensions. Merde. Que le dessinateur devienne un personnage de bandes dessinées. Je n'en ai pas besoin, on n'en a pas besoin. On n'a pas besoin de *The Real World*, pas besoin de béquilles, pas besoin d'un rôle de longue haleine à la télévision avec un énorme public mondial et une influence incalculable sur les cœurs et les esprits des jeunes et impressionnables du monde. Non. On continuera, contre vents et marées, avec ces simples outils, nos petites mains. On fera marcher la machine à partir de rien. À partir d'émanations, si besoin est. Nos propres émanations. N'importe quoi.

Quelques semaines plus tard, on reçoit une grosse enveloppe de ce Judd, Judd Winick. Son papier à lettres est illustré de dessins, des douzaines de petits personnages avec des expressions drôles, dans diverses poses comiques. Pour une raison quelconque, il voudrait travailler pour nous, aussi il a envoyé au moins cinq cents bandes dessinées, chaque épisode, semble-t-il, d'une bande quotidienne qu'il a publiée pendant toutes ses années d'études.

Les dessins – sur une bande de jeunes (la protagoniste est une lesbienne, une réalité de la vie dans les années quatre-vingt-dix, voyez-vous) qui habitent dans un vieil immeuble quelque part – sont corrects, très traditionnels, de bonne facture. Mais pas pour nous. Dans le mois et quelque depuis le premier numéro, *Might* a changé. On est beaucoup moins inspirés qu'alors, et en sortir un autre semble, à un certain niveau, plus une question de devoir que de passion. Après tout, la dernière chose que nous voulions de cette entreprise, ou du moins la dernière chose que je lui demande, c'est un *emploi*. Il faut éviter ce destin cruellement ironique – que nous, les grandes gueules qui embrassons si pieusement la libération des idées sur le travail et la vie, on devienne nous-mêmes les esclaves de quelque chose, d'un emploi du temps, les obligés des annonceurs, des investisseurs, qu'on travaille à heures fixes – Oui, on veut toujours changer la vie de nos semblables, et bien sûr le monde, et on s'attend toujours, à un moment, à être envoyés dans l'espace, mais par contre... on a rétréci notre champ et aiguisé nos couteaux. On a des objectifs maintenant, on a décidé qui sont les bons et les méchants, les amis, les ennemis (les obstacles).

On adopte une logique de renversement presque immédiat des opinions, d'autodestruction. Quelle que soit la pensée en vigueur, en particulier la nôtre, on la contredit, par réflexe. On change d'avis sur Wendy Kopp, la jeune fonceuse qu'on avait encensée dans le premier numéro, et son très célèbre programme Teach for America. Alors qu'on avait d'abord loué son cran et les ambitions de son organisme – placer pendant deux ans des professeurs jeunes, enthousiastes, cultivés dans des écoles défavorisées – à présent, dans un article de six mille mots qui constitue le pivot du second numéro, on accuse cette organisation à but non lucratif d'essayer de résoudre les problèmes des quartiers déshérités, en grande partie des problèmes noirs, à l'aide de solutions bourgeoises, blanches, et universitaires. « Condescendance paternaliste », disons-nous. « Égoïsme éclairé », soupirons-nous. « *Noblesse oblige* », ricanons-nous. On cite un professeur qui résume : « Une étude de Teach for America nous en dit plus long sur les besoins idéologiques, psychologiques même, de la jeunesse bourgeoise d'aujourd'hui, blanche ou minoritaire, que sur le sous-prolétariat à qui ce projet est destiné. »

Badaboum !

Et parce que le grand public ne croira pas qu'on a été choisis pour articuler les espoirs et les craintes d'un peuple, pour parler en son nom et celui de tous et pour faire l'histoire, on cherche à savoir ce qu'il croira. La couverture du second numéro célèbre le « Premier cinquantenaire » du magazine, avec un tableau d'une vingtaine de couvertures passées – octobre 1964 : « Les Beatles sont des Rouges ! » ; novembre 1948 : « La Mort : le Tueur caché ! » – à l'appui. L'éditorial, écrit un mois environ après la mort de Kurt Cobain, aborde une disparition qui nous touche tous.

> C'est si difficile de croire que tu es parti. Même maintenant, je me réveille avec un sentiment d'incrédulité. Tu n'es plus là. Tous les matins, je me lève à contrecœur, en me demandant si je vais vivre la journée ou simplement la laisser glisser. Je marche engourdi, apathique, flottant comme un fantôme. Je me sens séparé de mon corps. Je suis une demi-personne. Tu n'es plus là.
>
> Depuis le début, tout le monde a su que tu étais différent. Tu avais quelque chose de plus. Un éclat mystérieux, une beauté étrange, insolite. Mais d'une certaine façon, j'avais l'impression de t'avoir connu toute ma vie. C'est peut-être vrai. Est-ce possible ?
>
> J'ai toujours cru en toi. Et je crois que tu as toujours cru en moi. Tu me parlais, tu parlais de moi, tu parlais pour moi. Au milieu de mes plus dures épreuves, tu as toujours brillé comme un phare. Tu étais la force et le guide. Un rocher. Quelqu'un de réel ! Je t'idolâtrais. Je voulais être toi.
>
> Certains disaient que tu étais perturbé, dérangé – un mauvais modèle. Certains disaient que le pouvoir t'avait changé, que tu ne savais pas le maîtriser. Ils disaient que ton style était scandaleux, ta conduite immorale. Et c'est vrai. Tu étais mordant, solide et coriace. Tu étais téméraire. Un solitaire. Et parfois tu me mettais en colère. Mais c'est parce que je t'aimais et parce que, malgré tout, je t'ai toujours fait confiance. Et puis c'est arrivé. Mais ce n'était pas ta faute. C'était la nôtre. La mienne.
>
> Pour tout ce que nous t'avons imposé, que la vie t'a imposé, que tu t'es imposé, je te demande pardon. Tes démêlés avec la célébrité, avec le succès, avec la presse – je sais que tu n'as jamais voulu faire de mal à personne. Comment un papillon peut-il faire du mal ? Avec beaucoup

d'optimisme et de cœur, je pourrais dire : Richard Milhous Nixon, beau papillon, vole libre, vole fort, vis à jamais. Je t'aime.

On recherche ceux qui, comme nous, avaient des idées mais ont échoué. On publie une interview de Philip Paley, un ancien acteur enfant qui a joué Chakka le Pakuni dans *Land of the Lost*, et habite à présent un appartement modeste à Hollywood, dans laquelle il dénonce ses parents, attribuant son état semi-indigent à leur divorce.

DES ENNUIS AU PARADIS ?

Oui… Mes parents ont divorcé quand j'avais seize ans et par la suite tout mon argent a été bloqué dans ce divorce. J'ai tout perdu. Jusqu'à aujourd'hui je suis ENCORE FOU FURIEUX DE ÇA. Mettez-le dans votre magazine. Mon père est un chirurgien de Beverley Hills, il a de l'ARGENT. Et ma mère a obtenu une très bonne pension alimentaire. Je ne leur parle pas.

ET QUE FAITES-VOUS MAINTENANT ?

J'ai fait tous les boulots possibles et imaginables. Mon premier boulot, c'était chez Swenson, à servir des glaces. J'ai été boulanger, pompiste, chef pâtissier ; j'ai été employé par la firme de courtage EF Hutton, j'ai travaillé dans une droguerie [sic]. J'ai été peintre en bâtiment. J'ai démoli des immeubles de mes MAINS NUES. J'ai pas mal été au chômage aussi.

ALORS C'EST LA FIN DU MYTHE QUE LES ENFANTS VEDETTES SONT PARÉS POUR LA VIE.

Oui, le mythe s'est brisé pour moi.

La dernière page du numéro est une fausse pub, avec quatre ou cinq de nos copains, pour une marque intitulée Street Harmony Jeans. Les cinq amis qui servent de modèles posent dans un coin de South Park, l'un assis sur une benne à ordures, deux autres drapés contre des murs d'entrepôt et, au centre,

Meredith fait la moue à l'appareil tout en laissant tomber une pièce dans un gobelet tenu par un mendiant chevelu. Le sans-abri, joué par notre copain réparateur de motos Jamie Carrick, lève le pouce avec un large sourire et tient un carton disant :

JE TRAVAILLERAI POUR LA MODE

Et on croit que ce genre de choses va nous attirer les faveurs des annonceurs. Non que nous ayons besoin de pubs pour des fringues. Ou pour du tabac. Ou pour des grosses compagnies. Ou pour n'importe qui, franchement.

Mais aussi myopes et pessimistes qu'on soit devenus, on s'accroche toujours à l'idée que les bonnes décisions pourraient rapidement changer notre sort. Aussi, on regarde les dessins de Judd, Moodie et moi, en nous demandant si on devrait le faire venir, voir d'autres dessins, parler d'une contribution. On est d'accord qu'il ne convient pas du tout à *Might*, sur le plan thématique ou esthétique. Il n'a rien à voir avec ce qu'on veut, en fait, sauf qu'il...

On se précipite sur le téléphone. C'est moi qui parle.

« Oui, pourquoi tu ne viendrais pas avec les caméras – euh, ton carton. »

Deux jours plus tard, il passe. Il entre, l'air supernormal, avec d'épais cheveux noirs, on se lève pour l'accueillir, et on est confrontés, sur ses talons, par un insecte à huit pattes de matériel vidéo noir, de projecteurs, de micros, de blocs-notes. Shalini, une fervente de MTV, est frappée de stupeur à son Mac de l'autre côté de la pièce – On avait oublié de lui dire qu'ils venaient. C'est la confusion la plus totale. Des gens qui passent sur le trottoir s'arrêtent et pressent leurs visages contre la fenêtre. On amène Judd à notre table de conférence, sous le punching-ball, et on commence le show.

Judd, avec son carton, fait comme s'il tenait

vraiment à voir son travail publié dans notre minuscule magazine, avec ses dix mille lecteurs, même si dans deux mois des millions de spectateurs observeront ses moindres frémissements. Moodie et moi, assis avec lui, on fait comme si on était les rédacteurs d'un vrai magazine, où les gens s'assoient pour parler de ce genre de choses, on fait mine de s'intéresser à son travail et de croire qu'il a sa place dans notre (vrai) magazine. On porte ce qu'on porte toujours, des shorts et des tee-shirts, ayant décidé, après avoir réfléchi à ce qu'on porterait puis nous être rappelé de ne pas réfléchir à ce qu'on porterait, de porter ce qu'on aurait porté si on n'avait pas réfléchi à ce qu'on porterait. On est heureux dans nos shorts et nos tee-shirts, dont un côté est rentré, quelques centimètres sur le côté droit, révélant la ceinture, et le reste pend – c'est notre look, qui a été conçu au lycée après mûre réflexion, en évitant bon nombre d'erreurs possibles. On n'a pas de tatouages, parce qu'on pense que les tatouages dénotent trop d'attention portée à son look et de toute façon, bien que la mode soit en plein boum en 1994, on est sûrs que d'ici un an, peut-être quelques mois, ça va retomber. (Combien de temps, après tout, un truc comme ça peut-il durer ?) La même chose pour les cheveux teints, les piercings, les brandings, les coiffures originales, les colliers, les tee-shirts et autres accoutrements porteurs de message. On a renoncé, on a pris l'approche apathique suprême vis-à-vis du look et des fringues, dépassé le look matez-moi, et le look de celui qui rejette-le-look-matez-moi-en-faveur-du-look-sombre-et-rebelle – on a rejeté les deux et on a choisi une sorte d'élégance par le refus – le look matez-moi-si-vous-ne-pouvez-absolument-pas-vous-en-empêcher-mais-vous-n'aurez-pas-d'encouragement-de-ma-part – le look d'*absolument aucun look*. Ce qui ne veut pas dire que ça nous gênerait d'être *beaux à regarder*,

Moodie et moi, parce que ce serait bien, puisqu'on se donne la peine de se galvauder sur MTV, d'avoir au moins l'air attirants, et d'augmenter ainsi nos chances de coucher avec la fille de Charles Bronson, ou du moins la fille du Caffe Centro, celle dont les cheveux descendent jusque-là et les jambes montent jusque-là.

On parle à Judd, avec un mélange de gravité et de sérieux et une nonchalance étudiée, de la manière dont on va travailler ensemble, à quel rythme, tout en choisissant nos mots avec soin, car on a besoin d'avoir l'air désinvoltes et cohérents, de notre tranche d'âge, décontractés mais intelligents, énergiques mais pas avides, parce que bien sûr on est aussi des jeunes jouant à être jeunes, projetant une image de nous-mêmes comme représentatifs, dans le présent et pour la postérité, de ce qu'étaient les jeunes à ce moment dans le temps, comment on se comportait et en particulier, comment on se comportait quand on prétendait ne pas jouer tout en prétendant être nous-mêmes. En même temps, ce serait agréable de mettre en évidence l'erreur commise par Laura Folger, que notre profil montre clairement qui sont les vraies stars, des étoiles qui éclipsent de loin Judd, cet être pataud – nous les brillantes planètes entourées d'un anneau, lui une minuscule lune froide.

Et si on doit communiquer avec Judd, mano a mano, Judd qui d'après la première impression, qui se confirmera par la suite, est quelqu'un de très très gentil, on doit aussi, Moodie et moi, essayer de se montrer bien plus cool que lui, car il faut prouver clairement qu'on n'est pas le genre de types qui seraient dans *The Real World* – ni même qui auraient essayé de s'y faire engager ! On doit prouver à un spectateur occasionnel que, tout en étant prêts à se laisser transporter dans des salles de jeux et des sous-sols autour du monde, sous l'œil sûrement adorateur d'adolescentes et celui moins crédule de leurs grands frères, à être regardés par des étudiants mangeant des falafels entre deux cours sur des canapés qui étaient déjà dans leurs appartements, on doit leur montrer clairement qu'on n'est dans cette émission que pour satisfaire notre amusement pervers – et si vous regardez attentivement, on cligne de l'œil, notre sourire est légèrement méprisant, et tout ça, notre rencontre avec lui, les caméras et le reste, sera sans doute bientôt matière dans *Might* à un article narquois et incisif, ou un pastiche. On peut le jouer des deux façons, de toutes les façons. On peut regarder ce Judd dans les yeux, ces yeux qui ressemblent aux nôtres, et on peut lui exprimer de la bonté et de la compréhension, échanger des plaisanteries avec lui, faire des projets avec lui, tout en calculant ce qu'on pourrait tirer de cette association, comment on peut utiliser sa position sans avoir à compromettre trop sérieusement la pureté de notre entreprise en la salissant par sa présence, lui qui de son côté nous parle sans doute uniquement parce que Laura Folger s'est sentie coupable de me couper de l'équipe et nous l'a envoyé pour nous consoler.

Et au moment même où on croit bien s'en tirer, jouer nonchalamment à être nous-mêmes, avoir un look d'enfer, discuter de sujets vitaux pour la carrière de Judd, l'importance de ces dessins pour nous et pour lui, il se passe quelque chose d'étrange : le cameraman et l'ingénieur du son, légèrement plus âgés que nous, des porteurs de casquettes à l'envers, ne sont pas impressionnés, c'est clair, ils roulent presque des yeux en nous regardant, parce qu'à l'évidence ils voient ce qui se passe – qu'on se sert de ça pour se montrer, pour prouver à tous et à nous-mêmes qu'on est réels, qu'on veut simplement, comme tout le monde, voir nos vies enregistrées, authentifiées, sûrs que notre entreprise ne deviendra vraie qu'une fois dans la boîte.

Après sa première visite, Judd passe encore trois ou quatre fois et, quelques mois plus tard, quand *The Real World* de San Francisco est diffusé, on est là, Moodie et moi, dans le deuxième épisode. Environ huit secondes, bien sûr, mais avec ces huit secondes, on espère attirer l'attention des prolos acheteurs d'espace publicitaire, rien dans la tronche mais fascinés par les vedettes, sans parler de l'effet que ça aura sur les gens de l'université et du lycée. L'un de nos vœux se réalise mais pas l'autre. Notre apparition ne fait quasiment rien pour résoudre nos problèmes financiers, mais par contre, tous ceux qu'on connaît ou qu'on a jamais connus téléphonent et écrivent pour dire qu'ils nous ont vus. Comment ils ont pu savoir qui on était dans le clin d'œil où on est apparus dépasse l'entendement. On reçoit des nouvelles d'amis de l'école primaire dont on ne savait rien depuis huit ans, d'anciens professeurs nous contactent, et tout ça sans doute parce que les paroles que j'ai adressées à Judd, d'une voix ronronnante et alléchante, étaient emblématiques, inoubliables. Voici ces paroles :

« Tu sais, si tu ne dessines pas comme tu en as envie, ce sera nul. »

L'apparition fait de nous des mini-célébrités dans le quartier, surtout aux yeux de Shalini, qui s'occupe de *Hum*, la « nouvelle voix de la communauté progressiste des Sud-Asiatiques-Américains de vingt ans et quelques ». La revue contient des articles sur la persistance des mariages arrangés, l'activité des gangs dans la communauté sud-asiatique américaine, et une colonne de conseils de santé écrite par son père, qui est médecin. Moodie et moi on en assure le design pour pouvoir utiliser son imprimante laser, et parce que souvent elle nous frotte le dos pendant le travail, des séances palpitantes, incroyables, semi-érotiques. Les amis, les gens qui travaillent dans les étages commencent à éviter notre bureau, parce que chaque fois qu'ils entrent Shalini nous pétrit les épaules tandis qu'on gémit, on grogne, on halète, et qu'elle nous distrait en imitant crûment ce qu'elle appelle les F.D. – les Indiens fraîchement débarqués.

« Oooh, ye cois que d'es doop dendu ! Époolés dandues ! Du dois so'di, dédende, danser, aller fêdes avec audes yeunes. »

Elle nous bassine constamment à propos de nos heures de travail. Et aussi de notre besoin de faire de la gym.

« D'au'ais moins de bide si du fais yimnasdique. »

On lui propose de combler son désir évident de nous voir nus en l'invitant à notre prochaine séance de photos.

« Il ne faut pas que je sois nue, si ?

— En fait, oui.

— Non.

— Non, tu ne veux pas le faire, ou non, tu ne nous crois pas ?

— Les deux. Non. »

Mais Judd dit oui. C'est notre deuxième grande séance de nus. Cette fois on veut démontrer à quoi les corps des gens ressemblent vraiment, cet exercice étant une réaction à une critique familière, bien sûr : la distorsion par les médias et la publicité de la perception que nous avons de nos corps. La personne moyenne ne répond pas, ne peut pas répondre à ces critères inaccessibles dont on veut nous gaver. Ce qu'on veut faire, rien que pour voir si ça marchera autant qu'autre chose, c'est rassembler trente ou quarante amis et connaissances, idéalement de trente ou quarante tailles ou constitutions différentes, et les faire poser nus. On disposera ensuite les photos sur la page, sans ornement, sur un simple tableau, les corps les uns après les autres tels que Dieu les a faits, pour montrer clairement à quel point les véritables gens ressemblent rarement à ceux qu'on voit à la télé, et que chacun, sans être nécessairement beau, est du moins valable, authentique et…

OK. Bon. On engage un photographe, un Hollandais discret, à la voix douce, Ron Van Dongen, qui fera la prise de vues, cette prise révolutionnaire, pour presque rien. Il demande seulement le coût de la pellicule et de pouvoir garder les négatifs. Oui. Bon.

Dans le but de faire preuve de diversité et de tolérance, pour montrer qu'établir des différences entre celui-ci et celle-là, pratiquer de la discrimination basée sur la taille, les formes ou la couleur, ces distinctions superficielles, est indécent, barbare, et que surtout ce soit bien clair, on passe des coups de fil pour chercher des volontaires :

*Tu as des amis noirs ?*

*Ah oui ? Clair comment ?*

*Vraiment ? Je croyais qu'il était indien.*

*Et des amis gros ?*

*Oui, c'est ça, des obèses.*

*Non, on a besoin de mecs. On a déjà assez de nanas.*

*Il est grand comment ?*

*Tu crois qu'il le ferait ?*

*Et aussi, tu connais une fille plate ?*

*Plate comme une planche à repasser. Osseuse.*

*Où est la cicatrice ? Est-ce qu'elle est visible ?*

*Elle a des poils où ?*

Contrairement à la première séance de photos de nus, cette fois c'est infiniment plus facile de trouver des gens, parce qu'à ce stade on a un vrai magazine à leur montrer, et parce que cette fois il n'y aura pas à courir avec le pénis qui ballotte, et dès le début on accepte deux compromis : a) on promet de garantir l'anonymat en coupant les photos au niveau du cou et b) tout le monde pourra porter des sous-vêtements, sinon en haut du moins en bas. On fait ça pour eux autant que pour des raisons pratiques, quand on réalise avec un profond soupir de regret que remplir nos pages avec des gens nus comme des vers, surtout ceux dont le corps n'est manifestement pas parfait, ne va pas faciliter la distribution du magazine dans les kiosques. Oui, c'est une trahison, bien sûr, un autre compromis déchirant – et sachez que chacun nous déchire l'âme – mais l'idée que nous défendons doit toucher l'Amérique, même si elle arrive en lambeaux.

Judd dit qu'il amènera un ami, un autre membre de la distribution. On est fous de joie. Avec la présence de deux des acteurs, ce sera forcément diffusé, ce sera l'événement qui nous lancera, et quand on voit la voiture descendre l'allée, une vieille Dodge bleu pervenche, le prototype de la bagnole de San Francisco, une guimbarde mastoc, décolorée par le soleil, on sent que les pièces se rassemblent, qu'on accomplit quelque chose d'immense sur le plan sociologique, avec une couverture médiatique suffisamment large, on s'exprimera haut et clair et ce sera disséminé dans des millio…

Il n'y a pas de caméras. Ils s'arrêtent et…

Aucune fourgonnette ne les suit. Je les accueille à la voiture, qu'ils garent dans la ruelle derrière le studio, et aussi négligemment que je peux, je cherche la fourgonnette dans la ruelle. Mais il n'y en a pas. Il n'y a pas de caméras. On attendait des caméras.

« Hé, dis-je.

— Hé, dit Judd.

— Alors ? Pas d'équipe de tournage, hein ?

— Nan, ils sont avec Rachel aujourd'hui.

— Oh, bon très bien. On ne voulait sûrement pas avoir les caméras dans les pattes aujourd'hui, pour tout flanquer par terre.

— Tu as raison.

— Les caméras peuvent être si gênantes…

— Ouais.

— … on les a dans la figure, elles enregistrent tout ce qu'on dit et ce qu'on fait.

— Oui. Oh, voici Puck.

— Hé.

— Hé. »

Je serre la main de Puck. Il porte un short long et un débardeur blanc. Il est long et maigre, pâle, avec des yeux un peu trop éveillés qui créent un malaise. Quand je lui serre la main, il commence à parler. Rapidement, sans reprendre son souffle, sans cligner des yeux. En l'entendant parler je me demande aussitôt s'il a pris des amphètes ou un hallucinogène. J'ai vu des films à la télé sur des gens qui prennent ce genre de drogues. Il y en avait un avec Doug McKeon et Helen Hunt, où elle prend de l'Angel Dust et saute par la fenêtre de l'école, tombe de deux étages, se relève, court en rond, et meurt. Peut-être Puck se speede. C'est comme ça le speed ? Il n'arrête pas de parler.

Il parle de *The Real World*, il va l'amener au sommet, rien ne pourra l'arrêter, il est aussi *coursier à vélo tu sais au sommet sur sa bécane de motocross, cool putain merde*.

C'est de loin la personne la plus énervante que j'aie jamais rencontrée. Il a des égratignures sur tout le corps, y compris le visage. Il a peut-être des chats ? C'est difficile à dire. Il n'arrête pas de parler. *Avant je faisais du motocross et y a de belles nanas dans l'équipe mais elles ont l'air frigides et ouais, j'ai un agent et je m'éclate cool putain merde faut que je me casse salut mec*.

Il est fantastique et horrible. Il est magnétique et repoussant. Ses yeux sont affamés. *Putain ouais t'aurais dû voir ces radasses putain con super top*. Il remonte sa chemise pour nous montrer ses tats.

On tourne en rond dans la ruelle, attendant notre tour avec Van Dongen. Kirsten, toujours bonne fille, arrive, et Carla, une poignée de stagiaires et d'amis, leurs amis. On a appelé tous ceux qu'on connaissait.

L'un après l'autre, nous entrons, nous fermons la porte derrière nous, et nous sommes seuls avec Van Dongen dans le studio. Il nous fait passer devant des écrans blancs disposés en U, et nous fait signe d'enlever nos habits, quoi qu'on ait l'intention d'enlever. On se déshabille, et en le faisant, sans savoir exactement quoi faire de nos bras, de nos mains, on se demande ce qu'il pense de notre corps. On ne sait pas où mettre nos mains. On les tient sur le côté, puis devant nos parties génitales, puis derrière le dos. Que peut-on faire de ses mains quand l'appareil s'intéresse à autre chose ? Quand il déclenche l'obturateur, les flashes devant et derrière nous éclatent en même temps, et on est figés dans le blanc. Puis il fait noir de nouveau. Il prend environ cinq photos de chacun, de face et de dos – le film n'ira pas plus loin – et puis c'est fini, on ouvre la lourde porte du studio sur la lumière accablante, cent fois celle des flashes, de San Francisco à midi.

Mais on approuve ces gens, ceux qui acceptent d'être nus. On estime moins ceux qui refusent de le faire, les nombreux copains qui ont dit non ; non seulement on les trouve trop prudes mais avares, mesquins, manquant de cœur, d'une sorte de courage élémentaire. On préfère ceux qui posent, encore plus ceux qui, comme Moodie, Marny et moi (et Puck), proposent de poser nus, même si les clichés sont peu susceptibles d'être utilisés. Nus ! La nudité signifie quelque chose, décidons-nous. Ceux qui posent sont les nôtres, ils mènent la sorte de vie difficile, combative que nous aimons, ils ne peuvent pas dire non

– devant tout ça, comment pourrions-nous, comment quelqu'un pourrait dire non ?

Dans la ruelle, Puck commence à s'impatienter. *Fiesta merde bouge-toi meufs ouais motocross picole faut que je me casse.* Pendant qu'on parle (ou qu'il parle), un petit chien vient vers nous, la truffe au ras du sol. On joue avec lui, et bientôt on s'aperçoit que tout en paraissant bien soigné, il n'a pas de plaque. Peu après avoir rencontré le chien, Puck décide de le garder. Quand il a fini ses photos, Judd et lui s'en vont, et malgré nos protestations et celles de Judd, il s'empare du chien, qui sans doute appartient à quelqu'un du voisinage, et l'emmène au local de *The Real World*, où il fera partie de la distribution.

Peu de temps après, la seule et unique fois où je vais là-bas, alors que je joue au billard avec Judd, je vois le chien, et les autres membres de la distribution, qui traînent. Ils n'ont rien à faire, apparemment – l'émission les a placés dans une position bizarre : parce qu'ils sont découragés de travailler (tu-ant), ou de voyager (irréalisable), ils ne peuvent rien produire, ils ne peuvent pas bouger, ils ne peuvent qu'errer entre le canapé, la cuisine et le lit, en bavardant, et en attendant d'offenser ou d'être offensés.

Quand on reçoit les photos, on les examine pendant des heures, Moodie et moi. On les étudie, on essaie de savoir qui est qui. Mais comme les têtes des sujets sont coupées, on a du mal à discerner les identités, même la nôtre. On ne voit pas la différence entre l'un de nos stagiaires et un homme grand, lourd et poilu qui est venu sans être annoncé. À ma grande gêne, on ne voit pas la différence entre Kirsten et Carla, qui sont toutes les deux minces et sans défaut. Encore plus troublant, il faut une seconde pour me distinguer de Puck – on a le même caleçon, la même carrure, la même façon de se tenir. La seule différence réside dans les tatouages – je n'en ai aucun, alors qu'il a un lapin, un bourdon, un oiseau. Sinon, on est étonnés de la discordance entre les gens, l'étrangeté de nos contemporains : cette femme aux gros seins porte son soutien-gorge si haut, le dos de ce type est si poilu, les épaules d'un autre ont une forme curieuse, celui-là a le derrière plat – c'est tellement plus bizarre qu'on ne l'imaginait. La variété des malformations, les défauts inattendus, les chairs qui s'affaissent prématurément, tous les tatouages, des fleurs et des serpents, et tous ces poils à l'entrejambe qui dépassent des culottes et des slips. Une femme, malgré des seins visibles, convaincants, pourrait aussi bien être un homme.

Ces gens.

Ce sont des *monstres*.

Pire, Toph se prenait pour l'un de nous. Bien qu'il ait toujours passé du temps avec mes amis – il a connu Flagg, Moodie, Marny et les autres depuis sa petite enfance, il les considérait comme ses propres amis – ces derniers temps la confusion avait atteint un niveau inquiétant. Il se débrouillait très bien en société, mais à l'école, il manquait d'énergie pour se lier d'amitié avec les gosses de son âge. Les choses qu'ils disaient lui paraissaient incroyablement stupides. Les filles étaient nulles, les garçons à peine mieux. Il n'hésitait donc jamais à participer aux réunions entre amis de ma tranche d'âge, il n'avait peur de personne, surtout si les invités, pour la plupart des inconnus, étaient prêts pour un jeu de société amusant. Il n'était pas rare de trouver Toph, à l'un des barbecues de Marny, au milieu de quinze, vingt personnes assises sur deux canapés disposés en V, en train de leur enseigner les règles et les subtilités des charades, un jeu que je ne lui ai pas appris mais qu'il connaissait bien et organisait volontiers. Sa présence était si attendue dans les soirées, et au bureau…

Paul : « Hé, Toph. »

Moodie : « Salut bonhomme. »

… que lorsque quelqu'un le remarquait pour lui-même, on devait tous prendre une seconde de recul pour le voir comme ce qu'il était vraiment, du moins en apparence : un gosse de sixième. Bien sûr, il avait du mal à distinguer lui-même. Il l'avait prouvé récemment, un jour où Marny, lui et moi revenions de la plage en voiture. Je parlais avec elle de l'un des nouveaux stagiaires qui avait vingt-deux ans, beaucoup moins qu'on ne l'avait cru.

« Vraiment ? a dit Toph. Je croyais qu'il avait notre âge. »

Il était sur le siège arrière, penché en avant, la tête entre nous.

« Oh mon Dieu ! » a dit Marny, et elle a éclaté de rire.

Il a fallu à Toph quelques secondes pour réaliser ce qu'il avait dit.

Je me suis tourné vers lui.

« Tu as onze ans, Toph. »

Il a rougi et s'est rassis en arrière. Marny se tordait.

Mais tout en voulant l'encourager à se mêler à ceux de son âge, je redoute, s'il s'engage trop ailleurs, qu'il ne soit plus toujours disponible pour mes propres besoins. Que ferait-on si l'on n'avait pas un Toph assis dans sa chambre, prêt au moindre signe, toujours désireux de faire vos courses, d'être poussé contre un mur pour recevoir des coups de poing dans les reins, d'être emmené, comme en ce moment, à la Marina de Berkeley pour qu'on se lance des choses ? Ne pas avoir Toph serait ne pas avoir de vie. On va à la Marina quand on veut lancer près de l'eau et qu'on ne peut pas aller jusqu'à l'océan. La Marina est une sorte de promontoire artificiel, en forme de doigt, qui s'enfonce tout droit dans la baie à partir d'University Avenue. Après les bateaux à quai et le restaurant et le club, il y a un parc, parallèle, un immense parc vallonné, verdoyant et en grande partie dépourvu d'arbres. C'est le repaire des cerfs-volistes, surtout à son extrémité, au point le plus éloigné dans la baie. Il est toujours bourré de gens qui font du cerf-volant, des gosses, leurs parents, mais surtout des semi-professionnels, avec leurs cerfs-volants cellulaires, leurs Tomcat F-16 pilotables ou télécommandés, leurs cerfs-volants décorés, à hublots et à cockpits, d'autres avec un bridage compliqué et des traînes de dix mètres, qui montent et reculent, plongent et touchent l'herbe en vives diagonales, puis remontent, leurs maîtres, l'air sérieux, déterminés, des capitaines à la barre.

Ils garent leurs camping-cars et leurs minibus juste là, sur le cul-de-sac qui touche presque la baie, s'assoient sur des chaises pliantes et discutent des meilleures marques de fils, ou de rencontres de cerfs-volistes, ou de la meilleure façon de se mettre en travers de notre chemin, *de complètement se mettre en travers de notre chemin comme s'ils voulaient nous faire chier* pendant qu'on essaie de lancer. Quand on va à la Marina, on prie qu'ils ne soient pas là, mais cette fois, comme la plupart du temps, ils y sont. On gare la voiture et on y laisse nos chaussures, on sort le matériel, Toph avec sa...

« Hé, tu ne peux pas porter cette casquette.

— Qu'est-ce que tu veux dire ? demande-t-il.

— On a la même. Il faut que tu enlèves la tienne.

— Non, toi.

— Non, toi. Mes cheveux vont faire drôle.

— Mais non.

— Mais si. Les tiens sont encore raides. Tu sais de quoi j'ai l'air quand j'enlève ma casquette.

— Tant pis pour toi.

— Quoi ?

— *Non*.

— Allez. S'il te plaît ?
— Non.
— *Toph.*
— Très bien.
— Merci.
— Monstre. »

On arrive équipés, avec un tas de choses à se lancer. D'abord le ballon de football, dont on tire un plaisir de courte durée parce que la main de Toph est encore trop petite pour en faire le tour. Puis on passe au baseball, pour lequel il a vraiment besoin de s'entraîner, parce que l'équipe où il est à présent est meilleure que la dernière, il est avec des gosses plus vieux, grands et forts, et il commence à se faire maltraiter, taper sur les fesses, on le laisse en plan – ils le mettent dans le champ extérieur, parfois dans le champ droit – une humiliation pour nous deux, après toutes ces années de labeur. Alors on lance des balles, en s'efforçant, mais pas trop, d'éviter les cerfs-volants qui montent et descendent au-dessus de nous, décrivant des arabesques, leurs fils fouettant l'air entre nous.

Il manque la balle. Il manque la balle parce qu'il expérimente, il essaie des fantaisies.

« Hé, attrape correctement, frimeur.
— *Attrape correctement, frimeur.*
— Mords-moi.
— *Mords-moi.* »

Aujourd'hui on m'imite.

On laisse tomber les gants et on joue au frisbee, et on attend que la foule en délire se rassemble. Il n'y a pas tout à fait la même place ici qu'à la plage, ni dans le parc des collines, et le terrain plus court nécessite une certaine délicatesse, nous empêche d'avoir recours à la force brute qu'on met généralement à lancer, rend impossibles les lancers longs, hauts, épiques pour lesquels nous sommes connus et acclamés. Mais on fait avec, le frisbee fend l'air à travers les fils des cerfs-volants, il décrit sa courbe autour des passants, et bien sûr on le rattrape de plusieurs façons follement impressionnantes – entre nos jambes (mais pas comme des allumés du frisbee), derrière le dos (tout en sautant, à moitié tournés, de gauche à droite), et après l'avoir tapé deux, trois, quatre fois, on l'apprivoise, on le ralentit jusqu'à ce qu'il tournoie faiblement, et on le cueille d'un doigt. On est si bons. Tout le monde le trouve.

En face de nous un couple, un homme noir et une femme blanche, se promène avec leur fille, une gosse de quatre ans à la peau couleur de noix. La peau de la fille est d'une teinte beaucoup plus belle que celle de l'un ou l'autre parent, et c'est remarquable, la façon rudimentaire dont leurs pigments se mélangent. Brun et blanc donnent du brun clair – la couleur de la peau se mélange comme de la peinture.

« Lance-le, minable.

— Tiens. »

Lancé par Toph, le frisbee descend vers la famille et manque décapiter la toute petite fille. Il est ramassé par le père, qui essaie de me l'envoyer en le jetant comme un fer à cheval. Le pauvre homme.

Le parc est un havre pour les combinaisons novatrices. Encore plus que Berkeley en général, c'est une sorte de laboratoire, peut-être la pépinière de production humaine expérimentale – la capitale du monde des couples de races ou d'ethnies mixtes. Au moins la moitié des couples, qu'ils soient mariés, sortent ensemble pour la première fois ou depuis longtemps, ou simplement qu'ils fassent du jogging, sont le produit d'un mélange quelconque – surtout des Noirs avec des Blanches, mais souvent Asiatiques et Blancs (même l'association moins courante homme asiatique / femme blanche), duos latino-blanc, asiatique-latino, noir-asiatique, une poignée de lesbiennes. Comme s'ils avaient été choisis par les producteurs d'une pub pour les banques – un grain de ci, deux de ça, pour rompre la tradition : « Donnez-moi les années quatre-vingt-dix. Donnez-moi l'avenir ! »

D'ailleurs Toph et moi, côté facéties, on est en pleine période de plaisanteries sur l'importance discutable des races. On ne sait pas trop qui a commencé – sûrement pas le plus vieux et le plus responsable – mais ça donne ceci :

Je dis : *Ta casquette sent l'urine.*

Il dit : *Tu dis ça seulement parce que je suis noir.*

Rires.

La construction marche dans n'importe quelle situation, en fait ; par exemple, avec la sexualité – « Tu me harcèles encore parce que je suis gay ? » – et la religion – « C'est parce que je suis juif ? C'est ça ? ». Oh, on s'amuse, ou du moins je m'amuse, parce qu'il sait à peine ce qu'il dit. Et bien entendu je prends soin de faire remarquer que ce genre de comédie devrait rester entre nous, être savourée uniquement à la maison, car son attrait échapperait peut-être en partie à ses petits camarades de sixième, à leurs parents, ou à Mme Richardson, par exemple.

Après une heure environ de démonstrations transcendantes de frisbee, on se repose au milieu de la zone des cerfs-volants, dans l'herbe, regardant les traînes sauter et onduler autour de nous. Le Golden Gate est droit devant, il paraît petit, léger, fait de plastique et de cordes de piano. La ville, la Ville, en fait, de San Francisco, est un fouillis de blanc et de gris à gauche, la baie est plate, bleue, elle se balance évasivement, piquée de voiliers-plumes et de bateaux à moteur à queues de comète.

Et alors une idée me vient : nager jusqu'à Alcatraz. Ce serait quelque chose, de nager non à partir d'Alcatraz mais *pour y aller*. Ça ne semble pas si loin. Huit cents mètres ? C'est si dur de juger avec l'eau. Mais je pourrais le faire, si la mer est calme. La brasse.

C'est vrai, qu'y aurait-il de si difficile ? Tant qu'on ne panique pas, qu'on ne s'épuise pas trop vite, ce n'est qu'une question de rythme.

Et Toph le ferait aussi. Ce serait beau, de nager ensemble vers Alcatraz. Ce serait une première, deux types qui nageraient sans se presser jusqu'à Alcatraz. On le projetterait entre nous, en secret, on apporterait des maillots un jour, on sauterait des rochers, et on irait. Ce serait fantastique. Ce genre de choses, c'est toujours plus impressionnant avec Toph.

« Aïe. Arrête. »

Toph, que le repos ennuie, s'est mis à ramasser les cônes de terre durcie produits par l'aérateur de gazon, et il me les jette d'environ un mètre. Il vise soigneusement mon estomac, les regarde rebondir, et rit doucement chaque fois.

Comme au bout d'une vingtaine de lancers je n'ai toujours pas réagi, il se met à jeter de petites pommes de pin. Mais il n'en a que cinq, aussi chaque fois qu'il les a toutes jetées, il doit ramper furtivement autour de moi, en riant encore, pour les récupérer. Puis, toujours à genoux, il regagne son poste et recommence.

Je le tolère encore trois fois, puis je décide de lui donner la punition qu'il mérite. À son quatrième passage, je lui fais un croche-pied. Puis je m'assieds sur lui. Il pleure. Quand je le laisse se relever, il rit – « Tu as marché ! » – parce qu'il faisait semblant de pleurer, ce que j'aurais dû savoir, puisqu'il ne pleure pas, il n'a jamais pleuré – mais comme je l'ai laissé se relever, je lui ai donné la place et l'occasion – Oh non ! Les manœuvres. Je redoute les manœuvres. Il recule, prend son élan (bien que toujours à genoux), et vient sur moi, exécutant la manœuvre qui consiste à se claquer le coude et à me charger. C'est l'une de ses trois manœuvres. Les voici :

a) LA MANŒUVRE DE L'OBJET VOLANT : pour cette manœuvre, celle qu'il emploie le plus couramment, il prend un objet, comme une balle, une serviette, ou un oreiller, et me le jette, d'un mouvement complexe, en arc de cercle. Puis, quand je suis censé être distrait par l'objet qui décrit son arc vers moi, il fonce sur moi, juste après l'objet, l'épaule en avant. L'objectif, croit-on, est d'abord de semer la confusion, puis de porter un coup critique.

b) LA MANŒUVRE DU COUDE CLAQUÉ : celle-ci, qu'il exécute en ce moment, est plus récente que la manœuvre de l'objet volant, et un peu moins compréhensible. Ce qu'il fait, avec cette manœuvre, c'est de me charger, le coude droit en avant, pointé vers moi, dans la position que quelqu'un aurait en chargeant avec un couteau, ou en courant pour montrer un bobo. Puis, tout en venant sur moi, coude droit en avant, il le claque aussi de sa main gauche. On ne sait pas trop pourquoi il se claque le coude, à moins que ce ne soit pour me distraire, comme avec l'objet volant. Bien entendu, alors que la manœuvre de l'objet volant réussit dans une certaine mesure, celle du coude claqué échoue à tous les coups, parce qu'elle ne fait qu'attirer l'attention sur l'arme qu'il a choisie, c'est-à-dire son coude.

c) LA MANŒUVRE DE LA CHEVILLE CLAQUÉE : celle-ci est très semblable à la manœuvre du coude claqué, manifestement, sauf qu'avec celle-ci il me charge à cloche-pied en tenant son autre pied, dont il claque la cheville. Cette manœuvre ne nécessite pas d'autre commentaire.

Donc à présent il vient sur moi, à genoux, le coude en avant, en le claquant de la paume de sa main gauche, comme un double amputé masochiste et furieux. Je n'ai pas l'énergie de m'écarter à temps, alors je le laisse atterrir sur mon dos. Bientôt on roule dans l'herbe, et en quelques secondes je l'ai cloué sur le ventre, je lui croise les jambes, sa cheville derrière son genou, puis je pousse son mollet, dans un mouvement de casse-noix, sur sa cheville, provoquant une intense douleur.

« Bon, éructe-t-il, les poumons sûrement écrasés sous mon poids. Tu... as... assez... me puni...

— J'ai assez quoi ? » Maintenant je rebondis sur lui.

« Puni...

— Quoi ? Je ne comprends pas. Il faut que tu articules.

— Pundim...

— Articule. »

On nous regarde.

Je me relève d'un bond, comme je le fais en général quand les gens remarquent qu'on se bagarre en public, parce qu'à présent, comme il grandit, et que j'ai des poils de l'effet le plus heureux sur la figure, on ne veut pas qu'ils pensent ce que je pourrais penser si je voyais un homme plutôt adulte assis sur un garçon plutôt jeune, au milieu d'un parc, et poussant des grognements.

Quand il commence à faire sombre, que les cerfs-volistes sont partis et que les joggeurs arrivent, on s'en va.

À la maison, j'ai un message de Meredith.

« Appelle-moi dès que tu auras mon message », dit-elle.

Je l'appelle.

« C'est John », dit-elle. Elle vient de parler à John au téléphone. Il avait la voix indistincte, selon elle, et il a parlé d'avaler les cachets près de lui, sur la table à côté de son canapé, dans son appartement d'Oakland.

« Merde, dis-je en fermant la porte de la chambre.

— Oui.

— Pourquoi il t'a appelée ?

— Il dit que tu n'étais pas là.

— Tu crois qu'il parlait sérieusement ?

— Oui. Peut-être. Tu devrais y aller.

— Je lui téléphone ?

— Non, vas-y. »

Je dis à Toph de rester.

« Ferme la porte à clé. »

Je suis dans la voiture.

Je suis un héros.

John ne le ferait jamais pour de vrai.

Il cherche seulement à attirer l'attention.

Oh, mais il pourrait. Il pourrait se foutre en l'air.

La circulation va être infernale. Il est cinq heures. Merde, la circulation va être infecte, merde, merde. Prendre l'autoroute ? Non, non, c'est pire. Je rejoins San Pablo, je roule plein sud, tout droit, mais – pourquoi faut-il qu'il soit cinq heures ? Il y a la radio, il faut monter le son, parce qu'on monte le son quand on conduit vite en se faufilant. Le volume est monté. Quelque chose se passe, il y a un objectif. Il faut ouvrir la vitre. Il faut encore augmenter le son maintenant que la fenêtre est ouverte. Il se passe quelque chose.

Il ne le ferait jamais. Pourquoi aurait-il parlé des cachets à Mer s'il avait vraiment l'intention de le faire ? *Aha !*

John voit un nouveau thérapeute, il prend du Zoloft, et il se conduit de façon de plus en plus imprévisible. Meredith et moi on s'est relayés pour s'occuper…

« J'ai vomi toute la matinée », dit-il par exemple.

Il est toujours en train de vomir, d'avoir des

nausées, de cracher de la bile, du sang, des morceaux de son foie. Personne ne sait pourquoi. Il téléphone, sa voix est différente, son élocution lente, laborieuse.

« Où es-tu ?

— Chez moi.

— Qui est là ?

— Personne.

— Alors pourquoi tu as l'air saoul ?

— C'est le médicament. »

Je suis dans San Pablo. C'est presque agréable par endroits, juste après l'université, les boutiques.

Pousse ton char, abruti ! Oui, toi, dégage !

J'entre dans Oakland par San Pablo, les immeubles sont de travers, fermés et vides, comme un décor de théâtre en deux dimensions – la radio est à fond, Pat Benatar, oh, Pat Benatar.

Magne-toi le cul, abruti de mes deux, dégage ! Vas-y, mais vas-y ! Tu te traînes ! Espèce d'enculé !

C'est trop long, bien trop long. Il pourrait être mort à l'heure qu'il est, il pourrait être mort. Il n'est pas mort. Il joue la comédie. Il veut mon attention, il veut qu'on le plaigne. Ce mollasson…

Il va peut-être le faire. Il l'a peut-être déjà fait. Il faut que ça tombe encore sur moi. J'aurai un ami mort. Est-ce que je veux un ami mort ? Oui, c'est possible. Ça peut toujours servir… Non, je ne veux pas d'ami mort. Je veux peut-être un ami mort, *mais sans avoir un ami qui meure*.

Au pied de son immeuble je me demande comment je vais entrer. Est-ce que je peux utiliser l'interphone ? Je ne peux pas. Il ne va pas me faire entrer, jamais de la vie. Je n'ai pas réfléchi à ça, comment je pourrais entrer. Il va falloir que je grimpe l'escalier de secours, putain, que je casse une fenêtre – merde, je peux appuyer sur la sonnette de quelqu'un d'autre, n'importe quel appartement, j'aurais pu y penser plus tôt. Mais ils vont demander qui c'est et je dirai quoi ? Je ne vais pas dire ce qui se passe – Pourquoi je ne leur dirais pas ce qui se passe ? Parle-leur de cet abruti avec ses cachets ! Ce n'est pas à moi de garder ses secrets – Merde, merde, et puis ah ! voilà ! une femme sort ! ça tombe bien ! parfait ! Je vais passer, attraper la seconde porte à temps, elle n'est pas mal, cette femme, un peu comme un elfe, et elle sent – quel est ce parfum ? Oh ! Jessica Strachan, en sixième ! oh, Jessica, je te dois un coup de fil, il faut que j'y pense – la femme lutin est plutôt mignonne, en fait, peut-être un peu vieille, mais…

Merde. Je monte les quatre étages en courant, trois marches à la fois, vif comme un Indien, et sa porte est ouverte bon sang, et quand je fais irruption en cognant la porte contre le mur pour faire plus théâtral, je m'attends à une scène dramatique, du sang, sa bouche écumante ou son cadavre froid, bleu-vert, peut-être nu même, pourquoi nu ? pas nu – mais il est tout simplement là, sur son futon, en train de boire du vin.

Ce connard.

« Qu'est-ce que tu fabriques, bordel ? »

Il sourit. *Qu'est-ce que je fous ici ?* Je déteste ce type.

Ou bien il l'a déjà fait.

« Tu l'as déjà fait ? » Je suis énervé par le trajet, la course dans l'escalier. « Tu l'as déjà fait ? Va te faire foutre si tu l'as fait, espèce de salaud. »

Il y a des gélules sur la table, en vrac, éparpillées sur la nappe en batik. Je les montre, un petit étalage de gélules, présentées comme des bonbons dans un bol.

« C'est quoi ça ? je demande en les montrant du doigt. C'est quoi, putain ? »

Il hausse les épaules.

Je fouille l'appartement. Je suis comme un flic. Un chien policier. Un robot. Je traque les dangers

– les indices ! Je vais lui sauver la vie. Je suis sa seule chance.

Je vais dans la salle de bains, j'ouvre la pharmacie, je sors tout, plus brutalement que nécessaire, je jette les choses. Je renverse des objets même dans la douche. C'est plutôt marrant. Je trouve deux flacons qui ont l'air d'avoir été délivrés sur ordonnance. Des preuves ! Je sors en trombe de la salle de bains et je me plante devant lui.

« C'est quoi, ça ? »

Il sourit. Ce foutu sourire.

« C'est quoi, bordel ? C'est les mêmes ? » Je montre tour à tour la table et les flacons. Je lis les étiquettes. Zoloft. Ativan. Je sais ce qu'est le Zoloft, mais j'ignore totalement ce qu'est l'Ativan ; ça pourrait être contre les hémorroïdes.

« Bon, bon, écoute. Tu me dis tout de suite ce que tu as pris, tête de nœud, ou j'appelle les flics. »

*Tête de nœud ?* Où j'ai pêché tête de nœud ? Je n'ai pas dit tête de nœud depuis des années. Il me faut quelque chose de plus énergique.

« Je n'ai rien pris », dit-il en gloussant. Je l'amuse. « Te fais pas de bile. T'inquiète », dit-il d'une voix exagérément ivre. Connard. « Tout baigne. C'est cool. » Il parle vraiment comme ça. J'ai envie de lui envoyer mon pied dans la figure.

« Alors où est le reste ? » Je montre le tas de gélules.

Il hausse joliment les épaules, paumes en l'air et tout.

« Merde, j'appelle les flics. Ils sauront. » Je cherche le téléphone. « Où est ton téléphone ? »

Il est sur le mur. Il a toujours été ordonné. Même les bouteilles de vin vides dans son placard sont disposées en rang. Je commence à faire le numéro.

« Non, noon, dit-il, soudain excité, en traînant sur le second non. Je n'ai rien pris. Relaxe.

— Relaxe ?
— Oui, ree-laacks.
— Pourquoi tu parles comme un abruti ? »

Il fait un geste indiquant qu'il a bu, qu'il s'en jette un derrière la cravate, le genre de geste qu'on fait quand on n'a pas de verre à la main. Mais comme il a un verre à la main, il renverse le vin, tout le verre, sur sa chemise.

« Connard. »

Je regarde la bouteille, elle est presque vide. Il est seul et il boit du merlot dans l'après-midi. Je ne sais pas qui c'est, ce type. Ses tibias sont écorchés, ses cheveux ébouriffés comme s'il sortait du lit. Qui boit du vin tout seul l'après-midi ? Et ce calendrier de filles en maillots de bain ! Je téléphone quand même.

« Oh, merde, je téléphone quand même. Je ne veux pas avoir ton sang sur les mains » (en plus). Je fais le 911 et j'éprouve un frisson d'excitation. C'est la première fois. Quelques sonneries et boum ! une opératrice. Je suis aux commandes ! J'ai un scoop ! Je gère une situation ! Je parle de ce connard à l'opératrice – je fais un bras d'honneur à John pendant que je lui explique – qui a pris des cachets ou n'en a pas pris. Il a sans doute pris quelque chose, j'ajoute, pour être sûr qu'elle envoie quelqu'un. Je raccroche et je lui jette le téléphone.

« Ils arrivent, imbécile. »

Je me promène partout, cherchant d'autres indices. La cuisine. J'ouvre les placards, je renverse un tas de couverts dans l'évier. Le bruit est assourdissant, une centaine de cymbales.

« Hé, qu'est-ce que tu fous ? dit-il.
— Qu'est-ce que je fous ? je hurle de la cuisine. Qu'est-ce que je fous ? Va te faire foutre. »

Je vais dans la salle de bains, je regarde sous le lavabo. Rien. Je claque la porte du placard. Je fais autant de bruit que je peux. C'est mon droit. Je vais fouiller de fond en comble. Je m'attends presque à trouver n'importe quoi maintenant – des flingues, de la drogue, des lingots d'or. On nage en pleine fiction maintenant, putain.

Je m'assieds par terre devant lui, de l'autre côté de sa table basse en verre et chrome. Une photo de ses parents, un mauvais cliché trop agrandi.

« On va te faire un lavage d'estomac, andouille. »

Il refait son mignon haussement d'épaules, son petit sourire. J'ai envie de lui péter le crâne comme un grain de raisin.

« Qu'est-ce qu'il y a ? Tu as rompu avec quelqu'un ? je demande, en m'abstenant délibérément d'utiliser le nom de Georgia, pour enfoncer le clou. C'est parce que tu as rompu avec quelqu'un ? Ne me dis pas que c'est parce que tu as cessé de voir quelqu'un.

— Peu importe.

— Nom de Dieu.

— Va te faire foutre. Tu ne sais pas ce que c'est.

— Qu'est-ce que c'est quoi ? » Soudain il me vient à l'idée que c'est peut-être notre dernière conversation. Il pourrait être en train de mourir, les cachets pourraient déjà agir, l'emporter. Je devrais être gentil. On devrait parler de choses agréables. Les routes du centre Illinois, ces kilomètres si droits, où on pouvait rouler à cent vingt, cent cinquante, les vitres baissées, le maïs moissonné, rien que des champs nus et gris, on avait l'impression de creuser dans le temps lui-même, comme si on était un énorme missile sonore qui déchire la terre en deux, laissant des ruines reconnaissantes dans notre sillage – mais sachant aussi, on le savait, on le savait toujours, qu'en réalité, du moins d'un autre point de vue, ce n'était pas comme ça. Pour les voitures roulant en sens inverse, on était un bruit fort, rapide, un éclair ; vus d'en haut – même un avion qui pulvérise les pesticides vous aurait donné la perspective – on n'était rien de tel – pas sonores, pas puissants, n'affectant pas grand-chose, ne laissant pas de ruines, ne faisant pas de bruit – on n'était qu'une petite chose noire progressant tout droit sur la route droite, ne produisant qu'un bourdonnement infime, rampant à travers ce réseau plat, terrible.

« Alors, c'est comment ? Il m'est arrivé, tu sais, d'avoir des problèmes relationnels, dis-je pour l'encourager.

— Ce n'est pas ça. C'est là. » Il désigne sa tête.

« Quoi ? »

Il laisse tomber sa tête en avant comme si elle pesait une tonne. Il est plus ivre de seconde en seconde.

Un chien aboie dehors. Il devient fou, ce chien.

« Ils sont morts, dit John.

— Qui ? »

Il passe la main dans ses cheveux. Oh, le cinéma.

« C'est complètement idiot.

— Alors je n'ai pas le droit…

— Non, tu n'as pas le droit.

— Tu pourrais te faire violer sur une colline du Guatemala, tu pourrais…

— Je pourrais quoi ?

— Écoute, tout ça – c'est vrai, picoler tout seul ? Le vin et les cachets ? C'est d'un cliché, putain ! »

On frappe un coup à la porte ouverte.

« Par ici. »

Les flics sont immenses. Ils rendent la pièce minuscule, ils la remplissent de noir. Ils sont deux ; ils veulent savoir quel est le problème. *Mais ils ne savent pas ? Est-ce que l'opératrice…*

Lorsque j'explique qu'on ne sait pas ce qu'il a pris ni quand, je montre John du pouce et alors :

*Ce connard fait son mignon haussement d'épaules pour les flics !*

Mais il commence à avoir un regard bizarre.

Peut-être a-t-il pris quelque chose, après tout. Je souffre presque pour lui maintenant. Puis je le vois mort. Aux urgences, les toubibs font leur boulot avec les pelles électriques, On dégage ! (clang), son corps épais et mou comme celui d'un poisson. Puis je le regarde. Ses cheveux sont mieux comme ça, longs. La coupe en brosse ne lui allait pas. Il est presque joli maintenant, avec son bronzage.

Et de nouveau je le vois mort. C'est comme l'un de ces hologrammes, on les tourne et on voit une image, on les retourne et on en voit une autre.

Il leur explique qu'il n'y a pas à s'inquiéter, qu'il buvait seulement un peu de vin.

« Vous n'avez rien de mieux à faire, les gars ? » demande John.

Mais à présent je veux que quelque chose se produise. Je veux un relâchement de la tension. Elle est montée, montée, et maintenant il faut que quelque chose se passe.

John tend la main vers la bouteille de vin, comme s'il allait se verser un autre verre, là maintenant, prendre encore un bon verre de vin. L'un des flics s'arrête pour le regarder, son stylo à la bouche, l'air si perplexe qu'il louche presque. John s'arrête, repose la bouteille de vin, et met ses mains sur ses genoux.

L'autre flic écrit sur son bloc. Le bloc est si petit. Son stylo est vraiment petit aussi. Ils paraissent si petits, le stylo et le bloc. Personnellement, je voudrais un plus grand bloc. Oui mais avec un plus grand bloc, où je le mettrais ? Il faudrait un étui, ce qui aurait l'air cool mais on aurait du mal à courir, surtout si on avait la courroie pour la torche… Je suppose qu'il vous faut un petit bloc pour qu'il rentre dans votre ceinture multifonctions – Oh, ce serait génial s'ils appelaient ça une ceinture multifonctions. Je pourrais peut-être demander. Pas maintenant bien sûr, mais plus tard.

John est assis là, les mains serrées entre ses genoux osseux, comme s'il attendait qu'on l'invite à danser. Les walkies-talkies des flics se mettent à grésiller, à parler, les secours sont déjà en route. On apprend qu'ils vont emmener John de toute façon, pour plus de sûreté, et là, on revient sur terre. Les flics sont détendus. Ils ont déjà vu ce genre de choses. Moi aussi je suis détendu. J'ai presque envie de leur offrir un petit quelque chose à manger. Je jette un coup d'œil dans la cuisine. Il y a une assiette de raisins. *Je peux vous offrir du raisin, les amis ?*

Un plongeon, et John s'empare des gélules sur la table et les avale toutes.

« Qu'est-ce qui vient de se passer ? » demande un flic.

Il y en avait environ vingt-cinq. Incroyable.

« Il vient de prendre les cachets.

— Quels cachets ?

— Ceux qui étaient sur la table. » *Vous êtes aveugles ou quoi ?*

« Qu'est-ce que c'est que ce bordel ? » je demande à John. Je veux lui ouvrir la bouche pour en sortir les cachets, comme avec un chat qui a attrapé un écureuil, un bébé avec un jouet.

« Je n'ai jamais rien vu d'aussi con. Maintenant ils vont vraiment te faire un lavage d'estomac ! »

Il a les yeux fermés.

« Abruti ! Espèce d'abruti ! »

L'ambulance arrive, une autre voiture de police. Quand on quitte l'appartement, John est sur un brancard, il fait nuit et le quartier explose de rouge et de blanc, les lumières taguent les murs en sautillant sur les immeubles environnants.

Je les suis en voiture. Je me demande à quel hôpital ils vont l'emmener. Comment décident-ils ? On ne se dirige pas vers l'hôpital le plus proche. Je ne suis jamais allé où va cette ambulance. Elle roule plus lentement qu'une ambulance ne devrait. Ça signifie qu'ils ne sont pas trop inquiets de sa situation, ou qu'il est déjà mort.

Je m'arrête à un feu, près d'une bande de jeunes Noirs. Ils vont peut-être me tirer dessus. Je suis dans la zone à risques. Rien ne peut m'étonner. Tremblements de terre, nuage de sauterelles, pluie empoisonnée ne m'impressionneraient pas. Visites de Dieu, licornes, hommes chauves-souris avec des torches et des sceptres – tout est plausible. Si ces jeunes sont des délinquants, s'ils ont des flingues, et s'ils veulent tirer sur quelqu'un pour s'initier ou pour la raison, quelle qu'elle soit, que les délinquants peuvent avoir de tirer sur des gens comme moi, eh bien ce sera moi, la vitre se brisera, la balle traversera et je ne serai pas surpris. Avec la balle dans ma tête, je percuterai un arbre, et en attendant d'être tiré de l'épave, à moitié mort, je ne paniquerai pas, je ne crierai pas. Je penserai seulement : *Curieux, je m'attendais exactement à ça*.

Comme on approche d'Ashby, j'essaie de me rappeler cette devinette, celle du gosse qui est malade, et le chirurgien ne peut pas l'opérer parce que le gosse est un parent ou c'est son fils et comment c'est déjà ? – je ne me souviens pas, putain.

Je perds l'ambulance à un feu.

Quand j'arrive à l'hôpital, le médecin, une femme fatiguée, la trentaine bien sonnée, avec une queue de cheval, vient me mettre au courant, mais elle n'est pas bienveillante. « Alors vous êtes l'ami du grand comédien ? »

Je téléphone à Beth de la salle d'attente. Elle va chez nous s'occuper de Toph. Je dois rester jusqu'à ce que l'estomac de John soit vide.

« Ça prendra combien de temps ? demande-t-elle.

— Je ne sais pas. Une heure ? Deux ? »

Je m'installe dans la salle d'attente.

Oh, ce Conan. Il me tue, ce Conan. Je regarde la télé de l'autre côté de la salle d'attente, pleine de chaises bon marché et bruyante, à cause de deux enfants et de leur mère, une grosse bonne femme. Ils font tant de bruit que je n'entends pas Conan. Il compose une chanson pour une émission caritative, et lui et Andy se disputent parce que Conan se conduit comme une immense prima donna, alors qu'il ne saurait pas chanter si sa vie en dépendait. J'entends à peine avec les hurlements des gosses. Je change de chaise pour être plus près. Là. À présent Sting entre en jeu – oh, c'est une riche idée, d'avoir Sting – et il enregistre avec Andy et Conan. Et aussi ce batteur de Springsteen, celui qui ressemble à un facteur, avec un sourire figé. Je rigole. C'est follement drôle, putain !

Je commence à regretter de ne pas avoir de stylo et de papier. Ce serait bon, de noter les détails. Ça ferait une sorte de nouvelle. Ou peut-être pas. On a déjà écrit sur les suicides. Mais je pourrais lui donner un tour nouveau, y mettre des idées éparses, ce que je pensais en route vers l'hôpital, l'été indien, la devinette du chirurgien, Conan et Andy. C'est un bon détail, de rire pendant que votre ami subit un lavage d'estomac. Ça s'est déjà fait aussi. Sans doute à la télé même, dans *Picket Fences* peut-être. Mais je pourrais aller plus loin. Je devrais aller plus loin. Je pourrais avoir conscience, par exemple, dans le texte, que ça s'est déjà fait, mais que je n'ai pas d'autre choix que de le refaire, puisque ça s'est *vraiment passé de cette façon*. Mais alors, ça semblera l'un de ces trucs où le narrateur, ayant grandi saturé par les médias, ne peut rien vivre sans que ça éveille l'écho d'expériences similaires à la télé, dans les films, les livres, etc. Sales gosses ! Le problème, c'est les hurlements. Tout va bien, sauf les hurlements, putain de merde. Il faudra donc que je dépasse ça. Je ferai comprendre que tout en vivant des expériences très semblables à d'autres que j'ai déjà vues se produire, en même temps je reconnais l'intérêt de vivre ces expériences, aussi horribles soient-elles, parce que je pourrai en tirer parti plus tard, surtout si je prends des notes, sur ma main, avec un stylo emprunté à la réceptionniste des urgences, ou quand je rentrerai chez moi.

Il y en a peut-être un dans ma voiture.

Mais ce serait un peu gros d'aller le chercher maintenant.

Alors au lieu de pleurer la fin d'expériences non traduites, je vais les *célébrer*, me réjouir de vivre en même temps une expérience et sa douzaine d'échos dans l'art et les médias, car ces échos n'appauvrissent pas l'expérience mais *l'enrichissent*, aha ! la rendent beaucoup plus nuancée, d'une profondeur voluptueuse, pas vampirisante ni abrutissante mais édifiante, ramifiée. On a d'abord l'expérience, l'ami et sa menace de suicide, puis les échos de ces choses déjà vécues, puis la conscience de ces échos, la colère devant leur présence, et l'acceptation de leur présence – comme un enrichissement – et surtout la reconnaissance de la valeur de l'ami qui a menacé de se suicider, qui subit un lavage d'estomac, à la fois comme expérience vitale et comme matière à une nouvelle expérimentale ou un passage dans un roman, sans parler des raisons supplémentaires de se sentir supérieur, côté expérience, à d'autres de son âge, surtout ceux qui n'ont pas vu ce que j'ai vu, tout ce que j'ai vu. Une autre expérience à explorer, comme le saut en parachute, visiter l'Europe sac à dos, un ménage à trois.

Oh, ces gosses adipeux. Regardez-les, ces petits gorets. Est-ce que c'est génétique ? Dégoûtant, l'existence de gosses obèses.

Je pourrais donc être conscient du danger d'être trop conscient de soi, mais en même temps, je lutterais à travers le brouillard de tous ces échos, à travers les métaphores mixtes, à travers le bruit, et j'essaierais de montrer l'essence, qui est toujours là, en tant qu'essence, toujours légitime, malgré le brouillard. L'essence est l'essence est l'essence. Il y a toujours l'essence, qui ne peut être articulée.

Seulement caricaturée.

J'entre dans la chambre pour le voir.

Un tube lui sort de la bouche, un autre du nez. Celui de la bouche, trop épais, est placé de façon presque obscène. Son visage est laiteux, tiré, comme si le tube avait drainé plus que son estomac, avait tout pris, une sorte de châtiment. Il dort, sous sédatif, de la morphine peut-être, la tête pointée vers le haut et la gauche, en direction du respirateur. On dirait que ses mains sont attachées au lit.

Ses mains sont attachées au lit. Les sangles sont épaisses, noires, en Velcro. Il a dû résister, ou flanquer son poing dans la figure de quelqu'un.

Ses jambes sont écartées, ses bras ouverts, sa main gauche paraît toujours tendue, agrippée à une chose absente. Ces petites pattes de poulet, contusionnées de haut en bas, à force de se cogner, ivre, dans les meubles. Et il est pieds nus.

Il fait trop froid pour être pieds nus.

Et le sol n'est pas aussi propre qu'on s'y attendrait.

Il ne devrait pas être plus propre ? Ils devraient nettoyer…

Je pourrais nettoyer.

J'ai déjà vu ça, je ne sais pourquoi, cette chambre, j'ai été ici, cette chambre est celle où ma mère a été amenée pour le saignement de nez, ils l'ont d'abord emmenée aux urgences, ils l'ont reliée à des tubes, pour les transfusions, pour lui donner du sang.

Mais cette chambre est beaucoup trop grande, trop

grande et trop blanche. Cette chambre immense, séparée du reste du service, a dû être prévue pour plus d'un lit. Telle qu'elle est, elle est trop théâtrale, le lit au milieu de la pièce, toute cette place.

Je suis debout de l'autre côté de la pièce, ne sachant si je veux le toucher, m'approcher. Ça ne changera rien. Il ne le saura jamais. Il dort.

On pourrait mettre des gravures dans une pièce pareille. Ce serait bien d'avoir des gravures, comme dans un cabinet dentaire, une image à regarder pendant qu'on vous soigne.

Mais on serait en train de mourir, et la dernière chose qu'on verrait serait l'affiche de LeRoy Neiman des Masters de 1983, et ce serait trop terrible. Comme s'il pouvait y avoir quelque chose d'indiqué à voir avant de mourir…

Mais si on aimait vraiment le golf…

Il vaut mieux laisser les murs nus.

J'appuie mon épaule contre le mur puis j'y repose ma tête et j'observe un moment, la paume contre le parpaing blanc. Il était si maigre étant gosse, il paraissait toujours plus petit, quelques années plus jeune à cause de ça, mais c'était un nageur étonnant, absolument étonnant, à la piscine, dans l'océan, un style impeccable. J'essaie un instant, une occupation, de régler mon souffle sur le sien, en regardant sa poitrine monter et descendre, le reste de son corps immobile, ses mains crispées, attachées, et tandis que la couleur continue à quitter son visage je regarde dans son sommeil ce putain de connard d'imbécile.

Puis il se lève. Il est réveillé et debout, pieds nus, et il arrache les tubes de sa bouche, de ses bras, les nodes et les électrodes. Je bondis.

« Qu'est-ce que tu fous, nom de Dieu ?

— Va te faire foutre.

— Comment, va te faire foutre ?

— Va te faire foutre, espèce de connard. Je m'en vais.

— *Quoi ?*

— Laisse tomber, je ne vais pas être une foutue anecdote dans ton livre à la con. »

Il fouille dans les tiroirs.

« Qu'est-ce que tu cherches ?

— Mes fringues, face de rat. Je me tire d'ici.

— Tu ne peux pas partir. Tu es drogué et tout.

— Oh, s'il te plaît. Je fais ce que je veux. Je rentre chez moi.

— J'appelle l'infirmière. Tu – tu es censé passer la nuit ici. Et moi je reste jusqu'à trois heures du mat', quand ils diront que tu es sauvé et que tu dors bien, et le cœur lourd je rentre enfin à la maison pour retrouver Toph et mes autres obligations. Et je reviens te voir demain dans le service psychiatrique, et puis…

— Écoute, laisse tomber, petite merde. C'est de la foutaise, bordel. Je suis censé rester couché ici avec mes tibias écorchés, pendant que toi tu peux jouer l'ami dévoué, toujours là pour moi, ooh, ooh, responsable en diable, alors que moi je suis foutu, je ne vaux rien… Écoute, va te faire voir. Je ne veux pas participer. Trouve quelqu'un d'autre pour être symbolique, tu sais, de la jeunesse gâchée ou je ne sais quoi.

— Écoute, John…

— Qui est John ?

— C'est toi.

— Je suis John ?

— Oui. J'ai changé ton nom.

— Oh. Bon. Mais pourquoi John déjà ?

— C'était le nom de mon père.

— Oh non c'est pas vrai ! Alors je suis ton père. Putain, mon vieux, c'est trop. Tu es barge !

— Je suis barge ? *Je suis barge ?* Non, bordel, je ne suis pas barge.

— Bon, c'est moi qui suis barge. C'est moi. Peu importe. Mais je ne t'ai pas demandé de diffuser tout ça…

— De quoi tu parles, putain ? C'est toi qui t'es mis ici, pour commencer ! Tu prétends que tu as pris une poignée de cachets devant moi et deux flics et que tu ne voulais pas attirer l'attention ? Va te faire foutre.

— Mais ça ne veut pas dire…

— Si ça veut dire.

— Non.

— Écoute, je t'accorde toute l'attention que tu veux, je le fais depuis des années, je t'ai écouté délirer chaque fois que tu allais bien, que tu allais mal, la fois où on ne t'a pas laissé t'inscrire au club de gym, cette rupture, cette autre, tes disputes avec Meredith et qui d'autre… C'est vrai, ce n'est pas vraiment passionnant, je dois te le dire, mais j'ai écouté, tout le temps. Je sais que tu as convaincu ta thérapeute que tu as eu la vie la plus pourrie de tous les temps – et c'est incroyable que tu lui aies raconté que tu avais été violé dans ton enfance, sale menteur ! – mais tu sais, tes nouveaux problèmes, dans l'ensemble, que tu boives, ça vient de sortir – c'est seulement de l'ennui. Je souligne. En*nui*. Tu te fais chier. Tu ne fous rien. C'est vrai, chaque truc, pris à part, est tellement chiant – l'alcool, les cachets, le suicide. Personne ne va croire à ce merdier, c'est si chiant, putain !

— Alors n'en parle pas.

— Ce n'est pas chiant à ce point.

— Tu es tordu.

— Si tu veux. C'est à moi. Tu me l'as donné. On échange. Je t'ai donné l'attention que tu voulais, je te dédouane, quand tu passes trois jours en service psychiatrique, et que tu dis que tu songes toujours à le faire, c'est moi qui viens, qui m'assieds sur ton lit pour te remonter le moral – en tout cas, l'idée, c'est qu'à cause de tout ça, tout ce que j'ai fait pour toi, merde – j'ai au moins ça, ça m'appartient aussi, et toi, parce que tu as voulu te couler dans la peau du tragédien, tu dois remplir le contrat, jouer aux dates prévues, partir en tournée. Tu es devenu la métaphore. »

Il se tait. Il a dans la main deux tampons à récurer qu'il a trouvés dans un placard. Il les jette sur la table.

« Très bien. Mets-moi dans ton putain de livre.

— Vraiment ?

— Ouais.

— Tu ne fais pas ça seulement pour moi ?

— Ça compte ?

— Pas énormément.

— Bon. Je vais me recoucher. Il va falloir que tu me rattaches.

— Oui.

— Et redonne-moi de la morphine, si ça ne t'ennuie pas.

— Bien sûr. Bien sûr. Écoute, j'apprécie vraiment.

— Je sais. Passe-moi ce tube.

— Tiens.

— Merci. Maintenant arrange la couverture.

— Voilà.

— OK.

— Ça va être génial. Tu vas voir. »

John doit passer trois jours dans un service psychiatrique. Il m'appelle, et je le rappelle. Le téléphone sonne douze ou treize fois. Un homme plus âgé répond.

« Allô ? »

Il chuchote.

« Bonjour. John est là ?

— Qui ?

— Un type qui s'appelle John. Plutôt grand, plutôt blond.

— Oh non, non. Personne n'est disponible pour le moment.

— Pourquoi ?

— Eh bien, ils sont tous en thérapie de groupe. Ils y seront au moins une heure. J'ai dû quitter le groupe pour répondre au téléphone. Ils m'ont demandé d'aller répondre. »

Je réalise que je parle à un patient.

« Eh bien, vous pouvez prendre un message ? »

Un long silence. « Je ne suis pas sûr d'avoir le droit. Attendez. »

Le combiné est lâché bruyamment ; je l'entends se balancer au bout de son fil. Au bout d'une bonne minute, il le reprend, respirant lourdement.

« Bon, je crois que je peux prendre le risque. »

Je lui demande de dire à John que j'ai appelé.

« Bien. John a appelé.

— Non, j'appelle John.

— Oh. Oh. » Il est inquiet. « Vous appelez John. Il vous connaît ? Vous êtes un parent ?

— Non.

— Vous êtes son père ?

— Non.

— Eh bien vous ne pouvez pas téléphoner si…

— D'accord, je suis son père.

— Non, ce n'est pas vrai. Vous venez de dire…

— Écoutez. Je rappellerai. Ne vous en faites pas.

— Oh, merci ! »

Je passe plus tard dans l'après-midi.

On me conduit à la porte, et je signe le registre. Au bout du couloir se trouve une salle commune, avec une moquette bleue, quelques canapés et une table en bois massif. On dirait un peu une classe de cinquième. John est dans la première chambre sur la gauche. La pièce est obscure. Il est couché sur le côté, les mains entre les jambes, une couverture sur les pieds.

Je m'assieds sur le lit en face.

« Alors ?

— Tu sens ? demande-t-il.

— Sentir quoi ?

— Tu ne sens pas ?

— Non. Qu'est-ce que c'est ?

— L'autre type n'a pas pu trouver les toilettes la nuit dernière.

— Quel autre type ?

— Mon compagnon de chambre, le vieux Noir dehors.

— Oh.

— Toute la nuit, il n'a pas arrêté. Il gémissait, il tapait sur la fenêtre, il pleurait. Il disait : "Je meurs, aidez-moi, quelqu'un, je meurs." C'était incroyable.

— Il mourait ?

— Non, il ne mourait pas ! Il chiait !

— Je croyais que tu disais qu'il était près de la fenêtre.

— Mais oui. Il ne trouvait pas les toilettes, alors il l'a fait là, debout devant la fenêtre.

— Oh.

— Et puis il s'est calmé, et le matin, il y avait de la merde partout. Elle était descendue le long de sa jambe, sur sa chaussure, et pendant la nuit il avait marché en rond…

— Bon, très bien.

— Il y avait des empreintes de merde dans la chambre, dans le couloir.

— Bon. Alors…

— Ils m'ont transféré dans une autre chambre un moment. Puis ils ont nettoyé le sol et ils m'ont remis ici.

— Je ne sens rien.

— Oui, ils ont dû vaporiser.

— En fait ça sent bon.

— Ils m'ont attaché au lit.

— Quand ?

— Le lendemain de mon entrée, presque toute la journée.

— Hum. » Il veut que je sois scandalisé, ou impressionné. Je ne sais pas lequel des deux. « C'est normal ?

— Ça m'a rendu fou, putain. Regarde mes bras. »

Il me montre ses poignets, à vif, bleuâtres.

« Et regarde. »

Il me montre ses chevilles, rouges et marbrées.

« C'est vrai, tu as déjà été attaché ?

— Laisse-moi réfléchir. » Je songe à quelques remarques spirituelles que je pourrais faire. « Non, je n'ai jamais été attaché. » Puis :

« Mais je n'ai jamais fait semblant de me suicider.

— Qu'est-ce que tu as dit ?

— Rien.

— Va te faire foutre.

— Non, toi.

— Tu crois que c'était de la comédie ? Toi et cette foutue infirmière. C'est une vraie salope, putain. Elle m'appelait "Martin Sheen".

— Tu ne ressembles pas à Martin Sheen.

— Elle voulait dire le jeu. La façon dont je jouais. *Apocalypse Now*.

— Oh, je n'ai jamais vu ça.

— Non ?

— Pas en entier. Pas la partie dont elle parle. »

Je le regarde un instant.

« Tu ressembles plus à son fils Emilio Estevez. »

Il se soulève sur les coudes pour me regarder.

« Ce n'est pas drôle.

— Je sais.

— Ils m'ont attaché parce qu'ils pensaient que je pourrais recommencer.

— Pourquoi ils auraient pensé ça ?
— Parce que j'ai dit que je le ferais.
— Mais tu ne le feras pas.
— Pourquoi pas ? »

L'homme aux excréments entre. Sa peau est violette et grise. Il salue de la main. Il s'assied une minute sur le lit, lissant le drap de la paume. Puis il se relève et sort en traînant les pieds.

John se penche vers moi, il chuchote.

« Tu vois comment il marche ? Ils font tous ça. C'est la Thorazine.

— Ouais.
— Tu sais que je suis interné.
— Je m'en doutais.
— Et interné, je ne peux pas partir, même si je veux.
— Ouais, eh bien…
— C'est vrai, c'est bizarre, non, que ces gens, que je ne connais même pas, puissent m'empêcher de partir ? C'est bizarre, rien que sur le plan philosophique, non ? »

Je reconnais que c'est bizarre.

« Je suis si fatigué, dit-il.

— Moi aussi, dis-je, peut-être trop vite. On est tous fatigués. »

Il ramène ses genoux contre sa poitrine.

« Non, c'est vrai, je suis fatigué », dit-il.

Il roule sur le côté, en me tournant le dos.

Il veut être encouragé.

Je pose ma main sur son épaule. Non, il ne va pas m'obliger à lui sortir le laïus. À cette idée, je suis blême. Mais je m'exécute, en rassemblant les fois où je l'ai vu faire à la télé et dans les films. Je lui dis qu'il y a beaucoup de gens qui l'aiment, qui seraient effondrés s'il devait se tuer, tout en me demandant, vaguement, si c'est la vérité. Je lui dis qu'il a un tel potentiel, tant de choses à faire, alors que je crois surtout qu'il ne fera jamais grand-chose de son corps ni de son esprit. Je lui dis qu'on a tous des périodes sombres, tout en étant de plus en plus furieux contre lui, la comédie, l'apitoiement sur lui-même, alors qu'il a tout. Il a une liberté totale, sans parents, personne qui dépende de lui, de l'argent et pas de menaces immédiates de souffrances ou de calamités. Il est le centième pour cent, comme moi. Il n'a pas de véritables obligations, il peut aller n'importe où n'importe quand, dormir où il veut, se déplacer comme il veut, et il fait quand même perdre son temps à tout le monde avec ses états d'âme. Mais je ne dis rien de ça – je le garde pour plus tard – au contraire je ne lui dis que les choses les plus positives, les plus enthousiastes. Et bien que je n'y croie pas beaucoup, lui si. Ça me rend malade de parler ainsi, toutes ces évidences, les raisons de vivre pas du tout explicables en quelques minutes au bord d'un lit dans un service psychiatrique, mais il est réconforté, ce qui me pousse à me poser encore plus de questions sur lui, à me demander pourquoi un laïus d'encouragement aussi sirupeux peut le convaincre de vivre, pourquoi il tient à nous rabaisser tous les deux à ce niveau terre à terre, comment il peut ne pas voir qu'on a l'air idiots. Je me demande quand, exactement, son cerveau s'est ramolli, quand j'ai cessé de le suivre, comment je peux fréquenter un être aussi faible et malléable, m'intéresser à lui, et où, déjà, j'ai bien pu garer ma voiture.

## VIII

On ne peut rien faire contre les excréments sur le sol. Au bureau de *Might*, on a un problème d'excréments sur le sol. La matière fécale a débordé de la cuvette sur le carrelage, puis sous la porte, et à présent il y a une péninsule de déchets brunâtres dans notre principale zone de travail, dont on se plaindrait, ou à quoi on ferait remédier, si on payait encore le loyer. Mais on ne peut appeler personne pour faire des réparations parce que le propriétaire a condamné l'immeuble il y a quatre mois, lorsqu'on a jugé qu'il avait besoin d'être rééquipé contre les tremblements de terre, et personne, surtout pas lui (ou elle) ne sait qu'on est encore là. Tous les autres locataires ont déménagé, mais parce que personne ne nous a officiellement informés du projet, qu'on n'a pas reçu de lettre administrative, et comme Randy Stickrod n'est pas en ville – on ne l'a pas vu depuis quelque temps – nous squattons.

On ne paie toujours pas les collaborateurs, ni le personnel à mi-temps, encore moins nous-mêmes. Et bien qu'on puisse utiliser le magazine pour répondre à toutes ces questions qui vous taraudent – *Pouvez-vous boire votre propre urine ? Quels papillons peuvent être consommés sans danger ?* – les avantages ne justifient pas le travail, et c'est plutôt déprimant. On est crevés. On est affaiblis. Le nez de Marny coule depuis deux ans maintenant. Moodie, qui semble affligé d'une mononucléose perpétuelle, garde un énorme pot de vitamine C sur son bureau. On ne survit que grâce à un influx constant de volontaires et de stagiaires, une demi-douzaine à la fois. Il y a Elliot, venu de l'Ohio pour l'été, qui paraît douze ans bien sonnés. Il y a Gabe, de Columbia, qui porte des gilets, torse nu. On rencontre et on recrute quelqu'un du nom de Lance Crapo (craapo, pas craipo), apparemment l'héritier de l'une des familles de cultivateurs de pommes de terre les plus importantes de l'Idaho. Parce qu'il rentre ses chemises dans son pantalon et qu'il veut bien s'occuper des aspects financiers du magazine, de la pub au projet commercial, éternelle source de mystère, en un mois il devient notre vice-président et notre éditeur. Et bientôt on touche un dénommé Zev Borow, tout juste sorti de l'université de Syracuse, qui a quitté New York pour San Francisco afin de travailler, gratuitement, pour nous.

Comme la plupart des nouveaux assistants, Zev a plus d'énergie qu'on n'en a l'usage. On l'envoie faire des courses, on lui donne des papiers à classer. Quand on est à court de papiers à classer, Paul parie avec nous qu'il peut lui faire classer une gigantesque boîte de photos publicitaires de compagnies de disques – des centaines, dont nous n'aurons jamais besoin, encore moins par ordre alphabétique.

Il met au moins une semaine, mais il en vient à bout, ce qui nous amuse tous et nous distrait quelque temps du fait que de bien des façons on commence à se détester – notre stagnation induit un sentiment de frustration qui déteint sur la façon dont nous nous parlons – « Non, tu verras, ce sera vite fait, mon vieux » – notre dégoût pour nous-mêmes détourné vers le voisin.

Avec à-propos, Zev, en grande partie inconscient et toujours optimiste, trouve l'idée de l'article de fond du prochain numéro : l'Avenir.

Le papier d'introduction :

L'Avenir : viendra-t-il ?
C'est drôle de se demander ce qui se produira à l'avenir. Qui fera quoi ? Que se passera-t-il ? Ce sont d'importantes questions auxquelles il est vraiment difficile de réfléchir. Mais essayez quelque chose de plus modeste, comme la nourriture dans le futur : que mangerons-nous ? La nourriture aura-t-elle le même goût, ou un goût différent ? Résistera-t-elle toujours sous la dent ? Et les vêtements ? Seront-ils plus serrés, ou plus lâches ?
Nous demandons à différents spécialistes de prévoir ce qui se passera en 1995 et au-delà :

L'avenir du lavage de carreaux
par Richard Fabry, éditeur, *Le Laveur de Carreaux Américain* :
« On remarquera de plus en plus les outils professionnels des laveurs de carreaux... ils sont jolis, après tout. Beaucoup sont en cuivre, on dirait une belle sculpture en trois dimensions – presque comme s'ils méritaient d'être montrés dans un musée. »

L'avenir des boissons
Susan Sherwood, rédactrice, *L'Analyste des Boissons de l'Arizona* : « Dans l'ensemble, les gens boiront moins, mais boiront mieux en 1995. »

Zev écrit à William T. Vollmann, lui demandant ses prévisions pour l'année. Vollmann répond, au crayon, de l'autre côté de la lettre, indiquant qu'il aimerait contribuer, mais il voudrait être indemnisé. Comme on n'a jamais payé personne pour rien, et qu'on a moins d'argent à présent que jamais, on lui demande si on peut le rémunérer autrement qu'en espèces. Il dit d'accord, voilà ce qu'il veut : a) Une boîte de balles Gold Saber calibre 5 ; b) Deux heures, dans une pièce chaude et bien éclairée avec deux femmes nues, pour les peindre à l'aquarelle.

Zev va chez l'armurier de Second Street, et l'une de nos assistantes à temps partiel, une barmaid du nom de Michelle, dit qu'elle posera et amènera une amie. Vollmann arrive en voiture de Sacramento avec un ami, qui attend avec Moodie dans sa cuisine pendant que Vollmann peint Michelle et son amie dans le salon.

On attend la fin de la séance pour lui donner les balles.

Le sujet central du numéro est « Vingt de vingt ans », une charge à la fois contre nous-mêmes et contre un article récent du *New York Times Magazine* célébrant « Trente moins de trente ans », une liste qui ne comprenait personne dont nous ayons entendu parler, ou dont nous entendrions parler de nouveau, sauf l'éminente parolière Lisa Loeb. Pire, nos noms n'étaient pas cités, et c'était troublant. Notre intro :

> Oyez : *Might* présente vingt jeunes hommes et femmes d'action qui ramassent l'argent à la pelle et qui ne savent même pas écrire « oyez ». Vingt des plus branchés, câblés, des plus hard-rock vingtenaires à avoir jamais enfilé un jean élimé et des Doc Martens. Vingt qui ont gagné leurs héritages. Vingt qui savent qu'être jeune, s'amuser et boire du Pepsi est plus qu'un slogan. Vingt qui aimeraient payer un coke au monde entier, et font déjà la queue au comptoir. Vos vingt, mes vingt, nos vingt… les vingt de *Might*.

Dans notre papier, tous nos personnages à suivre sont riches, beaux, célèbres et bien habillés, et le plus souvent la progéniture de gens déjà riches, beaux, célèbres et bien habillés. Brent, le coloc de Moodie, incarne le Lieutenant Sanders, le fils jet-set du colonel. Notre plus récente stagiaire, Nancy Miller, est

Juliette Tork, la rock-star en herbe fille de Peter, des Monkees. Il y a bien sûr un Kennedy (on l'appelle Tad ; il a eu des démêlés avec la justice), un mannequin sans nom de famille, un réalisateur noir (« Je veux faire des contes de fées pour les Noirs »), un organisateur de raves hassidiques (Schlomo « Cannelle » Meyer), et un rappeur de l'Upper East Side (son single : « Double Parking Bitch »). Sans aucune raison valable, on envoie un nouveau Scud dans la direction de la pauvre Wendy Kopp :

> CINDY KAHN, 25 ANS, FONDATRICE, STREETS FOR AMERICA
> Streets for America, une idée née de la thèse de doctorat de Kahn à Harvard, est maintenant une organisation à but non lucratif qui brasse des millions de dollars. En plaçant des diplômés de fraîche date dans les rues des villes les plus dangereuses d'Amérique, le but du programme est d'injecter un sang neuf dans les forces de police du pays. Des jeunes gens à l'esprit ouvert, pourvus d'une bonne éducation. « Le flic de base paraissait si bête et si laid, dit Kahn. Il était temps de donner de la classe à l'exercice du maintien de l'ordre. Vous pouvez parier que les criminels endurcis vont se réveiller et faire attention si la personne qui leur passe les menottes est bien habillée et possède, disons, une maîtrise de Yale. »

Et bien sûr, on ne rate pas Lead or Leave :

> Frank Morris, 29 ans, et Frank Smolinov, 29 ans, fondateurs de ORGANIZE OR EMIGRATE ! Ces deux-là sont les cerveaux de l'association politiquement neutre mais politiquement influente Organize or Emigrate ! Revendiquant « dans les 130 millions de membres », l'association, en deux ans exactement, a réussi à produire trois pamphlets et un badge. Mais ils ne se reposent pas sur leurs lauriers. « Nous ne nous assiérons pas pour un repas d'une heure et demie, nous ne lirons même pas le bulletin de notre fraternité avant que chaque homme et chaque femme de la Génération X ait

vu notre photo dans un magazine à grand tirage », dit Smolinov. Et ensuite ? « Ce que nous voulons c'est une nomination ministérielle, dit Morris. Mais il semble que Perot ne se présentera pas en 96. »

Zev, avec un geste qui dit : « Qui, moi ? » endosse le rôle de Kevin Hillman, dont la contribution est curieusement pertinente :

KEVIN HILLMAN, 26 ANS, AUTEUR
« Glandeur ? Pas moi », dit en riant Hillman. Et il peut se permettre de rire. Son livre, *Glandeur ? Pas moi !*, est en haut de la liste des best-sellers du *Times* depuis le début de janvier et ne donne pas signe d'en décrocher. Le livre est simplement la transcription d'une semaine de conversations entre Hillman et ses amis, captées par hasard sur un magnétophone. « J'ai oublié que la machine enregistrait, et quand j'ai écouté, c'était si, si vrai, bon sang ! » Le mois prochain Hillman présentera des vidéo-clips avec Kennedy sur MTV dans le Week-end de rock alternatif alternatif et le Week-end d'hommage aux athlètes du water-polo.

Shalini, en tenue indienne, incarne sereinement la joueuse de luth électrique Nadia Sadique – aussi à l'aise au luth classique qu'au luth country et au luth hawaïen. Deux semaines plus tard on reçoit un coup de fil d'un producteur de *Where in the World Is Carmen Sandiego ?*, une émission éducative de PBS. Il leur faut absolument Nadia dans l'émission.

On promet de transmettre le message au directeur artistique de Nadia. Après une brève discussion, on décide que le directeur artistique de Nadia sera Paul. On branche le téléphone sur un magnétophone, et Paul rappelle le producteur.

PAUL : Allô, monsieur Meath, c'est l'agent de Nadia Sadique, Paul Woodprince.

PRODUCTEUR : Bonjour ! Oui, on vient de me donner votre numéro. Comment on vous a trouvés déjà ?

PAUL : Dans *Might Magazine*.

PRODUCTEUR : Oui, on a vu ça dans *Might Magazine*. Vous connaissez notre émission ?

PAUL : Oui.

PRODUCTEUR : Oh, bien. Nadia a l'air d'être exactement le genre de personne qui pourrait figurer dans l'émission, ou donner un indice musical. Et bien sûr ce qu'on aime aussi, c'est qu'elle joue du luth.

PAUL : [Silence.]

PRODUCTEUR : C'est une sorte de plaisanterie entre nous. On a un petit concours tous les jours et on appelle ça « La Lutte ».

PAUL : Uh-huh. Oui. « La Lutte ».

PRODUCTEUR : Alors si on pouvait la faire jouer du luth, ce serait génial. C'est tout à fait notre genre d'humour.

PAUL : Elle est aussi du Bangladesh.

PRODUCTEUR : Oh, oui, on adore ces trucs multiculturels.

Paul fait des pieds et des mains pour les dates et les honoraires, et finalement il fait engager notre Nadia de fiction dans l'émission pour le mois suivant. (On la supplie, mais Shalini refuse d'y aller. Nadia ne va pas à la télé.)

La couverture du numéro montre cinq des vingtenaires à suivre, regardant de la page vers des lendemains plus riants, avec en haut les mots :

L'AVENIR : ICI POUR RESTER !

Juste avant que le numéro soit mis sous presse, le propriétaire de notre immeuble s'aperçoit enfin qu'on est encore là. Il nous donne une semaine pour partir.

On quitte l'entrepôt condamné et on transfère nos bureaux au quatrième étage d'un building de bureaux tout en verre au centre de la ville. Les types du service des ressources humaines au *Chronicle*, qui nous veulent plus près pour que Moodie et moi on puisse leur fournir nos services à la vitesse grand V, nous laissent nous installer avec eux – avec Shalini et *Hum*, Carla et *bOING bOING* – nous donnant 250 mètres carrés, avec des fenêtres du sol au plafond, pour 1 000 dollars par mois – que Moodie et moi on paie facilement en leur comptant le prix fort pour notre travail de graphisme.

Mais la dégringolade a commencé. Les fenêtres ne s'ouvrent pas, et même les blagues qui traînent presque constamment sur les juifs et les mormons ne parviennent pas à dissiper le climat de mauvaise humeur et de déconfiture.

Toph est meilleur que moi. La moitié du temps, les miennes vont derrière moi, ce qui est drôle en soi, mais pas l'effet recherché. On est partis dans le trip où on fait semblant de jeter la balle aussi fort que possible, avec une énorme torsion, un mouvement de la jambe et tout, puis, à la dernière seconde, au lieu de vraiment la propulser, on la laisse nous glisser des doigts, au ralenti brusquement, et la balle décrit une haute boucle, une trajectoire lente et lamentable, comme un pélican à une aile. Puis on l'attrape et on la renvoie de la même façon. On fait ça depuis une demi-heure.

Les automobilistes détestent. Ils ralentissent, ils s'arrêtent presque, exaspérés de nous voir nous faire des passes dans la rue. D'une façon qui indique qu'ils n'ont jamais vu personne se lancer une balle de baseball dans la rue, en ont peut-être entendu parler, mais n'ont jamais pensé qu'à notre époque, un parent non seulement irait tolérer, mais encourager une pareille pratique, y *participer*.

Ces gens, ces précieux citoyens de Berkeley. L'homme dans sa Volvo qui nous regarde bouche bée comme si on écorchait des bébés.

En réalité on ne fait que tuer le temps. On a un rendez-vous.

On rentre dans la maison.

« Tu as les listings ?

— Oui.

— Tu as le papier ?

— Oui.

— Bon, allons-y. »

On monte en voiture et on part.

Après un an et demi de ruptures et de rapprochements, Kirsten et moi avons fini par rompre pour de bon, d'un commun accord, acceptable pour toutes les parties concernées, mais qui a aussitôt déclenché une réaction en chaîne trop horrible pour seulement l'évo…

On a donc d'abord rompu, puis Kirsten a décidé d'aller vivre à San Francisco, ce qui me convenait parfaitement, puisqu'on avait besoin de distance, et pour que je sois moins tenté de l'espionner quand je serais frappé d'un accès de jalousie à une heure du matin le samedi, convaincu qu'elle est chez elle, sur son canapé, avec quelqu'un de beaucoup plus viril que moi. Et tout a été parfait jusqu'à ce que Beth, qui vient de terminer sa deuxième année à l'école de droit, décide que, voyez-vous, ce qu'elle aimerait faire, eh bien, elle aimerait quitter Berkeley, à quelques rues de chez nous, où elle est toujours accessible, à portée de la main, en mesure de fournir l'aide dont on a besoin quand on en a besoin, pour aller en ville, de l'autre côté de la baie, toute cette eau, le pont, les kilomètres, à San Francisco, où elle habitera avec… Kirsten !

Kirsten a même téléphoné.

« Ce n'est pas génial ? » a-t-elle demandé.

Puis Beth a téléphoné.

« Ce n'est pas génial ? »

Ce n'était pas génial. On était seuls, Toph et moi. Tout était perdu. Livré à moi-même, je perdrais le peu de contrôle que j'avais encore sur les choses, et puis je passerais ma colère sur Toph, qui absorberait en silence mon stress, ma rage et le malheur qui en résulterait pour notre maisonnée, et ensuite il voudrait aller à l'école militaire, où il excellerait, et en grandissant il collectionnerait des crânes d'animaux et il écrirait des lettres à des prisonniers. Finalement, ça ne s'est pas si mal passé – Beth revenait à Berkeley presque tous les jours – mais pour diminuer la tension, et comme il ne nous restait que quelques mois de bail, que l'école primaire finissait et que Toph entrait en sixième, on s'est vus contraints de suivre le mouvement. On a cherché un appartement à San Francisco. On cherche encore.

On ne savait absolument pas par où commencer. De nouveau, je caressais l'idée d'un loft, un immense loft à South Market, avec accès au toit, des espaces de rangement infinis, une verrière, et des murs sur lesquels on pourrait peindre, qu'on pourrait décorer de peintures murales savamment agencées qui finiraient par valoir des millions, seraient conservées, soigneusement enlevées et transportées au MOMA pour y être exposées dans les collections permanentes. Mais quand on explore le quartier, du Bay Bridge à la Mission, ça ne va pas. Pas d'arbres, trop de ciment, trop de mecs en cuir.

Une fois South Market exclu, personne ne semble d'accord sur le quartier qui nous conviendra.

Haight Ashbury ? Non, non, dit Marny. De la drogue, des sans-abri, tous ces jeunes hippies de Marin qui font la manche.

La Mission ? Non, moi je n'irais pas, pas avec Toph, dit Moodie. De la drogue, des prostituées, des gangs.

Et presque tout le reste est trop loin de sa nouvelle école. On répond à une annonce, un trois-pièces à côté de Dolores Park, bien que Paul dise qu'un bon pourcentage des trafiquants de drogue de la ville ont élu domicile sur ses pelouses vallonnées où, il y a quelques semaines à peine, on a tiré sur un jeune couple. Ils ont tous les deux été tués, sans motif, au milieu de la journée, alors qu'ils étaient couchés au soleil.

Les propriétaires de la location sont un couple de vieux homos qui habitent dans l'autre moitié du bâtiment. C'est grand, haut de plafond, abordable, peint en mauve et bleu pervenche, mais à part ça, parfait. Je remplis un formulaire pour leur donner tous les renseignements à mon sujet, je mens sur notre revenu – j'ai au moins appris ça – et plus tard ce soir-là je leur écris une longue lettre, en les suppliant de nous accorder la location, répétant que nous étions les premiers, que nous sommes calmes et gentils, tragiques et désespérés, choisis pour vivre, souffrir et éduquer. J'ai envie de leur raconter le rêve que j'ai eu la nuit précédente – je le fais presque – un rêve semi-conscient où j'entrais dans la circulation sanguine de Toph – j'étais une sorte de particule microscopique, comme dans *Le Voyage fantastique* d'Asimov, et j'entrais dans sa circulation, je voyais les couches de chair, les rouges, les mauves et les violets, les bruns boueux et les noirs, et je filais là-dedans à des vitesses vertigineuses, croisant des objets dans tous les sens, dans les capillaires, hors des capillaires, et soudain je traversais le ciel – je ne sais pas trop si à ce stade j'étais encore à l'intérieur de Toph ou non ; si le corps de Toph contenait aussi un ciel – et il y avait les habituelles strates de bleu puis le blanc de l'atmosphère et en silence je débouchais dans l'espace ébène, je voyais le monde, et sa rondeur, en bas. J'ai l'impression que cette histoire, ce genre de choses, va les toucher, mais ensuite je me dis que peut-être, vous savez, ce serait trop me livrer.

Je prends la voiture pour aller au Kinko ouvert

vingt-quatre heures sur vingt-quatre leur faxer la lettre afin qu'ils l'aient le matin. Ils la liront quand le soleil arrivera, ils nous aimeront et cesseront de considérer les autres propositions. Le matin l'un des deux téléphone.

« David ?

— Oui, dis-je.

— C'est une jolie lettre que vous avez faxée.

— Merci. » Soulagement. C'est fait. Mission accomplie...

« Mais en fait on cherche un couple gai. »

Je songe sérieusement à lui dire, pendant le long silence qui suit, qu'en fait je suis gai. *Comment sait-il que je ne le suis pas ? Est-ce que je suis si négligé ?*

Je soupire et je raccroche.

C'est incroyable, putain. Avec le marché de la location à San Francisco rétréci d'une façon jamais vue jusque-là – à cause, en grande partie, du flot incessant de diplômés adorateurs de *The Real World* – on nous traite comme de la vermine. On est plus bas que les couples gais. On est plus bas que les couples mariés, les couples non mariés, les colocataires femmes, les colocataires hommes. Les propriétaires ne répondent pas à nos appels. On voit un endroit, un trois-pièces rempli de lumière dans le quartier idéal, que nous savons être les premiers à visiter – on est toujours les premiers – et bien que le propriétaire, un type grassouillet, soit lui-même parent unique, et bien qu'on lui file tous nos papiers de banque prouvant notre solvabilité, il donne l'appartement à...

« Qui ?

— Un médecin.

— Mais on était les premiers.

— Eh bien, en fait...

— Écoutez, quand on est arrivés, vous avez dit qu'on était les premiers.

— Je ne me souviens pas, en réalité...

— Vous l'avez *vraiment* dit.

— Écoutez, vous devez comprendre… »

On est atterrés. On est choqués, *choqués* qu'à une époque comme la nôtre, deux personnes comme nous souffrent de discrimination, uniquement parce que l'un de nous a vingt-cinq ans, est précairement établi à son compte, ne gagne que 22 000 dollars par an, et vit avec son frère de douze ans qui, c'est écrit sur le papier, paie près de la moitié du loyer.

Alors qu'on se prépare à demander à Beth, maintenant avocate et casée dans un cabinet juridique de San Francisco – la deuxième plus grosse étude de la ville – de déchaîner sur le propriétaire grassouillet les justes foudres de la loi, on a un peu de chance. Une agence immobilière, située, c'est intéressant, à quelques portes du nouvel appartement de Beth et de Kirsten, dans la vilaine Union Street, s'occupe de locations, et quand on a fourni les renseignements, l'agent, une gentille femme du style Betty White, a un endroit à nous montrer, et on y va. C'est proche de la nouvelle école de Toph – encore une école privée, encore une bourse – et bien qu'il n'y ait pas de parc à proximité, et une seule fenêtre digne de ce nom, les plafonds sont hauts et le loyer, même s'il n'est pas bon marché ni même abordable, est du moins proportionné à ce qui est demandé ailleurs dans la Babylone du marché de la location de la ville (ou plutôt, de la Ville). On remplit des formulaires, et parce que les sourcils de la dame se lèvent quand elle lit les expressions « à son compte », « épargne », « Caisse de retraite », « tuteur » et « frère de douze ans », je lui fournis, ainsi qu'au propriétaire, ce que je pense être le sceau en or de la légitimité, des exemplaires de *Might* et une photocopie d'un article écrit sur nous dans… dans… *Newsweek* !

Tandis que le 1er septembre approche, tout paraît en ordre. J'ai payé une caution, j'ai loué une camionnette de déménagement, Toph est prêt à commencer l'école. Comme on a peu de temps, on devra déménager en un jour, aidés par des amis. On n'a pas droit à l'erreur, mais on est profondément heureux, comme on l'est toujours quand on trouve un endroit, que tout soit réglé, d'être dans un quartier sûr, d'avoir deux chambres, un lave-vaisselle, des planchers, des murs.

Le 28 août, l'agent téléphone. Elle est dans tous ses états. Il y a un problème. Oh, elle est navrée, mais…

« Quoi ?

— Le propriétaire veut dénoncer le bail. Lui et sa femme ont été gênés par quelque chose.

— Quoi ?

— Quelque chose dans un article que vous leur avez donné. Deux choses : on disait que vous êtes désordonné, et une autre à propos de Jésus… »

Le propriétaire, un certain Roger Simonian, et sa femme, peu importe son nom, ont lu l'article de *Newsweek*, et ils ont été « très contrariés » par les passages suivants :

> Eggers et Moodie avaient ouvert un atelier de graphisme, une boutique d'une seule pièce, connue, dit Moodie, pour être prodigieusement bordélique.
> Dans les premiers numéros [de *Might*], par exemple, les annonces étaient répertoriées dans la table des matières, et l'on y trouvait des corrections pince-sans-rire du style « À la page 111, dans "L'actualité religieuse en bref", nous avons écrit que Jésus-Christ était un protohippie dérangé et crasseux. En fait, Jésus-Christ était le fils de Dieu. Nous regrettons cette erreur. »

Qu'est-ce qui a pu les contrarier ? Perplexe, effrayé et livide, j'insiste pour rencontrer Herr Simonian. Il accepte, et le lendemain je suis dans une pièce avec lui, un homme de la cinquantaine en costume-cravate. Presque entièrement chauve mais avec une horrible touffe de cheveux juste au milieu de son grand front bombé, il a de petits yeux et des mains grasses. Nous sommes à l'agence immobilière, assis l'un en face de l'autre, dans des fauteuils en cuir. Il m'examine, renifle.

Il me dit que c'est sa femme qui a été choquée par les passages reproduits plus haut. Avec la plus grande retenue, j'explique l'intention cocasse de chaque commentaire, et j'ajoute, pour que tout soit clair, que je n'ai dit ou écrit ni l'un ni l'autre, et que ce n'est pas moi non plus qui ai appelé Lake Forest une « utopie de cauchemar WASP ». (C'est Moodie.) En tout cas, dis-je, ce n'étaient que des plaisanteries innocentes, des plaisanteries et des hyperboles. Écrites sans réfléchir par de jeunes esprits troublés en manque d'argent.

Et puis j'en rajoute sur notre situation désespérée, la mienne et celle de Toph, sur la perspective de nous retrouver à la rue – sans parler du fait, du moins pour le moment, que s'ils nous refusent le bail aussi tardivement dans nos accords, il est presque sûr d'essuyer, de la part de Beth, un procès qui lui brisera les os et fera fondre ses organes ballonnés, rongés de vermine. Il écoute, adossé dans son fauteuil en cuir.

« Eh bien, dit-il, voyez-vous, pour le moment, il y a une bonne alchimie dans l'immeuble, de gentils jeunes gens, qui s'entendent très bien. Et je me demande comment vous allez vous intégrer. Voyez-vous, je ne veux pas ajouter un… un élément anti-establishment à l'ensemble, et troubler l'équilibre. »

Je me demande si j'ai déjà entendu cette expression dans la vie réelle. « Anti-establishment ». Je ne sais pas quoi faire de ce mot. *Il a vraiment dit ça ?* Devrais-je sortir en riant tout haut ? *Il ne voit pas que je suis le dénominateur commun ?* Est-ce que je veux vivre sous l'autorité d'un homme qui mettrait deux orphelins à la rue quelques jours avant leur emménagement ? Devrais-je me donner la peine de convaincre ce gros tas que je ne suis pas ce qu'il croit ?

(Une indication : à ce moment je porte un pantalon kaki de l'armée, une chemise blanche avec col à pointes boutonnées, et une veste de sport, tous trouvés dans des cartons et nettoyés et repassés pour l'occasion.)

Alors je passe les dix minutes suivantes à expliquer, dans les moindres détails, *combien nous sommes « pro-establishment », Toph et moi*. Lake Forest, dis-je. Notre grand-père était médecin, dis-je. Vous n'avez pas entendu parler de lui ? Les McSweeney de Milton, Massachusetts ? Les Hawkins de Hollister – ils ont fondé cette ville, en fait, *à une heure au sud d'ici*. Les Tuck de Hillsborough ? La fortune de ces gens-là ! Hillsborough ! Je continue, citant des noms, des villes – il en prend vraiment note, ce faux-cul, sur un petit carnet noir – je lui raconte que mon père a grandi à Greenwich, nommant tous les endroits où les gens à qui nous sommes apparentés ont vécu, et de qui on est à présent si éloignés qu'invoquer leurs noms semble faux et désespéré. Mais je le fais, je parle de sociétés d'investissement et d'épargne et des hommes de loi de la famille, je promets une caution, une garantie, des cosignataires, tout ce qu'on veut, sachant que sinon on devra rester chez Beth et Kirsten, par terre et sur le canapé, pendant un mois, et on se disputera, Toph se sentira comme un romanichel, il sera ostracisé à l'école, et quand il grandira il tuera des chatons en les mettant dans des sacs-poubelles et en les flanquant contre des murs de brique.

On obtient le bail.

Et on se gave de San Francisco. Soudain on est à cinq minutes à vélo de la plage, Baker Beach, et de ses dunes, le Pacifique à gauche et le Golden Gate à droite, et on est à quelques rues du Presidio, envahi de pins et d'eucalyptus, dont le chantier a récemment été arrêté et qui est presque abandonné. On s'y balade à vélo, une ville fantôme de stuc blanc et de bois sur fond de pelouses vert perroquet, les bâtiments généreusement, négligemment espacés sur l'un des sites les plus incroyablement chers du monde. Le Presidio n'a aucun sens, avec ses zones de forêt sauvage, ses terrains de baseball pas entretenus près de logements de millions de dollars, mais bien sûr il n'y a pas de logique à San Francisco en général, une ville construite de mastic et de cure-pipes, de ciment en caoutchouc et de papier dessin de couleur. C'est l'œuvre de fées, d'elfes, d'enfants heureux avec leurs nouveaux pastels. Pourquoi pas rose, violet, arc-en-ciel, doré ? Quelle couleur pour un bar de motards sur la 16^e^ près de l'autoroute ? Prune. Prune. La lumière est si forte et si directe que tous les angles sont clairs, nets, le verre est aveuglant – pilotis, arcboutants et tourelles – les vestiges de diverses autoroutes – manches à air arc-en-ciel – la luxuriance du feuillage presque sensuelle. Par endroits seulement la ville semble un véritable lieu de résidence et de commerce, avec des routes fonctionnelles et des bâtiments raisonnables. À tout autre moment elle n'est qu'une question de fantaisie et de confiance. Rien que le trajet pour aller chez Marny et en revenir, dans le Castro, est épique, une colline, une autre – oh, la tristesse de l'Illinois plat et droit ! – un panorama, le suivant, toujours les collines, les virages, les peut-être-nos-freins-vont-lâcher, les peut-être-les-freins-d'un-autre-vont-lâcher – c'est toujours une sorte d'aventure en technicolor fané, avec une vaste distribution de paumés habillés de couleurs vives. Un détail typique vient toujours renforcer l'idée qu'on se fait de la ville, La Ville, disent-ils – les sans-abri sont en maillot de bain et font le poirier sur le trottoir, ils défèquent sans vergogne, sans être dérangés, à des coins de rues animés. Les manifestants jettent des bagels à des policiers en tenue anti-émeute, on permet aux cyclistes d'étrangler la circulation dans Market Street mais ils sont arrêtés s'ils veulent traverser le Bay Bridge. La première fois qu'on est dans Haight Street, un homme passe en chancelant devant nous, saignant abondamment de la tête, suivi dix secondes plus tard par un autre, qui saigne aussi de la tête et qui hurle, apparemment à l'intention du premier. Il tient une raquette de tennis. Partout, des signes innombrables traduisent les inquiétudes des résidents, les différents sujets de contestation, parmi lesquels les raisins et le sucre cristallisé, et les voitures en ville, les skateboards dans le centre, les tunnels à travers Marin County. Les panneaux de signalisation sont modifiés :

**STOP**

devient

**STOP**

À L'EXÉCUTION DE MUMIA

Les bus sont attachés à des cordes ou des fils, et quand on roule derrière eux il faut souvent attendre, avoir de la lecture sous la main, car ces bus ne restent pas longtemps attachés à leurs ficelles – soudain il y a une étincelle, et le bus s'arrête, le conducteur descend, va vers l'arrière de son véhicule et arrache le fil, en souriant joyeusement, oh oh ha ha, parce qu'ici rien ne presse, en réalité, pour personne, nulle part, surtout pas pour ceux qui prennent l'autobus. Des jumeaux de quatre-vingts ans hantent Union Square, les ruelles sentent l'urine, et des ados zonent dans la Mission, dans Haight Ashbury, « Hé mon frère ! Tu me refiles un bout de ta pizza ? » – et le vent monte du Pacifique, descend Geary, traverse le Richmond, attaquant la fenêtre de la chambre de Toph, orientée à l'ouest.

Et dans le nouvel appartement, les glissades s'annoncent bien. Il est long et étroit, un couloir relie toutes les pièces, et parce que le couloir a un plancher, et qu'il mesure une quinzaine de mètres, on peut, avec la porte ouverte sur l'escalier, prendre un ou deux mètres d'élan, et avec ces deux mètres et encore cinq ou six pour gagner suffisamment de vitesse, ça permet encore une super-glissade de six ou sept mètres, plus même si la porte de Toph est ouverte et la chaise écartée de son bureau.

Mais à part ça, l'appartement, c'est la cata.

La fenêtre de ma chambre est en face d'une maison de retraite – ses pensionnaires sont sur leurs balcons, ils arrosent leurs fleurs, ils regardent dans le vide, ils regardent chez moi – et deux des quatre logements de notre immeuble sont occupés par d'affreux salauds, bruyants, grossiers, des échappés de la vie estudiantine. Les murs, minces comme du papier à cigarette, n'étouffent pas les bruits, ils les amplifient au contraire, de sorte que non seulement on entend toutes les portes s'ouvrir, mais tous les messages laissés sur tous les répondeurs, et aussi les réveils, les chansons (Hootie), les trucs à la télé qui plaisent à nos voisins (*Friends*). Chaque jour que Dieu fait, au moins l'un des appartements abrite une soirée, ou un dîner, ou une douche, ou – merde quoi, on ne sait pas qui sont ces gens-là. J'ai l'impression d'être soudain revenu à la fac, d'être le directeur d'études qui habite la résidence universitaire. Je lance des appels. Je frappe à la porte du voisin de palier. Le rouquin charnu qui m'ouvre, dont j'ignore le nom, sait que je vais me plaindre, et de ses yeux sans sourcils il me lorgne, écoute, ferme la porte, et bien sûr ne fait rien. C'est incroyable de voir à quel point ils se fichent de nous, les envoyés du ciel, et de nos besoins particuliers. On s'attend à un surcroît de considération, que les eaux s'ouvrent devant nous, mais ces gens sont si peu impressionnés par nous, et avec un tel aplomb, que j'en suis réduit à glisser de tristes petits mots sous les portes.

> Les amis,
> Il faut que vous sachiez que les murs de cet immeuble sont minces comme du papier. J'entends tout ce qui se passe dans vos appartements, y compris votre télé quand vous l'allumez. Ça m'est égal que vous regardiez la télé, mais ça doit être aussi fort ? Et quand vous recevez, nous aussi du coup, si vous voyez ce que je veux dire, tellement c'est bruyant, et ça m'empêche complètement de travailler (ce que je fais le soir, chez moi), ça empêche mon frère de faire ses devoirs. C'est déjà assez dur, les amis...

Rien ne change. Ils font encore plus de bruit, dans un effort, pensons-nous, pour nous obliger à décamper. Épuisés, on s'adapte et on réagit. On garde la stéréo allumée à tout moment de la journée, pour couvrir le bruit de l'appartement au-dessous ou à côté. On joue au basket à l'intérieur. On s'en va des heures d'affilée, et quand on le fait, on monte le volume de tout dans la maison, en plaçant les haut-parleurs contre les murs.

Toph est le seul de sa nouvelle école à habiter un appartement. Beaucoup de ses camarades vivent à proximité, mais tous sont propriétaires de leur maison, d'immenses demeures parfaites dans Presidio Heights, avec des chambres pour les domestiques, des allées, des garages. Quand je vois la liste des élèves, et ce « apt. 4 » après notre adresse, je n'aime pas ça. J'ai envie d'appeler l'école et de demander qu'on l'enlève. Il est entré en sixième et, à part un professeur, un homme bienveillant qui croit nécessaire de lui demander une fois par jour comment il *se sent*, tout va bien, tout est normal, et il devient aussitôt incroyablement populaire. En un mois il y a eu trois bar mitzvahs, deux anniversaires, d'autres invitations, et je suis soulagé, énormément soulagé malgré les distances à parcourir en voiture, que cette activité, sa popularité, atténue le choc du déménagement.

Je le conduis à une petite fête chez une fille de sa classe. Quand, trois heures plus tard, je viens le chercher, il est secoué, déconcerté.

Ils ont joué à faire tourner la bouteille.

« Vraiment ? dis-je. Je ne savais pas que ça existait encore. C'est vrai, je ne crois même pas y avoir jamais joué… »

Il avait été cerné. Il n'y avait que lui, un autre garçon, et six filles. Il avait été piégé, victime d'un coup monté. Il était le nouveau et elles se l'arrachaient.

« Alors tu as embrassé quelqu'un ?

— Non.

— Non ? Pourquoi ?

— Parce que je les connaissais à peine.

— Oui, bien sûr, mais…

— J'en avais pas envie. »

Je ne sais que dire. Quelque part au fond de moi, je voudrais passer les prochaines semaines à ne parler que de ça, pas seulement à lui tirer les vers du nez, ivre que je suis de curiosité détournée, mais aussi submergé par le besoin de le tourmenter d'être si timoré. Je pèse soigneusement mes options, et parce que je suis passé maître dans l'art de la stratégie, je décide que la seule façon d'obtenir des renseignements c'est d'éviter autant que possible, dans la conversation, de le tourner en ridicule. Je prends soin aussi de ne pas projeter mes regrets sur lui, les occasions manquées, les filles jamais embrassées, les boums où je ne suis pas allé – le fait que je ne veux pas qu'il ait ces regrets, aucun regret. Sur le chemin du retour, et à la maison sur le canapé, on dissèque les subtilités de la soirée, bien après l'heure où il devrait aller se coucher, devant *Saturday Night Live*, et après.

« Elles étaient mignonnes ?

— Je crois. Quelques-unes. Je ne sais pas. Deux n'étaient pas de SF Day. »

Ça me passionne, et j'espère ne pas gâcher son ouverture d'esprit vis-à-vis des filles, parce que c'est l'une des premières fois qu'il m'en parle, étant donné que d'habitude je ricane et je pouffe, et par conséquent, il préfère en général en parler avec Beth.

Mais Beth, nouvelle collaboratrice dans sa boîte, est trop occupée ces derniers temps. On la voit de moins en moins, ce qui est un problème, mais pas autant que ça l'aurait été il y a un an. Toph est à l'âge où je pense pouvoir le laisser quelques heures, et comme on n'est qu'à douze rues de sa nouvelle école, il peut y aller à pied. Je l'y conduis les premières fois, et quand il est trop en retard, mais sinon, parce que je suis resté devant l'ordinateur jusqu'à trois heures à changer la face du monde, je dors toute la matinée. Il se réveille et prépare son déjeuner pour l'école, son petit-déj, il l'avale devant les dessins animés et puis, quand il part, souvent, au moins une fois par semaine, je lève ma tête de l'oreiller assez longtemps pour :

« Hé.

— Hé.

— Comment ça va ?

— Bien.

— Tu ferais mieux d'y aller, tu es presque en retard.

— Je sais.

— Qu'est-ce que tu as mangé ?

— Des gaufres.

— Tu as mangé des fruits ?

— Une pomme.

— C'est vrai ?
— Ouais.
— Comment tu y vas ?
— À vélo.
— Ta chaîne est toujours cassée ?
— Ouais.
— Mets ton casque.
— Salut.
— Mets-le ! »

Parce que sa chaîne est coincée, ou cassée, depuis des semaines – on l'a fait réparer deux fois mais elle a vite repris son état figé, lamentable – il va en roue libre, en quelque sorte, à l'école. Sans s'asseoir sur le siège, un pied sur une pédale, il pousse de l'autre, utilisant le vélo comme un skateboard ou une trottinette. Il m'avait décrit la technique, mais je ne l'avais pas vue jusqu'à ce qu'un jour, alors que, après son départ, j'allais à la salle de bains pour pisser avant de me recoucher, j'aie remarqué que son déjeuner était encore sur la table de la cuisine. J'ai couru après lui mais il était parti, alors j'ai pris la voiture, ne pensant pas le voir en chemin, mais il était là, juste avant le premier feu au croisement de California et de Masonic. C'était incroyable. Il poussait sur la pédale, comme s'il montait en amazone – il avait l'air de plaisanter. Aucun enfant normal ne ferait du vélo comme ça. Et bien sûr il ne portait pas son casque. J'ai klaxonné et je l'ai arrêté au coin.

« Ton déjeuner.
— Oh. »

J'étais trop fatigué pour parler du casque.

La plupart du temps, je me sens affreusement coupable, je sais au fond du cœur que parce que je ne lui fais pas son petit-déj, que je ne l'amène pas à l'école, en grandissant il écorchera des lapins et s'amusera avec des arbalètes et des pistolets à peinture. Mais aussi, à côté d'autres parents, je suis le Dr Spock. Il y a, par exemple, le cas de la mère divorcée d'un gosse de la classe de Toph. Un après-midi, on est dans les Marin Headlands, une quinzaine de parents, dont moi, debout à côté de nos voitures dans le parking, attendant de ramener les gosses, qui sont partis camper deux jours. La mère, bronzée, la peau tannée, avec de longs cheveux blonds et du rose à lèvres, porte un long maillot de rugby sur un pantalon blanc extensible. Elle parle allègrement, en faisant de grands gestes, de sa façon de traiter le problème de l'herbe à la maison vis-à-vis de son autre fils, en deuxième année de lycée.

« Je me dis que s'il doit fumer, il fumera. » Elle hausse les épaules avec ostentation. « Alors je le laisse griller à la maison. Au moins je sais où il est, ce qu'il fait, qu'il n'est pas sur les routes ou quoi. »

Bien qu'elle parle à un autre parent, elle jette des coups d'œil dans ma direction. J'ai l'impression qu'elle croit, parce que je suis plus proche en âge de son lycéen, parce que j'ai des poils follets sur la figure, que j'approuverai son point de vue.

Mais je suis trop stupéfait pour parler. On devrait la mettre en prison. Et je devrais élever ses enfants. Je suis peut-être le seul qualifié pour élever tous ces gosses – ces parents, en général, sont trop vieux, trop poussiéreux. Ceux comme elle sont pires, qui s'habillent comme leurs enfants et utilisent leurs expressions. Mais « griller » ? Qui dit « griller » ?

Je raconte l'histoire à Beth, et elle est amusée, comme toujours, par l'inaptitude des autres parents. Elle et moi on collabore paisiblement, en équipe, on va ensemble aux réunions de parents d'élèves. On est une famille du cirque, une famille de trapézistes, parfaitement coordonnés, avec un merveilleux sens du spectacle, et des maillots verts collants.

Les fêtes, on en décide au coup par coup. L'église est hors de question, comme la plupart des fêtes religieuses. Thanksgiving est observé sans conviction, puisque ni moi ni Toph on n'aime beaucoup la dinde, on ne mange pas de farce ni cette atroce gelée aux airelles en boîte. Mais on célèbre Noël. On prend des copies de la liste de Toph et on se la partage, Bill, Beth et moi. Beth s'occupe du bas et des vêtements. Bill se charge de quelques articles de la liste, mais à part ça il profite de l'occasion pour acheter à Toph des livres qu'il trouve essentiels pour le développement d'un libertaire en herbe – une année il apporte à la fois *Le Livre des Vertus* de William Bennett et *Le Dictionnaire de la Culture*.

Quelques jours avant, Bill arrive de L.A. et on fait notre possible pour disposer les cadeaux comme notre mère le faisait. À Noël, comme à toutes les fêtes qu'on se donne encore la peine de célébrer, on observe des règles qui sont à la fois un hommage à nos parents et à leur façon de faire les choses, mais le plus souvent une parodie malveillante.

Ma mère était une extrémiste de Noël. Des semaines de courses huit heures par jour, des listes soumises, révisées et rerévisées, des cadeaux étalés partout à partir de l'arbre, presque jusqu'à l'entrée – un effort acharné de renchérir sur les années précédentes, pour que ça ait l'air non seulement joyeux ou extravagant, mais indécent. Mon père, un mordu aussi mais moins ouvertement enthousiaste, avait un rituel selon lequel, parce qu'il était le père bon Dieu, et qu'il était resté debout la moitié de la nuit pour rassembler les sacrés cadeaux, il se levait tard et descendait, oh vers dix heures, pas pour nous regarder ouvrir nos cadeaux, mais pour se préparer et se taper un petit-déjeuner complet. Café, feuilleté aux fruits, bacon, jus d'orange, pamplemousse, un journal, le grand jeu – et sans se presser surtout. Tandis qu'on attendait, louchant d'impatience, des gosses du quartier, dont la plupart étaient levés depuis quatre ou cinq heures du matin, s'ébattaient devant nos fenêtres avec de nouvelles luges, ils nous provoquaient, passaient sur leurs Vélos Écolos, poussant sur les pédales avec leurs nouveaux après-skis, lumineux dans le soleil hivernal, absolument fabuleux.

Ce Noël on est morts de rire parce que Beth et moi on assure le show. Bill est là, désapprobateur mais riant quand même en silence, les bras croisés. Le programme, qui commence après notre réveil et avant que Toph n'ait commencé à ouvrir les paquets, donne à peu près ceci :

BETH : Bon, tu peux les ouvrir maintenant.

MOI : Non, en fait, attends. *(Je retire des bouloches de ma chemise, puis lentement, lentement, je délace et relace mes chaussures.)* Bon… maintenant.

BETH : En fait, attends. Il faut que j'aille aux toilettes. *(Bruits d'eau du robinet. Puis le silence. Puis la chasse d'eau. Encore de l'eau. Puis elle se brosse les dents.)*

BETH *(ressortant de la salle de bains, rafraîchie, rajustant son pull)* : Bon, je suis prête. Vas-y.

MOI : Attends une seconde, attends une seconde. Vous savez ce qui serait délicieux maintenant ? Des pamplemousses.

BETH : Mmm. Des pamplemousses.

MOI : Mangeons des pamplemousses, et puis vous savez quoi ? On pourrait tous faire une bonne promenade.

BETH : Ce serait chouette.

MOI : De l'air frais, de l'exercice…

BETH : Et plus près de Dieu…

MOI : Et plus près de Dieu.

BETH : On peut fêter Noël demain !

BETH *(réfléchissant, claquant la langue)* : Ooh. Demain ne va pas. Jeudi ?

MOI : Non, pas jeudi. Et le week-end on a trop de choses à faire. Lundi ?

À ce stade Beth et moi on s'étrangle, on pleure, on s'appuie sur les meubles. On est trop drôles.

Toph attend, pas très convaincu. Il connaît la musique.

C'est à moi de libeller les cadeaux de Toph, et la veille au soir, je fais tout ce que je peux pour embellir la tâche, pour ouvrir de nouvelles voies. Certains cadeaux, je les adresse à des destinataires fictifs, ou à d'autres gosses du quartier. Un bon nombre de ses cadeaux, je me les adresse. Ceux qui portent vraiment son nom sont criblés de fautes. Ou bien je fais la même chose qu'en remplissant des formulaires scolaires : je me trompe de nom, j'écris « Terry » ou « Penelope » puis je barre et j'écris son vrai nom, en tout petit, dessous. Quelques cadeaux viennent de « Nous », quelques-uns du « Père Noël », mais je préfère celui-ci :

De « Dieu ».

Il ne sait pas qui remercier. Il ne veut pas paraître trop cavalier en ramassant son butin, et on exploite sa volonté de plaire. Il ouvre un paquet de pâte à modeler.

« Merci, dit-il.

— Merci qui ?

— Je ne sais pas. Toi ?

— Non, pas moi. Jésus.

— Merci, Jésus ?

— Oui, Toph, Jésus est mort pour que tu sois content à Noël.

— C'est vrai ? »

Je me tourne vers Bill. Il reste en dehors de ça.

« Oui, dis-je. N'est-ce pas, Beth ?

— Oui, c'est vrai. En effet. »

Le travail, de plus en plus déprimant, routinier, ne s'améliore que si d'aventure je frôle la mort. À savoir : c'est un jour entre mille où je suis à mon bureau, à travailler sur un article démystifiant les raves, l'un d'une longue série de papiers destinés à souligner la fausseté de la plupart des choses à quoi le monde croit, qui lui tiennent à cœur. On a démystifié une version de la Bible écrite pour les enfants noirs. On a démystifié le programme de prêts aux étudiants. On démystifie l'idée des études en général, et du travail en général, du mariage, et du maquillage, et les Grateful Dead – c'est notre devoir de dénoncer tout cet artifice, partout, et c'est gratifiant, d'apporter la vérité à un public naïf…

Je reçois un coup de pied dans les entrailles. Un coup de pied avec des souliers à bouts métalliques. Je suis à mon bureau. C'est comme une crampe, mais encore plus comme si une cuillère me perçait le ventre de l'intérieur, une cuillère qui voudrait sortir de moi, merde ! Je suis habitué aux douleurs bizarres, en général causées par trop de caféine et trop peu de nourriture, mais pas dans la journée d'habitude – elles viennent le matin, ou tard, très tard, quand je fixe l'écran et que je pense à cet hiver…

Je continue à travailler. Mais quand la douleur devrait se calmer comme la douleur se calme toujours, elle persiste ; elle grandit, la douleur, et pensant qu'elle pourrait avoir un rapport avec mes selles ou leur absence ces derniers temps, je me lève pour aller aux toilettes et quand mes yeux voient le couloir l'image se bouscule puis le paysage penche, et ensuite je vois le bureau sous un angle bizarre, comme dans un film de Batman – c'est nouveau ! – puis tout est bleu. La moquette. Je suis par terre. À présent cinq cuillères, plus petites, au même endroit, tournent et creusent, des maladroits là-dedans, qui dansent avec des chaussures pointues, à pas lourds même, en prenant mon flanc droit pour la piste. Je réalise que je… je me tords sur le tapis. Je lève les yeux vers le canapé, à un mètre peut-être, il faut que je l'atteigne. Le canapé est mon refuge, le canapé est la réponse. Si seulement je pouvais... atteindre... le... canapé...

Personne ne remarque rien. Est-ce qu'on m'a tiré dessus ? Mais non. Il n'y a pas eu de coup de feu. Mais si c'était avec un silencieux ? Ça pouvait être un silen... On ne m'a pas tiré dessus. Mais je suis en train de mourir. C'est certain. Je meurs. Enfin.

Je ne peux pas parler. J'essaie de former des mots – Aidez. Moi. – mais je produis seulement de petits halètements, comme un chien, mes paroles emportées par un fantôme quand elles quittent ma...

Je meurs, enfin. Je le savais, putain. Je le mérite. Tu le sais, tout le monde le sait. C'est le sida et je ne l'ai pas volé, avec cette Unique Fois Où le Préservatif A Cédé avec la Femme Qui Avait Beaucoup Tourné. Je vois en détail où c'était – un petit appartement au deuxième étage aux murs de guingois, donnant sur le sud de San Francisco, l'aube pointait pendant que j'étais debout près du lit, elle à quatre pattes – et qui c'était, oui bien sûr, je sais, ça me revient par éclairs, bon sang j'aurais dû vérifier cette capote pendant les opérations mais oh, on était bourrés, on savait à peine ce qu'on faisait, on s'était fait raccompagner par un ami commun, qui nous avait déposés, sachant ce qui allait se passer – on avait couru, *couru* dans la rue jusqu'à son immeuble.

Merde, Toph, je suis désolé. Aurai-je seulement le temps de te téléphoner ? Qui va te prendre ? Beth ? Seule ? Non – Merde, il faudra que Bill vienne ici – où il va travailler, putain ? Il y a ce groupe de réflexion, où Flagg travaille, mais... Et s'il veut emmener Toph à L.A. ? Oh, il faudra que je m'assure que ça ne... mais Toph aime L.A., en fait, alors... Oh, regarde comme ces nuages se déplacent, par la fenêtre, là-haut, tout blancs, avec un peu de gris, comme s'ils étaient légèrement meurtris et...

Merde ! La douleur ! Je suis en train d'accoucher !

Pourquoi personne ne remarque rien ? Pourquoi n'est-ce pas considéré comme inhabituel que je me torde sur le sol ? Je me suis déjà tordu sur cette moquette ? J'essaie de me souvenir quand ça a pu arriver.

Quelqu'un du bureau voisin, le *Chronicle*, remarque le premier, à travers la vitre, et il vient ; ensuite il y a des gens partout. On m'aide à gagner le canapé pour me reposer, et on me pose des questions pour savoir où ça fait mal, si ça fait très mal, et pourquoi. Des fois que je plaisante.

« Tu rigoles ? demande Paul.

— Va te faire foutre. »

Je me retiens de dire que je meurs. Je ne suis sûr qu'à 95 pour cent que je meurs, et je ne veux inquiéter personne. Mais je saurai bientôt. Je dis *hôpital, hôpital*.

« Je vais t'emmener, dit Shalini.

— Oui, merci », dis-je.

Je trébuche vers l'ascenseur en raclant le mur, appuyé sur Shalini. Elle sent si bon, oh tu sens bon Shalini. Je meurs, Shal, je meurs. Je suis plié en deux, bon Dieu, je ne peux même pas marcher. J'ai besoin que quelqu'un me porte. Shalini ne peut pas me porter. Bon sang ! *Il faut que je dise – Il doit savoir* – À l'ascenseur j'ai presque envie de faire demi-tour pour dire à quelqu'un d'appeler l'école de Toph, qu'il me retrouve à l'hôpital mais je ne peux pas refaire tout ce chemin, je pourrai peut-être le dire au gardien dans le hall, il appellera le bureau, et quelqu'un pourra téléphoner à l'école de Toph – Oh mais le message sera massacré, merde, merde – Non, Toph ne doit pas savoir, je ne veux pas qu'il me voie mourir – je disparaîtrai comme papa, pendant la journée, en douce, c'est comme ça qu'il faut faire, on a eu notre temps, on n'a pas besoin d'adieux merde cet ascenseur est lent putain Shalini tu sens si bon.

Dans la voiture je pleure presque, parce que la douleur est dix fois ce qu'elle était quand elle m'a flanqué par terre. Mais je suis coriace, coriace comme à l'armée. Mais ça me casse en deux, putain, de l'acide partout, une centaine de petits salauds de nazis, à l'intérieur, me collent de l'acide dans le flanc avec leurs godasses à bouts d'acier – merde ! Le sida peut-il tuer comme ça ? Oui, oui. Non, non, non. Peut-être. Oh je l'ai su quand c'est arrivé, quand cette capote a crevé, je savais que c'était une erreur depuis le début, coucher avec elle, je suis coupable coupable et ma vie… Et Toph ! Quel gâchis !

Oh, c'est pire que la fois où on est allés faire du rafting, quand l'American River était bien trop haut, on y est allés, tous ensemble, et quand on a atteint les rapides, on est tous tombés du radeau, et j'étais dans l'écume, j'en ai vite avalé cinq litres, je ne pouvais pas me redresser, je ne pouvais pas rester à la surface, pour chercher, pour voir où était Toph, s'il était tombé, mais je ne voyais pas, j'étais sous l'eau la plupart du temps, et je pensais que ce serait ridicule, que c'était stupide de se noyer au cours d'une petite virée de rafting, quelle façon pitoyable de finir, et sans pouvoir sauver Toph. Mais quand le fleuve a décrit une boucle et ralenti, j'ai retrouvé mon équilibre, j'ai scruté le fleuve, les eaux plates à présent, et il était là, Toph, seul sur cet immense radeau, le seul à ne pas être tombé. Il souriait comme un fou.

C'est trop soudain pour que ce soit le sida. Quelque chose a éclaté. C'est mon appendice. Est-ce que c'est fatal ? Évidemment ! Toujours ! Non, non. Alors quoi ? Qu'est-ce que c'est ? Je dois être en train de mourir. Hémorragie interne. Une tumeur ! Une tumeur qui saigne !

« Je meurs, Shal.

— Non, tu ne meurs pas, mon chou.

— Qu'est-ce que ça peut être alors ? Et si je meurs ?

— Tu ne meurs pas. »

Shalini conduit trop brutalement. Elle passe sur toutes les bosses. Sans faire attention. Elle s'arrête trop souvent, elle freine trop brusquement, elle est si négligente. Bon sang, Shal.

« Shal, tu peux conduire… plus doucement ?

— J'essaie, mon chou.

— Tiens-moi la main », je supplie. J'ai envie de poser ma tête sur sa cuisse droite. J'ai envie de dormir. Puis je suis frappé, une seconde, par une sorte de joie intense. Je n'ai pas besoin d'être au travail, Moodie devra finir le boulot pour demain. Je fais quelque chose d'important, qui est plus crucial que n'importe quoi d'autre – oh, quel soulagement, de ne pas avoir à choisir, à me sentir coupable de perdre du temps, de ne rien faire, de faire une chose quand je devrais en faire une autre – pas de décisions, seulement survivre.

C'est si facile, si simple !

La douleur empire, comment c'est possible ? Elle canarde à présent – des planètes explosent à l'intérieur de moi. *Je suis touché ! Je suis touché !* Le ciel est bleu comme toujours, ce ciel parfait de San Francisco, je vais peut-être mourir avant d'arriver – Oh Shal, pourquoi tu portes ce tee-shirt serré à côtes aujourd'hui, le jour où je meurs ? Pourquoi on n'est jamais sortis ensemble, Shal ? Avant les ceintures de sécurité – pas avant les ceintures de sécurité mais avant que tout le monde les porte – ma mère plaquait son bras contre notre poitrine quand elle s'arrêtait net, comme si son bras pouvait faire quelque chose, aurait un effet au moment du choc, son bras si fragile et je suis si fragile, présent quelque temps seulement, une protection pour quelques années, désolé

Toph, désolé, désolé, je suis faible et on m'emporte comme je m'attendais à être emporté – Je ne veux pas être enterré : je veux que mes cendres, ou mon corps entier, soient jetées d'une falaise ; d'un hélicoptère, d'un volcan, dans l'océan… Oh mais quel océan ?

Quel océan ?

*Quel océan ?*

Dans la salle d'attente on me pose d'abord des questions sur l'assurance, que je n'ai pas. J'ai eu une assurance pendant quelques mois il y a quelques années, mais ensuite ils ont cessé d'envoyer les factures, je crois – Mais je peux payer, je paierai, je jure que je peux payer, voilà mes cartes de crédit, s'il vous plaît enlevez-moi ça. S'il vous plaît je ne tiens pas debout, je vais m'asseoir ici, juste là et je répondrai aux questions non en fait je vais me coucher ici, en travers de ces chaises, ma tête sur la cuisse de Shalini, je vais peut-être aller dans la pièce voisine où je pourrai me coucher par terre et PUTAIN DE BORDEL DE MERDE ! PUTAIN DE BORDEL DE MERDE ! Je hurle. PUTAINDEPUTAINDEBORDEL-DEMERDE !

C'était un calcul rénal. Je me réveille et je suis drogué. Kirsten est là. Je n'ai pas vu Kirsten depuis des semaines. Beth n'a pas pu quitter son travail, et elle lui a téléphoné. Kirsten me ramène à la maison.

« J'ai cru que je mourais, dis-je.

— Bien sûr », dit-elle.

Je m'allonge sur le canapé. Kirsten s'en va.

Toph est debout près de moi.

« Hé, dis-je.

— Hé, dit-il.

— Hé.

— Hé.

— Bon, ça suffit.

— Tu vas bien ?
— Oui.
— Bon. Et le dîner ?
— Qu'est-ce que tu veux ?
— Des tacos.
— Tu pourras te débrouiller ? Je ne crois pas que je puisse bouger.
— On a ce qu'il faut ?
— Je ne crois pas.
— On a de l'argent ?
— Non. Prends la carte. »

Il va au distributeur prendre de l'argent puis à l'épicerie acheter du bœuf, de la sauce spaghetti, des tortillas et du lait. Pendant qu'il est parti je somnole un moment et je rêve de persécution. Je me réveille brusquement, sachant que ce n'est pas bien de rester couché sur le canapé, immobilisé. Je vais m'asseoir, nonchalant. Personne ne meurt. Est-ce qu'il croit que je meurs ? Il croit peut-être que je meurs. Il croit que je pourrais être en train de mourir mais que je ne le lui dis pas. Mais non. Il ne pense pas ça. Il n'est pas moi.

Il arrive avec les courses, passe devant moi, entre dans la cuisine.

« Tu veux que je prépare ?
— Oui, tu peux ?
— Tu veux des fruits, aussi ?
— Qu'est-ce qu'on a ?
— Des oranges, un demi-melon.
— Oui, oui. Merci. »

Je m'endors au bruit du bœuf grésillant dans la poêle, et quand je me réveille il débarrasse la table basse, il met les tas de papiers et de magazines et son devoir de maths en dessous, en piles correspondant à leur place précédente sur la table. Puis il retourne à la cuisine. Il en sort avec deux assiettes, où tout est disposé, les piles de viande juste assez grillée, les tortillas pliées au bord de chaque assiette, un bol avec les fruits coupés en portions raisonnables, oranges et melon, humides et ambrés. Il retourne à la cuisine et revient avec le lait.

« Des serviettes. »

Il va chercher le rouleau de serviettes en papier.

On mange. Je m'endors de nouveau. Quand je me réveille à un moment, des doigts tapotent sur la PlayStation. La prochaine fois que j'ouvre les yeux il fait nuit ; il n'est plus là.

Je vais dans sa chambre. Il dort, comme s'il s'était écroulé sur le lit, les bras écartés, la bouche ouverte. Son front est chaud, comme si du feu brûlait à l'intérieur.

# IX

Robert Urich dit non. On était si près. Ç'aurait été si parfait. Son attachée de presse avait paru aimer la suggestion, elle était d'accord avec nous, riait un peu à cette idée – du moins elle la trouvait amusante. Urich était exactement le genre de personne qu'il nous fallait : une star (ou, à l'époque, presque une ancienne star), un nom connu de tous qui pour une raison quelconque n'était plus dans les feux de la rampe, quelqu'un que tout le monde appréciait, avait aimé même à un moment ou un autre, mais qu'on n'avait pas vu depuis quelque temps. On avait besoin d'une célébrité dont le public, la presse, sans parler de la communauté Internet à qui on ne la fait pas, croiraient vraiment qu'elle est morte, mais dont la disparition ne serait pas annoncée à l'échelon national. Le personnage ne devait donc pas être assez important pour qu'il soit invraisemblable que sa mort soit d'abord divulguée par un médiocre petit bimensuel de San Francisco.

Mais qui ? Urich avait été notre premier choix parce que a) comme tout le monde, on avait été de grands fans de *Vega$* ; b) on savait qu'il avait un certain sens de l'humour, du moins il l'avait prouvé par des remarques autocritiques qu'il avait faites dans un talk show à propos de son rôle dans le remarquable *Turk 182 !*, où

Timothy Hutton avait aussi joué ; et c) il devait avoir la vedette dans une future série appelée *Lazare*.

Lazare. C'était trop beau.

« Ça ne nous convient pas », a dit son agent.

Puis Belinda Carlisle. On décide que Belinda Carlisle, elle aussi, serait parfaite.

« Elle vit en France », dit son attachée de presse.

On passe en revue d'autres possibilités – le juge Reinhold, Juliana Hatfield, Bob Geldof, Laura Branigan, C. Thomas Howell, Ed Begley Jr. On envisage Franklin Cover, l'acteur qui était Tom Willis dans *The Jeffersons*, puis on ne se donne pas la peine de lui téléphoner, car on se souvient de l'avoir présenté sous un jour négatif, ou du moins un peu pathétique, pourrait-on dire, dans une interview un an plus tôt. Un échange :

> Y A-T-IL AUTRE CHOSE QUE VOUS AIMERIEZ DIRE À NOS LECTEURS ?
>
> Eh bien non, je n'ai rien à dire, sauf aidez-moi à trouver un travail d'enseignant quelque part ! Si quelqu'un connaît un poste dans une université qui aurait besoin d'un professeur d'art dramatique, qu'il me le fasse savoir.

Puis un éclair de génie. Il y a un homme du monde du spectacle qui aurait pu penser à ça lui-même, un homme avec un deuxième prénom tout neuf, Hellion, un homme qui fait une tournée avec un show multimédia pour montrer des diapos de nains ou de personnes retardées.

Crispin Glover.

Il est parfait. Impec.

George McFly dans *Retour vers le futur*.

On appelle l'agent. Il ne sait pas de quoi on parle. On faxe la lettre, enrichie de commentaires flatteurs sur tout le travail de Glover, y compris le surnom inventé. Puis on attend.

Le lendemain le téléphone sonne.

Je décroche et je porte le combiné à mon oreille, à la manière de ceux qui répondent au téléphone.

« Allô, dis-je.

— C'est Crispin Glover. »

Il appelle du Tennessee, où il tourne un film avec Milos Forman. *Crispin Glover est au téléphone !*

Il a lu la proposition et il adore l'idée. En fait, il avait eu envie de faire un truc comme ça. Il veut le faire, et il veut aller jusqu'au bout – il veut vraiment bluffer, il veut des photos, des preuves, et ensuite disparaître, trouver un système pour que personne de son entourage ne vende la mèche, que ça repose pendant des mois, qu'il y ait les obsèques, les oraisons funèbres, les commentaires d'autres acteurs, tout ça, le grand jeu, et puis revenir vivant, triomphant ! Ce sera formidable. Ça va nous propulser au sommet. Je suis au téléphone, regardant le centre de San Francisco, le parc et l'humidificateur géant du SFMOMA, une tranche du pont et des collines, et je tremble d'excitation.

« Ça va être génial ! dis-je.

— Oui, oui, convient-il. Alors quelle date avez-vous en tête ? »

Il ne peut pas. Il ne voit pas pourquoi on ne peut pas repousser un peu, ou garder ça pour le prochain numéro... mais il ne voit pas, il ne voit pas qu'on ne peut pas faire attendre nos six annonceurs, nos centaines d'abonnés. On se rappellera si on a un changement de programme.

« Tu sais qui, dis-je.

— Non, dit Moodie.

— Il est notre seul espoir.

— Pas question.

— On n'a pas le choix.

— Oh écoute.

— Il ira très bien.

— Merde. Bon. »

Adam Rich.

Nicholas dans *Eight Is Enough*.

On le connaît déjà un peu. L'une de nos collaboratrices, Tanya Pampalone, était à l'école primaire avec lui, et ils étaient restés en contact. Par l'entremise de Tanya, on avait déjà travaillé deux fois avec lui. Tout d'abord, on avait publié une courte interview de lui, où il parlait à Tanya de ses chaussures et d'un parapluie qu'il avait acheté. Un extrait :

TANYA : Tu as combien de paires de chaussures ?

ADAM RICH : Dix, je dirais dix. Je n'ai qu'un parapluie. Je viens d'acheter ce parapluie. Quand je l'ai acheté, il avait cessé de pleuvoir et j'ai pensé que je ferais mieux d'acheter un parapluie, comme ça il ne pleuvrait plus et je l'aurais pour la prochaine fois. Mais il a continué à pleuvoir, et il a plu continuellement depuis que j'ai acheté ce parapluie.

TANYA : Tu crois que c'est parce que tu peux prédire l'avenir ?

ADAM RICH : Non, c'est sans doute parce que j'ai acheté le parapluie.

On téléphone à Adam dans son appartement de L.A. et on lui explique l'idée. Il écoute. On lui explique que ce sera un canular sophistiqué, que ça servira un objectif plus élevé, celui de faire la satire de l'intérêt des médias pour la mort des célébrités, en parodiant leurs éloges funèbres, que ça paraîtra dans les grands quotidiens, et qu'en plus de se sentir bien pour avoir joué ce rôle éducatif pour une Amérique qui en a grand besoin, tout le monde pensera qu'il est hyper à la pointe pour s'être associé avec nous.

Tu seras consulté pour tout, disons-nous. Rien ne se fera sans ton approbation. « Ce sera génial », dis-je, croyant que ce sera génial. J'ai au cœur la ferme conviction que s'il joue bien son jeu, ça signifiera non seulement la réussite, enfin, pour nous, mais peut-être plus important, la reprise certaine de la carrière d'Adam Rich.

Je l'imagine dans un petit appartement sordide de Hollywood, entouré de Junior Emmys, les mains sur une Nintendo, un frigo plein de yaourts et de glaces, ses journées passées à jardiner, à regarder les émissions sur satellite.

Il accepte.

« Ça va être génial, dis-je à Toph.

— Il a accepté ça ?

— Oui, oui, totalement. Lève le menton. » On est dans la salle de bains. Il est assis sur le siège des toilettes ; je lui coupe les cheveux.

« Et à quoi ça sert déjà ?

— Il faut que tu lèves le menton.

— Bon, alors...

— L'idée, c'est de se moquer des éloges de célébrités qu'on lit dans les magazines, où...

— C'est quoi, un éloge ?

— Comme un hommage. Quand des célébrités meurent, brusquement tout le monde est concerné, on leur fait d'énormes funérailles, les gens pleurent, ils sanglotent même s'ils n'ont connu le type qu'à la télé, un personnage qu'il a joué, des vers qu'il a lus...

— Hm. Et les gens vont le croire ?

— Oui. Les gens sont idiots. »

Je lui tourne la tête vers le miroir, je lui peigne les cheveux, comparant les deux côtés. J'ai encore fait un travail magistral. Il a toujours l'air d'une idole prépubère – le nez retroussé, les cheveux longs devant – bien qu'ils commencent à épaissir, à foncer, à boucler et friser comme les miens. Je n'aime pas me voir près de lui. À côté de lui je suis un monstre. Les poils que je cultive sur mon visage sont ridicules, grotesques. Mes pattes ne rejoignent pas mes cheveux, et elles sont si clairsemées qu'on ne dirait pas des poils du visage, plutôt des poils des jambes.

Pire encore, la barbiche à laquelle je travaille échoue misérablement, parce que je ne peux même pas faire pousser de poils sur les côtés de ma bouche, elle me donne l'air d'un garçon de quatorze ans en mue perpétuelle. Je suis ridé, bouffi, j'ai des pattes d'oie profondément marquées, mes yeux sont trop rapprochés, et trop petits, plissés, méchants. Et mon nez est informe, trop gros. Près du sien, son visage de douze ans, lisse, bien proportionné, doux, harmonieux, je parais déformé, comme après manipulation numérique, ma peau tirée dans le mauvais sens, tous mes traits étirés ou comprimés, grotesques.

« Les gens seront furieux quand ils sauront, dit-il.

— Eh bien oui, c'est ce qu'on espère. C'est ceux-là qu'on veut énerver. Ceux qui se soucient de lui déjà pour commencer, qui seraient émus par la mort de quelqu'un qu'ils ont vu à la télé, ils méritent d'être dupés. C'est vrai, pourquoi on devrait y prêter attention ? Pourquoi un idiot, une minable vedette de séries dramatiques serait pleuré par des millions, alors que d'autres gens ne le sont pas ? Quand l'Américain moyen, qui mène une existence heureuse et peut-être même héroïque par certains côtés, peut seulement attirer vingt ou trente personnes à son enterrement, quand – c'est vrai, c'est injuste, c'est abominable, non ?

— Hm. Eh bien, pour te dire la vérité, je trouve ça taré.

— C'est ce qu'on pense aussi.

— Non, je veux dire, ce que vous faites est taré. Vous utilisez Adam Rich pour prouver quelque chose…

— Bien sûr.

— L'idée étant que vous êtes aussi bien, vous autres, que des célébrités comme lui. Vous pensez qu'il est insipide, obtus, mais sa stupidité dérive avant tout du fait qu'il est connu et pas vous. Du fait qu'à neuf ans il fréquentait Brooke Shields, que cent millions de gens connaissent son nom, cent millions son visage. Et personne ne connaît les vôtres.

— Tu sors de nouveau de ton personnage.

— C'est vrai, vous ne pouvez pas supporter le fait que cet imbécile, cet Adam Rich, qui selon vous n'est absolument pas aussi intelligent que vous, qui n'est pas allé à l'université, n'a pas écrit les légendes dans l'album de la promotion, n'a pas tenu la galerie d'art de la fac, n'a pas lu les livres que vous avez lus, a *l'impudence* d'être connu de tous dans le monde entier (ou de l'avoir été) – pour une activité, comme jouer dans une série dramatique, que vous trouvez sans intérêt. Alors vous vous moquez de lui, d'abord avec l'interview au parapluie, et maintenant avec ce canular soi-disant bien intentionné – c'est vrai, vous voyez quelque chose de plus sinistre et de plus clairement symbolique, que vous alliez tuer votre contemporain, un gosse à la télé quand vous étiez des gosses devant la télé, cette victime de votre mentalité prédatrice, qui sera tenu au courant d'après vous, mais qui en fait n'a aucune idée de l'ampleur, des conséquences potentielles de la chose – et certainement pas de vos motivations, de l'amertume qui bouillonne juste sous la surface, le désir de le salir, de l'humilier, de le rabaisser à votre niveau, plus bas – c'est vrai, est-ce qu'il a une idée des plaisanteries qui courent à ses dépens au bureau ? Pourrait-il imaginer la malveillance là-dedans ? C'est dégoûtant. C'est vrai, qu'est-ce que c'est ? Qu'est-ce que ça veut dire ? D'où vient tant de colère ?

— Ce n'est pas de la colère.

— Bien sûr que si. Ces gens ont déjà atteint, à l'âge qu'ils ont, un degré de célébrité que vous autres, connards, n'atteindrez jamais, et vous avez l'impression, tout au fond de vous, que parce qu'il n'y a pas de vie avant ou après celle-ci, la célébrité, au fond, c'est Dieu – vous le savez, vous y croyez, même si vous ne le reconnaissez pas. Enfants vous le regardiez, au sous-sol, les jambes croisées devant la télé, et vous pensiez que vous auriez dû être lui, que ses répliques étaient les vôtres, que sa place au hit-parade était la vôtre, que vous seriez si bons dans cette course à l'obstacle – vous gagneriez sûrement ! Alors faire ça, quand il n'est plus une aussi grande vedette, vous donne pouvoir sur lui, la possibilité de le mettre en état d'infériorité, de rétablir le terrible déséquilibre que vous sentez avec ceux qui projettent leur charisme directement, pas en le sublimant à travers vos petits magazines arrogants. Toi et tous ceux comme toi, avec vos Questions-Réponses ou vos colonnes ou vos sites Internet – vous voulez tous être célèbres, vous voulez être des stars de rock, mais en fait vous êtes dans une impasse, parce que vous voulez aussi être vus comme intelligents, légitimes, permanents. Alors vous faites votre petit truc, vous êtes lus par votre petite coterie, tout en bouillant secrètement en pensant aux Winona Ryder et Ethan Hawke, ou même les Sari Locker.

« Tu te souviens du numéro vendu aux sponsors ? Quand vous êtes tous allés à New York et à L.A. interviewer ces célébrités en herbe pour pouvoir vous moquer d'elles ? Il y avait cette fille de *Father of the Bride*, et le type d'*Alerte à Malibu*, l'Australien, et bien sûr les jumelles Doublemint. Il fallait qu'ils passent pour des imbéciles, alors qu'avec eux vous étiez souriants, vous échangiez des plaisanteries, vous étiez gentils. La même chose avec Elle MacPherson. Et Natalie de *Facts of Life*. Et puis la pauvre Sari Locker, la sexologue.

— C'était différent.

— Oui. Tu reçois un coup de fil de son attachée de presse, un appel pas très enthousiaste parce que vous êtes sur une liste générale de magazines de la Génération X, et même si tu ne te serais jamais vraiment intéressé à l'auteur de vingt-quatre ans de *Mindblowing Sex in the 90s...*

— *Mindblowing Sex in the Real World.*

— Très bien. Alors tu dis, bien sûr bien sûr, faisons une interview, en riant sous cape – tu es impatient de raccrocher et de le raconter à tout le monde. En fait tu veux la démolir. Et quand tu es à New York, tu dînes avec elle. Le dîner se passe bien et vous allez prendre un verre. Pendant le dîner et après, dans le bar – trois ou quatre heures de conversation – elle s'impose un peu, elle se met en avant, mais elle est aussi extrêmement généreuse – tu ne t'y attendais pas – et elle veut tout savoir sur moi – ça t'a étonné, ça – et sur nos parents, elle dit plein de choses gentilles, et pendant tout ce temps, pendant qu'elle écoute gentiment et tout, tu es tiraillé entre tes deux objectifs principaux : prendre note de ses paroles pour les utiliser contre elle plus tard – parce qu'elle aussi avait la témérité d'être relativement célèbre et attirante (avec une maîtrise de l'université de Pennsylvanie) – tout en essayant aussi, de façon pressante, de te faire inviter chez elle.

— J'ai bien failli.

— Oui, tu as pris un taxi avec elle, tu l'as regardée descendre, tu ne savais pas si tu devais faire un geste ou pas, et tu l'as laissée partir, en pensant, adieu ma grande chance de sauter la sexologue.

— J'ai bien failli.

— Et ensuite tu es quand même retourné écrire un petit papier vache sur elle.

— Elle ne l'a pas mal pris.

— Elle a peut-être la peau dure. Elle ne l'a peut-être pas lu. Mais tu ne vois pas que c'est une forme de cannibalisme ? Que tu t'empares des gens, comme des jouets dans un coffre, tu les habilles, tu les démolis, tu leur arraches la tête, et tu les jettes quand...

— C'est curieux que tu parles de Sari. En fait elle vient à San Francisco.

— Oh non ! Tu ne vas pas la voir ?

— Si, petit Toph. Si je vais la voir.

— Je ne comprends pas.

— Tu n'as pas besoin. C'est bien trop complexe pour ton tendre esprit. Baisse la tête. Il faut que je t'essuie le cou. »

Je brosse les cheveux de son cou avec une serviette.

« Tu as encore tant de choses à découvrir, Toph.

— Oui, bon.

— Reste près de moi et tu apprendras, n'aie pas peur.

— Si j'ai peur.

— Tu es parfait.

— C'est trop court. Tu m'as massacré.

— Non, non. C'est parfait. »

C'est peut-être à ce moment que Marny téléphone. C'est peut-être la veille ou le lendemain, ou la semaine suivante. Je suis à la maison, et Toph est sur le canapé, il fait son devoir de maths en soupirant. La stéréo est allumée, un ampli tourné vers le mur pour combattre la cohue obligatoire du jeudi soir chez les voisins. Le téléphone sonne.

« Shalini a eu un accident.

— Quoi ? Une voiture ?

— Non, non. Tu sais cette terrasse qui s'est écroulée à Pacific Heights ?

— Oh, non.

— Elle est dans le coma. Elle est tombée de quatre étages et elle a atterri sur la tête. Ils ne savent pas si elle va s'en sortir. »

On y va. Je crois qu'on y va tout de suite. On attend peut-être le matin. Non, ça doit être à ce moment, ça doit être tout de suite qu'on y va. Ce n'était peut-être pas le soir quand Marny a appelé. C'est peut-être dans la journée, et je laisse Toph seul. Ou je ferme la porte à clé...

C'est ça :

Il est minuit. Toph est au lit. Carla me téléphone de L.A. – Mark et elle sont partis vivre à L.A. La mère de Shalini l'a appelée, et Carla m'a téléphoné. Je pars. Shalini pourrait être morte.

En descendant l'escalier, je sais que quelqu'un va profiter de l'occasion pour faire quelque chose à Toph. Je le sais chaque fois que je le laisse seul à la maison, ce que je fais souvent à présent, fini les baby-sitters parce qu'il a treize ans et on peut le laisser, du moment que la porte de l'appartement est fermée à clé, et la porte de l'immeuble, et la porte de derrière, celle qui mène à la buanderie au sous-sol, alors il est en sécurité... mais la serrure de cette porte est faible, elle ne vaut rien, et donc bien sûr c'est par là que le malfaiteur va entrer. Il passera par-derrière, parce qu'il a espionné, il a attendu que je parte, il sait que je serai parti quelque temps parce qu'il a écouté ma conversation téléphonique, il m'a surveillé avec des jumelles ou un télescope. Et quand je partirai il entrera, avec sa corde et sa cire – c'est un ami de Stephen l'Écossais bien sûr ! – et il prendra Toph et lui fera des choses, parce qu'il sait que je suis sorti pour aller voir Shalini, qui est dans le coma, qui est tombée d'un immeuble.

Je passe chercher Marny. Moodie nous rejoint à l'hôpital.

La famille de Shalini est là, les parents, sa sœur, une douzaine de cousins, des oncles, des tantes, certaines en sari, d'autres pas, des amis. Les couloirs ripolinés sont pleins de gens en petits groupes, assis par terre, ils entrent et sortent de la salle d'attente, qui a été entièrement réquisitionnée. L'une des filles était à la soirée. On apprend plus de détails. C'était à

Pacific Heights. Shalini y était allée avec une amie. Elles s'étaient baladées dans l'appartement, elles s'étaient retrouvées dehors, sur la terrasse de derrière. Une vingtaine de personnes y étaient quand elle a craqué, les supports ayant cédé, et tous ces jeunes sont tombés en chute libre. L'amie avec qui Shalini était venue est morte. Une douzaine d'autres étaient hospitalisés, ou ils étaient déjà sortis. Shal était la plus mal en point. De l'avis général elle avait de la chance d'être encore en vie. Sa tête avait stoppé sa chute.

On attend dans le couloir, assis par terre. Puis on se lève, on marche, on chuchote. Ils sont en train de l'opérer. Ou peut-être l'ont-ils déjà opérée. Ils ont fait beaucoup d'opérations peut-être – vingt, trente, cent. À un moment – le lendemain ? – on nous dit qu'on peut entrer dans le service bien gardé où se trouve Shalini. À l'entrée on décroche un téléphone, une infirmière nous répond et une autre vient nous ouvrir la porte. On passe devant des chambres, et elle est là…

Son visage est brisé, ses yeux fermés, enflammés, énormes, rouges et violets, bleus rouges violets jaunes verts et bruns, ses orbites noires. Elle est sous respiration artificielle. On nous a parlé du bonnet tricoté, et il est là, il lui couvre la tête parce qu'ils l'ont rasée et ils ont enlevé une partie de son crâne pour soulager l'enflure du cerveau. Ses jambes pointent tout droit, comme si elle avait des attelles, et elles sont enveloppées de jambières remplies de liquide, en tissu bleu et souple, comme les masques qu'on met pour dormir.

Oh la vache, ils n'ont même pas lavé le sang sur elle, du moins pas toute la merde sur son œil, c'est vrai quoi, c'est…

Mais ses bras sont parfaits. Ses bras sont lisses et bruns, sans une marque, sans une meurtrissure.

On est seuls dans la chambre, Marny, Moodie et moi. On ne sait pas quoi faire – si on a le droit de la toucher, s'il faut la toucher ou lui parler ou se tenir à côté d'elle, ou simplement dire bonjour, ou prier, passer et sortir – On ne parle pas aux comateux ? Ils entendent, non ? Comme un fœtus, ils entendent.

On reste de l'autre côté de la pièce, la main sur la bouche, en chuchotant de biais, le regard fixe, jusqu'à ce qu'une Indienne, une cousine ou une amie, entre et sans nous regarder elle va directement au lavabo, se lave les mains, les essuie, marche tout droit vers Shalini et lui prend la main, la tient dans les deux siennes et lui parle.

« Bonjour, Shalini. Bonjour, chérie... »

Il y a déjà des fleurs.

La mère de Shal entre. Elle nous dit qu'on doit se laver les mains. On le fait, puis on va vers le lit et on touche les bras parfaits de Shalini. Ils sont chauds.

Au bout de quelques minutes on nous fait sortir. Zev est dans le couloir. On lui dit ce qu'on sait. Il danse d'un pied sur l'autre, les yeux écarquillés, en hochant beaucoup la tête.

On attend.

Les jours passent. Ses chances sont minces, puis bonnes, puis incertaines, puis meilleures, et bientôt les médecins pensent qu'elle est au moins stabilisée, bien que toujours dans le coma. Personne ne sait si elle s'en sortira. La chute a été si terrible. Elle était debout sur la terrasse et elle – On ne connaissait pas la fille qui est morte, mais on a tous l'impression d'avoir été dans cette maison, sur cette terrasse – D'autres personnes arrivent en avion. Carla et Mark viennent de L.A. Des parents de Shalini, par douzaines, apparaissent. La salle d'attente déborde à toute heure. On rencontre les amis de Shalini, ses tantes, ses oncles, des hommes en costume et des femmes à cheveux gris en sari. On mange la nourriture de la cafétéria. On quitte l'hôpital et il fait beau dehors, ensoleillé, le ciel toujours bleu comme la mer, et on retourne travailler, puis on revient, on mange et on dort et Shalini dort. Parfois on apporte des bagels, et parfois on se sent les bienvenus parmi les parents, d'autres fois moins. En général les yeux de la mère de Shalini sont humides ; par moments elle fait les cent pas, les bras croisés, le dos raide, elle exige des choses des médecins. Elle est médecin elle-même, et elle a rassemblé une équipe de choc pour soigner Shalini. On rencontre ses amis d'université, ses amis de lycée, ses cousins. *On va à la boutique, vous voulez quelque chose ?* Vous ne pouvez pas entrer aujourd'hui. Les médecins sont là. Revenez demain. *Non, on reste*. Pourquoi restez-vous ? On doit rester. J'ai attendu, j'ai veillé, j'ai parlementé avec les toubibs, j'ai tenu les mains et appris les heures de visite. Je connais les règles : on doit rester. Et on ne doit pas poser de questions aux parents. Si on veut savoir quelque chose, on doit le demander à une cousine ou une amie. On ne doit pas sourire, ni rire, jamais, sauf si la famille sourit ou rit la première. On doit s'habiller correctement. Si on nous attend, on doit être ponctuels. On ne doit pas manquer les heures de visite, ni prendre trop de temps une fois à l'intérieur, et faire attendre la copine de chambre à l'université ou l'oncle venu d'Inde. Plus important encore, on doit souffrir aussi. Tous ceux qui entourent les malades doivent faire ce qu'ils peuvent, des sacrifices, des efforts, sauter des repas, se priver de sommeil, pour souffrir aussi, et pour rester proches tout en souffrant ; quitter le chevet du lit, quitter l'hôpital, c'est contrarier les forces de guérison, les chances de rétablissement. Tant que les malades sont malades, si vous pouvez être là il faut être là. Je sais tout ça. Les gestes d'abnégation, même les plus bizarres, sont importants.

Les jours où vous ne pouvez absolument pas venir, il faut quand même venir. Quand vous rentrez à la maison un soir, et que Toph dit : « Alors, tu vas faire semblant d'être un parent ce soir, ou quoi ? » – c'est sa façon de plaisanter, parce que tous les deux vous mangez fast-food depuis des semaines, et vous faites un somme sur le canapé tous les soirs après le dîner – il faut prendre une inspiration et savoir que c'est OK, que ces choses, les efforts et les sacrifices, sont essentielles, qu'il ne comprend pas mais un jour il comprendra. Et même quand vous êtes allé voir Shalini, que vous avez vu ses blessures guérir et tenu sa parfaite petite main chaude, vous devez rester dans le couloir, et parler à tous ceux qui peuvent avoir envie de parler – on ne sait pas trop si la mère de Shalini veut nous parler, ou se sent obligée de le faire, mais on suppose qu'elle en a envie, et donc on reste des heures. Un jour j'apporte un nounours pour Shalini. J'apporte le minuscule ours en mohair que je garde dans le vide-poche de ma voiture depuis des années, depuis la mort de ma mère, parce que je crois qu'il y a quelque chose d'elle dans cet ours – je regarde les yeux noirs en tête d'épingle de ce vieil ours orange, ses bras et ses jambes articulés, sa fourrure usée, râpeuse, et il y a quelque chose de ma mère là-dedans, c'est le seul objet qui l'évoque autant, d'une façon inexplicablement forte qui me rend incapable de le regarder dans les yeux parce que, lorsque je le fais, je pense à la drôle de petite voix que ma mère prenait pour faire parler cet ours quand j'avais quatre, cinq, six ans, et qu'on jouait avec les ours dans la petite maison qu'elle avait construite et décorée, avec du mobilier minuscule pour eux, et elle sortait l'un de ces petits ours, elle le mettait devant sa bouche, et d'une haute voix rocailleuse, elle disait : « Bonjour », puis : « Je vais te dire un secret. » Elle approchait l'ours de mon oreille, me laissant imaginer quels secrets il formulait – je sentais sa fourrure râpeuse me chatouiller l'oreille et je riais, je riais – ça me rendait fou d'étonnement et de ravissement. J'en perdais la tête, absolument. Et donc un jour je prends cet ours dans la voiture, je le déplace pour la première fois en trois ans peut-être, et je l'apporte à l'hôpital, sa fourrure comme une plante duveteuse dans ma main, et j'entre voir Shalini, qui dort avec le bonnet de laine, des photos d'elle sur les murs, debout, heureuse avec sa mère, sa sœur, ses yeux sont moins enflés maintenant, on a retiré les bandages, la peau est moins tuméfiée autour des blessures, elle se régénère. Je serai seul, et je nicherai l'ours entre son bras et sa poitrine, je reculerai et je verrai l'ours assis là, haut d'une douzaine de centimètres, ses petits yeux en tête d'épingle fixés sur moi, et je me sentirai vertueux et fier, je me permettrai de croire que ça signifie quelque chose, ce geste. Que l'ours sera magique et que je vais sauver la situation et ramener Shalini.

Un autre jour John, qui ne connaît pas Shalini, téléphone pour offrir ses condoléances.

« Je l'ai lu dans le journal, dit-il.

— Ouais.

— Ils vont coincer ce propriétaire. Il a déjà commis une centaine d'infractions.

— Ouais.

— Je peux faire quelque chose ? demande-t-il.

— Non, je ne crois pas. »

Un silence.

« J'ai encore craché du sang aujourd'hui… »

Adam Rich ne veut pas que sa mort soit un suicide. Ça ne colle pas avec son personnage. Il veut être assassiné.

On décide qu'il sera tué par un machiniste de café-théâtre au chômage dans le parking de l'Asp Club, une boîte de nuit fabuleuse de Los Angeles. Ça lui plaît, une mort violente, et surtout dans un endroit qui montre clairement que quelques heures avant une mort soudaine et sanglante, il savait s'amuser. En racontant sa vie, on contournera ses anciens problèmes d'abus de substances toxiques, tout en y faisant vaguement allusion. Au lieu de drogue, on décide qu'il sera accro à la vitamine C, parce que, en jouant *Code Red* avec Lorne Greene, il était devenu hyper-conscient de l'importance de la sécurité en matière d'incendie, et croyait que la vitamine C rendrait sa peau moins inflammable. On parlera de son intérêt pour le motocross et la peinture, et on révélera au monde que Nicholas, de *Eight Is Enough*, était plus qu'un acteur, qu'il était en fait l'un des auteurs les plus prometteurs de Hollywood – qu'au moment de sa mort il travaillait sur « une superproduction qui allait révolutionner le genre, comportant du multimédia et des éléments interactifs » – un projet mystérieux, très attendu, connu à Hollywood sous le nom de « The Squatter Project ». Ça lui plaît tout ça, cette idée de la mort prématurée d'un génie.

L'article commence ainsi :

> On dit que voler trop près du soleil provoquera votre chute. Adam Rich – acteur, idole, iconoclaste – a volé trop vite et trop loin, mais le 22 mars il a volé trop près du soleil. Ses pairs, ceux qu'il aimait, et une nation pleurent...

Toph est sur le canapé, penché sur son livre d'histoire. J'arpente le couloir en faisant claquer mes doigts.

« Arrête s'il te plaît, dit-il.

— Non. »

Je suis surexcité. C'est une soirée capitale. Sari est en ville. Toph va à une bar mitzvah, et après je vois Sari. OK. OK. OK. OK.

On prépare rapidement le dîner et ensuite il faut qu'il se change.

« Pourquoi je dois me changer ?

— Parce que c'est un événement religieux, voilà. C'est où déjà ?

— Je ne sais pas.

— Tu n'as pas eu d'invitation ?

— Si mais...

— Eh bien où est-elle ?

— Tu ne l'as pas ?

— Moi ? Pourquoi je l'aurais ?

— Je ne l'ai jamais vue.

— Écoute. Bon sang. »

Il téléphone à un camarade de classe qui lui donne l'adresse, et bien sûr on est en retard et il sort de sa chambre avec le pantalon que je craignais qu'il mette, avec des taches d'encre sur les poches.

« Tu n'as pas de pantalon propre ?

— J'en aurais si quelqu'un faisait la lessive de temps en temps.

— Quoi ? Quoi ? Il n'a jamais été dans le linge, gros malin. Il faut que tu mettes tes habits au linge sale d'abord, espèce de petit...

— Pourquoi je les mettrais au linge sale si je ne les porte jamais ?

— Bon sang, pour des occasions comme ça, imbécile ! »

Je l'emmène à Union Square, à l'hôtel où Fatty Arbuckle a fait ce qu'il a fait et je suis content de le voir descendre de voiture, le petit con. Je retourne au bureau, où Moodie, Paul et Zev travaillent à la dernière interview d'Adam Rich, que nous prétendons avoir obtenue en exclusivité :

Q : Qui admires-tu le plus ?

ADAM RICH : Spencer Tracy, James Cagney, Babe Ruth – surtout le Babe. Voilà un type que tout – les joueurs, les femmes, l'alcool – voulait abattre, mais lui, il montrait qu'il allait faire un home-run en indiquant la barrière. C'est un peu mon modèle. Chaque matin je me lève et je montre la barrière.

Q : Alors tu joues au baseball tous les matins ?

A : Non.

Q : Hm, c'est une bonne attitude à avoir. Tu sembles vraiment bien accepter les hauts et les bas d'une carrière à Hollywood.

A : Il s'agit d'avoir une vision. Ces derniers temps, comme acteur, c'était plutôt difficile. La chose la plus importante que j'ai apprise, c'est que le passé peut être un obstacle à l'avenir.

Q : Il y a sûrement des opportunités ?

A : Oui, mais je ne vais pas exploiter mon passé pour me faire un dollar.

On n'a qu'une semaine pour boucler le numéro, sans parler du travail pour le *Chronicle*, toute une campagne pour les journalistes du canard, à rendre le lendemain.

LES ANALYSES DE HERB : LISEZ HERB CAEN MONTEZ EN CARRIOLE AVEC JON CARROLL

Comme d'habitude, on s'en tire les doigts dans le nez. Je retourne à l'hôtel pour aller chercher Toph et le ramener à la maison, puis revenir à Union Square à l'hôtel de Sari. Je ralentis devant l'hôtel de Fatty Arbuckle, dans l'espoir de trouver Toph sur les marches, m'attendant dehors. Il n'est pas là.

Je fais le tour du pâté de maisons et quand je reprends Polk pour m'arrêter devant l'hôtel il n'est toujours pas là, et il y a un putain de tramway derrière moi, plein d'idiots accrochés aux portières – ouiii ! – aussi je fais encore le tour, et quand j'arrive à Union Square, bourré de touristes, je...

Et puis merde, je vais me garer dans le parking souterrain. Je le fais et je cours à l'hôtel, dans le hall, en short. Je suis déjà presque en retard pour mon rendez-vous avec Sari. Elle va attendre. Elle doit partir ce soir, elle avait un congrès aujourd'hui et elle prend l'avion ce soir, mais le temps que je prenne Toph et que je le dépose, elle sera partie.

Merde. Des gosses sortent avec leurs parents, mais il n'est nulle part. Il n'est pas dans le hall, comme d'autres gosses qui attendent leurs parents, et il n'est pas sur les marches, comme un enfant normal pourrait l'être, ni à la porte, près des ascenseurs ou du comptoir. Quand je demande, une fille gracile qui est dans sa classe dit non, elle ne l'a pas vu depuis un moment, mais certains sont encore en haut, il y est peut-être.

Je prends l'ascenseur, chrome et glaces, et je suis assailli par le rouge criard du tapis, et par la vue, c'est un ascenseur extérieur, avec vue sur la ville, comme c'est joli. En haut la pièce est toute en verre, il y a des ballons tristement abandonnés sur le sol, un DJ remballe son matériel. Il reste deux gosses, sapés à mort, l'un avec des bretelles. Toph n'est pas là. Je reprends l'ascenseur avec l'un d'eux, je lui demande mais il ne sait pas où est Toph.

Je ressors, je descends les marches, Union Square, encore un tramway ridicule, des touristes partout, pas de Toph.

Sari sera partie. Ma seule chance avec la sexologue, gâchée par ce petit saligaud.

Je vais à une cabine pour voir s'il a appelé. Il n'a pas appelé. Je retourne à l'hôtel, je cherche dans le hall, je reprends l'ascenseur, je regarde la jolie vue, j'inspecte la salle de réception, presque vide maintenant, quelques parents seulement qui me regardent, interrogateurs, tandis que je leur jette un regard désespéré – mais je ne peux pas leur parler parce que je ne suis pas eux et je ne sais pas quoi dire – si j'explique ça ne fera que confirmer leurs doutes à mon sujet, renforcer leurs craintes et leur pitié pour le petit Toph. Je redescends, et dans les miroirs de l'ascenseur j'ai l'air d'un fou, il est peut-être mort. Il a été enlevé, c'est certain, il a été enlevé comme Polly Klaas, et à cet instant il se fait violer et mettre en pièces. Ou on l'a d'abord emmené dans un autre État. Impossible. Si, bien sûr, c'est possible. C'est probable, *tout à fait probable* !

Sari n'attendra pas. Oh, pouvoir une fois faire une chose, putain, pouvoir faire quelque chose de simple et de normal comme coucher avec l'auteur de manuels de sexologie, rien que cette petite chose – bon sang, je ne peux pas avoir cette petite chose ?

Oh attends. C'est ça. Il s'est fait raccompagner par un ami, oui, c'est ça, le petit con, sans me le dire, il s'est fait raccompagner par quelqu'un d'autre. Si je le trouve à la maison...

Non, non, il est encore là. J'en suis sûr. Je cherche dans la salle des téléphones, dans le restaurant, dans le bar – Pourquoi le bar ? Pourquoi le bar, connard ? Réfléchis, réfléchis ! Et je reprends l'ascenseur, oh la belle vue, il est lent cet ascenseur. La salle de réception où il n'y a plus personne. Je redescends, je ressors. Je vais voir dans le parc de l'autre côté de la rue. Je fais le tour du pâté de maisons, il est décidément parti maintenant, il est comme mort, il a été enlevé, c'est évident, le même âge que Polly Klaas, non ? Oh merde. Je vais devenir Marc Klaas. Je ferai voter une loi – la loi de Toph – Je créerai une fondation.

Je rentre dans le hall, et il est debout à l'entrée, la chemise sortie de son pantalon, les cheveux emmêlés, à regarder dehors par les grosses portes dorées de l'hôtel, sur la pointe des pieds.

Je l'empoigne et je ne dis rien jusqu'à ce qu'on arrive à la voiture, et dans la voiture, les vitres remontées – quand il m'a donné son excuse, il croyait que je viendrais le chercher à *l'autre porte, une porte différente de celle où je l'ai déposé,* et que j'ai patiemment écouté, intéressant... intéressant... sans proférer de jurons, en essayant de ne pas hurler – je ne veux rien faire de tel, il ne s'agit pas de ça, on ne hurle pas, on ne jure pas, c'est verboten, pas de colère, pas d'éclats, pas de menaces de faire ceci ou cela, de le frapper ici ou là – au lieu de ça, calmement, lentement, doucement, comme si je lisais Chaucer à des personnes du troisième âge, je lui communique ma façon de voir les choses.

« Bon sang, Toph ! Ça n'a pas de sens ! *L'autre porte ?* Pourquoi l'autre porte ? Tu te fiches de moi ? Bon *sang* ! Bon sang de bon sang ! Ce n'est pas possible. Désolé mon ami. Ça ne peut pas arriver. C'est vrai, s'il te plaît, Toph, s'il te plaît, c'est tout bonnement ridicule [j'élève la voix, à sa surprise et à la mienne], *ridicule, bordel* ! C'est pas possible, ces conneries, ce genre de conneries, ça ne peut pas exister. [Je tape sur le volant.] Nom de Dieu ! *Nom de Dieu !* Je ne peux pas rouler sans fin dans la ville à ta recherche, en me demandant quand je devrai appeler la police, en me demandant dans quelle benne à ordures ils vont te trouver, violé et déchiré de partout – Bon Dieu ! Putain de bordel de merde, Toph, j'allais faire une croix sur toi, j'ai cherché dans cet hôtel dix fois, putain, je t'imaginais en mille morceaux, l'assassin de Polly Klaas me faisait un bras d'honneur au procès, tout. Merde, mon vieux ! On n'a pas droit à l'erreur [je martèle le volant du poing]. Pas droit à l'erreur. [Je martèle le volant à chaque syllabe.] Pas ! Droit ! À ! L'er-reur ! Écoute, tu le sais, on le sait, on l'a toujours su, que la seule façon d'y arriver, c'est d'avoir un certain degré d'efficacité. Il faut réfléchir, être sur la brèche ! On doit être en phase, prévoir, penser, avoir de la présence d'esprit ! Le jeu est serré, Toph, serré ! Il n'y a pas de marge ! Pas de marge ! Tout est trop juste, camarade, tout est là, comme ça [je serre les poings], tu vois ? Serré, tendu [j'écarte les poings, comme si je testais un nœud sur un court morceau de corde] ! Tout est serré !

— Tu viens de dépasser notre rue. »

Je le dépose devant chez Beth, je le regarde pénétrer dans son entrée rouge, je fais un signe à Beth qui me le rend, je regarde la porte se fermer, je les vois commencer à monter l'escalier, sachant qu'il va tout lui raconter.

Ce n'est pas le moment d'y penser.

Pas quand il y a Sari.

Je ne sais pas ce que Sari veut, exactement. Peut-être se venger. Ça pourrait être sa façon de régler ses comptes avec moi pour m'être moqué de son livre, de me faire monter dans sa chambre d'hôtel, qui sera vide. Ou quand j'entrerai, on m'arrosera de quelque chose. De crème fouettée. De goudron. C'est un coup monté, tout ça. C'est un piège. Je le mériterais, certainement. Je mérite n'importe quoi – aucune attaque ne me surprendrait. Mais ça vaut le coup. Pour être avec une sexologue ! Elle saura tout, un tas de trucs, de techniques, des choses explosives, elle tirera de moi des ressources insoupçonnées.

Je téléphone du hall.

« J'allais partir. Je dois prendre un avion dans deux heures.

— Je suis là.

— Je descends. »

J'attends la sexologue. Sari. Sexologue. Sari. Sexologue. Mais qu'est-ce qui m'arrive ? Une amie dans le coma. Toph chez Beth, en train de pleurer peut-être, secoué du moins – c'est la première fois que j'ai vraiment explosé – *J'ai explosé ?* J'ai explosé, on aurait cru les parents.

Et j'attends cette femme que j'ai vue en tout trois heures – les portes de l'ascenseur s'ouvrent et elle est là, avec la valise, elle marche vers moi à grands pas, et quand elle est près, elle sent si bon…

On décide de se passer de dîner, d'aller directement chez moi. On aura une heure avant son vol. On monte dans ma voiture et il y a de la pluie, le Tenderloin est brumeux, brillant, et sur le trajet on a tous les feux, et puis on est seuls dans ma chambre…

Je suis avec la sexologue ! Tout baigne. On progresse, encore habillés mais on progresse – sur un lit avec la sexologue, sur un lit avec la sexologue – qu'est-ce que ça signifie, d'être ici avec la sexologue ? Il n'y a rien de mieux, si ? C'est super, non ? Je ne suis pas marié, et je mourrai bientôt, dans trois ans, cinq peut-être, et Shalini voudrait qu'on s'amuse, même avec – *surtout* avec une sexologue de New York, une chance sur un million, je le sais, Shal le sait – et ainsi j'ajouterai de la joie au monde, pas de la privation. La privation ne fait de bien à personne. J'apporterai quelque chose au monde, cette expérience et mieux encore, Sari et moi on se fondra davantage dans l'essence du monde, en faisant des choses, n'importe quoi, absolument n'importe quoi, on se fond dans l'essence…

Oui, je peux coucher avec la sexologue pendant que Shalini est dans le coma. *Comment pourrions-nous dire non ?* Le fait d'être ensemble signifie qu'il se passe quelque chose, et des choses qui se passent égalent un bien moral, qui égale un bien irréductible, qui = exister = un geste de défi = tirer = pousser = preuve = foi = se rencontrer + se tenir la main = affirmation = nager jusqu'au rocher et en revenir + retenir son souffle sous l'eau d'un bord à l'autre = livrer des combats, de minuscules combats, de grands combats, n'importe quels combats

= prouver qu'on a raison, tout le temps = nier la marée = se moquer de la déchéance = force – retenue – modération – se ronger les ongles – dire non + taper sur les murs + augmenter le volume + changer rapidement de file + doubler les voitures + faire de la lumière + crier + exiger, insister, rester, obtenir = défi = empreintes de mains, de pieds, indices, preuves = secouer l'arbre, couper la clôture + prendre + empoigner + voler + courir = se gorger = pas de regrets = insomnie = sang = être trempé de sang et ce qu'il faut à Shalini c'est le contact, l'injection de sang, l'usage du cordage ! Elle a besoin que ses amis soient là, non seulement à côté d'elle, mais aussi près que possible, non seulement d'elle mais l'un de l'autre, créant des frictions, du bruit, et si possible, elle a besoin qu'on fasse l'amour, qu'on fasse l'amour ensemble et qu'on projette cette énergie vers elle, le débordement et l'amour – tout se rejoint, aha ! *Shalini voudrait qu'on fasse l'amour !* Avec Sari, on en est à se tripoter vaguement, les yeux fermés, les chaussures tombent sur le plancher, et je pense à toutes les choses auxquelles on pense les yeux fermés pendant qu'on se touche, qu'on se positionne, qu'on se frotte, comme par exemple les voyages dans l'espace. Marcher sur Mars dans une combinaison spatiale style *2001, l'Odyssée de l'espace*, et tout est rouge, poussiéreux. Puis aux images d'un livre somptueusement illustré que j'ai possédé pendant toute mon adolescence, qui décrivait à quoi ressembleraient les voyages dans l'espace d'ici trois mille ans, les vaisseaux spatiaux de la taille de la lune, les tours hautes de plusieurs milliers de mètres sur des planètes jusque-là inexplorées ; puis aux yeux de Shalini, fermés et violets ; puis au fait que vous n'avez pas de préservatif, que vous allez donner le sida à Sari, et qu'il faudra le lui dire, dans un an, quand vous aurez le diagnostic, et il faudra attendre

– Non, vous le ferez par courrier, étant incapable de l'affronter, vous serez parti vivre au Groenland ou au Franz Josef Land d'ici là, ou alors vous serez encore là, et vous le lui direz en personne, et vous lui demanderez de vous épouser, et ensemble vous vous battrez contre le sida, parce que – non, elle ne voudra plus entendre parler de toi, connard.

La porte de l'immeuble s'ouvre et se referme. Puis la porte de l'appartement s'ouvre et se referme. Puis la porte de la chambre s'ouvre. Toph.

« Oops », fait-il.

Je sors. C'est la première fois qu'il me surprend.

Il regarde dans son placard. Il est planté et il regarde.

« Qu'est-ce que tu fais ici ? je demande.

— Qu'est-ce que tu veux dire ?

— Tu devrais être chez Beth.

— Elle n'avait rien à manger. Elle m'a envoyé à la maison.

— Écoute, retournes-y et mange. Dis-lui qu'elle doit te garder. Dis-lui de commander quelque chose. Je viendrai te chercher dans une heure. »

Il s'en va.

Je retourne voir Sari. Elle est debout pour partir.

On gagne l'aéroport.

Silence. Échange de menus propos.

En descendant de voiture on s'embrasse.

Elle franchit la paroi vitrée de l'aéroport et je la suis des yeux, en les clignant comme un idiot.

Je ne sais pas très bien ce qu'on a fait, si quelque chose s'est passé, si on a avancé, si des preuves ont été fournies.

Pour accompagner la dernière interview d'Adam Rich il y a une photo pleine page de lui, riant à gorge déployée. La légende dit : « Il ne craignait pas la grande Faucheuse. » L'article est génial. Il est parfait dans ses moindres détails – des photos de lui dans son enfance, une avec Brooke Shields qui le dépasse d'une tête, même un curieux cliché de lui, vers neuf ans, avec la nouvelle petite amie de Moodie, Michelle (Adam et elle ont fréquenté la même école d'arts plastiques). Ça sonne juste, *tout est impec, parfaitement crédible*. Ce sera géant, d'après nous.

« Ce sera géant, disons-nous.

— Oui, ce sera géant », répétons-nous.

Finalement les choses semblent s'arranger pour nous, la question du loyer est apparemment réglée, côté pubs ça va mieux, l'équipe est au maximum, avec six, dix ou vingt stagiaires. Et maintenant on a une nouvelle collaboratrice de la côte Est, une actrice et serveuse de vingt-deux ans, Skye Bassett, sur qui Lance a mis le grappin et qu'il a convaincue d'explorer New York pour nous, de rencontrer des gens, d'organiser une soirée, de faire des démarches.

« Une actrice ? demandons-nous.

— Oui, vous avez vu *Dangerous Minds* ? Elle était l'une des mômes de la classe. C'était un grand rôle. Elle est à la télé et tout.

— Alors... qu'est-ce qu'elle nous veut ? »

C'est une réaction classique. On se méfie de tous ceux qui proposent de nous aider, on redoute ceux qui le font vraiment. Ceux, comme Zev, qui traversent le pays pour travailler gratos pour nous, ma foi...

Je loue la vidéo peu après et en effet, parmi les gosses noirs et hispaniques – des jeunes en danger, voyez-vous – il y a une jolie fille blanche aux cheveux blond sale. Elle est coriace et trop maquillée. Elle a du texte et tout, et maintenant elle explore New York pour nous. Elle est serveuse trente heures par semaine au Fashion Café, joue ou passe des auditions vingt heures de plus, et elle case nos conneries entre-temps. Quand elle téléphone elle est frénétique et drôle, la voix rauque. Elle est l'une de nous, et avec elle, et le coup d'Adam Rich, il semble vraiment qu'on ait pris un tournant, on devrait peut-être se lancer, monter vraiment un projet commercial, ramasser un paquet de millions de dollars et enfin triompher, avoir des ponts et des écoles primaires à notre nom, participer au voyage dans la navette spatiale, et peut-être Shalini touchera aussi de l'argent et reviendra faire son boulot. Shalini est dans le coma depuis deux semaines quand Marny et moi on y va un jour, un jour de semaine ensoleillé, vers midi, et Shalini est là, les yeux ouverts.

Putain de bordel de merde.

On reste cloués sur place. On ne nous avait pas dit qu'elle avait les yeux ouverts. On veut se précipiter pour l'apprendre à sa famille.

Ses yeux sont ouverts, mais pas ouverts et vides, ouverts-ouverts, absolument. Elle nous regarde ! Je fais un petit pas de côté pour voir si ses yeux vont me suivre, et ils le font, lentement, lentement, mais… elle doit être…

« Hé Shal ! » dit Marny.

*Réveillée !*

On se lave les mains et on s'approche du lit – on oublie peut-être de se laver les mains – et on se penche comme d'habitude, on lui tient le bras, et pendant tout ce temps ses yeux nous suivent, un de ses yeux, du moins, nous suit. L'autre ne bouge pas, mais elle nous regarde vraiment, avec ces yeux immenses, cet œil immense, stupéfait de notre présence – le regard étonné, muet d'un nouveau-né. Je vous jure, ses yeux sont immenses, le blanc n'en finit pas, ils sont plus grands qu'avant on dirait, deux fois plus grands peut-être.

Le monde est en fleurs. Elle est revenue, on ne l'a pas perdue, elle est manifestement revenue, elle nous entend, et bientôt elle parlera, et ensuite, peut-être dans quelques jours, elle sera sur pied et elle reviendra travailler, bavarder, créer, composer, et finalement elle recommencera à nous masser le dos.

L'un de ses amis entre. On lui jette un coup d'œil pressant, désinvolte mais pressant, pour n'inquiéter personne, mais *nom de Dieu* !

On lui dit de remuer les orteils et elle agite le pied de haut en bas.

C'est spectaculaire.

C'est Jésus, Lazare et Noël.

Mais plus tard, dans la salle d'attente, l'un des toubibs nous dit que même les yeux ouverts et paraissant consciente, elle est toujours, à proprement parler, dans le coma. Ce n'est pas rare que quelqu'un dans le coma ouvre les yeux, réponde à des ordres élémentaires. On ne comprend pas un traître mot de ce qu'il dit. Pour nous il est clair qu'elle est réveillée, de retour parmi nous, et que c'est peut-être nous, Marny et moi, qui avons provoqué ce miracle.

Nous partons, ivres de joie, remontés à bloc. Les voitures chatoient dans le parking, le ciel est plein de colombes et de gros chiots qui dansent, et tous chantent de vieilles chansons des Beach Boys. Je passe le bras autour de Marny en marchant vers la voiture, et le temps qu'on y arrive, j'ai une idée fantastique. Mon idée, c'est qu'on devrait faire l'amour, Marny et moi.

Ma tête est sur une nouvelle planète, une planète récemment découverte pleine de faune et de flore, de cerfs ailés et de serpents vivant en harmonie, et je suis si sonné qu'après être monté en voiture, je reste assis et je souris. À Marny. On est vivants tous les deux, et on se connaît depuis des années, on a tenu jusqu'ici, si longtemps, on est vieux et fatigués, on n'a pas été tués et on n'est pas tombés d'un pont, d'un balcon ni d'une terrasse branlante. Je pense vraiment que la meilleure façon de commémorer tout ça, ce serait que Marny et moi on soit nus ensemble, en sueur – chez elle, chez moi, dans la voiture, peu importe. La plage, le parc.

Il faut que je retire mes vêtements. Je ne peux pas conduire. On reste dans la voiture, sur le parking de l'hôpital. Je ne peux rien faire d'autre. Je ne peux pas retourner travailler. Le sexe, ça s'impose.

« Elle nous fixait, dis-je, en pensant au sexe.

— C'est incroyable, dit Marny, sans penser au sexe.

— Elle était fantastique, exactement elle – c'est vrai, ses yeux nous suivaient ! dis-je en pensant aux yeux de Shalini, puis au sexe, et quel appartement, le mien ou celui de Marny, est le plus près.

— Oui, c'était bien elle, si vivante », dit Marny.

Je me tais et je regarde Marny, espérant que mes pensées, celles ayant trait au sexe, vont imprégner son cerveau, ou qu'elles y sont déjà. Elle regarde devant elle, à travers le pare-brise, espérant que d'un moment à l'autre je vais démarrer. Quand elle se retourne vers moi je la regarde toujours, avec un sourire – je ne sais comment aborder le sujet – un sourire timide à présent. Un sourire timide, ça va peut-être marcher.

« Je sais que ça paraît drôle, je bafouille, mais j'ai vraiment envie de baiser. »

Un court silence, pendant qu'elle mesure la profondeur de mon égarement. Que je ne plaisante pas. Je suis dérouté, parce qu'un moment j'avais cru qu'elle pourrait être sur ma planète, qui a aussi des cascades, mais en fait elle n'est pas, après tout, sur ma planète.

« Je crois qu'on devrait retourner au bureau », dit-elle. Elle a raison. C'est une fille bien. Elle ne se fâche jamais quand je fais ça. C'était une idée absurde, une idée révoltante. Complètement tordue. Une mauvaise idée !

Je lui demande de me serrer dans ses bras et elle le fait. Pendant qu'on se serre, j'ai une autre très, très bonne idée : on devrait faire l'amour, Marny et moi. Je fais durer l'étreinte une minute, à travers les sièges-baquets, pensant de nouveau que peut-être elle se fait à cette idée, qu'elle va peut-être changer d'avis, et on bouclera la boucle...

Elle s'écarte, me donne trois mini-tapes sur l'épaule, comme celles qu'on emploie pour caresser un reptile. Bon. Je démarre et je recule, je sors du parking et on repart pour le bureau, et la ville se dresse devant nous, blanche et déchiquetée, tous les bâtiments posés là, souriants, gloussants, une bande de géants heureux. Ils comprennent.

Adam Rich veut absolument qu'on vienne le chercher à l'aéroport. J'ai payé son billet pour qu'il puisse venir à une soirée pour la sortie du numéro et donner quelques interviews à la radio. J'avais gentiment suggéré que les navettes de SFO étaient parfaites, et pas chères, non plus, je les prends tout le temps – mais il y avait eu un long silence, et il m'avait alors, comme il l'a déjà fait auparavant, fait comprendre que je n'avais pas affaire à un copain de lycée qui vient en ville. J'avais affaire à une présence majeure de Hollywood, quelqu'un qui avait déjà apposé sa marque – un *homme arrivé*. Il était Adam Rich ! Pas de navettes d'aéroport pour Adam Rich ! Pas de chambres de motel foireuses pour Adam Rich ! Soyons sérieux !

Est-ce que par hasard Adam commençait à croire au topo sur l'auteur, l'idée du génie qui travaille au « Squatter Project » ?

Je vais le chercher avec ma Civic. Je suis en retard. Je cours sur la moquette des couloirs. Je monte l'escalator en courant, vers sa porte, puis je redescends à la réception des bagages. Il va falloir que je fasse appeler Adam Rich. Il n'aimera pas ça.

« C'est toi ? »

Je me retourne.

« Adam.

— Tu es en retard. »

Il est là. Adam Rich.

Je savais qu'il était plutôt petit, je crois. Je le savais. Je ne vais pas paraître étonné. Il a un bronzage impeccable, presque doré, les cheveux plaqués au gel, une barbiche. Il porte exactement la tenue qu'il avait sur la photo – débardeur, short de surfeur, lunettes de soleil. Il est magnifique.

On va à la voiture.

En arrivant à San Francisco, la première chose qu'il veut, c'est un cigare. Il lui faut de bons cigares. Il a aimé les cigares, précise-t-il, bien avant que ce soit tellement à la mode de les aimer, et il veut que je m'arrête à un endroit qu'il connaît dans Market Street pour pouvoir en prendre de telle et telle marque, qu'on ne trouve pas au 7-Eleven.

J'ai réservé dans un hôtel près de Van Ness. Je n'ai jamais vu l'hôtel, je l'ai trouvé dans l'annuaire.

« Il va te plaire, dis-je. Il est près de tout. »

Il n'est près de rien. Mais il était moins cher que tous les endroits où j'ai téléphoné, et leur annonce était claire, avec de loin la meilleure illustration.

On entre dans le parking. C'est une sorte de Red Roof Inn, pas loin de l'animation de Van Ness, près d'un concessionnaire de voitures, à trois rues environ du Tenderloin. Il n'y a pas d'air conditionné, pas de piscine.

Il n'est pas content. Il est exaspéré. Il veut être près de l'eau, comme il l'a clairement indiqué au téléphone. On reprend la voiture et on roule vers le Wharf. Une fois là je m'arrête à une cabine téléphonique et je cherche dans les pages jaunes. Il attend dans la voiture, ses lunettes de soleil sur le nez. Dix minutes plus tard j'ai un endroit, Best Western, avec la clim, une piscine, à cinq rues des otaries. Je le dépose et je paie la chambre. Les deux jours suivants, je ferai tout ce qu'il veut, car on a l'impression de lui être redevable, parce que le numéro, où l'on peut lire en couverture :

Adieu Gentil Ami
Adam Rich, 1968-1996
Ses Derniers Jours
Sa Dernière Interview
L'Héritage qu'Il Laisse

… est sorti, et en grand – relativement bien sûr. Pendant que le numéro s'acheminait vers les kiosques, on a envoyé, de notre fax Brother 600, un communiqué à un organe de presse, un seul, le *National Enquirer*, avec la ferme intention de leur mentir sur la véracité de l'article. Dans le but de détourner les questions, et de faire durer le canular aussi longtemps que possible, on a décidé d'attribuer l'article, et la réunion de la doc, à son auteur britannique, l'insaisissable Christopher Pelham-Fence. Toutes les questions doivent lui être adressées, même si, curieusement, il ne sera pas disponible pendant une semaine, car il est en reportage, en Roumanie croyons-nous.

Huit minutes plus tard on reçoit un coup de téléphone éperdu d'un producteur de *Hard Copy*. On n'avait pas envoyé de fax à *Hard Copy*.

« Pourquoi on n'en a pas entendu parler ? veut-il savoir.

— C'est une bonne question, mon vieux, on répond.

— Avez-vous parlé à d'autres productions ?

— Non, vous êtes les premiers.

— Bien, bien. Vous pouvez nous mettre en contact avec la famille, les amis ?

— Hm, bien sûr. Oui. Peut-être. Oui. »

La logistique se compliquait beaucoup trop vite. Qui va jouer le rôle de sa mère ? De son père ? De l'épicier du coin ?

« Eh bien d'abord, il faut qu'on mette la main sur, vous savez, monsieur Pelham-Fence. Il a tous les détails. »

On n'était pas préparés. On supposait qu'ils nous croiraient sur parole. *(Ma foi, si un magazine obscur, bourré d'erreurs, de San Francisco le dit, alors ça doit être vrai...)* On n'a pas pensé que les artisans de *Hard Copy* seraient à cheval sur les faits. Quelques minutes plus tard, le producteur rappelle.

« La police de Los Angeles n'a rien sur le meurtre.

— Oh, eh bien...

— Ce n'est pas qu'elle devrait, mais... »

Ils voulaient nous croire autant qu'on voulait qu'ils nous croient.

« Eh bien, dit-on, mm... »

Vingt minutes plus tard, il rappelle encore :

« On ne trouve rien dessus nulle part en Californie du Sud. C'est là que c'est arrivé ?

— Eh bien. Mm. Oui. On pense.

— Vous avez d'autres renseignements ? C'était quel jour déjà ?

— Mm... [On feuillette fiévreusement le magazine pour trouver l'article.] Si je... me souviens bien... c'était... vous savez, vous devriez vraiment parler à monsieur Pelham-Fence. Bien sûr, il est à Bucarest en ce moment... et il est quoi, trois heures du matin là-bas, et... »

On a raccroché et tiré des plans. On a tenté de faire endosser le personnage de Pelham-Fence à Paul ou à Zev. Tous les deux ont refusé.

« Pas question.

— Je ne sais pas prendre l'accent anglais. »

Le producteur a rappelé.

« Personne n'en a entendu parler. On a appelé son agent, et il tombe des nues. »

Une heure après le fax, c'était cuit.

« Écoutez, les amis, qu'est-ce qui se passe ici ? » a voulu savoir le producteur.

On a craché le morceau. Un canular. Très drôle.

Ça ne l'a pas amusé. Il était fâché. Il a raccroché. C'était fini.

Ou pas. Pas pour Adam, car la machine était en marche, et il faudrait des semaines avant qu'elle ralentisse. Un reporter de l'AP, apparemment dur à la détente, a retrouvé le papa de *Eight Is Enough*, Dick Van Patten, dans la campagne du Missouri, voulant un commentaire sur la mort prématurée de son fils de télévision. Il était bouleversé. Il a sangloté, paraît-il. C'était partout sur Internet. Les gens en discutaient dans les chats ; la plupart de ceux qui savaient que c'était faux étaient furieux. Les autres n'étaient pas sûrs. Les amis et les ex-petites amies d'Adam ont passé des jours en état de choc, croyant qu'il avait disparu. L'une de ses copines, pensant qu'il était mort, a appelé son numéro personnel, rien que pour entendre sa voix sur le répondeur une dernière fois. Adam a décroché. Elle s'est évanouie. Il nous a téléphoné, affolé.

« Écoutez, les mecs. Ça va beaucoup trop loin. Ma famille panique complètement. »

On a envoyé un nouveau communiqué pour expliquer notre grosse blague, affirmant que son caractère bidon aurait dû être évident pour tous (sachant qu'il ne l'était pas), que l'humour crevait les yeux (mais bien sûr). Il comportait un court mot d'Adam, disant à tout le monde, à notre insistance, de « se dérider, putain ».

Mais ensuite, ce fut le retour de flamme. Ils ont démoli Adam. Il y avait un article dans l'*Enquirer*, des fragments dans *American Journal*, dans *E* !, des entrefilets dans des douzaines de journaux de l'AP, un grand papier dans le *New York Post*. La plupart des journalistes, pourvus d'une excuse et d'un motif, avaient fouillé son passé, un mélange peu reluisant de consommation de stupéfiants et de petits vols, et les résultats n'étaient pas flatteurs. Et presque tous l'accusaient d'avoir utilisé ce coup publicitaire, sa fausse mort – *cette manipulation flagrante des sentiments du public* – comme un moyen sordide d'avoir son nom dans les journaux.

Le lendemain matin, je vais le chercher au Best Western pour la première de deux interviews radio.

« Alors à quoi travaillez-vous ces temps-ci ? demande Peter Finch, le disc-jockey charitable de KFOG.

— Eh bien, je monte une pièce historique. Un drame en costumes.

— Génial. Ouah. Et vous allez…

— Produire et mettre en scène. »

Adam est étonnant. Je m'attendais au désastre, je croyais que les auditeurs allaient le mettre en charpie, que les DJ se paieraient sa tronche, mais tout reste correct, et Adam est calme, sûr de lui, le verbe haut et clair – toujours pro, toujours maître de la situation.

Après, il revient au bureau, signe des copies du numéro, d'une signature confiante, pleine de lignes nettes, de grandes boucles, et un peu plus tard Zev et moi on en apporte une à Shalini.

Elle a été transportée dans un autre hôpital, au bout de la rue où nous habitons, Toph et moi, dans une chambre claire avec vue sur Nob Hill. Elle est consciente, elle a subi dix, douze ou trente opérations de la tête jusqu'ici, elle en aura encore cent cinquante mille. On les distrait, sa mère et elle, en lui lisant des lettres à voix haute, en la mettant au courant de ce qui se passe au bureau. Sa mémoire récente est bousillée, aussi elle ne se souvient pas trop de Zev, et il faut souvent lui rappeler qui sont les gens dont on parle.

« Oh, tu sais qui est en ville ? on lui demande. Ça va te plaire.

— Qui ?

— Adam Rich.

— Oh. Mon. Dieu. Pourquoi ?

— Eh bien, on a sorti un numéro, on a écrit un article où on prétendait qu'il était mort et… »

Pour moi, c'est une histoire géniale, mais en la racontant, je jette un coup d'œil à sa mère, et je vois qu'elle ne l'aime pas. Elle n'est peut-être pas très indiquée. Bien sûr que non. Sa mère, si petite, est au chevet de Shalini depuis six mois, et je viens raconter ces choses.

Je suis un idiot. Je regarde Zev pour qu'il m'aide, mais il n'a pas vu le regard de la mère de Shal. Je change de sujet.

On reste un moment. Ils ont emporté presque tout ce qui était dans l'ancienne chambre. Les photos de sa famille, de ses amis, les grandes photos d'elle en noir et blanc, les peluches, les fleurs, son lecteur de CD portable, les livres. Je n'avais pas l'intention de le chercher, mais j'y pense et je ne peux pas m'empêcher de regarder. Il n'est plus coincé entre son bras et sa poitrine. Il n'est pas sur la table de nuit, ni sur l'appui de la fenêtre. Je marche négligemment autour de la chambre, en me disant qu'il est peut-être à la place d'honneur. Il pourrait être quelque part dans une vitrine.

Il n'y a pas de vitrine.

L'ours a disparu.

On ne peut rien me confier.

Un malaise plane sur la soirée en l'honneur d'Adam. On a étalé des magazines dans tout le club, et les invités se baladent avec des exemplaires, les feuillettent, tombent sur le visage d'Adam, les yeux vitreux, déjà un fantôme. Aussi quand je circule avec lui pour le présenter, ils sont tous étonnés. Ils regardent le numéro, puis Adam, sans savoir quoi penser. Il est à la fois une idole des années soixante-dix, un fragment de leur enfance, et quelqu'un de soi-disant mort. Ces deux attributs lui interdisent de marcher parmi eux, d'essayer de convaincre quelques-unes des femmes les plus petites de la soirée de revenir au Best Western avec lui pour nager dans la piscine. « Je crois qu'Adam Smith vient de me draguer », dit une amie. « C'est vraiment lui ? demandent-elles. Qu'est-ce qu'il fait ici ? » Même quand il monte sur la petite scène pour parler, les gens ne comprennent toujours pas. *Mais ça dit là, dans ce magazine satirique, qu'il est mort. Comment*... Ceux qui ont compris ne sont toujours pas impressionnés. Sa présence à la soirée, donnée par un magazine obscur dans un club obscur, signifie que lui, par association, ne vaut pas un clou. Le voir se balader dans cette petite boîte, velours frappé et bars circulaires, indiquerait qu'il était assez paumé pour venir de L.A., rassembler ce public, galérer à San Francisco, rappelant à tout le monde ce qu'il a été, ce qu'il pourrait redevenir – C'était glauque. Ou triste. Pouvait-il vraiment faire tout ça pour attirer l'attention ? Pouvait-il exploiter son passé pour solliciter la sympathie d'un public indifférent depuis trop longtemps ?

Non, non. Il n'est pas assez calculateur, pas assez cynique. Il faudrait qu'il soit une espèce de monstre difforme, aux abois. Franchement, qui ferait une chose pareille ?

# X

Bien sûr, il fait froid. Je savais qu'il ferait froid. J'aurais dû savoir qu'il ferait froid – pourquoi ne ferait-il pas froid, à la fin décembre, grand Dieu bien sûr il fait froid à Chicago fin décembre. J'avais vécu ici cent ans, je connaissais le froid. J'avais adoré le froid, j'avais embrassé et maîtrisé le froid, j'avais fait la course jusqu'au lac quand il était gelé avec Pete, j'avais étudié les énormes stalactites, les murs de glace, les vagues gelées dans leur courbe. J'avais protesté quand des gosses maladroits ou cruels cassaient les formations, pour entendre le bruit, pour les voir tomber. J'avais apporté mon Walkman, les écouteurs sous mon bonnet, apprenant pieusement les leçons d'Echo and the Bunnymen tout en jetant des pierres sur la glace du lac, en les suivant des yeux, en les écoutant tintinnabuler quand elles sautillaient sur le verre fumé, terni, qui s'étendait, la glace, pas les pierres, à l'infini, sans qu'on puisse la distinguer du ciel, l'horizon vague comme une ligne effacée ou brouillée. Je connaissais la neige, la différence entre la compacte et la poudreuse, et si on ajoutait de l'eau à la poudreuse on pouvait la tasser, si on faisait une boule de neige, qu'on l'arrose avec le tuyau et qu'on la laisse reposer une minute, on n'avait plus une boule de neige mais une boule de glace, qui lancée avec précision – bien trop de précision – provoquerait une entaille dans la joue de votre frère Bill. Je connaissais la sensation d'avoir les parois du nez gelées comme celles d'une grotte dans une montagne de l'Arctique, les orteils transformés en cailloux, vaguement reliés à moi dans mes chaussures, la morsure du vent contre mes jambes à travers mon jean mince comme du papier. Je connaissais tout ça.

Alors pourquoi pourquoi pourquoi je n'ai pas apporté de manteau, putain ? Plus triste encore, je n'ai même pas songé à apporter de manteau. Je n'ai pas oublié, non. Je n'y ai pas pensé, pas une fois.

Je sens le froid en quittant l'avion, et c'est pire quand je piétine dans le petit couloir entre l'appareil et le terminal. Rien ne peut chasser le froid. J'ai déjà froid. Le froid ne me sert plus à grand-chose, je ne ferai pas de luge pendant ce voyage, et il n'a même pas neigé. Sa seule utilité est celle d'une métaphore évidente et forcée, un présage. Mais je souhaite à moitié qu'il se contente de pleuvoir. On gèle, il fait gris et nuit à Chicago, et mon pull est en cellophane.

Toph est à L.A. avec Bill et je suis à Chicago. Je louerai une voiture à l'aéroport et je retournerai dans la ville de mon enfance, et j'irai voir Sarah Mulhern, dans le lit de qui je me suis retrouvé un soir, quelques semaines après avoir appris que ma mère allait mourir, et je rendrai visite aux amis de mon père, et au bar où mon père allait (en cachette), et peut-être j'irai à son bureau, à la maison funéraire, et à mon ancienne demeure, fantômes en poche, et je verrai le cancérologue de mes parents, et je verrai des amis inquiets, et j'irai à la plage pour me rappeler à quoi l'hiver y ressemble, et j'essaierai de trouver leurs corps.

Non, non, je sais que je ne trouverai pas leurs corps – ils ont été incinérés, bien sûr, en fin de compte – mais j'ai longtemps rêvé, parce que je suis complètement tordu et je pense que ce serait une histoire intéressante à raconter, de retrouver leur piste, de voir, au moins, le bâtiment où on les a emmenés, l'école de médecine – vous savez ce que je veux vraiment voir ? Le visage du toubib ou de l'étudiant en médecine ou de l'infirmier, de la personne enfin qui a utilisé mes parents comme cadavres. J'ai des images d'eux, pas de vraies images mais des visions dans ma tête, dans une salle grande comme un arsenal, aux sols brillants, ponctuée de tables en inox, toutes avec des instruments, de petites machines pour percer, fraiser et extraire, avec de longs cordons, et je vois des étudiants, cinq par table, les tables trop écartées peut-être, pas rapprochées mais trop espacées, formant un quadrillage, inquiétantes à force de rigidité. Dieu sait ce qu'on fait avec deux corps rongés par le cancer comme ceux-là – si on les utilise pour étudier les tumeurs ou si on les examine pour les pièces détachées, comme des voitures rouillées sur cales – dépouillés, leurs zones colonisées ignorées en faveur de leurs jambes, leurs bras, leurs mains relativement sains – oh je me souviens, mon père faisait un tour à Halloween avec une main. On avait une main en caoutchouc très réaliste, on l'avait depuis dix ans, elle était toujours là, et à Halloween il remontait son bras dans sa manche, et il mettait la main en caoutchouc à la place de sa vraie main. Quand un gosse venait à la porte le soir du 31 octobre, il ouvrait son sac où il jetait d'abord des bonbons, puis la main. C'était génial.

*Oh mon Dieu !* hurlait-il en agitant son bras sans main. *Oh mon Dieu !* L'enfant était terrifié, sans voix. Puis mon père se ressaisissait, et calmement fouillait dans le sac. *Je la reprends*...

J'ai donc l'intention de découvrir quelle école de médecine les a reçus, et j'irai à cette école, je trouverai le prof qui à l'époque était responsable de l'utilisation des cadavres, et je frapperai à sa porte. Je le ferai. Je n'ai pas de courage pour ces choses mais dans ce cas j'en aurai, je surmonterai ma – Voici ce que je dirai, joyeusement, quand il ouvrira la porte, le toubib, quand il l'entrouvrira pour voir qui a frappé :

Je ne sais pas ce que je dirai. Quelque chose d'effrayant. Mais je ne serai pas en colère. Je veux seulement regarder cet homme. Lui offrir mes vœux. Je veux qu'il soit plus petit que moi, la trentaine, la quarantaine, la cinquantaine, frêle, chauve, avec des lunettes. Il sera pétrifié par mon introduction, il craindra pour sa vie, sous l'ombre de mon ombre, et puis je m'approcherai de lui, confiant et désinvolte, et je demanderai quelque chose du genre :

« Alors dites-moi. À quoi ça ressemblait ?

— Je vous demande pardon ? dira-t-il.

— Est-ce que c'était comme du caviar ? Ou comme une petite ville, avec un grand œil luisant ? Un millier de petits yeux ? Ou était-ce vide, comme une calebasse desséchée ? Voyez-vous, j'ai l'impression que c'était peut-être comme une calebasse desséchée, parce que le jour où je l'ai portée, elle était si légère, bien plus légère que je ne m'y attendais. Quand vous portez une personne, j'y songe brusquement, quand vous portez une personne, pourquoi est-ce plus facile de la porter si elle se tient à votre cou ? Vous supportez tout son poids de toute façon, non ? Mais elle vous attrape par le cou et soudain c'est plus facile, comme si elle se hissait, mais de toute façon on la porte, non ? Pourquoi ça ferait une différence qu'elle se tienne aussi à vous ? En fait à l'époque, avant que je la porte, quand elle était couchée sur le canapé à regarder la télé, j'avais tendance à penser que la chose dans son estomac pouvait être terriblement lourde. Et puis je l'ai soulevée, et curieusement elle était si légère ! Ce qui signifierait que c'était creux peut-être, pas un nid de vers grouillants, un caviar turbulent, mais simplement sec et vide. Alors c'était quoi ? La calebasse desséchée, ou la cabale purulente de petits œufs brillants ?

— Eh bien…

— Je me le demande depuis des années. »

Il me le dira. Et je saurai.

Et alors je serai en paix.

Oh, je rigole. Je me fiche de vous. Cette idée d'être en paix. Ce voyage, c'est parce que les choses ont été bien trop calmes à San Francisco – je gagne assez d'argent, Toph travaille bien à l'école – et donc parfaitement intolérables. Je retourne chez moi chercher le désordre et la laideur. Je veux qu'on me tire dessus, je veux tomber dans un trou, je veux être traîné hors de ma voiture et battu.

Je dois aussi aller à un mariage.

Je dors à Lincoln Park chez deux copains de l'école primaire, Eric et Grant.

Le soir de mon arrivée on va manger au restaurant du coin.

Grant travaille toujours à la fabrique d'ampoules halogènes de son père, aux expéditions. On se demande quand son père qui, d'après nous, le maintient inutilement en état d'infériorité, lui donnera de l'avancement. Il n'en est pas sûr. Eric, notre major de promotion au lycée, est consultant en gestion. Pour son dernier travail, il a passé un mois dans un élevage de porcs du Kentucky.

« Qu'est-ce que tu sais de l'élevage des porcs ? je demande.

— Rien », répond-il.

Il ramasse de l'argent à la pelle. Il est propriétaire de l'appartement où ils habitent ; Grant lui loue une chambre. L'immeuble de trois étages, en briques rouges, imposant et carré, est hideux.

Je fais remarquer que l'immeuble est vraiment moche.

« Oui, dit Eric, mais vois les choses de cette façon : si tu as la maison la plus laide de la rue, tu n'as jamais à la regarder. »

Eric est doué pour ces sentences. On ne sait trop où il les pêche, mais Grant et lui parlent ainsi maintenant, pleins de sagesse cynique, les leçons des Plaines. Grant, qui a longtemps été notre seul copain dont les parents étaient divorcés, a toujours été sage, le vieux philosophe parmi nous. Il marchait lentement ; il soupirait avant de parler. Il a grandi dans la cité près du lycée, et quand on le déposait en voiture il disait : « Remontez les fenêtres, verrouillez les portières – on entre dans le ghetto. »

On joue au billard. Quand je leur ai donné les dernières nouvelles de Moodie et des autres, on aborde les sujets habituels :

1) Vince Vaughn, qu'on connaît depuis le cours moyen, et que tous ceux d'ici suivent de près, en croisant les doigts, avec un plaisir détourné :

« Tu l'as vu dans *Jurassic Park* ?

— Ouais, il était bien.

— Ils ne lui ont pas donné grand-chose à faire.

— Non.

— Il lui faudrait un autre *Swingers*.

— C'est vrai. Un truc comique. »

2) Leurs cheveux, intéressant, leurs cheveux : Grant continue de perdre les siens avec la même vigueur, et Eric a enfin abandonné la laque qu'il utilisait depuis le lycée, et qui lui donnait l'air, alors qu'il était parfaitement coiffé, de porter une perruque.

« C'est joli, dis-je, en les regardant.

— Merci, dit-il.

— Non, vraiment, on dirait des plumes comme ça, naturels, légers. C'est joli.

— Oui. Merci. »

Ils vont aussi au mariage le lendemain, le mariage de la sœur de Marny, Polly, qui épouse un type qu'on ne connaît pas. On est tous invités, une quinzaine d'entre nous, les amis de la sœur de Polly, et pour nous le mariage est une façon de nous retrouver. Tout le monde sera là ; la plupart arrivent demain, après-demain. Grant et Eric se demandent pourquoi je reste cinq jours, et je leur en dis assez long pour qu'ils comprennent mais pas assez pour qu'ils s'inquiètent.

Quand on rentre, on n'allume pas les lumières. Ils ont déplacé le banc de muscu pour m'installer un futon.

« Merci », dis-je en me glissant sous la couette.

J'ai peur que Grant ne me borde.

« C'est chouette de t'avoir », dit-il, et il me tapote la tête.

Dans le noir j'entends Grant dans la chambre voisine, le tiroir de sa commode grince, et Eric en haut, dans la salle de bains, où l'eau coule.

Je dors comme je n'ai pas dormi depuis des années.

Le matin, je démarre. J'ai emprunté un manteau à Grant, et j'ai apporté un magnétophone, un carnet et une liste des choses que je veux faire pendant que je suis ici. La liste comporte une cinquantaine d'articles, elle a été tapée et imprimée au laser, et je l'ai étoffée dans l'avion. Elle commence par les points déjà cités :

Wenban [la maison funéraire]

Le 924 [mon ancienne adresse]

Les [l'ami de mon père]

Haid [le docteur Haid, leur cancérologue]

Sarah [dans le lit de qui je me suis réveillé il y a toutes ces années]

Le bar [dans la ville voisine, je sais où il est mais pas son nom, que mon père fréquentait]

La plage [une étendue sablonneuse au bord du lac Michigan, où les gens se rencontrent, prennent des bains de soleil, jouent dans l'eau]

La liste continue. L'idée, l'équivalent émotionnel d'une bonne défonce, je suppose, c'est de fourrer ensemble autant de stimulations disparates et sans doute incompatibles que possible, dans un bref laps de temps, cinq jours, qui constitueront une sorte de cuite archéologique socio-familiale, pour voir ce qui en sort, ce qu'on peut en tirer, récupérer, rappeler, exploiter, justifier, déplorer, faire savoir, rendre permanent. Pour bien surcharger, j'ai continué, dans l'avion, au lit, à allonger la liste, des idées accessoires, disparates – des coups de téléphone et des visites inopinées à des gens que je n'ai pas vus depuis cinq, dix ans, des gens à qui je ne parle jamais – voulant intégrer à ce fatras tout ce qui serait susceptible d'être dur ou provocant. Par exemple, écrit à la main dans la marge, je trouve :

Hussa [un copain de l'école primaire qu'on a envoyé à l'école militaire pour des raisons inexpliquées, mais qui a écrit un mot de condoléances très gentil ce fameux hiver, bien qu'on ne se soit pas parlé depuis sept ans au moins ; je pense que je vais peut-être passer chez lui parce que je ne lui ai jamais répondu, et j'aimerais voir à quoi il ressemble, comment il parle, peut-être dire bonjour à sa mère qui, une nuit que j'ai passée chez eux et où je ne pouvais pas dormir parce qu'on avait regardé *Grizzly* – une sorte de *Dents de la mer* en fourrure – m'avait chauffé du lait dans une casserole en me chuchotant des gentillesses dans la cuisine] ; tante Jane [qui vit à Cape Cod ; un coup de fil ?] ; Fox [Jim Fox, d'Abramson & Fox, le vieux patron en costume rayé de mon père, un homme aigri et voûté qui, alors que Beth et moi on débarrassait le bureau de mon père quelques semaines plus tard, est entré et a dit ceci, sans aménité, comme on parlerait d'un enfant trop souvent surpris en train de se masturber : « Eh bien, on *savait* tous qu'il mourait »] ; l'endroit des donations [l'organisation qui ramasse puis distribue les corps aux écoles médicales] ; l'école de médecine [la plus susceptible d'avoir utilisé les cadavres].

La liste continue. D'autres amis, des amis de mes parents, les quelques amis d'université qui ont pu venir à l'une ou l'autre des cérémonies funèbres ; des professeurs d'école primaire et de lycée ; le parc au bout de notre rue, et son minuscule lac gelé ; Mme Iwert, dont je tondais la pelouse et pour qui je faisais du jardinage (pour voir si elle est toujours en vie) ; les amis de ma mère, des collègues, etc, etc.

Et sur le côté de la page, celle de la liste, ce mot, écrit en grosses lettres, mais tordues, gribouillées de la main gauche. Il s'étale, en capitales, près du texte imprimé et de tous les rajouts à la main. Je l'ai écrit dans une cabine téléphonique de O'Hare, en parlant à Toph à L.A. juste après l'atterrissage. La question que je me pose sur l'état dans lequel je devrais me trouver pour mieux faire tout ça à Chicago et dans les environs :

BOURRÉ ?

Tandis que je parlais à Toph de ce que Bill et lui faisaient à L.A. – ce jour-là ils étaient allés s'entraîner dans une cage de frappe et ils avaient vu un film (Bill devient l'amuseur numéro un) – il m'est apparu avec une grande clarté que je devais être saoul tout le temps. L'ivresse, croyais-je, ajouterait à toute l'entreprise une brume de mystère, sans parler d'une fluidité romantique sur laquelle je ne pourrais pas compter autrement. Je devais être désespéré, ravagé, à peine cohérent, tituber d'un endroit à l'autre. Ça paraissait beaucoup plus indiqué que d'être sobre et calculateur, ça permettrait d'aller droit à l'essentiel, ça éliminerait une couche ou deux de lucidité, je pourrais faire plus de bêtises.

En revanche, ce serait l'horreur pour la documentation que je comptais réunir. Pourrais-je vraiment prendre des notes précises et faire des enregistrements compréhensibles, si j'étais bourré ?

Je prends ma voiture de location et tout en roulant vers Lake Forest je n'ai pas encore écarté l'idée d'être saoul tout le temps. Bien que je n'aie jamais été ivre plus de trois heures d'affilée sans m'endormir, et que je l'aie rarement été plus d'une fois par semaine, je conserve cette possibilité, décidant que je trancherai au mariage, où je serai sûrement imbibé – à ce moment, je pourrai choisir, si l'humeur paraît convenir, de continuer à picoler, de faire des provisions, d'en avoir avec moi tout le temps, dans un thermos peut-être.

Mais la bagnole. Comment je vais conduire ?

Je me dirige vers le nord, vers Lake Forest. L'autoroute, la 41, à la fin décembre, et toute la région de Chicago sont aussi piteuses et tristes qu'on pouvait s'y attendre. Pas de neige, rien qu'un froid argenté, des fumées d'échappement, de la bouillasse noire.

En vingt minutes je suis devant ma vieille maison et je n'éprouve rien. Je suis à Lake Forest, dans ma rue, en face de ma maison. Je suis dans la voiture, j'écoute une station de rock d'université, et ce qui me préoccupe le plus est l'état du jardin des voisins. Quelque chose a changé. Ont-ils coupé des arbres ? On dirait qu'ils ont coupé des arbres.

L'intérieur de la voiture devient brumeux, et je ne pleure pas. En remontant ma rue, j'étais sûr que j'allais faire quelque chose de sentimental en voyant la maison – un instant, j'ai espéré qu'elle ne serait pas là, qu'elle aurait été enlevée, emportée par une tornade. Ou que les nouveaux propriétaires l'auraient rasée, reconstruite à partir de zéro. Mais au tournant, il a été clair qu'elle était encore là, qu'elle est encore là. Ils ont peint en bleu le bois qu'on avait laissé gris, mais autrement c'est la même. Les buissons que j'ai plantés devant, pour décourager Toph, quand il commençait à marcher, de courir dans la rue, sont encore là, ils n'ont pas poussé.

Je déchire une feuille de mon carnet et j'écris un mot...

> Chers résidents du 924 Waveland,
> J'ai habité ici la plus grande partie de ma vie. J'aimerais beaucoup entrer dans la maison et jeter un coup d'œil, mais je ne voulais pas arriver sans être annoncé. Si vous êtes favorables à cette idée, appelez-moi au 312 –. Je serai là jusqu'à samedi.

... que je mets dans la boîte aux lettres. Je n'en attends pas grand-chose, parce qu'à leur place je ne suis pas sûr que je m'inviterais. Je prétendrais être en vacances peut-être, ou je perdrais la lettre.

Je vais à la gare pour téléphoner. Il fait un froid de loup. Je cherche Sarah, dont je n'ai pas le numéro. Je ne sais pas où elle habite – la dernière fois que je l'ai vue elle vivait chez ses parents – ni si elle est toujours par ici, ou dans l'État. J'essaie une Sarah Mulhern à Chicago.

« C'est Sarah ?

— Oui ?

— Sarah Mulhern ?

— Oui.

— Sarah Mulhern de Lake Forest ?

— Euh, non.

— Désolé. »

Je raccroche, je souffle de l'air chaud dans mes mains. Quel idiot. Quelqu'un va me voir, de retour en ville pour la première fois depuis mon départ, en train d'utiliser le téléphone devant la gare. Personne n'utilise ce téléphone. En revanche, personne ne sera étonné. Ils s'attendent à quelque chose comme ça venant de moi – ils savent ce qui s'est passé, ils supposeront que j'ai fini par toucher le fond, que je suis sans abri et que je prends du crack. Encore un faux numéro, puis :

« Sarah ?

— Oui ?

— Sarah Mulhern ?

— Oui ?

— Sarah Mulhern de Lake Forest ? »

Un silence puis lentement : « Oui… »

Ça fait quatre ans. Mais elle est chaleureuse, elle est tout de suite chaleureuse. On parle de la dernière fois qu'on s'est vus, quand on a dû se faufiler hors de chez elle le matin pour qu'elle puisse me raccompagner chez moi, son père m'aurait tué.

« Il est mort l'année dernière, tu sais.

— Non, je ne savais pas, en fait. Je suis désolé. »

Oh là là. Je ne sais pas quoi dire à ce stade, mais finalement je lui demande si elle va au mariage de Polly ; elles étaient dans la même classe. Elle n'y va pas. Je lui demande si elle a le temps de déjeuner, de prendre un café avec moi dans les deux prochains jours.

Elle dit n'importe quel soir, ce sera parfait.

Le mariage est merveilleusement normal. Je voulais désespérément assister à un mariage sans surprise, aussi guindé et traditionnel que possible. L'idée des mariages me terrifiait déjà suffisamment, mais quand ils déviaient de la norme, ça les rendait encore plus absurdes. Je ne pouvais pas chasser le souvenir de la cérémonie de Beth, six mois plus tôt. Le marié était un gentil jeune homme au visage de bébé et aux cheveux blonds, James, et tout s'est déroulé sur une terrasse, parmi une poignée de petites maisons perchées au-dessus du Pacifique, près de Santa Cruz.

Beth avait rêvé depuis longtemps que le mariage ait lieu sur la plage, elle serait pieds nus, en blanc, sur le sable, dans les rafales de vent, et on serait tous devant les vagues murmurantes au coucher du soleil. Mais elle n'a pas pu obtenir l'autorisation, alors elle s'est contentée de ce groupe de petites maisons, un merveilleux décor, plage ou pas, vert pré et blanc blanc – mais c'est tout juste si Toph et moi on est arrivés à temps.

On était déjà en retard, on était partis acheter un pantalon pour Toph, et on rentrait se changer à la maison par Franklin dans notre petite voiture rouge.

On s'est arrêtés à un feu en haut d'une colline. Un bruit sourd, un bond en avant, du verre brisé. On avait été heurtés à l'arrière par une sorte de tank, un engin énorme.

C'était une femme, quarante-cinq berges, dans une Jeep Grand machin chose. Une énorme bagnole. À l'intérieur, une famille, deux filles adolescentes, le mari, tous grands, bien habillés, normaux. Ils nous regardaient du haut de leur tank, modérément inquiets. Le soleil était à la verticale, et je me suis tenu dessous une minute, sur la chaussée, les éclats de verre scintillant sur le sol. On a gagné le trottoir, Toph et moi, et je me suis assis, étourdi. Il était devant moi.

« Tu vas bien ? a-t-il demandé.

— Pousse-toi. Je ne te vois pas au soleil… C'est mieux. Non, ça va.

— Qu'est-ce qu'on va faire ?

— Il faut qu'on parte. On est déjà en retard. »

On avait une heure. Notre voiture était réduite de moitié. Elle n'avait plus de pare-chocs arrière, plus de vitre arrière, la porte du hayon était tordue, fracassée, inutilisable. On a échangé nos noms et nos numéros de polices d'assurance, et la femme a proposé d'appeler une dépanneuse, mais on n'avait pas le temps, et quand j'ai tourné la clé, le moteur a démarré, alors on est partis. À la maison on s'est changés et on est remontés en voiture. On a redescendu la colline, pris l'autoroute, le vent hurlant à travers le châssis dénudé, on a piqué vers le sud en direction de San Jose, où on a pris Bill à l'aéroport – il trouvait la situation très drôle, assis à l'arrière, dans le vent qui s'engouffrait – et je craignais de toute mon âme que le réservoir ait été endommagé, qu'on perde de l'essence, que les gaz s'enflamment et qu'on explose tous en route, ce serait trop beau.

On est arrivés, pitoyables, dans un tremblement de tôle. Le terrain était blanc de brouillard, l'herbe était grise, l'océan invisible. On n'avait rien de convenable sur le dos, Toph et moi, on portait des chemises blanches froissées et les cravates élimées de notre père. Tout le monde savait qui on était, qu'on était *eux*.

On nous a présentés au pasteur, une agnostique lesbienne, le révérend Jennifer Lovejoy, avec une chasuble flottante et des cheveux fous, gris acier. On a salué les représentants de notre famille. Tout d'abord notre cousine Susie, qui venait de la campagne du Massachusetts. Elle s'était arrêtée dans la petite station balnéaire avant la ville et portait un chapeau qu'elle avait acheté aux fripes, en paille, haut de vingt centimètres, quatre oiseaux en tissu piqués dessus. Puis tante Connie, la sœur de mon père, qui composait de la musique New Age (Sacred Space Music), venue de Marin County au dernier moment, une surprise, mais sans le perroquet ou cacatoès parleur qui d'habitude est perché sur son épaule. Bientôt elle nous avait coincés, John et moi – il était arrivé juste avant, après s'être tapé des godets en route – et pendant un quart d'heure elle nous a entretenus de la possibilité que le gouvernement cache au public des visites d'extraterrestres. Bien entendu elle avait des renseignements de première main sur le camouflage, elle recevait depuis quelque temps des messages de l'espace sur son ordinateur. Je lui ai demandé comment elle savait que les messages venaient de l'espace et pas, par exemple, d'AOL. Elle m'a regardé avec pitié, d'une façon qui disait : « S'il faut que tu demandes... »

Bill et moi devions remonter l'allée avec Beth pour la mener à l'autel. Elle nous l'avait demandé, et nous avions dit oui, bien sûr, que ce serait bien, un honneur – mais alors que j'attendais dehors avec lui dans le brouillard qui se dissipait, elle a décidé qu'en y réfléchissant, elle ne voulait pas être « menée à l'autel », elle n'aimait pas les implications patriarcales de la coutume, elle remonterait l'allée seule, de son propre chef. Aussi Bill et moi on s'est assis au premier rang et on a attendu, tandis que Connie se plaignait de la qualité de la musique prénuptiale (Mark Isham, a-t-elle deviné avec un reniflement méprisant).

Mais la musique n'a pas tardé à changer. Quand Beth et James ont remonté l'allée, sous un ciel qui s'était dégagé, à présent immaculé, les premières notes ont flotté vers nous, diffusées par deux haut-parleurs sur la terrasse – ce n'était pas la marche nuptiale. Ni Pachelbel. C'était – affolé, j'ai surveillé la foule, m'attendant à des réactions, parce que j'étais presque sûr que cet air était – oh, à présent c'était clair, cet air...

Cet air était « Beth », par KISS.

L'enregistrement original.

Et elle était pieds nus.

Elle trouvait ça drôle ? Elle ne pouvait sûrement pas...

J'ai repéré une falaise à trente mètres à peine, et je me suis demandé si on me remarquerait, si je pouvais tranquillement m'écarter, puisqu'ils regardaient tous l'entrée, et me jeter dans le vide.

Pour le mariage de Polly, le premier depuis celui de Beth, je m'accroche à l'espoir de la solidité protestante, simple et traditionnelle. C'est dans une église, la First Presbyterian de Lake Forest, un bon début, et on nous a demandé d'être en habit, ce qui est parfait. La réception aura lieu à Shore Acres, le country club de la ville voisine où Bill a passé un été comme serveur. Un endroit agréable. Entièrement respectable.

À la réception, on ne parle que d'une chose, le changement de sexe de Ken Kopriva. L'un des professeurs d'anglais du lycée et notre entraîneur (intrépide, enthousiaste) de l'équipe junior de foot, M. Kopriva, a annoncé qu'après un printemps de traitement aux hormones et de la chirurgie au cours de l'été, il reviendra, à l'automne, sous le nom de Karen. On n'en croit pas nos oreilles. On n'a rien eu de mieux depuis Mister T.

Quand le sujet est épuisé arrive l'inévitable :

« Comment va Toph ? » C'est Megann.

« Il boîte toujours.

— Il a quel âge maintenant ? demande Kathy.

— Je ne sais plus.

— Où est-il ?

— C'est drôle que tu demandes. Il fait du stop… »

La conversation s'étiole et on se regarde. Ils savent que je ne suis pas eux. Je suis différent. Je suis déformé, j'ai cent ans. Je passerai le lendemain à chercher les restes de mes parents.

« Comment va le magazine ? demande Barb.

— Il n'en a sans doute plus pour longtemps.

— Pourquoi ? »

J'explique. On est tous épuisés, fatigués d'avoir d'autres boulots, on va bientôt trouver des fonds et le transférer à New York, ou fermer boutique. C'est le dernier sujet dont j'aie envie de parler, auquel je veuille penser. Je ne veux pas parler de mes échecs, ni des leurs. On est peut-être tous étouffés dans l'œuf. Que se passe-t-il dans nos vies ? La célébrité de la soirée est le copain d'une fille avec qui Marny est allée à l'université. Il est présentateur d'une émission de télévision pour enfants à Chicago, et vient d'apparaître, avec une réplique, dans *Space Jam*, sans parler d'un rôle encore plus important dans une pub récente pour les restos Jack in the Box. Il nous fait son numéro – il plaisante, il imite les autres invités. On l'adore.

La moitié d'entre nous parlent d'aller vivre ailleurs. Flagg est déjà parti à New York pour des études de troisième cycle, et je pense vaguement à changer moi aussi. Mais ce que je veux vraiment, c'est nager dans la minuscule piscine d'eau tiède de ces amis, sauter sur leur tas de feuilles mortes – les frotter sur moi, sans un mot et sans rien sur le dos.

Mais on reste assis là, on a besoin de parler, de rattraper le temps perdu. Il y a un orchestre. Il joue des succès des années cinquante. Il y a trois chanteuses aux cheveux crêpés. Ils se donnent du mal, ces gens. Des couples plus âgés commencent à danser. Je n'aime pas ces couples, qui investissent le mariage de deux jeunes gens, ces couples d'âge mûr, partout, qui dansent de façon saccadée, trop lentement ou beaucoup trop vite, comme cette femme en lamé or, qui exécute une sorte de pas latino-américain, tandis que l'orchestre joue les Beach Boys, comme si elle essayait d'écraser des fourmis avec ses hauts talons. Elle a, comme eux tous, une expression qui dit *Oh yé !* ou *Le pied !* ou…

J'ai envie de sauter à travers la baie vitrée et dans le jardin du club, puis de courir à la falaise et de me jeter dans le lac Michigan. Ou du moins de sortir et de marcher. Mais il fait trop froid. Et je n'ai pas les chaussures qu'il faut. Je peux monter au premier. Je peux rassembler tout le monde et on peut partir. Je voudrais qu'on soit tous nus dans un grand lit. Ou peut-être pas nus.

Le marié et la mariée s'en vont, les vieux aussi, et le type qui m'a serré la main aux toilettes – il a tenu à le faire alors qu'on était dans des urinoirs voisins – se fait virer pour s'être mis à se bagarrer, physiquement, avec sa petite amie, puis tout le monde est parti et on est les derniers, à attendre on ne sait quoi, la sueur séchée sur nous, on discute de l'endroit où on va aller, chez quelqu'un, dans un bar, il n'est que minuit, et on se retrouve chez Megann, à manger des biscuits dans sa cuisine, à regarder les photos sur le réfrigérateur, comme on l'a fait des centaines de fois, sans faire de bruit parce que ses parents dormaient en haut.

On s'est tous installés dans les différents lits vides, et je me réveille dans la chambre du frère de Megann. Il est à l'université, et la pièce est sombre, avec une épaisse moquette, pleine de meubles en acajou et de trophées de hockey, de photos d'équipes. Une crosse signée par Denis Savard.

Je raccompagne Marny.

Et je me remets au travail.

Une heure plus tard environ je traverse le jardin de ma vieille maison. Il y a une nouvelle boîte aux lettres. Ils ont réparé le poteau cassé, repeint la porte d'entrée.

Je regrette déjà pour ces gens. Les pauvres ! Ils ont commis une erreur en acceptant. Que va-t-il se passer quand je vais entrer ? Ils n'auraient pas dû m'inviter. J'aurais compris qu'ils ne m'invitent pas. Mais le père m'a téléphoné en disant que je pouvais venir, et je suis là. Ça va être affreux. Il va se passer des choses. Je vais me laisser aller à dire des choses qu'ils ne veulent pas entendre.

Non, non. Je saurai me tenir. Ça ira.

La porte s'ouvre et ils sont tous là. *Est-ce qu'ils ouvrent toujours la porte ensemble ?* Il y a trois jeunes enfants, tous de moins de sept ans, deux garçons et une fille, le père avec un pull et une moustache, la mère les cheveux courts, les enfants se cachent derrière eux, ils jettent des coups d'œil furtifs derrière leurs jambes. Je serre la main de l'homme. Ils me font entrer.

Ça n'a pas de sens qu'ils me laissent entrer dans leur maison. La seule chose qu'ils sachent de moi c'est que j'ai vécu ici autrefois. Je me demande s'ils savent ce qui s'est passé. Je suppose que oui. Les parents du moins. Pas ces petits enfants modèles. Je ne dirai rien.

On entre directement dans la cuisine et la lumière ! L'endroit est plein de lumière. Je jette un coup d'œil circulaire, essayant de trouver la source de toute cette lumière. Les murs ont été repeints. Le lambris a disparu. Il manque des murs. Ils ont abattu des cloisons ! Des placards ne sont plus là ou ils ont été déplacés et remplacés. Il y a une nouvelle fenêtre, ou bien elle est plus grande. Je ne sais pas. Je ne sais pas ce qui a changé. Tout semble différent. Et petit. On dirait une maison pour petits. Mais ces gens sont de taille normale.

Nous visitons. Ils ont rebaptisé le salon séjour, et inversement. Ils ont enlevé la moquette blanche, révélant des parquets impeccables, tout a été repeint, les plafonds sont réparés, et il y a des vélux ! On parle, et je pose des questions, je demande comment ils ont fait telle ou telle chose. Des questions techniques.

« C'est une nouvelle moulure ?

— C'est du placoplâtre ? »

Et je deviens vite non l'ancien habitant de la maison, ni un maso excentrique, mais un voisin amical qui s'intéresse à la décoration.

En haut, les chambres sont gaies, roses, bleu clair pour les enfants. Ma chambre est méconnaissable. La forêt orange a disparu, mes dessins aussi. La moquette a disparu, et les miroirs sur le placard. La porte brisée a été remplacée.

Tout est si propre, si ordonné, les jouets brillamment colorés ont des angles arrondis. La salle de bains des enfants a des installations pour enfants, de petites brosses à dents bleues, rouges et jaunes. La chambre des parents – c'est là qu'est le vélux. On n'avait jamais songé à un vélux. Merde, un vélux. Elle est si claire, cette chambre, et à la place du dressing plein des costumes de mon père, qui sentait tellement son odeur, les ceintures en cuir, le cirage et les costumes imprégnés de fumée, à présent il y a – maintenant il y a un jacuzzi.

Je leur demande comment, comment tout ça…

« On a consacré beaucoup de temps à cette maison », dit le père. Il siffle doucement, pour souligner le travail qu'il a fallu.

« Oui, dis-je. On avait pas mal négligé les choses pendant un certain temps. »

On retourne en bas, les gosses sur nos talons. La buanderie a été repeinte, la moquette remplacée. Dans les toilettes près du garage, le papier peint avec les expressions d'époque n'est plus là. Par la petite fenêtre haute, le jardin derrière la maison est presque le même, couvert de neige, la petite colline ponctuée de jouets en plastique et de luges rouges.

Le ciel est blanc. Je suis à la plage. Je suis à la plage parce que j'ai besoin d'un téléphone, et que je refuse de mener mes recherches à la gare, au milieu de la ville. J'interroge le répondeur d'Eric et de Grant pour savoir si le cancérologue a rappelé. Il ne l'a pas fait. La plage est vide. Le froid est atroce. Moins dix, pas plus.

Je quitte le parking et, sur le trottoir en briques de la promenade, j'inspecte les bancs, dont chacun est dédié à une personne. Je décide que je vais acheter l'un de ces bancs, que je vais dédier un banc à ma mère, et à lui peut-être, peut-être un pour les deux – ça dépendra de leur prix. La plupart des inscriptions sur les bancs citent simplement un nom, mais sur l'un d'eux, près du téléphone, je lis :

Les roses sont rouges
Les violettes sont bleues
Nous aimons la plage
Et nous espérons que tu l'aimes aussi

Oh là là. Je peux faire mieux.

Je vais acheter un banc. Je ferai participer Beth et Bill. On fera enfin quelque chose. On en a les moyens et on le leur doit bien.

Ce qui me rappelle – je pousse une exclamation, seul sur la plage – que les formulaires pour la bourse de Toph doivent être rendus demain. On a posé notre candidature à cinq ou six lycées privés, et maintenant on doit soumettre une demande de bourse à un centre national. Je ne l'ai pas fait avant de partir, je l'ai laissé pour l'avion, et maintenant je suis ici, au lac, avec trois heures pour aller à la boîte FedEx.

Je retourne à la voiture, je prends mon sac à dos, je reviens et je pose les papiers de candidature sur l'une des tables de pique-nique près du poste de garde. Comme toujours, je suis aussitôt paralysé par les questions. Je ne sais pas, ou j'oublie tout très vite dans ce domaine – numéros de Sécurité sociale, de comptes bancaires, le montant de notre épargne. Beth saura.

J'utilise le téléphone public sous l'auvent du snack-bar, trempé par les glaçons qui fondent au-dessus. J'essuie les flaques, l'eau plus chaude que je ne le pensais, et j'appelle Beth à San Francisco. Beth sait pourquoi je suis à Chicago, mais ne comprend pas ce que je fais au bord du lac en décembre.

« Je ne sais pas. Je suis là. Il y a un téléphone. Il fait froid.

— Il faut que je te rappelle.

— Beth. Je caille.

— Je suis au téléphone. Donne-moi le numéro.

— On est en dessous de zéro ici.

— En dessous de quoi ?

— On est en dessous de tout ici, Beth.

— Je te rappelle dans dix minutes. »

Je lui donne le numéro et je m'allonge sur une table de pique-nique. J'essaie des moyens de garder la chaleur. Est-ce que j'ai plus chaud quand je reste immobile, ou quand je bouge ? Je crois savoir qu'on a plus chaud en bougeant, mais pendant une minute je joue avec l'idée que je peux rester couché immobile, et *forcer* mon sang à circuler. Les yeux fermés, le souffle bruyant, j'ordonne à mon sang d'accélérer, j'imagine que je le vois, j'imagine des tapis roulants et des tourniquets. Je somnole cinq, dix minutes, en pensant à la vie sur d'autres planètes.

Le téléphone sonne. Beth est énervée.

« Écoute, on doit faire ça maintenant ?

— Oui.

— Pourquoi ?

— Parce que je dois les envoyer aujourd'hui.

— Pourquoi ?

— Parce qu'ils doivent arriver demain.

— Pourquoi tu ne l'as pas fait avant ?

— C'est sans importance maintenant.

— …

— Écoute, je suis toujours dans une cabine. À la

plage. Près du lac. C'est l'hiver. L'hiver est froid. On peut le faire ?

— Bon. »

Elle me donne les chiffres.

« Merci. Ça ira. Au revoir. »

Par habitude – j'ai tendance à téléphoner à Bill quand j'ai parlé à Beth – j'appelle Bill et Toph à L.A. et je tombe sur le répondeur. Ils sont sans doute à la plage, une vraie plage, chaude, à regarder des femmes jouer au volley. Je palabre dans la machine un moment et je raccroche. Deux joggeurs passent, en survêtements des Chicago Bears. Tout en trottinant, ils me regardent, parce que je suis assis sur une table de pique-nique, un stylo dans la bouche, entouré de papiers. Je finis de remplir les formulaires et je les fourre dans mon sac à dos.

En allant vers le parking, après le snack-bar, je colle mon nez contre la fenêtre du poste de garde. À l'intérieur, juste derrière le bureau de la personne, quelle qu'elle soit, qui s'assied derrière un bureau à la plage, je vois la photo d'une quinzaine de maîtres-nageurs, en maillots de bain. Tous en orange, tous souriants, tous les dents extrêmement blanches, les cheveux blonds, blanc argenté. J'en reconnais quelques-uns. La photo doit avoir cinq ou six ans. Et là, au dernier rang, il y a Sarah Mulhern. Elle est bien comme je me la rappelle – bronzée, les yeux bleus et tristes, blonde, bien roulée. Je savais qu'elle était maître-nageur, mais je ne l'avais jamais vue surveiller ici, j'avais été à la plage des centaines de fois mais je ne l'avais jamais vue, ni cette photo. Et maintenant…

C'est trop bizarre. Je me dis que je vais le noter.

À la voiture, je dépose mon sac à dos et je retourne téléphoner à Beth.

« Écoute, j'ai une question à te poser.

— Oui.

— Tu sais, les cendres ?
— Quoi ?
— Tu as entendu.
— Oh non... De qui ?
— Des deux. L'un ou l'autre.
— Alors quoi ?
— Eh bien, tu ne les as jamais récupérées, non ?
— Non.
— Et ils ne t'ont jamais téléphoné ni rien ?
— Si, ils ont téléphoné.
— Qu'est-ce que tu veux dire ?
— Ils ont appelé il y a un an.
— Ah oui ? Qui ?
— Je te l'ai dit.
— Non tu ne m'as rien dit.
— Si. Ils ont téléphoné, et ils avaient les cendres. Celles de maman du moins. Ils avaient essayé de nous retrouver.
— Où ?
— À Chicago, à Berkeley, à San Francisco, partout.
— Qu'est-ce que tu as dit ? Ils les ont envoyées ?
— Non.
— Non ? Alors où sont-elles ?
— J'ai dit qu'on n'en voulait pas.
— Non !
— Si. Qu'est-ce qu'on en ferait ?
— Mais sans me consulter, ni Bill ? Tu as juste... »

Il faut que j'arrête de poser des questions. Chaque fois que je pose une question, à Beth, à n'importe qui, en m'attendant à une réponse anodine, ou même légèrement troublante, elle est beaucoup plus terrible ou étrange que je n'aurais pu l'imaginer.

« J'ai juste quoi ? »

Elle est furieuse à présent.

Je suis trop faible pour faire ça.

« Rien. »

Elle raccroche.

C'est vraiment trop… C'était vague avant, et j'adorais ça. *Où sont-ils ?* Eh bien, c'est une bonne question. *Où ont-ils été enterrés ?* Encore une question intéressante. C'était la beauté du comportement de mon père. On savait qu'un diagnostic avait été posé, mais pas à quel point il était malade. On savait qu'il était à l'hôpital, mais pas qu'il était à deux doigts de la mort. Ça m'avait toujours paru curieusement bien choisi, et son départ avait été parachevé, comme celui de maman, par le fait que les cendres ne nous avaient jamais trouvés en Californie, on avait déménagé plusieurs fois, on s'était dérobés, on avait esquivé. Sûrement les restes avaient été traités en dépit du bon sens, l'école de médecine, ou quelqu'un, avait négligé ses obligations, s'était trompée, avait oublié. Mais à présent, sachant que Beth savait, et qu'ils ont vraiment disparu, qu'on les a jetés, que nous avions une chance…

J'avais vraiment entretenu, même vaguement, l'idée que je pourrais les trouver, qu'à l'école de médecine ils avaient pu les mettre quelque part, dans un… lieu de rangement des cendres, dans quelque vaste entrepôt pour les restes non réclamés.

Mais savoir maintenant…

Oh, nous sommes des monstres.

Je m'arrête au téléphone du 7-Eleven, fermé à cette heure, à la lisière entre notre ville et la suivante. J'appelle Les Blau. Sa femme répond.

« Oh bonjour !

— Bonjour.

— Où es-tu ? À San Francisco ?

— Non, en fait, je suis à Chicago. À Highwood, plus précisément.

— Ça alors ! Eh bien, tu es tout près de lui. Il est à l'hôpital, en fait.

— Oh mon Dieu.

— Non, non, ce n'est qu'une infection. Il va bien. Sa jambe. C'est très bizarre. Elle est tout enflée. Il y reste seulement quelques jours.

— Eh bien, j'espérais lui parler, ou vous parler à tous les deux un moment, mais je rappellerai quand...

— Non, va le voir. Il est au Highland Park Hospital. Il sera très content. »

Je lui dis que non, je ne pourrais pas, ça ferait drôle.

« Ne sois pas bête. Vas-y. »

Dix minutes plus tard j'y suis, dans le parking, dans la voiture. D'ici je vois l'ancienne chambre de ma mère, la chambre du jour de l'an et de l'anniversaire. Je descends et je fais le tour du bâtiment vers les urgences. Les portes s'ouvrent en soupirant. Je voudrais être aux urgences, qu'il se passe quelque chose. Je voudrais être revenu à la nuit du saignement de nez. Ils l'ont emmenée ici d'abord, ils ont amélioré son taux de globules blancs, arrêté l'hémorragie.

La salle d'attente paraît minuscule, pêche, rose et mauve, comme un immeuble de Floride. Je m'assieds dans l'un des fauteuils moelleux.

Rien ne se passe. Rien ne revient.

À la télé, les 49ers disputent un match.

La réceptionniste me regarde.

Merde.

Je sors, je refais le tour. À l'accueil j'obtiens le numéro de la chambre de Les et je l'appelle.

Il me demande si je suis en ville et je réponds que oui. Il me dit que je devrais passer le voir, qu'il n'est à l'hôpital que pour quelques jours, mais quand il sortira, il devrait sortir demain...

Je lui dis que je suis déjà là.

« Au Highland Park ?

— En fait, je suis dans le hall.

— Oh, pourquoi ? »

Je mens. « Eh bien, je suis censé voir un toubib à cinq heures et demie, le cancérologue, et je…

— Il est presque cinq heures et demie.

— Oh, ce n'est pas un rendez-vous fixe. Je peux le voir après.

— Alors tu veux monter ?

— Oui.

— C'est la D-34.

— Je sais. »

Il est au troisième. C'est le même bâtiment qui a accueilli ma mère lors de ses différents passages, et où mon père est mort. Le même étage. Sûrement le même étage.

La dernière fois que j'ai vu mon père, j'étais avec ma mère, Beth, et Toph. On a suivi ce couloir, on a poussé sa porte et on a été assaillis par l'odeur. La fumée. Ils le laissaient fumer à l'hôpital. La chambre était grise, brumeuse, et il était assis là, sur le lit, les chevilles croisées, les mains derrière la tête. Un grand sourire. Heureux comme un prince.

Je pousse la lourde porte silencieuse, et Les Blau est là, le seul ami que j'aie jamais connu à mon père.

À l'instant où j'entre, j'ai envie de partir. La pièce est sombre, et il est torse nu. La seule lumière est au-dessus de sa tête, un halo rond et flou de lumière ambrée.

Oh, c'est bizarre. Il a l'air beaucoup plus malade qu'il n'était censé l'être. Pourquoi est-il torse nu ? Oh, c'est bizarre. Il est peut-être en train de mourir lui aussi. Des poils gris sur tout le corps.

On se serre la main. Il s'est laissé pousser une barbe, grise et soignée.

Je m'assieds dans la pénombre, au bout du lit, près de ses pieds.

Je marmonne un moment.

Puis je lui demande, pour son infection. Sa jambe

est décolorée, enflammée, énorme comme les jambes de Popeye.

Je n'ai plus envie de poser à Les les questions que j'avais l'intention de lui poser, celles que je notais il y a une demi-heure, dans la voiture, sur le parking, tout en écoutant du rock des années quatre-vingt à la radio. Je me force à commencer, je lui dis en bafouillant pourquoi je voulais le voir, lui demander des choses…

Ses premiers mots sont les suivants :

« Ma foi, je ne sais pas si je peux beaucoup t'éclairer sur l'âme de ton père. »

Sa voix est mesurée, égale. Ses bras reposent sur son torse, baignés de la lumière ocre de la chambre, dont les murs, autrement, sont bruns.

Ce serait la bonne façon de mourir. Du drame, ça colle, le soir, une lumière parfaitement adaptée. Mon père, c'était n'importe quoi, tout seul, au milieu de la journée.

Il était encore tombé, dans la douche cette fois.

Il a appelé Beth. Elle a couru, elle l'a traîné vers le lit. Puis l'ambulance est arrivée. Il devait rester une semaine environ, reprendre des forces, rien d'inhabituel. Son diagnostic n'avait été établi que quelques mois plus tôt. Une semaine après son admission, le médecin avait téléphoné en disant que ça se présentait mal, ça pouvait être n'importe quand.

Ma mère a ricané. Elle y est allée avec Beth.

Elles sont restées un moment dans la chambre, dans la fumée.

« Revenez plus tard, a-t-il dit. Je fais une sieste. »

Elles sont rentrées à la maison.

« Il ne va pas partir aujourd'hui, a dit ma mère, amusée par tout cet affolement. Il ne va pas partir aujourd'hui, ni demain, ni la semaine prochaine. Il vient de rentrer. »

Une heure plus tard il était mort.

« C'est le meilleur conducteur que j'aie jamais vu, dit Les. La façon dont il pouvait s'insinuer – c'était son mot, *s'insinuer* – "Regarde-moi m'insinuer dans cette file..." il disait. C'était incroyable. Il changeait de file, il roulait sur le bas-côté... »

Je raconte à Les comment, quand il a eu cette voiture, la Nissan 280, la seule voiture neuve qu'il ait jamais possédée, la première chose qu'il a faite a été de la personnaliser. Il a posé un cendrier sur la portière et coupé la bretelle des ceintures de sécurité. On savait tous qu'il n'était pas partisan de la loi sur la ceinture de sécurité, il pensait que c'était une violation des droits civils, hautement inconstitutionnelle. Mais le plus curieux, c'est qu'en plus de couper la bretelle du côté du conducteur, il a coupé celle du passager...

La porte s'ouvre. C'est Mme Blau.

« Oh, tu es venu. »

Je lève les yeux et je hausse les épaules.

« Je vous laisse seuls quelques minutes. »

Elle sort.

Le téléphone sonne. Les décroche.

« Oh bonjour. Je peux te rappeler ? »

Son repas arrive. Il m'offre son gâteau au fromage.

« Non merci.

— De la soupe ?

— Non merci. »

Je demande à Les s'il pense que mon père s'est senti seul au moment de mourir.

Le téléphone sonne. Il répond plus longuement cette fois. Quand il raccroche, il ne reprend pas ma question, et je ne la pose plus.

Mme Blau revient et on bavarde tous quelques minutes. Puis je pars. Dans le parking je parle un moment dans le magnétophone, ayant déjà oublié presque tout ce que Les a dit.

Le lendemain matin, avec Grant et Eric, on prend le petit-déjeuner dans un snack, en regardant les gens passer, en jeans et blousons de cuir.

« Alors qu'est-ce que tu as fait hier ? demande Grant.

— Pas grand-chose, dis-je. Je suis retourné à Lake Forest, je me suis baladé. »

Je me souviens que j'ai vu sa mère. La mère de Grant marche des kilomètres tous les jours dans Western Avenue. Je l'avais dépassée en voiture.

« Tu lui as dit bonjour ? demande-t-il.

— Non, je ne me suis pas rendu compte que c'était elle avant qu'il soit trop tard.

— Oh, c'est dommage.

— Oui.

— Alors qu'est-ce que tu vas faire aujourd'hui ?

— Je vais sans doute y retourner.

— Pour quoi faire ?

— Je ne sais pas. Pas grand-chose. J'irai peut-être au lycée. »

Grant me regarde un instant. Il sait peut-être.

« Eh bien, dis bonjour à ce bon vieux bahut. »

M. Iacabino, le propriétaire de la maison funéraire, n'est pas là. L'homme qui est présent est plus jeune que moi, et derrière ses lunettes, ses yeux sont lumineux, étonnés. Chad. J'entre, tapant des pieds pour les débarrasser de la neige. Je lui dis que j'espère obtenir des papiers, que je rassemble des éléments, que mes parents sont passés par ici, que je cherche tous les documents qu'ils pourraient avoir.

« Je passe un coup de fil », dit-il.

Il disparaît pour appeler M. Iacabino chez lui, en me laissant dans la partie où sont exposés les cercueils. Il y en a onze dans la pièce, chacun nommé d'après son style et la qualité des matériaux. La ville étant ce qu'elle est parfois, les cercueils sont luxueux, chacun plus brillant et extravagant que l'autre. L'un s'appelle l'Ambassadeur. Un autre semble être en acier. Je note certains des noms dans un carnet que plus tard je perdrai. Je ne serai pas enterré, je me le jure. Je disparaîtrai. Ou peut-être d'ici là il y aura des machines utilisant une technologie laser avancée et des fibres optiques, qui volatiliseront les gens peu après leur mort sans vraiment les brûler. Des spécialistes entreront peu après le décès, ils assembleront la machine – elle sera éminemment portable – ils abaisseront quelques leviers, et la personne disparaîtra instantanément. Il n'y aura plus d'inhumation, pas de transport de corps, d'inspection, ils ne seront plus embaumés, endimanchés, on n'achètera plus de trous dans le sol pour eux, on ne construira plus ces boîtes compliquées, renforcées, double épaisseur.

Ou je serai lancé dans l'espace. Ou d'ici là les gens, les morts, seront hissés au sommet de tours blanches d'un kilomètre de haut. Pourquoi pas des tours blanches d'un kilomètre de haut, au lieu de trous de six pieds ? Il y aurait des obstacles, sûrement, pour les ingénieurs et les architectes, et un problème de place. Mais il pourrait être résolu. Il y a le Groenland, par exemple, vaste et blanc comme le paradis.

« Vous voyez quelque chose qui vous plaît ? » demande Chad. Il est derrière moi.

Je ris. Elle est bien bonne.

Il a un classeur. On s'assied à une table, noire et vitrifiée, qui sert habituellement à la préparation des cérémonies.

« Voici ce que nous avons », dit-il.

Dans le classeur, des pages disent que la maison funéraire Wenban a reçu les deux corps, fait célébrer une cérémonie pour mon père et supervisé les donations.

Les formulaires et les comptes-rendus pour le service de mon père sont signés par ma mère ; ceux de ma mère sont signés par ma sœur. J'aime ces papiers. Ils sont une preuve, la seule que nous ayons.

« Alors c'est tout ? je demande.

— C'est tout », dit Chad.

Je demande si je peux avoir des copies. Il n'y voit pas d'inconvénient. Il ira au sous-sol ; ça prendra une seconde.

L'escalier s'ouvre au milieu du hall. Je le regarde descendre.

Sur le mur derrière moi des modèles de pierres tombales sont affichés. Tailles, matériaux, choix de caractères et d'inscriptions. Les options sont nombreuses – on peut avoir le nom d'abord, ou les dates, ou pas de dates du tout. Ou, avant le nom, une formule : « Bien-aimé », « Éternel ». Je devrais sans doute commander une pierre. Une pierre, ce serait bien. Une pierre me sauverait, rattraperait tous les dégâts qu'on a déjà commis, tout ce qu'on a abandonné ou perdu.

Chad remonte l'escalier. Il tient une petite boîte brune. Il la pose sur la table devant moi.

« C'est bizarre, dit-il. Mais j'étais en bas, près de la photocopieuse. Pour la forme, j'ai regardé sur les étagères, et j'ai vu ça. »

L'étiquette sur la boîte en carton, écrite à la main :

*Heidi Eggers*

« Vous voulez dire que c'est...

— Oui, c'est sûrement les cendres. Ils ont dû nous les envoyer à un moment donné. Je ne sais pas pourquoi ils ne vous les ont pas envoyées à vous... »

Je touche la boîte.

Grand Dieu.

Chad se lève. « Je redescends faire ces copies. »

Il repart.

La boîte mesure une trentaine de centimètres dans les deux sens, elle est scellée avec du scotch transparent. Elle est simple, brune, carrée – comme elle devait être quand elle a été postée. L'étiquette indique qu'elle vient de l'Association pour les Dons Anatomiques de Chicago. *Depuis combien de temps est-elle ici ?* Je ne peux pas lire le cachet de la poste.

Il faut que j'appelle Beth. Je n'appellerai pas Bill. Il ne voudra pas en entendre parler. Mais Beth…

Je n'appellerai pas Beth non plus. Elle serait bouleversée. Chad revient avec les photocopies.

Je le remercie et je prends les papiers, je les mets dans une chemise dans mon sac à dos, et je me lève. Je soulève la boîte et…

Je ne sais pas ce que je croyais qu'elle pèserait, mais elle est lourde. Cinq kilos ou plus.

Je sors.

Le froid me surprend. Le sol est glacé. Je tourne le dos au vent pour protéger la boîte. Je marche en biais vers la voiture, j'ouvre la portière du passager et je pose la boîte sur le siège. Je fais le tour de la voiture, sur la pointe des pieds, j'ouvre la portière et je monte.

Je me tourne vers la boîte.

C'est ma mère, mais plus petite.

Ce n'est pas ma mère.

La boîte est-elle ma mère ?

Non.

Mais à ce moment je vois son visage sur la boîte. Ma tête malade me fait voir un visage sur la boîte. Ma tête malade veut que ce soit pire. Ma tête veut que ce soit effrayant et insupportable. J'essaie de résister, de me dire que c'est normal, tout est normal, mais je sais que je suis un monstre, que je n'aurais pas dû venir ici. En quête d'horreurs, je les trouve. Je n'aurais pas dû demander ça pour commencer, et parce que j'ai demandé ça et davantage, ça va devenir encore pire, encore plus terrible. Mes yeux se brouillent. Je tremble. Je veux mettre la boîte ailleurs – dans le coffre peut-être – mais je sais que je ne peux pas la mettre dans le coffre. La boîte qui n'est pas ma mère ne peut pas aller dans le coffre parce qu'elle serait blême si je la mettais dans le coffre. Elle me tuerait, putain.

Tard ce soir-là, je retourne chez Grant et Eric, et ils regardent un film où Al Pacino est aveugle. Al Pacino, furieux, parle avec un accent inclassable. Il est peut-être canadien. On est tous assis à des endroits différents de la pièce – Eric dans un fauteuil confortable, Grant dans un fauteuil confortable, moi sur le canapé entre eux.

On regarde la télé en buvant des bières à la bouteille. On est complètement normaux. Avec Grant et Eric, dans leur appartement de Lincoln Park, à Chicago, on est comme les autres, je suis comme les autres. On réagit. Moi aussi j'en suis capable. Je *réagis*.

J'évite de penser à la boîte. J'évite de penser qu'à une dizaine de mètres, dans ma bagnole de location, sur le plancher du côté du passager, il y a la boîte. Je ne pouvais pas l'emporter à l'intérieur, et je n'en ai pas parlé à Eric et à Grant, je ne leur en parlerai pas, et craignant que quelqu'un, peut-être l'un d'eux, passe près de la voiture et voie la boîte et sache ce que c'est, soit horrifié et me prenne pour un monstre, je l'ai couverte d'une serviette.

Al Pacino porte un uniforme militaire d'opérette, et il crie après un type en âge d'être au lycée, en uniforme scolaire. Je suis arrivé tard pour le film, alors je ne comprends pas bien pourquoi il crie après ce garçon en uniforme. Ils sont dans une chambre d'hôtel ultra-chic.

« Pourquoi il crie ? je demande.

— Chut ! fait Grant.

— Il est aveugle ?

— Tais-toi. C'est presque fini. »

Le téléphone sonne. Eric répond, jette le combiné sur mes genoux.

« C'est pour toi.

— Qui ?

— Meredith. »

C'est Meredith, affolée.

« C'est John ?

— Oui, dit-elle.

— Est-ce qu'il est…

— Non, non. Il va bien, mais il recommence ses menaces. Il a l'air saoul. »

J'emporte le téléphone en haut, dans la salle de bains.

« Il a des cachets ? Ou quoi ?

— Je ne sais pas. Je n'ai pas demandé. Il va peut-être s'ouvrir les poignets.

— Il a dit quelque chose comme ça ?

— Non. Peut-être. Je ne sais pas. Je ne me souviens pas. Mais il faut que tu lui téléphones. Je lui parle depuis une heure et je deviens dingue, putain. Il dit qu'il a essayé de te joindre mais tu n'étais pas chez toi.

— Je suis à Chicago.

— Je le sais. Je t'appelle, idiot. »

Je téléphone à John.

« Qu'est-ce qui se passe ?

— Rien.

— Comment, rien ? Pourquoi je t'appelle ?

— Je ne sais pas. Pourquoi tu m'appelles ?

— Meredith m'a dit que tu voulais que je t'appelle.

— J'ai essayé de t'appeler.

— Je sais. Je suis à Chicago.

— Pour quoi faire ?

— Un mariage.

— Fous le camp !

— Quoi ?

— Rien. Je parlais au chat.

— Tu parles au chat, putain ? Écoute, je n'ai pas le temps de…

— Très bien. Désolé d'être aussi chiant.

— Bon. Alors. Quel est le problème ? Qu'est-ce qu'il y a ? Tu as menacé ?

— J'ai simplement eu deux ou trois journées difficiles.

— Tu as l'air saoul maintenant. Au début tu n'avais pas l'air. Tu es saoul ou pas ? Donne-moi des éléments.

— Non, c'est juste ce médicament.

— Attends. Quel médicament ? Qu'est-ce que ça veut dire ? Tu as déjà pris quelque chose ? Qu'est-ce qui se passe ? C'est ça ?

— C'est ça quoi ?

— Tu as déjà…

— Non, merde. J'ai simplement sommeil. J'ai bu une bière.

— Tu n'es pas censé boire. Tu ne peux pas boire avec les antidépresseurs, idiot. Tu n'avais pas bu la dernière fois qu'on s'est parlé, hein ? Tu n'es pas censé boire. Ça dure depuis combien de temps ?

— C'est une bière, mon vieux. N'en fais pas un fromage. »

J'entends Eric et Grant monter l'escalier, aller se coucher. Sous la porte, je vois les lumières s'éteindre.

Quelque part je me prépare pour le coup de feu. John a tout prévu, il me roule dans la farine pour me faire croire que tout va bien, et d'un instant à l'autre il va le faire, pour s'assurer que je l'entends, pour s'assurer que je sais que c'est de ma faute. J'aurai un ami mort.

Et pourtant, on peut dire que ça tombe bien. Que John menace de se suicider le jour où on me donne la boîte, pendant la semaine où je cherche des choses sinistres. Les chances étaient minces.

On frappe à la porte de la salle de bains.

« Oui ?

— Tu vas bien ? » C'est Grant.

« Oui. Je suis au téléphone.

— Bien, mon fils. À demain.

— Bonne nuit.

— C'était qui ?

— Grant. Alors…

— J'ai encore traversé l'asile en courant, dit-il.

— Quel asile ?

— Celui au coin de San Pablo, près d'Emeryville. J'ai couru pieds nus cette fois. »

Il a déjà fait ça, il m'a déjà raconté qu'il a couru à travers un asile. Il veut m'impressionner. Si c'est vrai, ce dont je doute, je suis impressionné. Mais je ne peux pas le lui montrer.

« Et pourquoi ? » je demande. Je sais pourquoi.

« Je me sentais bizarre. Je voulais voir ce qui allait se passer.

— Et ?

— Rien. Les gens m'ont juste regardé. Quelqu'un a dit : "Putain, mec." C'est tout.

— Hum. Alors quel est le problème cette fois ? » Je veux savoir pourquoi on doit remettre ça. Je veux savoir s'il va vouloir que je lui resserve le laïus. Je refuserai.

« Je ne sais pas. Je suis sorti et je… je ne sais pas, quand je suis rentré chez moi, je me sentais tout noir, goudronneux. Je ne sais pas. Ça n'a pas de sens, je suppose, j'avais l'impression d'être sous un filet ou je ne sais quoi. C'est vrai, des fois je tombe dans des trous – merde, je ne sais pas, j'en ai tellement marre, c'est si – tu ne comprendrais pas, putain.

— Je ne quoi ?

— C'est juste que…

— J'ai du mal à croire que tu aies dit ça. Tu me connais. Je ne comprendrais pas ? Tu sais ce que j'ai fait aujourd'hui ? Où j'ai été ce soir ? Tu sais ce qu'il y a sur le plancher de ma bagnole ? »

Je lui parle de la maison funéraire, de la boîte.

« Oh la vache », dit-il.

Ça lui plaît. Soudain il paraît dégrisé, animé.

C'est ce qu'il veut, je réalise. Déjà il se réveille. Il veut qu'on échange nos histoires. Il veut se rassurer. Si mal en point qu'il se sente, et terrorisé, et honteux de ce qu'il a dans la tête, il veut savoir que pour moi c'est encore pire. Comme d'habitude, je marche. Je lui raconte comment, après la maison funéraire, j'ai passé la soirée à rouler dans les quartiers pourris, glacés du South Side de Chicago, pour que quelque chose se passe. Je parlais dans mon magnétophone, je regardais des troupes de gamins avec leurs énormes blousons, et chaque fois je voulais sortir, me jeter dans leurs pattes – « Hé, les gars ! Qu'est-ce que vous faites ? » – pour me faire tabasser peut-être, ou taper sur la tête avec quelque chose, ou qu'ils me poursuivent – c'est ce que je voulais vraiment, peut-être, qu'ils me courent après – mais il faisait si froid. Je lui dis que chaque fois que je m'arrêtais à un feu je m'attendais à ce qu'une bagnole s'arrête à ma hauteur dans la file voisine, et sans me retourner, je saurais. Il y aurait un bruit de verre brisé et mon enfance verdoyante serait tranchée, et je verrais mon sang couvrir le pare-brise. Ou bien je serais au feu et quelqu'un crochèterait la portière – non, pas quelqu'un, un Noir en blouson de l'armée, l'homme que je vois toujours quand j'imagine que je me fais tuer de cette façon, toujours un blouson de l'armée – et il sauterait à côté de moi – il faudrait que je pousse la boîte – où je mettrais la boîte ? Sur le siège arrière. Et puis il m'obligerait à rouler jusqu'au lac, près de l'aquarium. Il me ferait sortir et m'emmènerait au bout du parking, face à l'eau. Il me dirait de m'agenouiller, et j'obéirais, puis sans un mot il me tirerait deux balles dans la nuque.

« C'est curieux, dit-il. Je vois toujours ça chez moi. Je suis attaché à une chaise, la bouche fermée avec du scotch, et quand je le vois lever son flingue vers moi, je ne peux pas bouger, ni crier, tout ce que je peux faire, c'est essayer d'arrêter la balle avec mes yeux. J'ai toujours la curieuse impression que je peux peut-être arrêter la balle avec mes yeux.

— Tu sais ce qui est drôle, dis-je, ce qui m'inquiétait le plus quand j'étais là-bas, dans le South Side, à rouler en parlant dans le magnéto ? J'avais peur qu'après m'avoir descendu près du lac, le meurtrier, qui ne voulait que la bagnole en réalité, trouve la bande, pour une raison quelconque, et l'écoute, celle où j'explique que j'imagine que je suis tué par quelqu'un comme lui, et comment j'ai trouvé la boîte, et que ce meurtrier pense que je suis un sale détraqué raciste…

— Putain !

— C'est ce qui m'inquiétait ! Ce que mon assassin penserait de moi. Puis j'ai eu peur que les flics, qui finiraient par trouver la voiture à Gary, Muncie ou ailleurs, trouvent mon magnéto et la bande à l'intérieur, et la passent, pour chercher des indices ou je ne sais quoi, et ils seraient horrifiés aussi, ils seraient horrifiés et ils rigoleraient, ils en feraient des copies et les distribueraient à leurs copains…

— Non… » À ce stade je ne me soucie plus des menaces vagues de John. Je n'attends plus le coup de feu. Ça a marché avant, ça marche toujours – maintenant il est plus inquiet pour moi que pour lui.

« Alors qu'est-ce que tu fais demain ?

— Demain je vois Sarah.

— Oh, mon vieux. Il faudra que tu me dises comment ça s'est passé.

— Oui. »

Je croyais la retrouver sur le seuil de son immeuble, en manteau, elle tirerait sur le manteau peut-être, en disant bonjour comment ça va, prudemment. Mais elle est venue à la porte, sans manteau, et elle m'a fait entrer.

Sarah Mulhern. Je suis venu la chercher. On va dîner. Je suis chez elle et elle est rayonnante.

On est assis sur son canapé. Je déplace un coussin.

« Tu veux boire quelque chose ? demande-t-elle en se levant.

— Je veux bien.

— Une bière ?

— Oui, merci. »

Elle va à la cuisine. Son appartement est impeccable. Elle a baissé les lumières.

Elle revient, met un disque d'un type avec qui on est allés au lycée. Le type, de l'âge de mon grand frère, joue du piano au Deerpath Inn, le seul hôtel de la ville, et il a appelé l'album Deerpath. On parle de ce type, il devrait peut-être quitter la ville quelque temps, s'ouvrir des horizons. On parle de son métier de prof (elle enseigne en cinquième, dans la banlieue ouest de Chicago), de la carrière de Vince Vaughn.

On va dîner, pendant le dîner on boit, on passe en revue mes goûts alimentaires, ha ha, et on reste longtemps. On parle de l'équipe de natation à laquelle on appartenait tous les deux, j'étais si empoté et elle était incroyable, et son nom, quand il était annoncé avec des grésillements dans le haut-parleur, signifiait pour nous grâce et puissance, elle n'a jamais perdu une course – ça alimentait mon vieux penchant pour elle. Je parle aussi de la fois où son petit frère m'a surpris dans les vestiaires du club alors que je venais de marcher dans les excréments de quelqu'un.

« Je n'en ai jamais entendu parler.

— Il croyait que c'était les miens.

— Les excréments.

— Oui, à partir de ce moment, pour lui, j'ai été le type qui se chiait dessus au club. Et il n'y avait pas moyen d'expliquer. De lui dire que j'étais entré dans les toilettes et que je n'avais pas remarqué les excréments sur le sol...

— C'était plus dur, sûrement.

— Oui. »

Je songe un instant à lui parler de la photo que j'ai vue à la plage. Je décide de ne pas le faire. C'est déjà assez bizarre.

On va dans un bar et on tombe sur des gens qu'on connaît, qui sont tous clairement surpris de nous voir ensemble. Ils ne nous ont jamais vus ensemble, on a deux ans de différence, et je ne suis pas revenu à Chicago depuis des années et des années. Je vois Steve Fox, que je connais depuis la maternelle, un adulte dont le visage de huit ans sourit dans mes albums, sur des photos d'anniversaire quand on était louveteaux. On parle une minute – par où commencer ? Est-ce qu'on aurait dû s'embrasser ? A-t-il pris du poids ? – mais Sarah est mal à l'aise. On connaît trop de gens à Lincoln Park ; c'est trop chargé. On part, on trouve un vilain petit bar, on boit jusqu'à ce qu'on se sente prêts, tous les deux, à faire ce qu'on pense qu'on va faire, et on retourne à son appartement.

Alors que nous sommes sur son canapé, soudain elle me repousse, les mains sur ma poitrine, les bras tendus, et me jette un regard fou – ses yeux sont si ronds dans le noir, les blancs si blancs ! – que d'abord j'interprète comme un signe que j'embrasse comme un chef et que ma technique l'a renversée. Elle me regarde une seconde.

« Tu parais plus vieux », dit-elle.

Aussitôt, je pense : symbolisme. *Je parais plus vieux*. C'est également symbolique que, alors qu'on est assis sur le canapé dans l'obscurité, la lumière à travers ses grandes fenêtres, la faible lumière jaune du réverbère, mette son père sur son visage. Je l'avais rencontré quelquefois seulement, et je n'avais jamais vu une telle ressemblance mais maintenant – maintenant ses yeux sont plus foncés. Il me vient à l'idée que le fait qu'elle fume, comme elle l'a fait quand on était dans le dernier bar, est également symbolique. Ça doit signifier quelque chose, qu'elle dise que je parais plus vieux, qu'elle ressemble à son père mort, qu'elle fume comme mon père mort, que nos bouches s'ouvrent et se joignent même si, en dehors du fait qu'on a vécu des enfances similaires, qu'on a pris la même allée du parking à la piscine du club de Lake Forest, fait les mêmes longueurs à l'aube, on se connaît à peine. Il y a un sens à tout ça. Lequel ?

Au bout de quelques instants on mêle de nouveau nos langues dans nos bouches, en tournant le visage de gauche à droite. Mais pourquoi m'a-t-elle jeté ce regard étrange ? Chaque fois que j'ouvre les yeux, les siens sont ouverts. C'est troublant. C'est peut-être elle qui est troublée. Mais oui. Je sais pourquoi.

Elle sait que j'ai la boîte de ma mère dans la voiture de location.

C'est ça. Elle le sent. Elle sent que j'ai roulé avec la boîte sur le siège du passager, parfois sur le plancher, près de sacs de Burger King, de bouteilles de jus de pomme, comme si on faisait un long voyage ensemble – et elle sait que la nuit dernière je parlais à mon ami suicidaire, et que je me demandais si je voulais qu'il passe à l'acte, et elle sait qu'hier, je me suis arrêté en passant devant la maison des parents de Ricky, et elle sait que moins d'une heure plus tard, alors que j'étais à la bibliothèque en ville, je suis tombé sur sa mère, qui travaille là, je l'avais oublié, et la mère de Ricky m'avait embrassé, on avait parlé de lui, avec qui il sortait, tout ça, et je n'ai pas dit grand-chose parce que si je parlais trop longtemps elle saurait aussi que j'avais envie de raconter au monde ce qui était arrivé à son mari, elle saurait comme sans doute Sarah le sait qu'en traversant en voiture le cimetière de Lake Forest, celui près de la plage, toutes les pierres tombales entourées de flaques, de minces flaques gelées, j'écoutais l'émission de Danny Bonaduce à la radio, le type de *The Partridge Family*, ce qui était assez affreux en traversant un cimetière, mais dans l'émission j'ai entendu une voix familière, quelqu'un qui parlait de sexe – qui était-ce ? – Et c'était Sari Locker, Sari Locker était dans l'émission de Danny Bonaduce, à la radio, dans le cimetière, elle disait qu'on pouvait enfiler des préservatifs avec la bouche. J'ai été si choqué que j'ai arrêté la voiture pour indiquer mon indignation, pour la ponctuer pour moi-même, pour tous ceux qui auraient pu regarder, même si je n'étais pas vraiment choqué au point d'avoir besoin d'arrêter la voiture. Et Sari a sorti une vacherie (sur l'émission de télé qu'on avait récemment retirée à Danny), et quand elle a quitté l'antenne il l'a démolie, il l'a traitée de tous les noms, et à ce moment j'étais en route pour ce bar de Highwood, celui où mon père s'arrêtait en rentrant du travail tous les soirs – c'est pourquoi il arrivait toujours à sept heures et demie tapantes, quelle que soit la circulation. Sarah sait qu'une fois arrivé là-bas, dans l'après-midi gelé, tout gris, je me suis assis au bar et j'ai commandé un Sprite, puis j'ai pris une table, ne sachant absolument pas ce que je faisais là, ce que je cherchais dans le bar où allait mon père. Je m'attendais peut-être à des photos de lui quelque part, son nom encore sur l'ardoise à côté de la table de billard. Je ne savais pas. Il avait une si belle écriture – j'ai regardé les photos des équipes de bowling, m'attendant un peu à le voir parmi les – mais bien sûr, il n'a jamais beaucoup joué au bowling…

Nos bouches se dévorent toujours, et elle a sans doute toujours les yeux ouverts.

… et quand j'étais assis là, j'ai regretté une minute de ne pas avoir de photo de mon père, pour pouvoir la tendre, comme un détective, à la barmaid, et qu'elle puisse dire : « Bien sûr, je le connais. Il venait tous les soirs… » Mais au lieu de ça je restais assis. Il y avait des chopes fantaisie partout. Un flipper. « What a Feeling ! » jouait dans le juke-box. C'était vraiment « What a Feeling ! »…

J'ouvre les yeux et de nouveau les yeux de Sarah sont ouverts. On dirait qu'elle retient son souffle. Mais qui pourrait le lui reprocher ? Elle sait, elle sent. Elle sait qu'après le bar j'ai trouvé un téléphone et que j'ai appelé l'Association pour les Dons Anatomiques, et que j'ai appris où vont la plupart des corps, à l'école de médecine de l'université de l'Illinois à Chicago, et j'y suis allé, dans le West Side, et j'ai roulé, je me suis perdu pendant une heure dans la zone sinistrée, les pâtés de maisons en ruine, les immeubles écrasés sur des hectares, comme si des géants avaient marché dessus. Elle sait que j'ai fini par trouver cette école, et le bâtiment où était le directeur du département d'anatomie, et que je me suis garé dans la rue, que j'ai dû sauter la barrière d'un chantier de construction pour entrer, et qu'une fois à l'intérieur, par peur d'être découvert, qu'on voie mes yeux et qu'on appelle la sécurité, je n'ai pas pris l'ascenseur et je me suis dirigé vers l'escalier, j'ai ouvert la lourde porte métallique et…

On passe dans sa chambre et on se déshabille avec des gestes maladroits.

… il faisait dans les 30 degrés dans l'escalier 35. Une chaleur étouffante, et j'ai dû monter jusqu'au sixième, où se trouvait le toubib, l'homme que j'allais affronter parce qu'il avait pris mes parents et en avait fait je ne sais quoi. Pourquoi la cage d'escalier était-elle si chaude ? J'étais déjà en nage au troisième. Je croisais des médecins, et je devais paraître nonchalant, normal ; j'étais un étudiant, il fallait que j'aie l'air d'un étudiant. J'avais l'impression d'être dans une gaine de chauffage, la chaleur montait comme du vent, et le temps que j'atteigne le sixième je me suis senti faible, j'ai ouvert la porte à la volée, et l'air frais a chanté dans mes poumons…

Sarah dit non à une chose que j'essaie de faire. Je tâtonne, m'efforçant sans conviction de faire une chose, mais je me sens si fatigué, en même temps, j'ai la tête si lourde…

… et quand j'ai trouvé le nom du toubib sur la liste, écrit en lettres blanches mobiles dans les rainures du tableau, j'ai gagné la porte correspondante, et j'allais affronter cet homme, du moins le regarder en face, pour qu'il fasse quelque chose, me dise quelque chose…

Je m'endors, je suis si épuisé. Je ramène Sarah devant moi et je sombre dans le sommeil…

… puis j'ai ouvert la porte. Il y avait quelqu'un, un type d'âge mûr, là, à un bureau, à quelques centimètres de mon visage, et c'était le moment où je pouvais enfin… « Oops, désolé ! » ai-je dit, et j'ai refermé la porte. Puis j'ai pris l'ascenseur pour descendre. Je tapais sur les parois, je me penchais vers les portes, bourré d'adrénaline. Je suis sorti et j'ai descendu les marches du bâtiment, j'ai retraversé le chantier, en marchant vite, en courant un peu. Dans la voiture, la radio à plein volume, j'ai repris l'autoroute et je suis retourné chez Grant et Eric, où ils regardaient le câble, et je ne leur ai rien dit.

Le matin je dors jusqu'à dix heures, dix heures et demie… je ne me réveille pas avant que Sarah commence à faire du bruit dans l'appartement. La pièce est baignée de lumière blanche, le lit si chaud encore. Je n'ai nulle part où aller. Je voudrais ne jamais partir. Je n'ai pas de projets. J'ai envie de bavarder. Je regarde l'album de promotion de son lycée. Je regarde des photos d'elle et de ses élèves. Ils ont l'air de beaucoup l'aimer, et c'est si bien, qu'on soit de nouveau ici, dans un endroit différent, mais ensemble après toutes ces années, c'est génial parce qu'à présent le lien est rétabli, c'est une sorte de pont qui était démoli mais il est reconstruit, recréé, neuf, intact, merveilleux – c'est fantastique, on restera en contact et quand je serai en ville on se retrouvera, et quand elle sera à San Francisco...

On devrait peut-être aller prendre un petit-déj...

Puis je suis à la porte et je m'en vais. Je ne sais pas pourquoi je m'en vais. Il s'est passé un truc. Elle me dit qu'elle doit aller à son lycée, elle a des choses à faire, ou elle retrouve une amie pour déjeuner, ou bien sa sœur, sa mère. Tout est flou. Quand je mets mes chaussures à sa porte, je sens l'air hivernal par la fente. Je lève les yeux quand elle dit autre chose, « Bonne année » peut-être, puis elle ouvre la porte, on s'embrasse rapidement et je suis sur le trottoir, je retourne chez Grant et Eric.

Je fais le chemin les jambes raides, j'ai froid, j'essaie de me rappeler ses paroles. Je repasse le dernier échange dans ma tête. Était-ce : « Bon, maintenant que tu as obtenu ce que tu voulais... » ou « C'était ce que tu voulais » ? Quelque chose de ce genre. Qu'est-ce que ça signifiait ? J'essaie de faire fonctionner les mots, de les rendre familiers, de leur donner un sens. Obtenu ce que je voulais ? C'est ce qu'elle a dit ? Bien sûr, j'avais eu ce que je voulais, me semblait-il, on avait été réunis, tout ce temps effacé. Merde, je ne sais même pas ce que je voulais.

Tout était recollé et puis ça. Je ne comprends

pas. Sommes-nous reliés ou séparés ? J'ai bouclé la boucle, pour qu'elle se défasse de nouveau.

Le temps que j'arrive à la plage, à Lake Forest, le lendemain soir, il fait nuit, il est neuf ou dix heures. Je dois quitter Chicago le lendemain. La nuit dernière, le 31 décembre, a été calme, sans histoires. On était tous allés à pied à une fête donnée par un collègue d'Eric à quelques rues de là. On avait parlé, debout, en mangeant les carottes et le céleri. On est partis avant minuit et quelques minutes plus tard on était rentrés, on mangeait des mini-cookies aux pépites de chocolat en regardant *Le Professeur foldingue* – je me gare devant le lac. Je descends et j'enfile le manteau de Grant, je mets le magnétophone dans la poche de mon blouson. Dans l'autre poche, j'ai un carnet et un stylo. Je me penche par la portière et je prends la boîte sur le sol. Puis je referme la portière et je pose la boîte sur le capot.

Je vais le faire maintenant. C'est une bonne idée. C'est la chose à faire.

Je ne veux pas voir ce qui est à l'intérieur. Je m'assure qu'aucune voiture n'arrive sur la route de la plage. Mais si, je veux voir ce qui est à l'intérieur. Je me sers de ma clé de voiture pour couper le scotch transparent en haut de la boîte. Je fais attention de ne pas couper trop profondément, de peur de percer le sac où je pense trouver les cendres ; mais tout de même, je m'attends à moitié à ce que la cendre s'élève, elle sera légère, de la poussière, et je plisse les yeux en tournant la tête pour ne pas la respirer. J'ouvre la boîte, j'écarte les rabats comme de la peau. Aucune cendre ne remonte de l'intérieur.

À l'intérieur il y a de l'or. Un coffret métallique doré, de la taille et de la forme d'une boîte qu'on garderait sur le plan de travail de la cuisine, pour les biscuits ou le sucre. Je suis inondé de soulagement.

C'est mieux que le carton, plus adapté, même si ce n'est que du fer-blanc. Et pourtant, cette boîte dorée a quelque chose de sinistre, elle évoque l'arche d'alliance, dans le film, avec la cendre à l'intérieur, toutes les atrocités qui sont arrivées aux hommes qui ont touché à l'arche, qui ont profané son contenu... et si ?

Merde, je ne suis pas un nazi, putain !

Mais regardez-moi, avec mon magnétophone et mon carnet, ici à la plage, avec cette boîte – en train de calculer, de manipuler, d'exploiter, froidement.

Putain de merde.

J'ouvre la boîte. Elle s'ouvre lentement ; une sorte d'aspiration de l'intérieur. Je retire le couvercle. Dedans il y a un sac de litière pour chat, attaché en haut.

Merde. Quelqu'un a remplacé les cendres par cette foutue litière pour chat. Ce n'est pas ça. Où est la cendre, la cendre comme de la poussière ? Ce n'est pas de la cendre. J'emporte la boîte sur le capot de la voiture pour mieux voir. Ce sont des petites pierres, des cailloux, du mélange noix-raisins, en blanc, noir et gris. J'ouvre le sac. De la poussière s'élève, une petite quantité, rien qu'une seconde, le sac exhale un souffle – je suis terrifié à l'idée de sentir ce souffle, craignant quoi ? la mort ? une faible trace de son odeur à elle ? – mais ça sent comme de la poussière, une simple odeur de poussière.

Et à ce moment j'ai le sentiment qu'elle regarde. Je ne fais pas ça souvent, je ne me livre pas souvent à des visions d'elle assise sur un nuage, regardant en bas, comme une trapéziste, en longue robe, béate, dessinée en pointillé, mais à ce moment je la vois soudain me regarder, pas d'un nuage, mais là exactement, ou à moitié là, en surimpression sur le ciel bleu-noir juste au-dessus de moi, et elle secoue la tête, déçue, dégoûtée.

Mais ce n'est pas de sa faute ? C'est sûrement de sa faute. Si je suis comme ça, c'est à cause de ses yeux. La façon dont elle surveillait, guettait, approuvait et désapprouvait. Oh, ces yeux. Des fentes, des lasers, des aiguilles de honte, de culpabilité, de jugement – c'était catholique ou juste un truc à elle ? En tout cas, si je ne me suis pas masturbé avant l'université, ce n'est pas par hasard. Ça fait un moment que je l'ai compris.

Le sac ouvert, les couleurs et les formes des cailloux deviennent plus claires. Il y a six ou sept couleurs différentes – noir, blanc, gris clair, gris foncé, gris-jaune, jaune-gris, crème – différentes formes, plus petites, plus grandes, la plupart arrondies mais certaines oblongues, certaines encore plus longues, comme des crocs – rien de comparable à la cendre uniforme et fine, gris clair à laquelle je m'attendais, que j'aurais voulue. Oh, c'est infiniment plus sinistre. On peut presque différencier les cailloux. C'est quoi le blanc ? De l'os ? Les cailloux noirs, est-ce le cancer, ou ce qui a le mieux brûlé ? Dans quoi ils font ça, de toute façon ? Un four ? Un four, non ? Certaines parties du four étaient donc plus chaudes que d'autres. Le blanc doit être de l'os, c'est clair. Mais tout ne serait pas de l'os ? Qu'est-ce qui survivrait à la chaleur, sinon de l'os ? Rien, rien, à moins que certaines parties, un organe ou un autre, aient été calcinées comme du charbon – le charbon est de la matière organique. Le noir doit être le cancer.

*Alors le gris, c'est quoi ?*

Je marche vers l'eau, à travers le sable qui, sur cette plage en grande partie fabriquée par l'homme, n'est pas vraiment du sable mais – je vois la corrélation maintenant – ressemble à de la litière pour chat, et c'était, maintenant que j'y pense, comme ça qu'on l'appelait quand on était ados, quand notre plage décrépite, érodée, a été remplacée par un front de mer de plusieurs millions de dollars, avec une promenade, des jetées et des barrières de protection. De la litière, c'est ce qu'on disait ; on détestait ce sable parce qu'après une journée à marcher dessus, ou à jouer au volley, on avait les pieds en compote, poncés à vif. Je traverse la litière, dans mes chaussures, elle crisse bruyamment comme du gravier, et je marche vers la passerelle, une poutrelle d'acier rouillé large de trente centimètres, qui s'avance dans le lac sur une douzaine de mètres jusqu'à ce qu'elle rencontre un mur de fortune, bas, fait d'énormes blocs de granit blanc, une pile de rochers géants en demi-cercle, destinée à protéger la plage des vagues. Je tiens la boîte dorée devant moi, comme une offrande. Je ne sais pas pourquoi je la tiens comme ça.

Je saute quelques rochers, et je suis à l'extrémité du mur, face à l'eau. Elle est d'un gris bleu humide, brumeuse presque, le ciel et l'eau se confondent à dix mètres à peine, elle murmure doucement, sa profondeur, même là où je suis, à une quinzaine de mètres du bord, paraît…

Je vais glisser et tomber, me cogner la tête, perdre connaissance, couler dans le lac tranquille et me noyer. C'est le genre de choses qui arrivent. Il n'y a personne ici, je ne serai pas sauvé, je disparaîtrai. Puis ils trouveront la voiture de location, et mon…

Au moins les bandes seront détruites, trempées dans mon blouson, avec mon carnet.

C'est idiot, de jeter les restes dans le lac Michigan. Le lac Michigan ? Ridicule, petit, ringard. Pourquoi me contenter d'un lac ? Un Grand Lac, bien sûr, mais – je devrais être au bord de l'Atlantique. Je devrais être à Cape Cod. Ce serait quelque chose. Je pourrais aller à Cape Cod. J'ai une voiture. Je pourrais retrouver la dernière maison qu'on y a louée, avec tante Ruth, avant sa mort – je l'ai vue, Ruth, à travers une fente dans la porte de la salle de bains, sans sa perruque, ses cheveux rouge feu disparus. Il faudrait que j'appelle la compagnie de location, que je m'assure que je peux louer ici, laisser la bagnole là-bas – je roulerais jusqu'au Cap et je reprendrais l'avion pour San Francisco de là-bas – ça prendrait combien de temps, le trajet ? On l'a fait des douzaines de fois, de Chicago à Cape Cod, les trois gosses, maman au volant, des journées de huit heures – merde, je mettrais au moins deux jours, et je dois retrouver Toph à l'aéroport demain, il viendra de L.A., on a prévu d'être à l'aéroport en même temps, merde, Cape Cod je ne peux pas. Peut-être si je téléphonais à Bill… Laisse tomber, il faudrait que je lui parle de ça, il serait dans tous ses états et… Merde. C'est une bonne idée ici, c'est une bonne idée de le faire ici, maintenant, c'est une bonne idée. C'est bien. C'est le jour de l'an, après tout.

Oh non.

C'est son anniversaire, putain de merde. Incroyable que ça recommence. Pourquoi je n'ai pas vu le rapport ? Pourquoi je sais que son anniversaire approche mais impossible de m'en souvenir le jour même, ça ne me revient pas avant d'être sur une jetée dans le lac avec elle – ça règle le problème, laisse tomber, c'est un signe, ça veut dire que c'est bien, pas de doute. Elle adorait la plage, son endroit préféré, elle adorait venir installer sa chaise près de l'eau, les pieds dans l'eau, les yeux fermés, absorbant le soleil, moi derrière elle, dans son ombre, au frais, avec ma couverture et mon biberon.

Je mets ma main dans le sac et j'attrape une poignée, elle est si légère ! Je ne sais pas à quoi je m'attendais mais pas à cette légèreté, je ne peux pas croire que je tiens… je suis malade de tenir…

Je lance. Ça décrit une large diagonale dans l'air, et ça tombe dans le lac gémissant avec une série de patapats. Je jette encore. Un peu de cendres se répandent. Je ne devrais pas en répandre. C'est tombé, juste là, près de mon pied gauche, huit particules à peu près – je marche sur elles ! Évidemment ! Bien sûr je marche dessus, comme c'est pertinent ! Comme c'était prévisible, connard ! Je me penche pour les ramasser mais j'en ai déjà une poignée dans l'autre main et quand je m'accroupis j'en perds un peu à droite – Merde ! Putain de bordel de merde ! *Pourquoi je ne peux pas faire ça correctement ?*

Je me relève vivement et je lance encore, et cette fois un peu des restes collent à ma paume, qui est moite maintenant – et merde ! J'essaie d'expédier dans l'eau ce qui traîne par terre, à coups de pied, sous les rochers, dans les fissures – il me faudrait un tuyau d'arrosage.

Pourquoi au juste devrais-je donner des coups de pied aux cendres de ma mère ? J'essaie de nouveau de les ramasser, mais il y en a trop, trop, et je m'accroupis encore – Merde, c'est peut-être illégal. J'ai entendu dire que ce n'était pas légal, que ces restes n'étaient pas hygiéniques, qu'il fallait une autorisation ou qu'on ne pouvait le faire qu'en mer – je me retourne pour voir s'il y a quelqu'un. Non, pas d'autres voitures. Mais quelqu'un va venir demain, les trouvera et en parlera, et on établira le rapport avec moi, parce que le type de la maison funéraire, Chad, écoutera une fréquence de la police sur sa radio amateur.

Du dos de la main je brosse les grains dans les fissures – et brusquement je revois la façon dont ma mère nettoyait un pare-brise embrumé, rapidement, violemment presque, du dos de la main, ses bagues sonnant contre le verre, quand on traversait un orage soudain, tous dans la Pinto, en route pour quelque part, le centre commercial, le Cap, la Floride. Et l'espace d'une seconde je me demande si ses bagues seront dans le sac. Oh merde. Ses bagues seront là, à moitié fondues, comme une surprise dans une boîte de Cracker Jacks. Non. C'est Beth qui a les bagues ? Oui. Bien sûr.

C'est si maladroit, tout ça, mesquin, terrible. Ou peut-être que c'est beau. Je ne sais si ce que je fais est beau, noble et juste, ou petit et dégoûtant. Je veux faire quelque chose de beau, mais j'ai peur que ce soit trop petit, que ce geste, ce dénouement soient trop mesquins – ça ne fait pas un peu peuple ? Mais oui ! On a toujours été si peuple pour notre ville, avec nos affreux problèmes, nos vilaines bagnoles d'occasion, nos Pinto, nos Malibu, nos Camaro, et notre papier peint des années soixante-dix, nos canapés à carreaux, notre acné et nos écoles publiques – et maintenant jeter les restes d'une boîte dorée en fer-blanc dans un lac ? Oh, c'est si ordinaire, dégradant, piteux.

Ou beau, aimant, glorieux ! Oui, beau, aimant et glorieux.

Mais même dans ce cas, même si c'est juste et beau, et si les larmes lui montent aux yeux en regardant, elle est si fière – comme le jour où je l'ai portée, quand elle saignait du nez et je l'ai portée, elle était fière de moi, a-t-elle dit, elle ne croyait pas que je pourrais le faire, que je serais capable de la soulever, de la porter à la voiture et de la voiture à l'intérieur de l'hôpital, ces paroles sont dans ma tête tous les jours, elles y ont été tous les jours depuis, elle ne pensait pas que j'en serais capable mais bien sûr je l'ai fait, je savais que je le ferais. Et ce que je fais maintenant, je sais que c'est beau mais c'est aussi horrible, parce que je détruis sa beauté en sachant que ça pourrait être beau, si je sais que je fais un beau geste, il cesse d'être beau. Et même si c'est beau dans l'abstrait, j'ai peur que le faire en sachant que c'est beau, et pire, en sachant que très bientôt je vais le consigner, que j'ai dans ma poche un magnétophone apporté précisément dans ce but – que tout ça ne rende cet acte de beauté potentielle quelque peu horrible. Je suis un monstre. Ma pauvre mère. Elle le ferait sans y penser, sans penser à penser.

Oh merde. Je jette encore. Je le fais aussi vite que possible. Je fourre ma main dans le sac et j'attrape une poignée des minuscules cailloux. Quand je la sors ils m'échappent. Je rejette le bras en arrière et d'autres petits cailloux s'écoulent à travers mes doigts, ils tombent entre les énormes rochers blancs sous mes pieds. Je lance. Les cailloux décrivent un arc et vont cribler l'eau. Je réfléchis – devrais-je les jeter tous au même endroit, ou changer de direction chaque fois ? Devrais-je en garder pour plus tard, pour les déposer ailleurs ? Oui, oui. C'est une bien meilleure idée – je peux en garder un peu, la moitié peut-être, et jeter le reste ailleurs… à Cape Cod ! À Milton ! Je peux en disperser dans tout le pays, à tous ses endroits préférés ! Je peux les disperser dans le monde entier ! L'Atlantique, le Pacifique ! Mais l'aéroport, l'avion. Il faudrait que je les emporte dans l'avion, que j'explique la présence de la boîte au service de sécurité. Il faudrait que je la mette sur le tapis roulant, et alors – les restes apparaissent-ils sur le radar devant lequel ils font passer vos sacs ? Ils me demanderaient peut-être d'ouvrir la boîte, de leur faire une démonstration, comme ils font avec les portables. Est-ce que ça ressemble à de la poudre ? Peut-être. Je pourrais enregistrer les restes avec les bagages. Non, ce ne serait pas bien, ce serait pire.

J'en prends encore et je lance. Ici c'est bien. Ça suffira. Non, c'est génial, infiniment mieux. C'est ici qu'elle a passé ses dernières années, près du lac. Je me mets à lancer de plus en plus vite, je prends et je jette, presque frénétique, la poussière vole partout. Mon manteau est saupoudré de poussière. Elle est atterrée. Je suis pitoyable. Voilà ce que j'ai fait.

Voilà où j'en suis arrivé – à flanquer ses restes dans le lac. Non, elle ne me regarde pas. Elle est partie. Elle a une vie après la mort mais moi je n'en aurai pas parce que je ne suis pas croyant. Je serai épuisé d'ici là, de toute façon. Je suis épuisé maintenant, c'est si fatigant. Je vais sauter dans le lac. Pas pour me tuer mais pour le geste – la beauté du geste ! Je ne survivrai pas. Si j'enlevais mes vêtements je m'en sortirais. Avec eux je coulerais. Mon cœur s'arrêterait et je coulerais. Je pourrais faire autre chose, quelque chose de dramatique. Je vais jeter la voiture dans le lac avec moi à l'intérieur. Ou sans moi à l'intérieur.

Je lance, je lance dans le gris. Je sais que je vais glisser et tomber dans le lac, et mourir. Quelle ironie ! Exactement comme cette femme qui jetait les cendres de sa mère ou de son mari d'une falaise, une vague est montée et l'a emportée, elle aussi. C'était peut-être une sœur. Il n'y a pas de vagues ici. Je vais simplement glisser et me fondre dans le lac. Il faut que je secoue les derniers restes du sac. Je devrais en garder un peu. Je pourrais en garder quelques morceaux, en souvenir. Des souvenirs ! Quelle espèce d'abruti – quel pauvre taré, putain, de penser à des souvenirs. Je secoue le sac. Je n'aime pas avoir à secouer le sac, comme pour faire sortir un poisson rouge de son plastique. Les cendres vont-elles nager ? Ou se dissoudre ? J'ai fini, je m'assieds et mon souffle, lourd et rapide, est visible, parce qu'il fait carrément froid tout d'un coup, sans bouger. L'eau ondule, lentement, elle est profonde de dizaines de mètres, et un million de poissons mangent les cendres. Il n'y a pas de différence entre le ciel et l'eau, et je la sens monter autour de moi, je suis déjà sous l'eau, toute cette eau est à l'intérieur de quelque chose de plus grand, et je regarde mes pieds pour m'assurer qu'ils sont solidement plantés, parce que je suis à l'intérieur d'un élément vivant.

Je prends la voiture pour aller à l'église. Elle n'est qu'à quelques minutes de la plage, tout droit à travers le cœur de la ville, après la bibliothèque et la boutique du coiffeur.

Je me gare et je marche vers l'entrée, dans l'air humide et froid.

La porte est ouverte. Il est onze heures à peu près. Je la pousse et je regarde à l'intérieur, certain que c'est une erreur, que cette église ne peut pas être ouverte à cette heure.

Les lumières sont allumées, mais faiblement. J'entre lentement. L'église est vide. Je m'arrête dans la partie vitrée à l'arrière, destinée aux retardataires, aux bébés qui braillent.

L'église est baignée d'une lueur rouge. La nef est haute et blanche, et au centre est accroché un Jésus presque grandeur nature en bronze doré, crucifié, suspendu par des fils de fer. J'ai si souvent eu peur pour ce Jésus, j'avais peur que les fils ne tiennent pas, qu'il tombe, qu'il atterrisse sur les prêtres, les enfants de chœur. Je me sentais beaucoup mieux quand le prêtre était sur le côté, pendant la lecture d'un psaume ou d'une liturgie. Quand il se tenait au centre, juste en dessous, pendant la consécration, quand il levait le calice au-dessus de sa tête, oh là j'étais sûr qu'il allait tomber – il était suspendu de façon si précaire, par ces deux fils minces.

L'église est si petite. Je regarde les bancs, elle est minuscule. Les bancs sont bas, les rangées peu nombreuses. Elle n'était pas si petite avant. J'entre dans la nef. Je remonte l'allée centrale sur le tapis rouge.

Je vais jusqu'au premier banc, où j'étais assis la dernière fois que j'étais ici. J'étais au premier rang et je me retournais pour faire signe à certaines personnes quand elles entraient. J'étais assis avec Toph et Kirsten, Bill et Beth. On était serrés sur le banc, côté allée. On avait déjà été dans cette église, mais jamais si près de la scène. Ma mère nous faisait asseoir au milieu, et on était soulagés, parce qu'ainsi le prêtre et sa clique ne verraient pas si on savait les paroles qu'on était censés savoir.

J'étais assis sur le banc, dans mon blazer bleu, je tenais la main de Kirsten, je jouais avec celle de Toph. Dans un état second, j'attendais la cérémonie, toute la gloire. Je savais depuis des mois comment ce serait, je l'avais imaginé dans ses moindres détails. Il y aurait de la lumière. Ce serait le jour. Il y aurait de la lumière à travers les hauts vitraux, comme vue à travers un prisme – non, la lumière serait directe, directe, claire, large, dorée. La foule serait interminable, l'église pleine comme elle l'est à Noël, à Pâques, les allées déborderaient, toute la ville serait là, presque, tous les parents, son frère et ses sœurs venus de l'Est, les cousins, la famille élargie de mon père venue de Californie, tous les anciens élèves de ma mère, tous les autres professeurs, tous mes amis, ceux de Bill, de Beth, du lycée, de l'école primaire, de l'université, ceux de Toph, leurs parents, les épiciers, les médecins, des infirmières, des inconnus, des admirateurs, tous en manteau de couleur sombre, silencieux et respectueux. L'entrée serait bondée, pleine à craquer. Oh, mais d'autres seraient à l'extérieur de l'église, une centaine sur les marches, sur le parvis, autour de l'édifice, dans la rue, un millier, attendant, rien que pour – pour montrer qu'ils étaient là, pour confirmer, prouver. Dans l'église l'office débuterait mais les prêtres, l'un après l'autre, se lèveraient et commenceraient à parler puis, accablés de chagrin, ils devraient abandonner, retourner d'un pas lourd à leur fauteuil de velours rouge, céder la chaire au suivant, et ils pleureraient, tremblants, le visage dans leurs mains aux longs doigts. On serait là, au premier rang, les beaux, les tragiques enfants

Eggers, trempés de sang, stoïques, tandis qu'une centaine de personnes ou plus, debout devant nous, parleraient d'elle, de tous les bienfaits qu'elle leur a dispensés, et sa vie serait racontée en détail, glorieusement, chaque moment, ses sacrifices, ses efforts pour maintenir l'harmonie.

Puis le plafond partirait. La voûte s'élèverait, et le toit se décrocherait tranquillement, se soulèverait, monterait tout droit et disparaîtrait. Les énormes supports croisés en bois s'envoleraient et deviendraient vite si petits, minuscules dans le ciel d'un bleu profond, et se changeraient en oiseaux. L'église doublerait, triplerait de volume, l'espace s'ouvrirait, accueillant soudain ceux qui attendaient dehors, puis elle deviendrait encore plus grande, pour abriter tous ceux qu'elle n'avait jamais connus, des millions, chacun le cœur dans la main, qu'ils lui offriraient. Et les anges viendraient. Par milliers, ailés et fins, avec des os d'oiseau, ils descendraient, décriraient des cercles, avec leurs petits yeux vifs, et ils riraient, pleins de gaieté, pourquoi pas, ce serait un tel bonheur. Ma mère serait là. Pas de cercueil, pas de restes, mais elle, éphémère, immense, la tête aussi grande que la nef, les anges volant autour d'elle, minuscules à côté d'elle, ses cheveux, ses cheveux naturels, crêpés très haut comme elle les aimait avant de les perdre et qu'ils soient remplacés par les boucles plus sombres, plus serrées. Et son sourire les yeux plissés, les petites rides aux coins de ses yeux, elle sourirait de nous voir tous réunis, de savoir que tous ceux qu'elle avait touchés étaient là, qu'ils lui rendaient, lui rendaient au moins ça. Oh, quelle célébration ! On serait si heureux, et elle aussi, de ne pas la voir comme une chose embaumée, une chose caoutchouteuse, horrible, mais au lieu de ça ce merveilleux visage rayonnant, lumineux, au-dessus de nous, et elle sourirait d'abord de ce grand sourire lèvres fermées qu'elle a, puis de ce grand sourire sur de petites dents qu'elle a, puis elle rirait, quelqu'un dirait quelque chose de drôle et elle rirait à sa façon, silencieusement, follement, hors d'haleine, c'était si drôle, quoi qu'on ait dit, mais qui a dit ça ? Qui ? Peut-être moi, peut-être moi, peut-être je l'ai dit et je l'ai fait rire comme parfois on pouvait la faire rire, on la faisait vraiment se tordre, et ça la tuait, ce rire, ses yeux luttaient pour rester ouverts, pour voir, car lorsqu'elle riait, ma mère avait immédiatement des larmes, et elle devait les essuyer de l'index – oh, vous saviez alors que vous aviez dit quelque chose de vraiment drôle, quand elle pleurait, vous la teniez, vous vouliez vraiment ça, il n'y avait rien de plus grand, pas de réussite aussi grande, aussi émouvante, et vous, vous restiez détaché, pince-sans-rire, mais vous étiez si fier, si content de la regarder, vous vouliez qu'elle dise la première, arrête ! arrête ! parce que vous étiez si drôle mais vous continuiez parce que vous vouliez la voir rire encore plus, jusqu'à ce qu'elle doive se reposer, qu'elle s'effondre à moitié sur le plan de travail de la cuisine pendant que vous étiez assis à la table après l'école, Oh tu es horrible ! disait-elle. Arrête ! Oh mais pour la voir rire vous disiez n'importe quoi, et elle adorait tellement rire aux dépens de quelqu'un – Bill, Beth, vous, elle – et à ce moment tout était effacé, toutes les fois où vous aviez eu peur d'elle, où vous aviez voulu vous sauver, où vous vous étiez demandé comment elle pouvait vivre avec lui, le protéger, vous vouliez seulement qu'elle rie comme elle le faisait quand elle était au téléphone avec ses amies – Oui ! glapissait-elle, Oui ! Exactement ! – et après elle soupirait, elle respirait fort et elle disait Oh c'est drôle. Dieu que c'est drôle. C'est ce qu'elle disait, et elle dirait quelque chose de ce genre tandis que les murs de l'église disparaîtraient, la nef s'évaporerait et les anges voleraient plus vite, en ellipse autour d'elle et on sentirait les vibrations de tout ça, ou ils seraient à l'intérieur de nous aussi, décrivant une ellipse, ou dans notre sang, et il y aurait de la musique, ELO peut-être, *Xanadu* peut-être, l'appréciait-elle vraiment ou la tolérait-elle pour nous faire plaisir ? Elle fredonnerait en mesure, en remuant un peu les doigts et on serait si heureux ! Et puis elle devrait partir. Elle devrait s'en aller mais pas avant de dire au revoir, *À bientôôôt !* dirait-elle, en appuyant sur la fin, une note haute, faussement cérémonieuse, puis elle se détournerait de nous pour toucher la petite joue dorée de ce Jésus doré, brisé et crucifié, suspendu en l'air – la nef aurait disparu mais lui flotterait toujours, le Jésus doré, elle le toucherait doucement du dos de sa main bronzée, avec ses bagues, le veinard, et puis elle serait partie, et on s'écroulerait tous sur place, dans l'église ouverte, et on dormirait des semaines et des semaines, en rêvant d'elle. Oh, ce serait fantastique, adapté, juste, splendide et durable.

Je me lève et je marche vers la chaire – il fallait cent pas ce jour-là mais deux suffisent maintenant. J'avais un morceau de papier, je l'avais apporté, celui qui était sous le canapé – j'avais essayé de le recopier sur une meilleure feuille mais j'avais manqué de temps – et j'avais posé le papier sur le lutrin, levé les yeux et regardé la...

Où étaient les gens ? Ce n'était pas une foule. Une poignée à peine, dispersés. Tout le monde l'aimait ; où étaient-ils ? Tout le monde bien sûr connaissait et aimait ma mère, tout le monde, mais où étaient-ils ? Ce n'était pas possible, ça ne collait pas, une vie et puis ça, une quarantaine de personnes. Où est la femme qui lui coupait les cheveux – Laura ? Était-elle là ? Est-elle là ? Et celles du volleyball ? Elles sont venues ? Il y en a une, Candy, mais – Où est sa famille ? Où sont ses sœurs ? Il n'y a que l'oncle

Dan, venu, dit-il, « pour représenter la famille ». Et les cousins ? Ses amis ? Certains sont ici, mais il en manque tellement, mon Dieu ! C'est à peu près le même nombre que pour mon père. Ça ne devrait pas être le même ! Elles n'étaient pas pareilles, ces deux vies. Où sont les gens de la ville ? Où sont les parents de ses anciens élèves ? Où sont mes amis ? Où est le monde entier venu célébrer sa disparition ? Était-ce trop sinistre ? Sommes-nous trop vulgaires ? Que se passe-t-il ? Tous les efforts qu'elle a faits, tout ce qu'elle vous a donné, elle vous a tout donné, et c'est... Elle s'est battue si longtemps pour vous, elle a lutté jour après jour, elle a lutté pour tout, pour chaque souffle jusqu'au dernier, aspirant tout l'air qu'elle pouvait dans ce salon aux murs bruns, elle haletait, haletait, c'était incroyable, oui, elle arrachait l'air pour nous et pour vous, et où êtes-vous ?

Où êtes-vous, sacrés connards ?

## XI

Black Sands Beach n'est qu'à dix minutes de San Francisco. Ça dépend d'où vous partez, bien sûr, mais depuis n'importe quel endroit proche du Golden Gate Bridge, c'est à dix minutes, quinze peut-être, ce qui est bizarre, quand on pense comme le site semble lointain, sauvage, exotique même. Le sable est vraiment noir, sur cinq cents mètres, entre les deux falaises qui prennent la plage entre parenthèses.

Sur le pont, Toph imite la vache pour les piétons, parce que ça nous fait rire aux larmes, tous les deux. Il se penche par la fenêtre en meuglant.

« Meuuh. »

Sa vitre est complètement baissée.

« Meuuuuh. »

Les touristes n'ont pas l'air d'entendre, parce que le vent venu du Pacifique est mauvais, implacable, comme toujours, et les couples et les familles, pas assez vêtus, en short et tee-shirt, sont assaillis par les rafales et tiennent à peine debout.

« Meuuuuuuuuh. »

Toph n'essaie même pas de meugler comme une vache. Il dit seulement le mot – comme une personne dirait meuh. Quelquefois il l'aboie, avec une sorte de colère, mais sans le moduler.

« Meuh ! Meuh ! »

C'est dur de faire comprendre pourquoi c'est drôle. Ce n'est peut-être pas drôle, mais on est morts de rire. J'ai du mal à voir clair ; on se tord. Je m'efforce de rouler droit, en m'essuyant les yeux. De légers nuages courent au-dessus de nous, du coton déchiré par des enfants. Pour le dernier groupe de touristes, il fait un petit numéro de bégaiement.

« Je dis, je dis, je dis, dit-il, je dis, je dis, je dis » – il s'arrête une seconde puis, après un rapide « hmmm » :

« Meuuuuuuuh. »

Le pont se termine, les nuages en coton se séparent aussitôt, et le ciel est clair, d'un bleu printanier, on est sur la 101, mais rien qu'une seconde – on prend la troisième sortie, celle d'Alexander, on repasse sous la 101 et on s'engage sur la route des Headlands. Comme elle grimpe, on est tout de suite au-dessus du Golden Gate, et les nuages, soudain, sont en dessous, ils roulent à travers le pont, de la toison cardée par une harpe.

On n'est pas allés à l'examen. Une heure plus tôt, Toph ne s'est pas présenté à l'examen obligatoire d'entrée au lycée, celui qu'il devait passer s'il voulait être admis à Lowell, le lycée public le plus réputé de San Francisco. Il y a une semaine on était allés au bâtiment administratif du lycée, un colosse blanc dans Van Ness, pour l'inscrire.

« Je sais qu'on est en retard mais on voudrait l'inscrire à l'examen.

— Qui êtes-vous ? a demandé la femme derrière le guichet.

— Je suis son frère. Son tuteur.

— Vous avez des papiers de tuteur légal ?

— Des papiers de tuteur légal ?

— Oui, quelque chose qui prouve que vous êtes son tuteur.

— Non, je n'ai jamais eu de papiers. »

Il leur fallait quelque chose.

« Comme quoi ?

— Comme des papiers de tuteur légal.

— Ça n'existe pas. »

Je parlais au hasard.

La femme a soupiré.

« Alors, comment savons-nous que vous êtes son tuteur ? »

J'essaie d'expliquer, mais par où commencer ?

« Je le suis, c'est tout. Comment je peux le prouver ?

— Vous avez un testament ?

— Quoi ?

— Un testament.

— Un testament ?

— Oui, un testament.

— Oh là là. C'est incroyable. »

J'ai pensé au testament. C'était Beth qui l'avait.

« Le testament ne stipule rien. » De nouveau, je mentais. Le problème, avec le testament, c'était que je n'y étais même pas mentionné comme tuteur ; c'était Beth. C'était un détail, une chose qu'on avait tous décidée cet hiver-là ; Beth et Bill seraient les exécuteurs, ils seraient nommés officiellement, et je n'aurais pas à m'occuper de l'argent, de la paperasse. Ça s'était déjà présenté, cette histoire de tuteur, de preuve – *où est la preuve ?* – et j'avais toujours eu peur d'être démasqué. Tout ce temps, *un imposteur* !

« Eh bien, sans papiers de tuteur légal, ni de testament, nous ne pouvons rien faire. »

J'avais apporté tous ses dossiers scolaires, les mots de l'école aux parents, des lettres prouvant notre domicile, nos deux noms sur l'adresse. *Nous sommes une équipe. Nous sommes ensemble depuis des années* – la femme n'était pas convaincue.

« Pourquoi je mentirais à ce sujet ?

— Écoutez, des tas de gens qui ne sont pas de la ville veulent que leurs gosses entrent à Lowell.

— Vous vous moquez de moi ? Je viendrais ici et je prétendrais que mes parents sont morts pour l'inscrire à un sacré examen ? »

Encore un soupir.

« Écoutez, a-t-elle dit, comment savons-nous seulement qu'ils sont morts ?

— Oh bon sang. Parce que je suis ici et que je vous le dis.

— Vous avez des certificats de décès ?

— C'est révoltant, ai-je dit. Non. » Un autre mensonge.

« Pas de faire-part, de notice nécrologique ?

— Vous voulez que je vous apporte une notice nécrologique ?

— Oui, ça irait. Je crois. Attendez une seconde. » Elle se retourne pour consulter un homme à un bureau. Puis elle nous fait de nouveau face.

« Oui, ça irait. Apportez une notice.

— Mais je n'aurai pas le temps...

— Pour les deux. »

Il faut toujours prouver ça ! Il faut toujours qu'on nous rappelle, jamais plus de quelques mots dans une conversation, dans une discussion, cette foutue histoire – c'est pour ça que je mens, que j'invente, pourquoi à ce stade, quand je prends des rendez-vous, avec le dentiste ou n'importe qui, je l'appelle simplement « mon fils », aussi cruel que ça sonne venant de...

J'ai appelé Beth d'une cabine. On n'avait que vingt minutes avant la fermeture du bureau. Beth est arrivée avec les deux notices, des petits paragraphes sur chacun de nos parents dans le *Lake Forester*, et le testament, alors qu'il restait deux minutes.

Et maintenant, une semaine plus tard, le jour de l'examen, alors que des centaines de gosses sont en train de le passer, on roule dans les Headlands, direction la plage. On vient seulement de réaliser qu'on a loupé l'heure.

« Oh la vache, ai-je dit.

— Quoi ? a-t-il demandé.

— L'examen ! »

Il a mis sa main sur sa bouche, croyant que j'allais faire demi-tour, chercher des excuses, qu'on allait se dépêcher, comme toujours ; il avait tellement l'habitude à présent, la précipitation, me voir taper sur le volant dans la circulation, jurer derrière le pare-brise, et après, quand je cogne sur les fenêtres en trouvant porte close, en suppliant qu'on fasse une exception.

« Laisse tomber, ai-je dit. Ça n'a plus d'importance. »

Ça n'en a pas.

On s'en va.

Il y a deux jours on a décidé qu'on ne restait pas à San Francisco, et donc, pas la peine d'essayer de le faire entrer à Lowell, on n'a plus besoin de ce lycée, ni de rien ici, parce qu'on quitte la ville, l'État, en août on abandonne la Californie pour retourner dans l'Est, plus loin que Chicago en fait, à New York. On part encore, et autour de nous on secouera la tête, on claquera la langue, mais il faut qu'on parte même si on verra un peu moins Bill et Beth – « Je crois que c'est bien de bouger, de voir des choses, de ne pas rester coincé », dit Toph, et je l'adore de dire ça. Il savait que j'avais besoin qu'il dise quelque chose comme ça, et pour rien au monde je ne vais lui demander s'il parle sérieusement.

San Francisco devenait petit, et tout le monde meurt. Les étés sont de plus en plus froids, et les automnes ne sont plus ce qu'ils étaient. Les mômes dans le Haight sont plus jeunes de jour en jour, plus nombreux qu'avant, assis toute la journée, toute la nuit au coin de Haight et de Masonic, avec leurs bâtons, leurs sacs de haricots[1], sans but, avec leurs bonnets rasta qui pendouillent. Et ça devenait insupportable, le trajet pour aller travailler, la répétition, c'était trop triste, surtout le soir, quand après avoir couché Toph et fermé la porte à clé, je retournais au bureau – c'était galère, monotone – j'avais même changé d'itinéraire, je prenais Geary, jusqu'en bas, devant les prostituées, un changement de rythme, et pendant une semaine ou deux j'avais trouvé ça distrayant, les voitures qui ralentissaient, s'arrêtaient, les flics qui prenaient les filles en chasse, qui rigolaient – mais après c'est devenu monotone aussi, alors il faut qu'on parte, parce que les gens pissent dans la rue pendant la journée maintenant, n'importe où, il y a tout le temps des gens qui pissent dans la rue, ils chient dans Market Street à midi, et j'en ai marre des collines, les sempiternelles collines, de tourner les roues quand je me gare, et l'arrosage des rues, et ces foutus bus attachés à des cordes ou des fils, qui tombent toujours en panne, et ces salauds de conducteurs qui sortent tirer sur le fil, et les bus restent là, à barrer le chemin, et tout est bloqué, tout s'arrête.

Tout est de plus en plus loufoque, les extrêmes plus prononcés, les contrastes trop forts.

On continue à grimper, Toph et moi, parce que pour aller à Black Sands il faut d'abord monter au sommet par une route en lacets, on passe devant les touristes arrêtés pour la vue sur le Golden Gate, et chaque fois que la route décrit une boucle vers le pont, la vue, se présente, biblique, celle où l'on voit Treasure Island, et Alcatraz, puis (gauche-droite)

1. Pour jouer à une sorte de football, un ancien jeu indien (*N.d.T.*).

tout Richmond, El Cerrito, Berkeley et Oakland, puis le Bay Bridge, et les coquillages blancs et dentelés du centre, le Golden Gate, rouge sang, et le reste de la ville, le Presidio, les avenues…

Mais on continue à rouler, et tandis que les virages se succèdent, les voitures se raréfient, et tout au sommet de la montagne, il ne reste plus que quelques touristes, qui font demi-tour pour redescendre, un demi-tour en trois manœuvres devant le tunnel de l'époque de la Seconde Guerre mondiale, parce que la route a bien l'air de s'arrêter là, en haut de cette colline.

Mais ensuite elle continue, et il y a une grille, une grille métallique de rien du tout, juste à cet endroit, elle est ouverte, elle est sans doute toujours ouverte. On passe sans ralentir, et tandis qu'on traverse l'aire de parking et qu'on franchit la grille, Toph et moi, deux jeunes touristes, des Hollandais en chaussettes et short de couleur sombre, comme toujours, nous regardent bêtement sans savoir ce qu'on fait – une sorte de tandem de super-héros dans un véhicule de l'ère spatiale, pas soumis aux lois de la physique ni du comté.

La route, à sens unique maintenant, se dirige droit vers l'eau, et pendant une vingtaine de mètres on dirait qu'on va s'envoler, on le dirait vraiment quelques secondes – et si ça arrivait on serait prêts, bien sûr, comme prévu, on sortirait de la voiture en même temps, chacun par sa portière, puis les plongeons parfaitement minutés – alors on ralentit, et la route tourne à droite, puis descend, et quelques instants plus tard on roule le long de l'eau, à quelques dizaines de mètres au-dessus bien sûr, sans qu'on voie de falaise à gauche pendant un moment, mais un simple précipice – et soudain les Headlands apparaissent en entier, les vertes collines moutonneuses, le velours ocre, les lions endormis, le phare loin à gauche – incroyable, quand on sait qu'on est à dix minutes de la ville, cette vaste terre accidentée pourrait être l'Irlande ou l'Écosse, les Falklands ou n'importe où – et on serpente dans les virages en épingle à cheveux le long de la falaise, et Toph, comme toujours, détourne le regard du bord, il faut le comprendre, il n'aime pas quand je conduis sans les mains, en me servant seulement de mes genoux, un court moment, regarde un peu, ha ha, regarde un peu ça !

« Arrête, trou du cul !

— Quoi ?

— Sers-toi de tes mains.

— Tu ne peux pas m'appeler comme ça.

— Très bien. Trouduc. »

Et bien que ceci, sa première injure – la première que j'aie entendue, du moins – soit désolante – elle est aussi excitante. Merveilleusement. De la colère de sa part, c'est un grand soulagement. J'avais commencé à m'inquiéter de son calme, j'avais peur qu'il y ait eu trop d'harmonie entre lui et moi, de ne pas lui avoir donné assez de causes de friction. Il avait besoin de conflits, avais-je commencé à me dire. Après toutes ces années de vie normale et protégée, il était temps de donner à ce garçon des raisons de s'énerver. Comment pourra-t-il réussir autrement ? D'où tirera-t-il sa motivation, sinon du désir de me marcher dessus ? Il y a toujours eu ce dévouement mutuel, cet esprit de conciliation, ses yeux innocents et sa jeune et pure sagesse. Mais aujourd'hui ça ! Je suis un *trou du cul*. Quel soulagement. Un pas décisif, la vérité enfin claire et inévitable ! J'aurais dû remarquer les signes plus tôt. En luttant récemment sur le sol, et la fois sur le court de tennis où je l'avais soulevé par son slip, ne s'était-il pas défendu avec plus de conviction que jamais ? N'avait-il pas réussi une bonne clé de tête, efficace, ne l'avait-il pas maintenue, avec une ténacité surprenante, beaucoup trop longtemps pour mon goût ? Son corps ne s'était-il pas tendu, son emprise resserrée, ses yeux n'avaient-ils pas trahi un certain abandon, une rage venue de loin ? Oui, oui ! À présent on est omnipotents.

Enfin !

« Tu ne peux pas dire trouduc non plus.

— OK.

— Trouduc est encore pire.

— Très bien. Abruti.

— Abruti, ça va. »

À *Might*, il y avait eu une interminable succession de déjeuners infructueux avec différentes personnes que Lance avait trouvées, des gens avec de l'argent qui auraient voulu nous aider. C'était toujours quelqu'un de trente ans et des poussières qui pour une raison quelconque était tombé sur suffisamment d'argent pour vouloir le distribuer. « Bon, disait Lance, les mains en parenthèses, cette fille est héritière de la fortune du scotch double face, et elle... » ou « Bon, ce type a vendu ses parts de Microsoft et il a dans les trois cents millions qu'il veut mettre dans les médias progressistes... » On les rencontrait autour de verres et de déjeuners, au fond d'Infusion 555, ou à une table de pique-nique dans South Park, et on parlait, expliquant nos projets, exprimant vaguement nos espoirs, faisant de notre mieux pour articuler le fait qu'on voulait réussir sans être vus comme ayant réussi-réussi, qu'on voulait continuer à faire ce qu'on faisait, avec la possibilité d'arrêter si jamais ça devenait chiant, conquérir le monde de façon que personne ne pourrait dire que c'était ce qu'on cherchait – en s'efforçant de ne pas montrer à quel point on était tous fatigués, peu convaincus de vouloir continuer, en fait...

Et au milieu des pourparlers le bienfaiteur en puissance, en poussant le glaçon dans son verre avec sa paille, expliquait qu'il faudrait qu'il en parle à ses parents, à ses avocats ou ses conseillers et...

C'était aussi bien. On détestait ces rencontres, on se détestait mutuellement la moitié du temps, on détestait venir chaque jour, on se demandait pourquoi on faisait encore ça.

On avait reçu un préavis d'un mois sur notre bail. On avait déjà prolongé notre séjour, en suppliant chaque mois qu'on nous en accorde un autre, affirmant qu'on était si près d'obtenir un financement, qu'on avait d'abord besoin d'argent pour trouver un point de chute, ou peut-être, si une compagnie acceptait de nous tirer d'affaire, on s'installerait dans ses locaux. Lance est donc allé à New York en dernier recours, rencontrer des gens bien trop petits et bien trop gros pour nous aider. Il téléphonait tous les jours pour dire que rien n'avançait. Il habitait chez Skye, comme nous tous quand on était à New York. On avait fait une grande fête chez elle, et Skye avait tout organisé, les boissons, un DJ, et elle avait couché chez son copain pour qu'on puisse dormir sur son plancher, quatre dans sa chambre, avec sacs de couchage et coussins. À la soirée, quand la police était venue pour la faire cesser, c'étaient Skye et sa mère figurez-vous, en visite du Nebraska, qui avaient supplié la police de nous laisser continuer, parce que, comme sa mère avait dit : « Ce sont de bons gosses, et ils se sont donné tant de mal », quelque chose de ce genre. Skye, les yeux tristes, battait des cils, et la police nous a laissés continuer.

Lance a appelé de chez Skye le jour où il était censé revenir parce qu'il restait un jour de plus. Skye était malade, elle était à l'hôpital avec de la fièvre, une intoxication alimentaire peut-être.

« C'est viral », a-t-il dit.

Moodie et moi on a rencontré les fondateurs de *Wired,* on y est allés pour promouvoir l'idée qu'ils nous prennent sous leur aile, ce serait parfait, eux et nous, malgré le nombre de fois où on s'était moqués de leur magazine. On pensait que l'entrevue serait cool, facile, qu'on s'étendrait sur les grandes lignes et pas trop sur les détails. Et bien sûr on se trompait. On manquait déplorablement de préparation. Ce qu'on voulait, c'était juste assez d'argent pour sortir le prochain numéro, et un bureau, un coin à leur étage peut-être, on avait quelques semaines pour quitter notre building, n'importe où ferait l'affaire, en fait.

Ils voulaient des chiffres et des projets. Assis autour de leur table noire et brillante, on vasouillait, on plaisantait, on faisait de notre mieux pour paraître confiants, toujours pleins d'ambition, en déguisant notre épuisement, en échangeant de grands gestes…

Non, vas-y, termine…

Non, tu disais…

… et on affirmait que oui, bien entendu, il y aurait une nouvelle équipe de graphistes et les épreuves seraient mieux corrigées, et oui, on arrêterait de se moquer des annonceurs, et oui, on ira jusqu'au bout, nos prévisions ceci et nos projets cela et des émissions de télé et un site Web bien sûr, bien sûr, et des concessions sur les couvertures, quelques visages familiers peut-être, des célébrités même, si elles sont de la bonne espèce, convenablement traitées, oui, des profils, on va s'arranger pour s'adresser à un plus vaste public, travailler avec une petite équipe, comme toujours, on restera ici, on s'installera avec vous, les amis, ou on ira à New York, n'importe, ce sera fantastique…

Après leur avoir serré la main on est sortis, on est passés entre des rangées et des rangées de postes de travail, dans la chaleur des ordinateurs tous en marche, le fouillis de fils, et après la kitchenette, la réception peinte en orange fluo, la fille au bureau habillée tip-top, dans l'ascenseur pour descendre dans Third Street on a récapitulé...

Tu crois que ça s'est bien passé ?

Ouais, ouais, ils nous adorent.

... mais on savait tous les deux que c'était fini, et ce qui était merveilleux, génial, c'est qu'on s'en foutait, lui et moi – oh non, on ne s'en foutait pas, mais on était prêts. Je voulais que ce soit fini et Moodie encore plus, et Marny en avait par-dessus la tête, Paul aussi. Zev et Lance nous poussaient toujours à continuer, ils trouvaient toujours qu'il y avait des raisons, mais ils savaient aussi – on les avait préparés depuis longtemps – que le sol pouvait céder d'un jour à l'autre, qu'il avait été construit pour céder. On en était là, sachant que trois, quatre années, ces centaines de milliers d'heures, allaient s'achever sans qu'on ait sauvé personne...

Qu'avait-on conquis ?

Qui était changé ?

... sans place dans la Navette spatiale, que tout ça – ça s'était monté à quoi ? Quelque chose à faire, un petit, tout petit point de vue à défendre, et c'était fait, de façon minime, ténue – on traversait South Park, Moodie et moi, un jour parfait de juillet, le parc était plein de nouveaux, tous beaux, brillants et jeunes, et on était crevés, on passait entre eux pour retourner au bureau. C'était très bien. Finalement, l'étrange confort de connaître la fin, ses conditions, ses paramètres. On avait deux semaines pour boucler le numéro, à présent le dernier, avant de devoir quitter le bureau, alors on a pris ce qu'on avait déjà préparé – l'article de fond : « Les Noirs sont-ils plus cool que les Blancs ? » – et on a ajouté partout d'innombrables références à la fin du magazine, à la mort, à la défaite.

L'éditorial :

La mort, comme tant de grands films, est triste.

Les jeunes se croient à l'abri de la mort. Et pourquoi pas ? Parfois la vie peut sembler interminable, remplie de gros rires et de papillons, de passion et de joie, et de bonne bière fraîche.

Bien sûr, avec l'âge vient la compréhension solennelle que pour toujours n'est qu'un mot. Les saisons changent, l'amour se flétrit, les bons meurent jeunes. Ce sont de dures vérités, des vérités douloureuses – inévitables, mais, nous dit-on, nécessaires. L'hiver amène le printemps, la nuit annonce l'aube, et la perte sème les graines du renouveau. Évidemment, c'est facile à dire, tout comme c'est facile, par exemple, de trop regarder la télévision.

Mais facile ou pas, on a besoin de ces formules. Autrement, ce serait sauter sans espoir dans un abîme noir et sans fond, tomber pour l'éternité dans un vide incommensurable. Vraiment, qu'y a-t-il à gagner de dire que la nuit ne fait que s'obscurcir et que l'espoir est écrasé sous la botte des méchants ? Quelles réponses avons-nous quand nous arrivons à la réalisation irréductible qu'il n'y a pas de salut dans la vie, que tôt ou tard, malgré nos plus ardents espoirs et nos rêves les plus fous, quelles que soient nos bonnes actions et nos vertus les plus pures, quelle que soit la peine que nous nous donnions pour atteindre nos différents idéaux d'immortalité, inévitablement la mer finira par bouillir, le mal, sans pudeur, sillonnera la terre, et la planète sera un terrain de jeux en ruine, bonne seulement pour les cafards et la vermine.

Les hommes d'église et les joueurs de baseball sur le retour ont un dicton favori : priez pour la pluie. Mais pourquoi prier pour la pluie quand il pleut du sang brûlant, empoisonné ?

Et quelques jours plus tard, on l'a relu, en espérant que ça ne faisait pas désinvolte, inhumain, parce que Lance était revenu de New York, de toutes ses tentatives pour trouver, avec Skye, de l'argent, un signe quelconque. On voulait savoir comment ça s'était passé – c'était devenu plutôt théorique mais on était tout de même curieux, de façon morbide peut-être – on voulait entendre des histoires comiques de rejets, des récits d'indifférence – et je ne me souviens pas pourquoi on était au bureau, tous ensemble au milieu de la journée, quand Lance est entré, il a jeté son sac à dos sur sa chaise, et il s'est laissé tomber à côté. Puis il s'est relevé. Il a fait les cent pas un moment. Il était près du classeur, à côté du bureau de Marny. Il avait une expression sur le visage, presque souriante, sa bouche souriait mais aussi tremblait un peu, ses yeux se concentraient sur quelque chose de petit sur le sol entre nous. *Est-ce qu'il souriait ?* Il souriait, la tête penchée. Quelque chose était drôle. Ça allait valoir son pesant de cacahuètes.

« Skye est morte.

— Quoi ? a fait quelqu'un.

— Elle est *morte*, a-t-il répété.

— Qu'est-ce que tu veux dire ? Qui ? » On lui parlait tous en même temps.

« Elle est *morte*.

— Qui ?

— Skye.

— Non.

— Va te faire voir, connard. Tu trouves ça drôle ?

— Il parle sérieusement. Tu parles sérieusement ?

— Ce n'est pas drôle.

— Non, écoutez, elle est morte. *Morte*.

— Non.

— Qu'est-ce que ça veut dire ?

— Comment ?

— C'était un virus, il lui a attaqué le cœur. Elle n'est restée que quelques jours. Ils n'ont pas pu…

— Non.

— Merde alors.

— Nom de Dieu.

— Non. »

On s'est rendus en voiture, Marny et moi, de l'autre côté du Golden Gate, pas loin de l'endroit où on tourne pour aller à Black Sands, pour prendre une photo destinée à la dernière page du dernier numéro. On voulait quelque chose qui servirait d'articulation, une image unique, et on avait choisi le tunnel sur la Route 1 qui mène à Sausalito, taillé dans les Headlands moutonneux. C'était un simple tunnel, un demi-cercle obscur, dont on ne voyait pas le bout, l'entrée entourée d'un mince arc-en-ciel, peint il y a longtemps. On s'est garés et on a marché le long de la route, et Marny a surveillé les voitures pendant que, de la file du milieu, je prenais la photo, qui n'est pas si bien sortie que ça en fin de compte, l'arc-en-ciel pâle et brouillé, le tunnel pas assez sombre.

Mais c'était l'image finale. C'était ça ou la lettre que Paul avait ouverte quelques jours auparavant, alors qu'on était déjà en train de plier bagages, une lettre du *Reader's Digest*. En gros caractères noirs :

**MIGHT MAGAZINE**
**A GAGNÉ**
**DE $1 000 000 À**
**$11 000 000 !**

On lui a dédié le numéro, à Skye, bien sûr. Notre triste petit geste. Mon vieux, disions-nous, vous auriez dû voir Skye. En fait, vous pouvez encore. Allez louer ce film, *Dangerous Minds*. Elle est là, elle marche, elle parle. Elle n'a pas écrit ses répliques, et elle n'avait sans doute que dix-neuf ou vingt ans à l'époque, mais elle est là, pour toujours, elle marche et elle parle, en faisant claquer son chewing-gum. Oh, c'était vraiment quelqu'un.

Le sentier pour descendre à Black Sands est long, escarpé, mais la vue, fleurs sauvages et océan, est stupéfiante. Tandis qu'on descend, Toph et moi, des hommes grimpent, par deux, en sueur, s'arrêtant pour se reposer – la montée est mille fois plus dure que la descente. En marchant avec lui je deviens conscient de notre proximité, et je veux m'assurer que personne ne se fera de fausses idées. Il est presque aussi grand que moi maintenant, et avec son air minet, quand on est ensemble, à cette plage en particulier, on pourrait facilement prendre ça pour de la pédophilie. Si une personne à l'esprit mal tourné nous voyait, elle nous dénoncerait sûrement, et les gens des services d'aide à l'enfance viendraient, il serait mis dans un foyer de placement, et il faudrait que je le fasse évader – on serait des fugitifs, des clandestins, et on mangerait très mal.

On a l'impression d'être très loin, sur cette plage. Les habitués de Black Sands sont surtout des homos nus, quelques hétéros nus, hommes et femmes, et le reste est un mélange de textiles comme nous, plus quelques pêcheurs chinois. On dépose nos affaires au milieu, où les familles, quand elles osent descendre, s'installent. On enlève nos chaussures et nos tee-shirts, on étudie la plage, à gauche et à droite. Toph a une idée.

« Tu sais ce que je pense ?

— Oui. Non.

— Je pense que tout le monde devrait pouvoir, rien qu'une fois, permettre à un objet inanimé de venir à la vie, et en faire son ami. »

Je dois réfléchir. Faut-il l'encourager ?

« Comme quoi ? je demande, nerveux.

— Comme une orange. »

Il se gratte le menton, une chose qu'il fait, pour de vrai, quand il a ce genre d'idées.

« Ou un marteau. »

John se traînait, se désagrégeait, il tombait dans un trou. Il était dans un centre de réinsertion, puis il l'a quitté et pendant un moment il a vécu à Santa Cruz avec une femme d'au moins quarante-cinq berges qu'il avait rencontrée aux NA. J'avais cessé de suivre, je n'ai pas demandé pourquoi il était aux NA pour commencer, je ne savais pas qu'il avait un problème qui nécessite les NA – il y avait une accélération chez lui, il s'efforçait d'accumuler tous les problèmes possibles en le moins de temps possible. Je me suis demandé si c'était voulu, une sorte d'expérience ou de performance – dans ce cas j'aurais respecté sa démarche, ç'aurait été cool, mais ce n'était pas ça, en fait, ce n'était pas si calculé. Au bout d'un moment, je l'ai amené voir une psychologue, elle nous a parlé, elle m'a dit que j'étais un peu responsable, alors on l'a quittée et il a dormi sur le canapé, et après il allait mieux. Il disparaissait pendant des semaines, puis il refaisait surface, il téléphonait d'une bibliothèque, de l'Oregon, il avait dépensé tout son héritage, à présent il avait besoin de deux cents dollars pour la chambre où il avait vécu, *au Red Roof, ils ont piqué une crise* – et finalement, après s'être fait taper sur la gueule un soir par un type qu'il connaissait au Covered Wagon, il a voulu retourner en réinsertion.

On a partagé le coût d'une clinique privée, Meredith et moi, pour trois semaines, parce qu'il n'avait pas d'assurance et ne voulait pas aller au centre du comté, s'il devait y aller il était susceptible de faire quelque chose – il ne pourrait pas supporter cette merde, mon vieux – aussi quelques jours avant la clinique privée je suis allé le chercher, à un endroit dans les collines d'Oakland, chez une autre femme qu'il voyait, deux gosses à la fenêtre.

« Merci d'avoir sorti le fric, mec. J'apprécie énormément. Ça change tout. Le centre du comté était plein de toxicos et de putes. Je n'aurais pas supporté, je te jure, j'aurais jamais pu. »

J'ouvre la vitre.

Je n'ai rien à lui dire.

« Quelque part, lui dis-je, j'ai envie de te faire descendre de voiture tout de suite, sur le pont, putain. »

Une minute de silence.

Je monte le son de la radio.

« Alors fais-moi descendre.

— J'ai bien envie, connard.

— Alors fais-le.

— C'est vrai, tu essaies de battre un record ? Par exemple, maintenant, tu es assis là, apparemment normal, les mains sur les genoux et tout – mais ensuite, quand est-ce que tu enfiles ton costume de branque ? Ça se produit quand ? Je veux dire... »

Il fait cliqueter le bouton de la boîte à gants.

« Arrête ».

Il cesse.

« C'est vrai, pourquoi tu ne peux pas... » J'ai envie de dire *décompresser*. Mais ça n'irait pas.

« ... décompresser ? Pourquoi tu ne décompresses pas, putain ? »

Il recommence avec la boîte à gants.

« Arrête. »

Il arrête.

« C'est vrai, ça devient chiant.

— C'est vraiment chiant, putain. Pendant un moment c'était drôle, de te voir faire ces conneries de séries télé, mais plus maintenant. Ça fait un moment que c'est chiant.

— Désolé, mec. Désolé de te faire chier.

— Tu me fais chier. Toutes ces jérémiades incroyables, ton incertitude, ta façon de te complaire...

— Je t'en prie. Tu peux parler. Tu ne rumines pas ta merde, peut-être, la merde de ta famille ? Tu es bien placé...

— On ne parle pas de moi.

— Si, bien sûr que si. On parle toujours de toi. D'une façon ou de l'autre, on n'arrête pas. C'est clair, non ?

— Écoute, va te faire foutre. Je n'avais pas besoin de venir.

— Alors tu n'aurais pas dû.

— Je vais te flanquer par cette fenêtre, putain.

— Alors fais-le. Fais-le.

— Je devrais.

— C'est vrai, tu t'en branles de moi, en dehors de mon utilité comme histoire édifiante, une doublure pour quelqu'un d'autre, pour ton père, pour ceux qui te déçoivent…

— Tu lui ressembles tellement.

— Va te faire voir. Je ne suis pas lui.

— Mais si.

— Laisse-moi descendre.

— Non.

— Je ne suis pas ça. Je ne peux pas être réduit à ça.

— C'est toi qui l'as fait.

— Je suis plus que ça.

— Tu crois ?

— Tu ne peux pas m'utiliser pour te venger de ton père. Ton père n'est pas une leçon. Je ne suis pas une leçon. Tu n'es pas un professeur.

— Tu l'as voulu. Tu voulais mon attention.

— Peu importe. Je suis simplement un de ces personnages dont la tragédie collait, pour toi, dans le message général. Tu t'en bats l'œil des gens qui vont bien, qui se débrouillent, hein ? Ceux-là, ils n'entrent pas dans ton histoire, si ? »

Il y a un camion près de nous, trois gosses dans la couchette. Elle va se renverser.

« Tout ça pour démontrer quelque chose. C'est vrai, ce n'est pas curieux qu'une fille comme Shalini, par exemple, qui n'était pas vraiment l'une de tes plus proches amies, ait soudain cette présence capitale ? Et pourquoi ? Parce que tes autres amis ont eu le malheur de ne pas être malheureux. Les seuls qui aient des répliques sont ceux dont la vie a été foutue en l'air.

— J'ai le droit.

— Non.

— J'ai le droit...

— Non. Et ce pauvre Toph. Je me demande s'il a eu son mot à dire dans la procédure. Tu prétends que tu avais son agrément, qu'il trouvait ça génial, désopilant, etc., et c'est peut-être vrai, mais tu crois qu'il est heureux de tout ça ? C'est dégoûtant, toute cette entreprise.

— Ça te dépasse. Tu ne sais rien de nous.

— Arrête.

— C'est instructif, enrichissant. C'est probant.

— Non. Tu sais ce que c'est ? C'est du spectacle. Si tu prends assez de recul, ça devient une sorte de comédie. Tu as grandi dans le confort, sans danger, et maintenant il faut que tu le cultives, que tu le fabriques, ou pire, que tu utilises les malheurs de tes amis et de tes connaissances pour ajouter du piment à ta vie. Mais vois-tu, tu ne peux pas disposer des gens comme ça, leur tordre les bras et les jambes, les placer, les habiller, les faire parler...

— J'ai le droit.

— Non.

— Ça m'est dû.

— Mais non. Écoute, on ne te doit rien. Tu es comme un... un cannibale ou je ne sais quoi. Tu ne vois pas que tu manges de la chair, tout simplement ? Tu fais des abat-jour avec de la peau hum...

— Oh merde.

— Laisse-moi descendre.

— Je ne peux pas ici.

— Laisse-moi descendre. Je marcherai. Et je ne veux pas te servir de combustible, de nourriture.

— Je le ferais pour toi.

— Tu parles.

— Je me donnerais en pâture à toi.

— Je ne veux pas que tu te donnes en pâture à moi. Et je ne veux pas te dévorer. Je ne veux pas t'utiliser comme combustible. Je ne veux rien de toi. Tu crois que parce qu'on t'a pris des choses, tu peux prendre et prendre – sans limite. Mais tu sais, tout le monde ne veut pas s'entre-dévorer tout le temps, tout le monde ne veut pas…

— On se nourrit les uns des autres, tout le temps, tous les jours.

— Non.

— Si. C'est ce qu'on fait, en tant qu'êtres humains.

— Pour toi ce n'est que sang et vengeance, mais tu sais, il n'y a pas que ça. Tout le monde n'est pas si furieux, si désespéré, si affamé.

— Tu peux m'avoir si tu veux.

— Ack. Non.

— Je te rendrai plus fort.

— Je ne veux plus te voir.

— C'est faux. Tu reviendras. Tu auras toujours besoin. Tu auras toujours besoin de saigner sur quelqu'un. Tu es incomplet, John.

— Tu viens de rater la sortie. »

La fête donnée pour Shalini a été géante. Un an s'était écoulé depuis sa chute, elle était sortie de l'hôpital et elle était rentrée chez elle à L.A. pour vivre avec sa mère et sa sœur. Elle progressait de jour en jour, elle pouvait faire presque tout de nouveau, mais sa mémoire à court terme était encore embrouillée, incertaine. Tout ce qui s'était passé depuis un an avait disparu. Souvent elle ne se souvenait pas de ce qui s'était passé la veille, une heure avant. Il fallait qu'on lui raconte l'accident presque tous les jours, et chaque fois elle était sciée. « Whoah », disait-elle, comme si l'histoire ne la concernait pas du tout. Mais sa mémoire, elle la travaillait, elle avait des cartes de support visuel, une éducatrice, un journal où elle prenait des notes des événements de la journée, une mémoire de papier de ce qui arrivait. Elle avait avancé, et le pronostic était bon, aussi pour son vingt-sixième anniversaire sa famille avait prévu une immense réception dans leur maison, plein de choses à manger, un DJ, de la danse, des torches autour de la piscine, cent personnes ou plus.

On est descendus en voiture, Toph et moi. Je ne savais pas quoi apporter comme cadeau, alors j'ai fait ce que je faisais régulièrement à ce stade : j'ai demandé à Toph de lui fabriquer quelque chose. Il avait fait une série de figurines de Jésus en argile de couleur qui passait au four – Jésus en smoking et canne, la bouche ouverte (« Broadway Jésus »), Jésus avec une perruque blonde et un tailleur rose (« Hillary Jésus »), et Jésus dans un sac de couchage blanc avec une croix rouge, et même une minuscule boîte de poil à gratter (« Jésus dort à la maison »). C'étaient des portraits parfaitement ressemblants, toujours appréciés par ceux qui les recevaient, mais il prétendait qu'il n'avait plus le temps de faire des choses pour *mes* amis. Et ma seconde idée est tombée à l'eau quand il a refusé de céder le Livre des Mormons qu'il avait commandé par un numéro vert. Bon.

Quand on est arrivés à L.A., je l'ai laissé chez Bill à Manhattan Beach et je suis allé chez Shalini, m'arrêtant dans un centre commercial où j'ai acheté un calendrier avec des chats, un livre sur le groupe Menudo, des presse-papiers – 54 dollars pour quelques secondes de rire. J'ai trouvé sa maison en haut d'une colline, dans une large rue sombre. Il y avait des voitures partout, des deux côtés de la rue ;

j'ai dû me garer au diable. On entendait la musique à cinq cents mètres, on voyait les lumières dans le jardin derrière la maison. J'étais terrifié. Je n'avais pas vu Shal depuis des mois, je ne savais pas comment j'allais la trouver.

J'ai frappé à l'immense porte et quand on m'a ouvert il y avait des gens partout, des cadeaux empilés sur la table, par terre, de magnifiques cadeaux, le salon et le séjour étaient pleins d'invités, au fond dans la salle à manger toute une bande de gens faisaient quelque chose, et une cinquantaine de personnes étaient sur le patio, près de la piscine entourée de torches, dans le jardin embrasé de lumière. Sa mère m'a dit que Shalini était en haut, elle se reposait. J'ai monté l'escalier recouvert d'un tapis et j'ai suivi les voix au bout du couloir. Dans une chambre donnant sur la piscine, elle était là, assise sur son lit, l'air vif et radieux, exactement la même.

« Salut chéwi ! » a-t-elle dit.

On s'est embrassés. Elle était bien habillée, corsage en soie, minijupe.

Je lui ai raconté que ma voiture était tombée en panne en venant à L.A. – c'était vrai – que j'avais emprunté celle de Bill pour arriver chez elle. Je lui ai dit que la soirée avait l'air grandiose, toutes les torches dans le jardin, les gens, la piscine…

Elle a regardé par la fenêtre la piscine en bas illuminée comme un ciel, les silhouettes des gens contre la lumière.

« Oui, mais c'est pour quoi faire, tout ça ? » a-t-elle demandé.

Elle ne savait pas pourquoi tout le monde était là. On voyait qu'elle cherchait une raison dans sa mémoire sans rien trouver.

« C'est ton anniversaire », ai-je dit.

Avec sa sœur Anuja, on lui a expliqué la soirée d'anniversaire.

« Mais pourquoi tout ce tralala ? C'est vrai, je sais que je suis populaire, mais quand même ! » Elle a eu un petit rire.

On lui a fait un résumé aussi vague que possible, Anuja et moi, en parlant d'une chute et d'un coma, d'une guérison incroyable. Et comme toujours, une fois l'histoire finie, Shalini était complètement stupéfaite.

« C'est dingue, a-t-elle dit.

— Oui. Tu as eu de la chance. » Personne ne fait allusion à son amie morte, celle avec qui elle était venue.

« Eh bien, merci mon *Dieu* », a-t-elle dit, avec ses façons de L.A., en roulant les prunelles. Dieu donnait *Djeu*.

Plus tard elle est descendue et elle a dansé un moment sur la piste qu'on avait installée près de la piscine. On lui a donné les cadeaux, et il y a eu un dîner, et Carla et Mark étaient là, et tous ceux de l'hôpital. La vue et les vents chauds qui montaient de l'océan rendaient l'ambiance euphorique à souhait. Les gens se promenaient les larmes aux yeux, surtout la mère de Shalini, que je n'avais jamais vue autrement depuis que je la connaissais. Comme la soirée touchait à sa fin, et que Shalini se reposait en haut, je me suis dirigé vers la porte avec sa mère.

« Vous savez, j'ai cherché à voir le propriétaire, ai-je dit.

— Que voulez-vous dire ?

— Le propriétaire, celui à qui appartenait l'immeuble. » Je lui raconte que j'ai suivi le procès dans les journaux, celui du propriétaire responsable de la terrasse défaillante, que je suis allé au tribunal une demi-douzaine de fois pour le trouver, que je voulais rester pour les audiences, parce que je voulais voir cet homme. Je projetais ce que je lui ferais si on était seuls un moment – si je me trouvais dans un endroit vide et sombre avec lui, je lui flanquerais mon poing dans la figure.

« Vous avez assisté au procès ?

— Non, je n'arrêtais pas de me tromper de salle, ou ils avaient changé la date. Ils n'arrêtaient pas de la changer. Je m'asseyais dans des prétoires vides, j'attendais... Dites à Shal que j'ai dû filer. »

Je suis parti en sachant que je ne reviendrais peut-être pas. J'ai dit que je reviendrais – peut-être au prochain Thanksgiving – mais je savais qu'on quittait la Californie, Toph et moi, on n'en pouvait plus, on se sentait poursuivis.

Tous les autres partaient ou étaient partis. Flagg commençait un troisième cycle à New York, Moodie y allait aussi pour un boulot, ainsi que Zev, et Kirsten partait à Harvard avec son nouveau copain – il faisait son droit, elle préparait une maîtrise de gestion, un gentil couple sans problèmes, et je m'étonnais d'être infiniment heureux pour elle – et nous aussi on s'en va, parce qu'aller travailler chaque jour commence à me démolir, ce trajet imbécile tous les jours, les mêmes rues, les mêmes collines, et parce que je n'ai toujours pas d'assurance maladie, et qu'on en a marre de ce petit appartement bruyant, de vivre près de tous ces gens affreux qui ne comprennent pas, ils devraient être comme nous et comprendre, mais ils ne comprennent toujours rien, et j'en ai assez d'habiter en face de cette résidence pour personnes du troisième âge, de me réveiller et les voir bricoler sur leurs vérandas, s'habiller pour aller au centre socioculturel, mettre leurs bonnets en caoutchouc et nager lentement dans leur piscine.

Il y a trop d'échos stupides ici, partout. Même une plage comme Black Sands la rappelle, la façon dont, au cours de ses six derniers mois, elle regardait de la voiture. Aux matches de football junior de Toph, Beth et moi on s'asseyait sur la ligne de touche, on l'encourageait, on faisait des remarques désobligeantes sur l'entraîneur, pendant qu'elle restait dans la voiture, garée dans le parking au-dessus du terrain. On la voyait, penchée sur le volant, plisser les yeux pour voir l'action.

On faisait des signes. Salut maman !

Elle nous les rendait.

Elle ne pouvait pas marcher jusqu'au terrain, ni jusqu'à la plage la dernière fois qu'on était ici, quand Beth a eu son diplôme et je suis venu en avion. Après la cérémonie Beth, Toph, elle et moi avons descendu la côte en voiture, traversé Monterey, et quand on est arrivés à la plage de Carmel on lui a dit qu'on revenait et on a dévalé la haute dune, on a couru jusqu'à l'eau. Toph n'avait que sept ans alors, c'était la première fois qu'il venait en Californie. Avec Beth on a fait semblant de le jeter dans l'océan. On s'est fouettés avec des algues brunes, de longues lanières caoutchouteuses. On a levé les yeux vers la voiture et agité la main.

Elle nous a répondu de là-haut. Et après avoir encore fait les fous, versé du sable sur les cheveux de Toph et forcé Beth à embrasser une méduse morte, on est remontés, sachant que notre mère avait tout vu, qu'elle était fière de nous, mais quand on a escaladé la dune, en approchant de la voiture on aurait presque cru qu'elle dormait.

Elle dormait. Les mains sur ses genoux. Elle ne nous avait pas fait signe.

Aujourd'hui le vent est parfait. Il n'y en a presque pas. D'habitude, sur cette plage de Black Sands, un vent vient de l'eau foutre le bordel, il envoie le frisbee loin dans cette eau glacée, et je dois patauger en short, les jambes raides, pour le récupérer. Mais aujourd'hui il n'y a pas de vent, et presque personne à part nous, ce qui signifie qu'on a presque toute la plage, ou du moins notre partie de la plage, pour nous seuls, ce qui est vraiment cool, même pour une heure.

On a tellement progressé. C'est vrai, au début on était bons, quand il était plus petit, quand on est arrivés ici – il était des années en avance sur n'importe qui de son âge, il dominait les matches d'Ultimate dans sa colonie de vacances, ils le vénéraient, les autres gosses – vous auriez dû voir les plus petits se presser autour de lui, oh et quand il retirait sa casquette de baseball et laissait ses longs cheveux blonds tomber en avant – une fois un garçon, impressionné, a dit : « Tu ne devrais pas porter de casquette, tes cheveux sont incroyables. » J'étais là, c'était le Jour des parents. Mais pour ce qui est du lancer Toph n'avait pas la portée qu'il a maintenant, et les trucs, il fait des trucs – et j'ai toujours eu les miens, comme celui où je cours vers le frisbee quand il arrive à hauteur de poitrine, et quand j'y suis presque je bondis, je décris un arc de 180 degrés en l'air – c'est sans doute 360, en fait, quand on y pense, parce que je... oui, alors je pirouette en l'air, j'arrive sur le frisbee quand il arrive sur moi et quand je suis parfaitement... quand je tourne le dos au frisbee à mi-pirouette, c'est là que je l'attrape, alors c'est comme un rattrapage derrière le dos, en l'air, mais idéalement, avec la pirouette et tout, j'atterris – attention – face à Toph. 360 degrés. C'est un truc vraiment cool quand il marche, une fois de temps en temps pour moi, bien que je sois vraiment bon, putain. Donc, ce que je veux dire, c'est que Toph fait celui-ci maintenant, et il le réussit bien plus régulièrement que moi. Il le rate quand même souvent, il chasse le frisbee, ce qui me fait flipper parce qu'on casse nos frisbees tous les deux ou trois mois, et c'est toujours comme ça, une tape sur le disque qui le casse en deux, ça se produit toujours juste quand on arrive à la plage. Et c'est du plastique épais, bien sûr – on n'utilise que les frisbees vraiment lourds.

Il fait donc ce truc, qui est cool à regarder, mais il fait aussi, il préfère presque tous ses trucs idiots, vraiment idiots, putain, des trucs qui n'en sont pas, rien que des idioties, parce qu'il a toujours préféré faire l'imbécile que faire les choses normalement, comme marquer les points. Alors il a un truc où, quand le frisbee arrive, il se couche sur le ventre aussi longtemps qu'il peut et puis, au tout dernier moment, il se lève et... fait quelques pas pour l'attraper. C'est tout. C'est un truc vraiment idiot, putain, non ? C'est vrai, ça n'a aucun sens, quand on y pense, c'est la chose la moins spectaculaire au monde. Mais ça le fait rigoler, vraiment. Il rit comme un con.

La morphine l'abrutissait, mais sa respiration était encore forte. Elle était inégale, mais vous auriez dû l'entendre respirer – quand ça venait, c'était fort, puissant, un arrachement de l'air. Ses membres ne bougeaient plus, elle était immobile à présent, la tête en arrière, et il n'y avait que la respiration, comme un ronflement irrégulier. De plus en plus comme un ronflement, des grincements et des halètements. On restait éveillés jour et nuit parce qu'on ne sait jamais. On approchait nos fauteuils, on s'y roulait en boule et on dormait, en lui tenant la main, et bientôt la marée montait. Ça commençait par un bruit différent dans le ronflement. Quelque chose de plus rond, de plus liquide. Puis presque un gargouillis. Ses souffles devenaient plus laborieux, elle aspirait de l'air et aussi des bulles – c'était quoi ce bruit ? – et Beth et moi on était là, de chaque côté, et elle respirait comme on tire sur un bateau encore amarré au quai, le moteur s'emballe mais quelque chose résiste, résiste. Elle tirait de plus en plus fort. Et le gargouillis, les bulles prenaient de l'importance, comme si elle tirait un baquet d'eau, ou de liquide, puis un lac, une mer, un océan. Le liquide venait toujours, la marée montait, montait en elle, ses souffles plus courts, comme quelqu'un qui se remplit à mesure que l'eau grimpe et il n'y a plus nulle part – mais il y avait de l'intelligence dans cette respiration, et de la passion, tout était là, on pouvait la prendre, cette respiration, lui tenir la main, nous asseoir sur ses genoux en regardant la télé, les souffles étaient plus rapides et plus courts, puis légers, légers et c'est à ces moments que je l'aimais le mieux, que je la connaissais comme je pensais la connaître – oh elle était loin, elle était partie, une semaine de morphine déjà, et elle pouvait s'en aller à tout instant, son organisme était en train de lâcher, avait lâché, personne ne savait ce qui la maintenait en vie mais elle aspirait cet air, elle respirait si irrégulièrement, faiblement, mais elle le faisait si désespérément, chaque souffle lui prenait tout ce qu'elle avait, sa petite personne, avec sa belle peau bronzée et luisante, Beth et moi drapés sur elle, ne sachant pas quand... Mais elle respirait, respirait, brusquement, impatiemment, inflexiblement – et j'espère seulement que ce n'était pas du regret, qu'il n'y avait pas de regret dans ces souffles, même si je sais qu'il y en avait, je rêve qu'il y en avait, quand j'entends ces souffles, j'entends la colère – elle *ne croyait pas, putain*, que ça se produisait vraiment. Même en dormant sous morphine, quand on ne faisait qu'attendre, se préparer, elle revenait, se dressait soudain et disait quelque chose, criait, un cauchemar – furieuse de cette connerie, qu'une chose pareille lui arrive, de nous quitter tous, Toph – Elle n'était pas prête, loin de là, elle n'était pas résolue, résignée, elle n'était pas prête.

Et pendant qu'on lance, un homme nu marche sur la plage, je le vois quand il passe près de moi, entre l'eau et moi. Il est à peu près de ma taille, maigre, pâle, le cul osseux, et il me croise, descendant le rivage vers Toph. D'abord ça m'ennuie que Toph ait à voir cet homme, pas seulement son cul mais ce qui se passe côté face, cet homme qui marche vers lui, sans retenue, fier même, et pendant un moment, pendant cinquante mètres au moins, tandis qu'il approche, j'observe Toph pour voir s'il regarde ou s'il rit, ou s'il est dégoûté par cette nudité humaine, pâle et sans ornement, pathétique et bête et peut-être désespérée, il a peut-être besoin de quelque chose, besoin d'être regardé par des inconnus – et Dieu sait quel genre de regards tordus ce type nu va lui jeter, le genre de regards tordus que les types nus vous jettent toujours – mais quand j'observe le visage de Toph, il ne regarde même pas l'homme. Il fait de son mieux pour l'éviter, il se concentre exagérément sur ses lancers, l'air sérieux, comme si ce lancer était d'une importance si capitale qu'il ne peut se laisser distraire par cet homme nu – c'est drôle, en fait, impressionnant, vraiment – puis l'homme l'a dépassé, il est parti, il marche vers le bout du rivage, vers cette sinistre falaise qui se dresse dans les brisants, et Toph n'aura plus jamais à revoir l'homme nu.

Et on sera prêts, à la fin de chaque jour on sera prêts, on ne dira non à rien, on essaiera de rester éveillés quand tout le monde dormira, on ne dormira pas, on fera les souliers avec les elfes, on respirera profondément tout ce temps, on respirera l'air plein de verre et de clous et de sang, on le respirera et on le boira, si riche, et quand ça viendra on ne sera pas en colère, on sera contents, assez fatigués pour partir, avec reconnaissance, on serrera la main à tout le monde, au revoir, puis on remplira notre sac à dos, quelques provisions, et on ira au volcan.

Toph pratique un autre truc où, bon, d'abord je lui lance le frisbee et il l'attrape normalement. Puis, lentement et méthodiquement, il met le frisbee dans sa bouche, comme un chien. Et une fois qu'il est dans sa bouche, il exécute un petit saut, comme s'il l'avait attrapé de cette façon. Attrape, met dans sa bouche, petit saut. Il n'est pas très drôle, celui-là, il est plutôt triste, c'est tellement idiot. Et le plus tragique, c'est qu'il le fait devant d'autres personnes, il croit que les gens vont rire, et c'est si… Il rit, bien entendu, il adore ça. Mais il ne sait toujours pas faire – je ne sais même pas s'il a essayé – mon grand truc, celui où je fais la roue et j'attrape le frisbee d'une main quand je suis la tête en bas. C'est un truc génial, qui plaît aux foules, mais il ne l'a pas essayé et je ne sais pas pourquoi. Il lance bien pourtant, et il faut bien lancer pour que le truc de la roue fonctionne, il faut lancer bas, pas plus d'un mètre au-dessus du sol, et pas trop vite, pas trop flottant – un joli lancer régulier. Et il faut qu'il passe à ma droite, parce que je ne peux rien faire si c'est à gauche. Alors même s'il ne sait pas le faire, son rôle est essentiel pour que je le réussisse, parce qu'il est le seul qui sache lancer correctement, régulièrement, et ça suffit pour le moment, mais il le fera bien assez vite, il fait tout plus tôt que moi, il me bat à tous les sports, au basket je ne peux plus placer un seul tir, il les contre tous, et il se réjouit, il hurle de triomphe. Il est presque de ma taille, il a quinze centimètres de plus que moi à son âge, il me dépassera avant la fin de l'année.

Il n'y a jamais trop de vent sur cette plage, l'air est doux, il se promène en cercles nonchalants, et vous vous demandez pourquoi les gens vont à Ocean Beach, où il y a toujours un vent insensé, qui ne sert à rien, on ne peut même pas nager là-bas, et le vent détruit tous vos lancers, à moins que vous vous teniez l'un à côté de l'autre et que vous vous refiliez le frisbee comme deux andouilles. Pour lancer et que ce soit marrant, on a besoin de calme, parce qu'il faut le faire voler, ce salopard. Et bien sûr les gens s'arrêtent pour nous regarder, on est tellement bons. Des jeunes et des vieux, des familles entières se rassemblent pour pousser des ooh ! et des aah !, des milliers de gens, ils ont apporté des pique-niques, des jumelles.

Ce n'est pas qu'on soit des tarés du frisbee – on ne porte pas de serre-tête ni rien – Mais on est bons, si bons. On lance haut et loin. On s'écarte autant que ça nous paraît possible – Alors on a envoyé des fleurs et Lance, qui a toujours été plus proche d'elle, voulait aller à l'enterrement, mais il venait de rentrer de New York. On a envoyé une couronne de notre part à tous, et on n'a jamais eu à la voir embaumée et froide, on pouvait simplement penser à – Et tout ce qui semblait possible à vingt-quatre, vingt-cinq ans, c'est une telle blague maintenant, une fiction ridicule, chaque anniversaire une atrocité – Et maintenant on garde la boîte dorée sur le plan de travail de la cuisine, et dedans il y a les cartes de visite de mon père, et un minuscule chandail que ma mère a tricoté pour un ours, et de la monnaie, des stylos, et le bouchon de quelque chose, peut-être un objectif d'appareil photo qu'on n'a jamais retrouvé et…

Oh merde, j'allais dire : Toph a un autre truc où il attrape normalement – je lui lance directement, un lancer absolument normal, et après avoir attrapé il fait quelques pas en avant et une petite roulade, une culbute, le frisbee sur la tête, comme s'il l'avait attrapé en roulant ou quoi – Vous devriez le voir maintenant, il est si grand tout d'un coup, ce sera une sorte de géant, deux mètres dix ou vingt – sûrement le type le plus grand qu'on ait jamais eu dans la famille.

Les lancers hauts et longs, c'est ce qu'on réussit le mieux. Par exemple on fait quatre ou cinq pas et on le balance – c'est presque comme au lancer de poids, les pas, quatre ou cinq, très vite, l'un après l'autre, un peu en biais – et puis on catapulte ce salopard, c'est un geste si violent, lancer ce disque blanc, vous le bercez d'abord contre votre sein et puis vous le crachez aussi fort que possible tout en le maintenant à plat, bien droit, mais à part ça avec toute la force que vous pouvez y mettre vous jetez ce salopard comme s'il avait des lames et que vous vouliez qu'il tranche ce ciel bleu papier comme un écran et qu'au-delà ce soit du sang et l'espace noir. Oh, je ne vais pas te retaper, John, ni aucun d'entre vous. J'ai essayé un million de fois de vous retaper, mais c'était une telle erreur de ma part de vouloir vous sauver parce que je ne voulais que vous manger pour devenir plus fort, je voulais seulement vous dévorer tous, j'étais un cancer – Oh, mais je fais ça pour vous. Vous ne voyez pas que je fais ça pour vous ? J'ai fait tout ça pour vous. Je fais semblant que non, mais si. Je vous mange pour vous sauver. Je vous bois pour vous régénérer. Je me repais de vous tout entier, et je me dresse, dégoulinant, les poings serrés, les épaules levées – J'aurai l'air idiot, je ramperai, trempé de sang et de merde, je – Oh, regardez ces oiseaux, sur leurs minuscules pattes raides et – Il n'y a nulle part où j'arrête et où vous commenciez. Je suis exténué. Je me tiens devant vous, des millions, quarante-sept, cinquante-quatre, trente-deux, peu importe, vous savez ce que je veux dire, vous autres... et où est mon cordage ? Je ne suis pas sûr que vous soyez mon cordage. Parfois je sais que vous êtes là et d'autres fois vous n'êtes pas là et parfois quand je suis sous la douche à me gratter, dans ma tête je pense à vous tous, vos millions de têtes et de jambes, debout sous des bâtiments, les permutant, les portant, les démolissant, en élevant de nouveaux – Et je suis là avec vous, quand vous êtes sous ce foutu building, avec vos mille pattes, salopards – Et quand Toph rattrape le sien, il fléchit furieusement, ses muscles tendus comme des cordes, la bouche ouverte, les dents droites et serrées. Et quand j'attrape je fais la même chose, fléchir, hurler, vibrer – Vous voyez ça ? Bon sang, regardez ce lancer, bordel, vous avez vu Toph lancer ce foutu machin, sa trajectoire ? Il vole beaucoup plus loin que moi mais je peux courir dessous, je suis pieds nus et je cours comme un Indien et je peux regarder en arrière et il arrive toujours, je vois Toph au loin, blond et parfait – il est là-haut et il monte, putain de bordel de merde il est petit mais alors il s'arrête là-haut, il ralentit et s'arrête là-haut tout en haut, masquant un instant le soleil, puis son cœur se brise et il tombe – il descend et le ciel est tout blanc de soleil et le frisbee est blanc aussi mais je le vois, je vois ce salaud je le distingue et je peux courir dessous je sais où il est, je courrai dessous, je le dépasserai en restant dessous et je serai là pour le regarder descendre en flottant si lentement, flotter et tournoyer je te bats salopard et je suis là quand il descend en planant dans mes mains, mes mains s'écartent, les pouces comme des ailes, parce que je suis là, prêt à le bercer quand il tournoie juste une seconde avant de s'arrêter. Je suis là. J'étais là. Ne savez-vous pas que nous sommes reliés ? Ne savez-vous pas que j'essaie de vous injecter du sang, que c'est pour vous, que je vous hais, vous êtes si nombreux mes salauds – Quand vous dormirez je voudrais que vous ne vous réveilliez jamais, vous êtes si nombreux je veux que vous dormiez tout ce temps, putain, parce que je ne veux qu'une chose, que vous couriez dessous avec moi sur le sable comme des Indiens, si vous devez dormir toute la journée, putain, allez vous faire foutre salopards, oh quand vous dormez tous, tous ces dormeurs, je suis quelque part sur un échafaudage branlant et j'essaie de capter votre attention débile j'ai essayé de vous montrer, j'ai essayé de vous le montrer – Qu'est-ce qu'il faut, bordel, pour vous montrer espèces de salauds, qu'est-ce qu'il faut, putain qu'est-ce que vous voulez combien vous voulez parce que je suis prêt et je me tiendrai devant vous je lèverai les bras et je vous donnerai ma poitrine et ma gorge et j'attendrai, et je suis si vieux depuis si longtemps, pour vous, pour vous, je veux que ce soit rapide, que ça me transperce – Oh faites-le, faites-le, salauds, faites-le faites-le enfin, enfin, enfin.

## DU MÊME AUTEUR

*Aux Éditions Gallimard*

SUIVE QUI PEUT, 2003

POURQUOI NOUS AVONS FAIM, 2007

LE GRAND QUOI. AUTOBIOGRAPHIE DE VALENTINO ACHAK DENG, 2009 (Folio n° 5175). Prix Médicis étranger 2009

DU HAUT DE LA MONTAGNE, UNE LONGUE DESCENTE, 2011 (Folio n° 5233)

ZEITOUN, 2012 (Folio n° 5673)

UN HOLOGRAMME POUR LE ROI, 2014

LE CERCLE, 2017 (Folio n° 6330)

LES HÉROS DE LA FRONTIÈRE, 2018

UNE ŒUVRE DÉCHIRANTE D'UN GÉNIE RENVERSANT, 2019 (Folio n° 6703, première édition, Balland, 2001)

*Chez d'autres éditeurs*

LES MAXIMONSTRES. L'ÎLE AUX MONSTRES, *Au diable Vauvert*

EN AVANT LA LIBERTÉ !, *Casterman*

# COLLECTION FOLIO

*Dernières parutions*

| | |
|---|---|
| 6345. Timothée de Fombelle | *Vango, II. Un prince sans royaume* |
| 6346. Karl Ove Knausgaard | *Jeune homme, Mon combat III* |
| 6347. Martin Winckler | *Abraham et fils* |
| 6348. Paule Constant | *Des chauves-souris, des singes et des hommes* |
| 6349. Marie Darrieussecq | *Être ici est une splendeur* |
| 6350. Pierre Deram | *Djibouti* |
| 6351. Elena Ferrante | *Poupée volée* |
| 6352. Jean Hatzfeld | *Un papa de sang* |
| 6353. Anna Hope | *Le chagrin des vivants* |
| 6354. Eka Kurniawan | *L'homme-tigre* |
| 6355. Marcus Malte | *Cannisses* suivi de *Far west* |
| 6356. Yasmina Reza | *Théâtre : Trois versions de la vie / Une pièce espagnole / Le dieu du carnage / Comment vous racontez la partie* |
| 6357. Pramoedya Ananta Toer | *La Fille du Rivage. Gadis Pantai* |
| 6358. Sébastien Raizer | *Petit éloge du zen* |
| 6359. Pef | *Petit éloge de lecteurs* |
| 6360. Marcel Aymé | *Traversée de Paris* |
| 6361. Virginia Woolf | *En compagnie de Mrs Dalloway* |
| 6362. Fédor Dostoïevski | *Un petit héros. Extrait de mémoires anonymes* |
| 6363. Léon Tolstoï | *Les Insurgés. Cinq récits sur le tsar et la révolution* |
| 6364. Cioran | *Pensées étranglées* précédé du *Mauvais démiurge* |

| | | |
|---|---|---|
| 6365. | Saint Augustin | *L'aventure de l'esprit et autres confessions* |
| 6366. | Simone Weil | *Pensées sans ordre concernant l'amour de Dieu et autres textes* |
| 6367. | Cicéron | *Comme il doit en être entre honnêtes hommes...* |
| 6368. | Victor Hugo | *Les Misérables* |
| 6369. | Patrick Autréaux | *Dans la vallée des larmes* suivi de *Soigner* |
| 6370. | Marcel Aymé | *Les contes du chat perché* |
| 6371. | Olivier Cadiot | *Histoire de la littérature récente (tome 1)* |
| 6372. | Albert Camus | *Conférences et discours 1936-1958* |
| 6373. | Pierre Raufast | *La variante chilienne* |
| 6374. | Philip Roth | *Laisser courir* |
| 6375. | Jérôme Garcin | *Nos dimanches soir* |
| 6376. | Alfred Hayes | *Une jolie fille comme ça* |
| 6377. | Hédi Kaddour | *Les Prépondérants* |
| 6378. | Jean-Marie Laclavetine | *Et j'ai su que ce trésor était pour moi* |
| 6379. | Patrick Lapeyre | *La Splendeur dans l'herbe* |
| 6380. | J.M.G. Le Clézio | *Tempête* |
| 6381. | Garance Meillon | *Une famille normale* |
| 6382. | Benjamin Constant | *Journaux intimes* |
| 6383. | Soledad Bravi | *Bart is back* |
| 6384. | Stephanie Blake | *Comment sauver son couple en 10 leçons (ou pas)* |
| 6385. | Tahar Ben Jelloun | *Le mariage de plaisir* |
| 6386. | Didier Blonde | *Leïlah Mahi 1932* |
| 6387. | Velibor Čolić | *Manuel d'exil. Comment réussir son exil en trente-cinq leçons* |
| 6388. | David Cronenberg | *Consumés* |
| 6389. | Éric Fottorino | *Trois jours avec Norman Jail* |
| 6390. | René Frégni | *Je me souviens de tous vos rêves* |
| 6391. | Jens Christian Grøndahl | *Les Portes de Fer* |

| | | |
|---|---|---|
| 6392. | Philippe Le Guillou | *Géographies de la mémoire* |
| 6393. | Joydeep Roy-Bhattacharya | *Une Antigone à Kandahar* |
| 6394. | Jean-Noël Schifano | *Le corps de Naples. Nouvelles chroniques napolitaines* |
| 6395. | Truman Capote | *New York, Haïti, Tanger et autres lieux* |
| 6396. | Jim Harrison | *La fille du fermier* |
| 6397. | J.-K. Huysmans | *La Cathédrale* |
| 6398. | Simone de Beauvoir | *Idéalisme moral et réalisme politique* |
| 6399. | Paul Baldenberger | *À la place du mort* |
| 6400. | Yves Bonnefoy | *L'écharpe rouge* suivi de *Deux scènes et notes conjointes* |
| 6401. | Catherine Cusset | *L'autre qu'on adorait* |
| 6402. | Elena Ferrante | *Celle qui fuit et celle qui reste. L'amie prodigieuse III* |
| 6403. | David Foenkinos | *Le mystère Henri Pick* |
| 6404. | Philippe Forest | *Crue* |
| 6405. | Jack London | *Croc-Blanc* |
| 6406. | Luc Lang | *Au commencement du septième jour* |
| 6407. | Luc Lang | *L'autoroute* |
| 6408. | Jean Rolin | *Savannah* |
| 6409. | Robert Seethaler | *Une vie entière* |
| 6410. | François Sureau | *Le chemin des morts* |
| 6411. | Emmanuel Villin | *Sporting Club* |
| 6412. | Léon-Paul Fargue | *Mon quartier et autres lieux parisiens* |
| 6413. | Washington Irving | *La Légende de Sleepy Hollow* |
| 6414. | Henry James | *Le Motif dans le tapis* |
| 6415. | Marivaux | *Arlequin poli par l'amour et autres pièces en un acte* |
| 6417. | Vivant Denon | *Point de lendemain* |
| 6418. | Stefan Zweig | *Brûlant secret* |
| 6419. | Honoré de Balzac | *La Femme abandonnée* |
| 6420. | Jules Barbey d'Aurevilly | *Le Rideau cramoisi* |

6421. Charles Baudelaire *La Fanfarlo*
6422. Pierre Loti *Les Désenchantées*
6423. Stendhal *Mina de Vanghel*
6424. Virginia Woolf *Rêves de femmes. Six nouvelles*
6425. Charles Dickens *Bleak House*
6426. Julian Barnes *Le fracas du temps*
6427. Tonino Benacquista *Romanesque*
6428. Pierre Bergounioux *La Toussaint*
6429. Alain Blottière *Comment Baptiste est mort*
6430. Guy Boley *Fils du feu*
6431. Italo Calvino *Pourquoi lire les classiques*
6432. Françoise Frenkel *Rien où poser sa tête*
6433. François Garde *L'effroi*
6434. Franz-Olivier Giesbert *L'arracheuse de dents*
6435. Scholastique Mukasonga *Cœur tambour*
6436. Herta Müller *Dépressions*
6437. Alexandre Postel *Les deux pigeons*
6438. Patti Smith *M Train*
6439. Marcel Proust *Un amour de Swann*
6440. Stefan Zweig *Lettre d'une inconnue*
6441. Montaigne *De la vanité*
6442. Marie de Gournay *Égalité des hommes et des femmes* et autres textes
6443. Lal Ded *Dans le mortier de l'amour j'ai enseveli mon cœur...*
6444. Balzac *N'ayez pas d'amitié pour moi, j'en veux trop*
6445. Jean-Marc Ceci *Monsieur Origami*
6446. Christelle Dabos *La Passe-miroir, Livre II. Les disparus du Clairdelune*
6447. Didier Daeninckx *Missak*
6448. Annie Ernaux *Mémoire de fille*
6449. Annie Ernaux *Le vrai lieu*
6450. Carole Fives *Une femme au téléphone*
6451. Henri Godard *Céline*
6452. Lenka Horňáková-Civade *Giboulées de soleil*

| | | |
|---|---|---|
| 6453. | Marianne Jaeglé | *Vincent qu'on assassine* |
| 6454. | Sylvain Prudhomme | *Légende* |
| 6455. | Pascale Robert-Diard | *La Déposition* |
| 6456. | Bernhard Schlink | *La femme sur l'escalier* |
| 6457. | Philippe Sollers | *Mouvement* |
| 6458. | Karine Tuil | *L'insouciance* |
| 6459. | Simone de Beauvoir | *L'âge de discrétion* |
| 6460. | Charles Dickens | *À lire au crépuscule et autres histoires de fantômes* |
| 6461. | Antoine Bello | *Ada* |
| 6462. | Caterina Bonvicini | *Le pays que j'aime* |
| 6463. | Stefan Brijs | *Courrier des tranchées* |
| 6464. | Tracy Chevalier | *À l'orée du verger* |
| 6465. | Jean-Baptiste Del Amo | *Règne animal* |
| 6466. | Benoît Duteurtre | *Livre pour adultes* |
| 6467. | Claire Gallois | *Et si tu n'existais pas* |
| 6468. | Martha Gellhorn | *Mes saisons en enfer* |
| 6469. | Cédric Gras | *Anthracite* |
| 6470. | Rebecca Lighieri | *Les garçons de l'été* |
| 6471. | Marie NDiaye | *La Cheffe, roman d'une cuisinière* |
| 6472. | Jaroslav Hašek | *Les aventures du brave soldat Švejk* |
| 6473. | Morten A. Strøksnes | *L'art de pêcher un requin géant à bord d'un canot pneumatique* |
| 6474. | Aristote | *Est-ce tout naturellement qu'on devient heureux ?* |
| 6475. | Jonathan Swift | *Résolutions pour quand je vieillirai et autres pensées sur divers sujets* |
| 6476. | Yājñavalkya | *Âme et corps* |
| 6477. | Anonyme | *Livre de la Sagesse* |
| 6478. | Maurice Blanchot | *Mai 68, révolution par l'idée* |
| 6479. | Collectif | *Commémorer Mai 68 ?* |
| 6480. | Bruno Le Maire | *À nos enfants* |
| 6481. | Nathacha Appanah | *Tropique de la violence* |

| | | |
|---|---|---|
| 6482. | Erri De Luca | *Le plus et le moins* |
| 6483. | Laurent Demoulin | *Robinson* |
| 6484. | Jean-Paul Didierlaurent | *Macadam* |
| 6485. | Witold Gombrowicz | *Kronos* |
| 6486. | Jonathan Coe | *Numéro 11* |
| 6487. | Ernest Hemingway | *Le vieil homme et la mer* |
| 6488. | Joseph Kessel | *Première Guerre mondiale* |
| 6489. | Gilles Leroy | *Dans les westerns* |
| 6490. | Arto Paasilinna | *Le dentier du maréchal, madame Volotinen et autres curiosités* |
| 6491. | Marie Sizun | *La gouvernante suédoise* |
| 6492. | Leïla Slimani | *Chanson douce* |
| 6493. | Jean-Jacques Rousseau | *Lettres sur la botanique* |
| 6494. | Giovanni Verga | *La Louve et autres récits de Sicile* |
| 6495. | Raymond Chandler | *Déniche la fille* |
| 6496. | Jack London | *Une femme de cran* et autres nouvelles |
| 6497. | Vassilis Alexakis | *La clarinette* |
| 6498. | Christian Bobin | *Noireclaire* |
| 6499. | Jessie Burton | *Les filles au lion* |
| 6500. | John Green | *La face cachée de Margo* |
| 6501. | Douglas Coupland | *Toutes les familles sont psychotiques* |
| 6502. | Elitza Gueorguieva | *Les cosmonautes ne font que passer* |
| 6503. | Susan Minot | *Trente filles* |
| 6504. | Pierre-Etienne Musson | *Un si joli mois d'août* |
| 6505. | Amos Oz | *Judas* |
| 6506. | Jean-François Roseau | *La chute d'Icare* |
| 6507. | Jean-Marie Rouart | *Une jeunesse perdue* |
| 6508. | Nina Yargekov | *Double nationalité* |
| 6509. | Fawzia Zouari | *Le corps de ma mère* |
| 6510. | Virginia Woolf | *Orlando* |
| 6511. | François Bégaudeau | *Molécules* |
| 6512. | Élisa Shua Dusapin | *Hiver à Sokcho* |

6546. Barack Obama — *Discours choisis*
6547. René Descartes — *Correspondance avec Élisabeth de Bohême et Christine de Suède*
6548. Dante — *Je cherchais ma consolation sur la terre...*
6549. Olympe de Gouges — *Lettre au peuple et autres textes*
6550. Saint François de Sales — *De la modestie et autres entretiens spirituels*
6551. Tchouang-tseu — *Joie suprême et autres textes*
6552. Sawako Ariyoshi — *Les dames de Kimoto*
6553. Salim Bachi — *Dieu, Allah, moi et les autres*
6554. Italo Calvino — *La route de San Giovanni*
6555. Italo Calvino — *Leçons américaines*
6556. Denis Diderot — *Histoire de Mme de La Pommeraye* précédé de l'essai *Sur les femmes.*
6557. Amandine Dhée — *La femme brouillon*
6558. Pierre Jourde — *Winter is coming*
6559. Philippe Le Guillou — *Novembre*
6560. François Mitterrand — *Lettres à Anne. 1962-1995. Choix*
6561. Pénélope Bagieu — *Culottées Livre I – Partie 1. Des femmes qui ne font que ce qu'elles veulent*
6562. Pénélope Bagieu — *Culottées Livre I – Partie 2. Des femmes qui ne font que ce qu'elles veulent*
6563. Jean Giono — *Refus d'obéissance*
6564. Ivan Tourguéniev — *Les Eaux tranquilles*
6565. Victor Hugo — *William Shakespeare*
6566. Collectif — *Déclaration universelle des droits de l'homme*
6567. Collectif — *Bonne année ! 10 réveillons littéraires*
6568. Pierre Adrian — *Des âmes simples*
6569. Muriel Barbery — *La vie des elfes*

6570. Camille Laurens — *La petite danseuse de quatorze ans*
6571. Erri De Luca — *La nature exposée*
6572. Elena Ferrante — *L'enfant perdue. L'amie prodigieuse IV*
6573. René Frégni — *Les vivants au prix des morts*
6574. Karl Ove Knausgaard — *Aux confins du monde. Mon combat IV*
6575. Nina Leger — *Mise en pièces*
6576. Christophe Ono-dit-Biot — *Croire au merveilleux*
6577. Graham Swift — *Le dimanche des mères*
6578. Sophie Van der Linden — *De terre et de mer*
6579. Honoré de Balzac — *La Vendetta*
6580. Antoine Bello — *Manikin 100*
6581. Ian McEwan — *Mon roman pourpre aux pages parfumées* et autres nouvelles
6582. Irène Némirovsky — *Film parlé*
6583. Jean-Baptiste Andrea — *Ma reine*
6584. Mikhaïl Boulgakov — *Le Maître et Marguerite*
6585. Georges Bernanos — *Sous le soleil de Satan*
6586. Stefan Zweig — *Nouvelle du jeu d'échecs*
6587. Fédor Dostoïevski — *Le Joueur*
6588. Alexandre Pouchkine — *La Dame de pique*
6589. Edgar Allan Poe — *Le Joueur d'échecs de Maelzel*
6590. Jules Barbey d'Aurevilly — *Le Dessous de cartes d'une partie de whist*
6592. Antoine Bello — *L'homme qui s'envola*
6593. François-Henri Désérable — *Un certain M. Piekielny*
6594. Dario Franceschini — *Ailleurs*
6595. Pascal Quignard — *Dans ce jardin qu'on aimait*
6596. Meir Shalev — *Un fusil, une vache, un arbre et une femme*
6597. Sylvain Tesson — *Sur les chemins noirs*
6598. Frédéric Verger — *Les rêveuses*
6599. John Edgar Wideman — *Écrire pour sauver une vie. Le dossier Louis Till*
6600. John Edgar Wideman — *La trilogie de Homewood*

*Composition Nord Compo*
*Impression Maury Imprimeur*
*45330 Malesherbes*
*le 04 septembre 2019*
*Dépôt légal : septembre 2019*
*Numéro d'imprimeur : 239503*

ISBN 978-2-07-274487-7 / Imprimé en France.

322904